2017年政府采购指导性案例与公告汇编

中国政府采购杂志社　组编

中国财经出版传媒集团
经济科学出版社
Economic Science Press

图书在版编目（CIP）数据

2017年政府采购指导性案例与公告汇编/中国政府采购杂志社组编．—北京：经济科学出版社，2017.12
ISBN 978-7-5141-8960-5

Ⅰ.①2… Ⅱ.①中… Ⅲ.①政府采购制度-案例-汇编-中国-2017②政府采购制度-公告-汇编-中国-2017 Ⅳ.①F812.2

中国版本图书馆CIP数据核字（2018）第009945号

责任编辑：陈昶彧
责任校对：杨晓莹
版式设计：齐　杰
责任印制：王世伟

2017年政府采购指导性案例与公告汇编
中国政府采购杂志社　组编
经济科学出版社出版、发行　新华书店经销
社址：北京市海淀区阜成路甲28号　邮编：100142
总编部电话：010-88191217　发行部电话：010-88191522
网址：www.esp.com.cn
电子邮件：esp@esp.com.cn
天猫网店：经济科学出版社旗舰店
网址：http://jjkxcbs.tmall.com
北京季蜂印刷有限公司印装
787×1092　16开　32.25印张　760000字
2017年12月第1版　2017年12月第1次印刷
ISBN 978-7-5141-8960-5　定价：96.00元
（图书出现印装问题，本社负责调换。电话：010-88191510）

编　者　序

《政府采购法》实施15年以来，初步形成了以法和条例为统领，以部门规章为依托的政府采购法律体系，但相关法规制度仍存在一些不清晰、不明确之处。同时，政府采购行政裁决专业化机制建设滞后，各级财政部门、行政复议机关和人民法院对相关法律法规的认识和判断不一。为此，财政部于2017年11月发布了10个政府采购指导性案例。

本书第一部分收录了这10个指导性案例。从案例类别看，包括7个投诉案，3个举报案，涵盖了货物、服务和工程等各种类型。从争议事项看，包括了采购人将国务院明令取消的行业资质作为供应商资格条件，代理机构采购程序违法，评分标准分值设置未与评审因素的量化指标相对应，以及供应商提供虚假材料谋取中标，恶意串通，以非法手段取得证明材料进行投诉等典型问题。从处理结果看，包括投诉事项成立，驳回投诉，无效投诉事项，责令当事人整改，对供应商、代理机构给予行政处罚等。这部分案例具有普遍指导意义。

本书第二部分内容为30个有代表性的政府采购投诉举报处理案例。这部分投诉举报处理案例涵盖了权威部门对政府采购投诉举报处理中多个方面问题的深度解读。案例类型多样，每一个案例都有详细的问题分析及处理情况说明，对政府采购从业者有很强的借鉴和参考价值。本书案例部分，均被授权转载自中国政府采购网“指导性案例专栏”。

第三部分内容收录了从2010年7月至2017年12月，财政部发布的510个政府采购投诉举报处理信息公告。该部分信息公告转载自中国政府采购网“财政部政府采购信息公告栏”。此次以书籍形式出版，更便于广大政府采购从业者以资料形式留存和查询。

希望本书的出版，能够为政府采购从业者提供权威和系统的指导，从而纠正法律法规落实的执行偏差，为推进政府采购执法标准化建设以及切实维护政府采购市场秩序贡献力量。

编　者

2018年1月

目 录
CONTENTS

71-505 第三部分 中华人民共和国财政部政府采购信息公告

第一部分

财政部首批政府采购指导性案例

1－19页

指导案例1号：××监控系统采购项目投诉案

关键词　诚实信用原则/虚假材料/主观方面/谋取中标

案例要点

诚实信用是政府采购法确立的基本原则之一，政府采购各方当事人均应共同遵循。供应商本着诚实信用原则参与政府采购活动，应当对提供材料的真实性负责，不得提供虚假材料谋取中标。供应商在投标文件中提供的材料，与原始材料不一致又无法作出合理解释，影响评审委员会判断的，属于政府采购法第七十七条规定的提供虚假材料谋取中标的情形。供应商的员工在投标活动中的行为代表供应商，其行为的法律后果由供应商承受。

相关法条

《中华人民共和国政府采购法》第三条、第三十六条、第七十七条

基本案情

采购人A委托代理机构G就该单位“××监控系统采购项目”（以下称本项目）进行公开招标。2016年11月17日，代理机构G发布招标公告，后组织了开标、评标工作。经过评审，评审委员会推荐S公司为中标候选人。采购人确认后，代理机构G于2016年12月14日发布中标公告，中标供应商为S公司。2016年12月21日，投诉人提出质疑。

2017年1月4日，供应商Z公司向财政部提起投诉，称S公司所投产品的制造商M公司不能生产该产品。

财政部依法受理本案，审查中发现，S公司所投产品的制造商是H公司，不是M公司。据此，财政部对本案作出投诉处理决定。后Z公司不服该处理决定，提起复议。复议机关维持了该处理决定。

财政部另查明，S公司投标文件中提供的所投产品的检验报告与检验报告出具单位提供的检验报告存档件的多项内容不一致，且不一致内容均为招标文件所要求的重要指标。对此，财政部依法启动了监督检查程序，审查终结后向S公司送达了《财政部行政处罚事项告知书》。对此，S公司在法定期限内提出了听证申请，称其投标文件中提供的检验报告是其员工篡改的，属于个人行为，S公司对此并不知情，且S公司已对相关责任人员进行了处理。财政部依法组织了听证会，经审查，认为S公司的辩解理由不成立，依法作出处罚决定。

处理结果

财政部对本投诉案作出处理决定：因投诉事项缺乏事实依据，驳回投诉。

财政部对另查明的情况作出监督检查处理决定：根据《中华人民共和国政府采购法》第七十七条第二款的规定，决定中标无效。鉴于去除 S 公司后，对招标文件作实质响应的供应商不足三家，根据《中华人民共和国政府采购法》第三十六条第（一）项的规定，责令采购人废标，并重新开展采购活动。

财政部对 S 公司的相关违法行为作出处罚决定：根据《中华人民共和国政府采购法》第七十七条第一款第（一）项的规定，对 S 公司作出采购金额千分之五的罚款，列入不良行为记录名单，一年内禁止参加政府采购活动的行政处罚。

处理理由

财政部认为，投标文件中提供的产品检验报告与检验报告出具单位的存档件内容不一致，且不一致的技术指标项包括招标文件规定的实质性条款和加分项，会对评审委员会的评审行为产生影响。本案中，虽然 S 公司称其投标文件中提供的检验报告是其员工篡改的，属于个人行为，S 公司对此并不知情，且 S 公司已对相关责任人员进行了处理。但是，投标主体为 S 公司，投标文件盖有 S 公司的公章，其员工的投标行为代表公司。因此，S 公司的辩解理由不能成立，其上述行为属于《中华人民共和国政府采购法》第七十七条第一款第（一）项规定的“提供虚假材料谋取中标”的情形。

指导案例 2 号：××信息服务云平台采购项目投诉案

关键词　偷拍/非法手段/依法投诉

案例要点

投诉是政府采购法确立的保护供应商合法权益的重要途径之一，但投诉应依法进行。投诉人使用通过偷拍、偷录、窃听等违反法律禁止性规定或者侵犯他人合法权益的方法取得的材料进行投诉，严重破坏政府采购秩序的，属于政府采购法实施条例第五十七条规定的“以非法手段取得证明材料进行投诉”的情形，应当依照政府采购法实施条例第五十七条、第七十三条的规定予以处理。

相关法条

《中华人民共和国政府采购法实施条例》第五十七条、第七十三条、《政府采购供应商投诉处理办法》（财政部令第 20 号）第十七条

基本案情

采购人 A 委托代理机构 Z 就该单位“××信息服务云平台”（以下称本项目）进行公开招标。2016 年 3 月 10 日，代理机构 Z 发布招标公告，后组织了开标、评标工作。经过评审，评标委员会推荐 G 公司为中标候选人。2016 年 4 月 1 日，代理机构发布中标公告。

2016年4月1日，T公司向代理机构Z提出质疑。2016年4月8日，代理机构Z答复质疑。

2016年5月4日，T公司向财政部提起投诉，投诉事项为：1. 代理机构Z确定G公司为中标供应商，没有体现招标文件关于“投标软件应优先选择具有自主知识产权的软件”的规定。2. 评审专家严重低估了T公司在本项目相关行业中PPP运营模式的巨大优势。3. T公司报价低、技术高，G公司报价高，且是在开标前两天才在经营范围中加入“软件开发”这一经营项目，没有承接本项目的能力。

G公司称：招标文件中没有“具有自主知识产权”的字样，投诉没有事实依据；其具有PPP运营模式的优势，可整合全国各地本行业的资源，打造面向全国的本行业数字信息服务云平台；营业执照里软件开发的增项无需任何前置或后续的审批手续，不存在超范围经营的问题，且其也具有开发软件的能力和搭建平台的实力。同时，T公司投诉所使用的事实证据是非法偷拍的其投标文件，虽然T公司通过技术手段模糊化处理了大部分的内容，但是可以看出该证据的页眉、投标文件的骑缝章以及投标文件翻页等内容与其投标文件一致。

代理机构Z称：G公司在投标文件中提供了5份由中华人民共和国国家版权局颁发的“计算机软件著作权证书”，说明其软件具有自主知识产权；评标委员会是根据招标文件确定的评标办法和评分细则，依据各投标人提交的投标文件逐项进行评审的，不存在评审不公的问题；本项目评标方法是综合评分法，T公司总分得分低于G公司，且G公司在投标文件中提供了完成类似项目的业绩证明材料，证明其具有实现本项目的能力。

投诉处理过程中，因T公司涉嫌以非法手段取得证明材料进行投诉，财政部启动了进一步调查取证程序，请T公司就证明材料来源问题进行说明。T公司的答复材料显示：“2016年4月13日下午2点，我方人员按约前往代理机构Z提交第二次质疑函，到达代理机构Z后联系×老师，但他因临时有急事外出且下午无法赶回办公室，遂在电话沟通中应×老师意见，将第二次质疑函放置在他办公桌上，在这过程中，我方人员无意看到桌上中标单位的标书，出于好奇，所以看到了合同内容”。

处理结果

财政部依法作出投诉处理决定：根据《政府采购供应商投诉处理办法》（财政部令第20号）第十七条第二项规定，投诉事项1、2、3缺乏事实依据，驳回投诉。

对于T公司“以非法手段取得证明材料进行投诉”的行为，根据《中华人民共和国政府采购法实施条例》第七十三条的规定，对T公司作出列入不良行为记录名单，一年内禁止参加政府采购活动的行政处罚。

处理理由

财政部认为：关于投诉事项1，本项目招标文件中没有“投标软件应优先选择具有自主知识产权的软件”的规定，G公司投标文件中提供的软件著作权登记证书取得方式为原始取得，证明其具有自主知识产权。投诉事项1缺乏事实依据。

关于投诉事项2，招标文件规定PPP运营模式项总分为5分，G公司得分为3.8分，T

公司获得第二高的 3.2 分，未发现评标委员会未按评审标准进行评分的情形。投诉事项 2 缺乏事实依据。

关于投诉事项 3，本项目采用综合评分法，评审专家对 T 公司投标报价的评分符合评审标准。同时，招标文件供应商资格中未规定参加投标的供应商的经营范围中必须具有软件开发项，G 公司也提供了证明其具有承接本项目能力的业绩证明。投诉事项 3 缺乏事实依据。

此外，根据政府采购法律法规的相关规定，投诉人不需承担完备举证的责任。财政部门在投诉处理期间，可以依行政职权要求采购人、采购代理机构提供投诉人无法掌握的证明材料，事实上形成了举证责任倒置，即对于投诉人依法不应当获取的保密信息，可以通过财政部调查还原。而本案中，T 公司获得 G 公司投标文件的方式是在代理机构 Z 的工作人员不在办公室时，对其办公桌上的投标文件进行偷拍取得的，T 公司投诉使用的证明材料为偷拍的 G 公司的投标文件。除开标和中标时公开的内容外，G 公司投标文件中的其他内容并未对外公开。由于 T 公司是在代理机构 Z 的办公室这一私密空间获取的相关材料，且未获得 G 公司的许可，其行为构成《中华人民共和国政府采购法实施条例》第五十七条规定的“以非法手段取得证明材料进行投诉”的情形。

指导案例 3 号：××注册与备案管理系统项目投诉案

关键词　重新评审/法定资质/资格条件

案例要点

评审结束之后，采购人应当在评审报告推荐的中标或成交候选人中按顺序确定中标或成交供应商，除财政部规定的情形外，采购人、代理机构不得以任何理由组织重新评审。采购人认为排名第一的中标或成交候选人不符合招标文件要求的，应当在政府采购法实施条例规定的确定中标或成交供应商期限届满之前，书面报告本级财政部门。未经本级财政部门同意，采购人自行确定其他供应商为中标或成交供应商的行为违反了政府采购法实施条例第四十三条的规定，财政部门应当认定采购行为违法，并责令采购人重新开展采购活动。

国家明令取消的行政审批项目企业资质与合同履行无关，不得将其作为供应商资格条件，采购文件作出此类规定的，构成对供应商实行差别待遇或者歧视待遇的情形。

相关法条

《中华人民共和国政府采购法》第二十二条、第三十六条第一款第（二）项、第七十一条第（三）项

《中华人民共和国政府采购法实施条例》第二十条、第四十三条、第六十七条第（三）项

《政府采购供应商投诉处理办法》（财政部令第 20 号）第十七条第（三）项、第十九条第一款第（一）项

《财政部关于进一步规范政府采购评审工作有关问题的通知》（财库〔2012〕69 号）
《政府采购促进中小企业发展暂行办法》（财库〔2011〕181 号）第三条

基本案情

采购人 A 委托代理机构 B 就该单位“××注册与备案管理系统项目”（以下称本项目）进行公开招标。2016 年 7 月 27 日，代理机构 B 发布招标公告，后组织了开标、评标。经过评审，评标委员会推荐综合排名第一的 T 公司为第一中标候选人。采购人 A 拒绝对评标结果进行确认，并自行决定排名第二的 E 公司为中标供应商，代理机构 B 于 2016 年 10 月 13 日发布了中标供应商为 E 公司的中标公告。2016 年 10 月 17 日，T 公司向代理机构 B 提出质疑。

2016 年 11 月 10 日，T 公司向财政部提起投诉。T 公司称，在本项目中，其是评标委员会推荐的第一中标候选人，采购人 A 直接决定其他候选人作为中标供应商的行为违法。此外，T 公司还表示，其在质疑时提出招标文件将计算机信息系统集成贰级以上资质作为资格条件属于以不合理条件对供应商实行差别待遇或歧视待遇的问题，但代理机构 B 以该质疑事项超期为由拒绝答复。

对此，采购人 A 称，T 公司投标文件中使用的是其子公司 M 公司的业绩，且 T 公司有不良信用记录，因此其拒绝确定 T 公司为中标供应商。

代理机构 B 称，采购人 A 以 T 公司业绩是其子公司 M 公司的业绩为由，未在法定期限内确定中标供应商，在要求复审被拒后直接确定了排名第二的 E 公司为中标供应商，并要求代理机构 B 以 E 公司为中标供应商发布中标公告。代理机构 B 按采购人 A 的要求发布了中标公告。期间，T 公司向代理机构 B 去函表示已控股 M 公司，并完成了财务报表合并，M 公司现在是其行政事业部。T 公司关于招标文件“计算机信息系统集成贰级以上资质”的质疑已经超过法定期限。

财政部在审查中发现，本项目招标文件“投标人资格”要求“投标人需具备计算机系统集成贰级（含）以上资质”。“评标细则”规定：“综合考虑投标人过去 3 年（2013 年 01 月至今）在食品、药品行业领域有软件开发项目业绩。每提供一个业绩得 1 分，本项最高得 5 分。”同时，T 公司的投标文件中共提供了 24 份合同复印件，其中 23 份合同的当事人为 M 公司。企业信用信息网显示，T 公司和 M 公司的法定代表人不是同一人。

处理结果

财政部作出投诉及监督检查处理决定：根据《中华人民共和国政府采购法实施条例》第四十三条和《政府采购供应商投诉处理办法》（财政部令第 20 号）第十七条第（三）项的规定，投诉事项成立。

根据《中华人民共和国政府采购法》第二十二条、第三十六条第一款第（二）项，《中华人民共和国政府采购法实施条例》第二十条、《政府采购供应商投诉处理办法》（财政部令第 20 号）第十九条第一款第（一）项和《政府采购促进中小企业发展暂行办法》（财库〔2011〕181 号）第三条的规定，决定采购活动违法，责令采购人 A 废标，修改招标文件后重新开展采购活动。

根据《中华人民共和国政府采购法》第七十一条第（三）项、《中华人民共和国政府采购法实施条例》第六十七条第（三）项的规定，责令采购人 A 对未在法定期限内在评审报告推荐的中标候选人中按顺序确定中标供应商和对供应商实行差别待遇或者歧视待遇的行为限期改正，并对其作出警告的行政处罚。

根据《中华人民共和国政府采购法》第七十一条第（三）项的规定，责令代理机构 B 就对供应商实行差别待遇或者歧视待遇的行为限期改正，并对其作出警告的行政处罚。

处理理由

财政部认为：虽然 T 公司提供的 24 份业绩合同中，有 23 份是 M 公司的，且企业信用信息网显示，M 公司与 T 公司是两个独立的法人，M 公司的业绩不能等同于 T 公司的业绩，但根据《中华人民共和国政府采购法实施条例》第四十四条和《财政部关于进一步规范政府采购评审工作有关问题的通知》（财库〔2012〕69 号）的规定，除财政部规定的情形外，采购人、代理机构不得以任何理由组织重新评审或自行确定其他中标或成交供应商。本案中，采购人应将所发现的问题书面报告财政部，其自行确定综合排名第二的 E 公司为中标供应商的行为违反了《中华人民共和国政府采购法实施条例》第四十三条。

关于招标文件将计算机信息系统集成贰级以上资质作为资格条件是否属于以不合理条件对供应商实行差别待遇或歧视待遇的问题，虽然此问题不在投诉事项内，但考虑到该资质已被国务院明令取消，财政部针对此问题依法启动了监督检查程序。国务院在 2014 年 1 月 28 日《国务院关于取消和下放一批行政审批项目的决定》中，明确取消了“计算机信息系统集成企业资质认定项目”条件，即该资质不再是法定资质，将这一资质作为资格性条款的行为，违反了《中华人民共和国政府采购法》第二十二条和《政府采购促进中小企业发展暂行办法》（财库〔2011〕181 号）第三条的规定，构成《中华人民共和国政府采购法实施条例》第二十条规定的“对供应商实行差别待遇或者歧视待遇”的情形。

指导案例 4 号：××物业消防运行服务项目举报案

关键词　资格条件/认证证书/特定金额合同业绩

案例要点

若有关资格许可或认证证书同时满足下述要求，则不属于政府采购法实施条例第二十条规定“以不合理的条件对供应商实行差别待遇或者歧视待遇”的情形：1. 不在国务院取消的行政审批项目目录内；2. 申请条件中没有对企业的注册资本、资产总额、营业收入、从业人员、利润、纳税额等规模条件作出限制；3. 与项目的特殊要求存在实质上的关联性；4. 满足该资格许可或认证证书要求的供应商数量具有市场竞争性。

由于合同金额与营业收入具有直接的关联性，招标文件中将供应商具有特定金额的合同业绩作为资格条件，实质上属于以营业收入排除或限制中小企业进入政府采购市场，构成政府采购法和政府采购法实施条例所规定的“以不合理的条件对供应商实行差别待遇或者歧视待遇”的情形。

相关法条

《中华人民共和国政府采购法》第二十二条、《中华人民共和国政府采购法实施条例》第二十条、《政府采购促进中小企业发展暂行办法》（财库〔2011〕181 号）第三条

基本案情

采购人 A 委托代理机构 Z 就该单位“××物业消防运行服务项目”（以下称本项目）进行公开招标，项目预算为 325 万元。2016 年 9 月 27 日，代理机构 Z 发布招标公告，后组织了开标、评标工作，共有 9 家供应商参与投标。经过评审，评标委员会推荐 B 公司为中标候选人。采购人确认后，2016 年 10 月 19 日，代理机构 Z 发布中标公告。

2016 年 10 月 14 日，财政部收到关于本项目的举报信，来信反映：1. 本项目招标公告的“供应商资质要求”规定了供应商须具有质量管理体系认证证书、环境管理体系认证证书、职业健康安全管理体系认证证书，上述证书不是国家职能部门颁发的行政许可证，以其作为资格条件属于以不合理的条件对供应商实行差别待遇或歧视待遇的情形。2. 本项目招标公告的“供应商资质要求”规定了供应商“自 2013 年至 2015 年须具有 1 个（含）以上合同金额在 100 万元（含）以上物业管理服务”业绩的内容，属于以不合理的条件对供应商实行差别待遇或歧视待遇的情形。

财政部依法受理本案，审查中发现，本项目招标文件的“供应商资质要求”项下确实规定了举报人所反映的内容。对此，代理机构 Z 称，1. 招标文件要求的三个认证体系证书符合项目本身具有的技术管理特点和实际需要。2. 本项目业绩要求是从项目专业特点和实际需要出发，对供应商是否具有履约基本能力的考核，且要求的业绩的合同金额远低于本项目预算金额。

处理结果

财政部作出监督检查处理决定：根据《中华人民共和国政府采购法》第二十二条第二款的规定，举报事项 1 缺乏事实依据。根据《中华人民共和国政府采购法》第二十二条第二款和《政府采购促进中小企业发展暂行办法》（财库〔2011〕181 号）第三条的规定，举报事项 2 成立。

根据《中华人民共和国政府采购法实施条例》第七十一条第（二）项的规定，决定中标无效，责令采购人 A 重新开展采购活动。

根据《中华人民共和国政府采购法》第七十一条第（三）项的规定，责令采购人 A 和代理机构 Z 就“以不合理的条件对供应商实行差别待遇”或者歧视待遇的行为限期改正，并对采购人 A 和代理机构 Z 作出警告的行政处罚。

处理理由

财政部认为：根据《中华人民共和国政府采购法》第二十二条第二款的规定，采购人

可以根据采购项目的特殊要求，规定供应商的特定条件，但不得以不合理的条件对供应商实行差别待遇或者歧视待遇。同时，《中华人民共和国政府采购法实施条例》第二十条规定："采购人或者采购代理机构有下列情形之一的，属于以不合理的条件对供应商实行差别待遇或者歧视待遇：（一）就同一采购项目向供应商提供有差别的项目信息；（二）设定的资格、技术、商务条件与采购项目的具体特点和实际需要不相适应或者与合同履行无关；（三）采购需求中的技术、服务等要求指向特定供应商、特定产品；（四）以特定行政区域或者特定行业的业绩、奖项作为加分条件或者中标、成交条件；（五）对供应商采取不同的资格审查或者评审标准；（六）限定或者指定特定的专利、商标、品牌或者供应商；（七）非法限定供应商的所有制形式、组织形式或者所在地；（八）以其他不合理条件限制或者排斥潜在供应商"。

本案中，关于举报事项 1，招标文件要求的质量管理体系认证证书、环境管理体系认证证书、职业健康安全管理体系认证证书不在国务院取消的资格许可和认定事项目录内，且其申请条件中也没有对企业的注册资金、营业收入等业绩规模作出限制。同时，本项目服务内容为工作区相关的设施场地维护及消防安防物业管理等，招标文件要求的三个体系认证证书与本项目本身具有的技术管理特点和实际需要存在关联性。另外，参加投标的 9 家供应商中有 6 家具备这三个证书。因此，上述三个认证证书作为资格条件不属于以不合理的条件对供应商实行差别待遇或歧视待遇的情形。

关于举报事项 2，一是采购人和代理机构有多种方式可以实现对供应商履约能力的考核，将特定金额的合同业绩设定成资格条件并非是唯一不可替代的方式。二是虽然 100 万元的要求低于本项目的预算金额，但该合同业绩金额的限定与项目本身的预算金额并无直接关联性，代理机构提出的该限定低于项目预算金额的说法无法证明 100 万元合同业绩要求的合理性。另外，《政府采购促进中小企业发展暂行办法》（财库〔2011〕181 号）第三条规定："任何单位和个人不得阻挠和限制中小企业自由进入本地区和本行业的政府采购市场，政府采购活动不得以注册资本金、资产总额、营业收入、从业人员、利润、纳税额等供应商的规模条件对中小企业实行差别待遇或者歧视待遇"。虽然合同金额的限定不是直接对企业规模的限定，但由于合同金额与营业收入直接相关，本项目招标文件中有关供应商特定金额合同业绩条件的设置，实质是对中小企业营业收入的限制，构成对中小企业实行差别待遇或者歧视待遇，违反了《中华人民共和国政府采购法》第二十二条第二款和《中华人民共和国政府采购法实施条例》第二十条第（二）项的规定。

指导案例 5 号：××网络建设工程项目投诉案

关键词 资格审查/获取招标文件/集采目录

案例要点

在公开招标的政府采购项目中，对供应商提供货物和服务能力的评判，是评审活动的重要内容，应当在评审环节进行。招标公告将本应在评审阶段审查的因素作为供应商获取招标文件的条件，属于将应当在评审阶段审查的因素前置到招标文件购买阶段进行，违反了法定招标程序，构成政府采购法第七十一条第（三）项规定的“以不合理的条件对供应商实行差别待遇或者歧视待遇”的情形。

相关法条

《中华人民共和国政府采购法》第七条、第十八条、第三十五条、第三十六条第一款第（二）项、第七十一条第（三）项、第七十四条

基本案情

采购人A委托代理机构B就该单位“××网络建设工程项目”（以下称本项目）进行公开招标。2017年6月30日，代理机构B发布招标公告。2017年7月6日，T公司提出质疑。

2017年7月27日，T公司向财政部提起投诉。T公司称，招标公告要求供应商需具有CMMI4级证书，该证书是对生产研发软件厂商的要求，与本项目硬件采购无关。

财政部依法受理本案，审查中发现，招标公告“投标人的资格要求”规定：“投标商具有软件能力成熟度集成模型4级（CMMI level 4）或以上证书”。对此，代理机构B称，本项目并非单一硬件采购，项目有关批复以及采购人提交的采购需求均涉及软件方面的能力要求。采购人A称，该要求是根据对本项目的基本要求和业务目标而设定的，招标公告“简要要求”和招标文件“货物清单”中均有关于本项目软件需求的体现，如“包含软件定制开发需求功能”的描述，说明本项目并非单纯的硬件采购。

此外，在本案处理过程中，财政部发现本项目存在以下情况：一是招标公告要求供应商在购买招标文件时需具有“软件能力成熟度集成模型4级（CMMI level 4）或以上证书”等条件。二是本项目招标文件开始发出之日为2017年7月3日09：00，投标人提交投标文件截止之日为2017年7月21日09：30。三是本项目采购的产品涉及网络交换机、网络存储设备、网络安全产品等，在集采目录范围内，而本项目代理机构B是非集中采购代理机构。对此，财政部依法启动了监督检查程序。

处理结果

财政部作出投诉及监督检查处理决定：根据《政府采购供应商投诉处理办法》（财政部令第20号）第十七条第（二）项的规定，投诉事项缺乏事实依据，驳回投诉。

根据《中华人民共和国政府采购法》第三十六条第一款第（二）项的规定，责令采购人A废标。

根据《中华人民共和国政府采购法》第七十一条的规定，对代理机构B作出警告的行政处罚。

针对本项目中对购买招标文件设置审核条件、自招标文件发出至投标文件提交截止不足二十日和未按规定委托集中采购机构代理采购的问题，根据《中华人民共和国政府采购法》第三十五条、第七十一条和第七十四条的规定，责令采购人A和代理机构B限期改正。

处理理由

财政部认为：关于投诉事项，本项目的申报材料及有关部门审查意见显示，本项目的网络建设内容涉及软件方面的能力要求。同时，招标公告提出了对供应商的软硬件能力要求，即“中标供应商应有智慧校园网络顶层设计的能力，并能为后续开展的学校应用开发和部署提供必要的技术咨询和建议方案”。因此，本项目并非单一硬件采购。投诉事项缺乏事实依据。

此外，关于另外发现的本项目采购过程中存在的三个情况，财政部认为：一是招标公告要求供应商在购买招标文件时需具备的条件属于应当在评审阶段审查的因素，不应前置到招标文件购买阶段。这种做法属于《中华人民共和国政府采购法》第七十一条第（三）项规定的“以不合理的条件对供应商实行差别待遇或者歧视待遇”的情形。

二是本项目自招标文件开始发出之日至投标人提交投标文件截止之日不足二十日，违反了《中华人民共和国政府采购法》第三十五条“货物和服务项目实行招标方式采购的，自招标文件开始发出之日起至投标人提交投标文件截止之日止，不得少于二十日”的规定。

三是本项目采购的产品涉及集采目录范围内的项目，《中华人民共和国政府采购法》第七条第三款规定：“纳入集中采购目录的政府采购项目，应当实行集中采购。”第十八条第一款规定：“采购人采购纳入集中采购目录的政府采购项目，必须委托集中采购机构代理采购”。而本项目委托非集中采购代理机构采购，构成对上述两条规定的违反。

指导案例 6 号：××设备购置采购项目举报案

关键词 恶意串通/混盖公章/合理解释

案例要点

为维护公开、公平、公正的政府采购秩序，供应商应当依照各自的条件和能力，依法、诚信、独立地参与政府采购活动，不得为谋取特定供应商中标、成交而进行恶意串通。公章具有代表公司意志的法律效力，在政府采购活动中，供应商应当对盖有自己公司公章的投标材料的真实性、合法性负责。不同投标人的投标文件或响应文件混盖公章，又无法提供合理解释的，相当于不同投标人的投标文件相互混装，属于《政府采购法实施条例》第七十四条第（七）项规定的供应商之间为谋求特定供应商中标、成交的串通行为。

《政府采购货物和服务招标投标管理办法》（财政部令第 87 号）施行之后，不同投标人之间混盖公章的行为，构成该办法第三十七条第（五）项规定的“不同投标人的投标文件相互混装”的情形。

相关法条

《中华人民共和国政府采购法》第七十七条、《中华人民共和国政府采购法实施条例》

第七十四条

基本案情

采购人A委托代理机构B就该单位“××设备购置采购项目”（以下称本项目）采用网上竞价方式采购，采购预算为56万元。2015年8月10日，代理机构B发布网上竞价公告。2015年8月17日，竞价截止，共六家供应商参与竞价。2015年8月24日，代理机构B发布成交结果，C公司为成交供应商，成交金额为55.8万元。

2015年10月20日，财政部收到关于该项目的举报信，来信反映，在本项目网上竞价活动中，C公司以高价成交，竞价结果有失公平。财政部依法受理本案，审查中发现，本项目另一家参与竞价的供应商D公司提交的竞价文件中，法人代表授权书、技术指标应答书和报价单上加盖的是C公司的公章。对此，C公司称，对D公司的竞价文件加盖自己公章一事不知情。D公司称，确实存在竞价文件中加盖的公章与公司名称不符的情况，原因是公司职员在与C公司对账过程中拿错公章，将C公司的公章直接加盖在自己的竞价文件中，未经核查直接上传了竞价文件。

财政部审查终结后依法作出监督检查处理决定，并对C公司和D公司分别作出行政处罚决定。后C公司不服对其作出的处罚决定，向法院提起行政诉讼。一审法院审理后认为，由于C公司在财政部作出处罚决定前已将合同支付金额予以退还，所以部分撤销了处罚决定中没收违法所得的行政处罚，同时驳回C公司的其他诉讼请求。

处理结果

财政部作出监督检查处理决定：根据《中华人民共和国政府采购法》第七十七条第二款的规定，决定本项目成交无效。

财政部对C公司和D公司就其违法行为分别作出行政处罚决定：根据《中华人民共和国政府采购法》第七十七条第一款的规定，对C公司处以采购金额千分之五的罚款，列入不良行为记录名单，在一年内禁止参加政府采购活动，没收违法所得（即采购合同已支付金额）；对D公司处以采购金额千分之五的罚款，列入不良行为记录名单，在一年内禁止参加政府采购活动。

处理理由

财政部认为：公章具有代表公司意志的法律效力。本案中，在D公司提交的竞价文件里，法人代表授权书、技术指标应答书和报价单上加盖的是C公司的公章。虽然C公司辩称对此不知情，D公司辩称因工作人员失误错盖公章，但正常来讲，两家公司的对账行为与准备投标文件的行为并不存在任何关联，参与对账的工作人员与准备投标的工作人员也不会重合，D公司的辩解明显违背常理，不属于合理解释范围。公章具有代表公司意志的法律效力，混盖公章等同于不同投标人的投标文件相互混装，两家公司的辩解不足采信。基于D公司部分竞价文件中加盖C公司公章，且两家公司对此不能给出合理解释的事实，应认定C公司与D公司的行为属于《中华人民共和国政府采购法实施条例》第七十四条第（七）项规定的恶意串通的情形。

指导案例7号：××无线网络系统扩容采购项目举报案

关键词 重大违法记录/信用查询/指定渠道

案例要点

重大违法记录主要是基于对供应商违法行为的刑事、行政处罚而产生的，在没有刑事、行政处罚的情况下，任何单位不得以信用记录等形式限制供应商参与政府采购活动。

相关法条

《中华人民共和国政府采购法》第二十二条第一款第（五）项、《中华人民共和国政府采购法实施条例》第十九条第一款、《财政部关于在政府采购活动中查询及使用信用记录有关问题的通知》（财库〔2016〕125号）

基本案情

采购人D就该单位“××无线网络系统扩容采购项目”进行公开招标。2017年5月19日，采购人D发布招标公告，并组织了开标、评标工作。2017年6月23日，采购人D发布中标公告，经评审，评标委员会推荐J公司为中标供应商。

2017年7月3日，供应商B公司向财政部提交举报材料，认为中标供应商J公司此前因未按竞价规则履约，被列入代理机构A失信名单，不符合《中华人民共和国政府采购法》第二十二条的规定。

经查，招标文件规定：“截至开标之日，经‘信用中国’网站、‘信用辽宁’网站失信黑名单、‘信用大连’大连市重大税收违法案件信息公示平台、‘中国政府采购网’网站政府采购严重违法失信行为信息记录，被列入失信被执行人、重大税收违法案件当事人名单、政府采购严重违法失信行为记录名单的不得参加本采购项目。评标委员会以评审现场查询记录为准”。另查明，代理机构A于2017年6月9日发布的“关于暂停J公司参与网上竞价资格的公告”记载：“J公司在××服务器及配件采购项目中报价时间截止后，未按竞价规则履约。根据《代理机构A网上竞价管理办法》有关规定，自本公告发布之时起暂停J公司网上竞价资格六个月”。

处理结果

财政部作出监督检查处理决定：举报事项缺乏事实依据。

处理理由

财政部认为：经调查，截至开标之日，未发现J公司存在重大违法记录，符合招标文件要求。

指导案例8号：××系统通用硬件采购项目投诉案

关键词　技术参数/判断标准/产品官网信息

案例要点

政府采购评审过程中，评审委员会成员依据各自的专业知识，根据政府采购法律法规和采购文件所载明的评审方法、标准，依法独立地对投标文件的真实性、投标产品的响应情况等做出评判。对于评审委员会的评审结果，非因法定事由和依照法定程序，原则上不得推翻。

在投诉处理阶段，财政部门一般依据评审委员会成员意见、投标产品制造商说明及检测报告等评判投标产品技术参数响应的真实性。具体评判时，如仅有投诉人单方异议，不应直接否认评审专家的意见；如招标文件未要求投标人在投标时提供产品官网信息等证据，而投诉人仅以产品官网信息为依据的，不能当然否认评审委员会的评审结果；如投诉人提供了有关证据材料，财政部通过调查取证依法获取了投标产品制造商书面说明或有关检测报告，但不能证明投标产品技术参数响应不真实，且未发现评审委员会在人员构成、评审程序、评审结果等方面存在明显、严重违法情形的，应认定投诉事项缺乏事实依据。

相关法条

《政府采购供应商投诉处理办法》（财政部令第20号）第十七条

基本案情

2016年12月，采购人W委托代理机构G就该单位“××系统通用硬件采购项目”（以下称本项目）进行公开招标。2016年12月30日，代理机构G发布招标公告，后组织了开标、评标工作。经过评审，评标委员会推荐H公司为中标供应商。采购人W对评标结果进行确认后，代理机构G于2017年3月1日发布中标公告，并向H公司发送中标通知书。2017年3月6日，供应商A公司向代理机构G提出质疑。

2017年3月30日，A公司向财政部提起投诉。A公司称，其通过查询中标产品的官网信息，认为中标产品的“工作温度范围”为“5℃～35℃”，不满足招标文件关于“工作温度范围”为“5℃～40℃”的要求；中标产品内存插槽数为32个，而业界单条内存最大标准为64GB，其内存最大可扩展数量为2TB，不满足招标文件关于“内存最大可扩展数量”为“≥3TB”的要求；中标产品电源电压为110～240伏交流供电，不支持高压直流供电，不满足招标文件中“能源管理”关于“高压直流供电”的要求。H公司在投标文件中作无偏离或正偏离响应，属于提供虚假材料谋取中标的情形。

采购人W及代理机构G称，投诉事项中所提问题在质疑处理过程中，评标委员会已进行复核，H公司投标文件中对“工作温度范围”、“内存最大扩展数量”和“能源管理”

的应答为“无偏离”，符合招标文件的要求。

处理结果

财政部作出投诉处理决定：根据《政府采购供应商投诉处理办法》（财政部令第20号）第十七条第（二）项规定，投诉事项1、2、3缺乏事实依据，驳回投诉。

处理理由

财政部认为：本项目招标文件未要求供应商在投标文件中提供官网截图或链接作为证据，中标供应商H公司的投标文件对“工作温度范围”响应为“5℃～40℃”，偏差说明为“无”；对“内存最大可扩展数量”响应为“4TB”，偏差说明为“无”；对“能源管理”响应为“支持高压直流供电技术”，偏差说明为“无”。本项目中标产品制造商L公司向财政部提交的说明材料显示，中标产品满足招标文件关于“工作温度范围”、“内存最大可扩展数量”及“能源管理”的要求，并提供了相应证明材料。评标委员会认为H公司投标产品符合招标文件要求，未发现评标委员会存在违法、违规评审的问题。投诉事项1、2、3缺乏事实依据。

指导案例9号：××仓库资格招标项目投诉案

关键词　评审因素/量化指标/分值设置/评审标准

案例要点

在政府采购评审中采取综合评分法的，评审标准中的分值设置应当与评审因素的量化指标相对应。一方面，评审因素的指标应当是可以量化的，不能量化的指标不能作为评审因素。评审因素在细化和量化时，一般不宜使用“优”、“良”、“中”、“一般”等没有明确判断标准、容易引起歧义的表述。另一方面，评审标准的分值也应当量化，评审因素的指标量化为区间的，评审标准的分值也必须量化到区间。

评审标准中的分值设置与评审因素的量化指标不对应的，应当根据政府采购法第三十六条、《政府采购供应商投诉处理办法》（财政部令第20号）第十九条的规定予以处理。

相关法条

《中华人民共和国政府采购法》第三十六条、第七十一条

《中华人民共和国政府采购法实施条例》第三十四条、第六十八条

《政府采购供应商投诉处理办法》（财政部令第20号）第十九条

基本案情

采购人B委托代理机构A就该单位“××仓库资格招标项目”（以下称本项目）进行

公开招标。2017 年 3 月 22 日，代理机构 A 发布招标公告，后组织了开标、评标工作。经评审，评标委员会推荐 D 公司为第一中标候选人。2017 年 4 月 12 日，代理机构 A 发布中标公告。2017 年 4 月 18 日，C 公司向代理机构 A 提出质疑。

2017 年 5 月 19 日，C 公司向财政部提起投诉。C 公司称，1. 本项目评分标准设置不合法，对供应商实行差别待遇或者歧视待遇。2. 评标过程未对供应商所应具备的条件进行公正公平审查，主要依据是：D 公司仅为新成立的企业，但中标公告显示其在商务得分中高出了 C 公司近 6 分，在技术评分中高出了 C 公司近 20 分。

对此，代理机构 A 称：1. 本项目评分标准的设置是根据采购人 B 以往仓储的实际情况等所提出的要求，以实现仓储财物的安全性和便利性。2. C 公司和 D 公司在商务得分上的差分，主要是招标文件要求提供"投标人室外仓库情况"，而 C 公司未提供该情况；技术得分的差分，主要是招标文件"投标人室内仓库情况"要求"存放货物在 1 楼"，而 C 公司可提供的存货地点不位于 1 楼。

财政部查明，C 公司于 2017 年 3 月 24 日购买了本项目的招标文件。招标文件技术评审表"3、投标人室内仓库情况"的评分细则要求："根据投标人室内仓库（仓库配套有室内仓储场地不少于 7000 平方米、高台仓、有监控摄像、存放货物在 1 楼）横向比较：优得 35 ~ 45 分，中得 20 ~ 34 分，一般得 0 ~ 19 分（以仓库产权证明或租赁合同为准）"，单项分数/权重为 45 分。招标文件商务评审表"6、投标人室外仓库情况"的评分细则要求："根据投标人室外仓库场地（仓库配套有室外仓储场地不少于 3000 平方米、有围墙进行物理隔离、有监控摄像、有保安巡逻）的情况横向比较：优得 35 ~ 40 分，中得 20 ~ 34 分，一般得 0 ~ 19 分（以仓库产权证明或租赁合同为准）"，单项分数/权重为 40 分。本项目已签订政府采购合同，但尚未履行。

处理结果

财政部作出投诉及监督检查处理决定：根据《中华人民共和国政府采购法》第五十二条和《中华人民共和国政府采购法实施条例》第五十三条的规定，投诉事项 1 属于无效投诉事项。

根据《政府采购供应商投诉处理办法》（财政部令第 20 号）第十七条第（二）项的规定，投诉事项 2 缺乏事实依据，驳回投诉。

根据《中华人民共和国政府采购法》第三十六条第一款第（二）项、《政府采购供应商投诉处理办法》（财政部令第 20 号）第十九条第（二）项的规定，决定撤销合同，责令采购人 B 废标，重新开展采购活动。

针对本项目评审标准中的分值设置与评审因素的量化指标不对应的问题，根据《中华人民共和国政府采购法》第七十一条和《中华人民共和国政府采购法实施条例》第六十八条的规定，责令采购人 B 和代理机构 A 限期改正，并对代理机构 A 作出警告的行政处罚。

处理理由

财政部认为，投诉事项 1 属于对招标文件的异议。C 公司购买招标文件的时间为 2017

年 3 月 24 日，应自收到招标文件之日起 7 个工作日内提出质疑，而 C 公司提出质疑的时间（2017 年 4 月 18 日）已超过法定质疑期限。因此，投诉事项 1 属于无效投诉事项。

关于投诉事项 2，由于 C 公司投标文件所显示的租赁仓库位于 3、4、5、6 楼，不符合本项目招标文件“投标人室内仓库情况”中“存放货物在 1 楼”的要求。投诉事项 2 缺乏事实依据。

此外，本项目招标文件评审标准设置有“优得 35 ~ 45 分，中得 20 ~ 34 分，一般得 0 ~ 19 分”等，存在分值设置未与评审因素的量化指标相对应的问题，违反了《中华人民共和国政府采购法实施条例》第三十四条第四款的规定。

指导案例 10 号：××体系采购项目投诉案

关键词　货物采购/适用法律错误/采购活动违法

案例要点

政府采购法有关招标文件编制、评标方法和评标标准制定、招标信息发布、评标专家抽取、中标信息发布等方面的规定均不同于招标投标法。在政府采购活动中，招标投标法及其实施条例，主要适用于通过招标方式采购的政府采购工程以及与工程建设相关的货物、服务。政府采购工程及与工程建设相关的货物、服务通过招标方式以外的方式采购的，和与工程建设不相关的货物、服务的采购，都应适用政府采购法及其实施条例、《政府采购货物和服务招标投标管理办法》等规定。与工程建设不相关的货物和服务的采购未依照前述规定执行，而依据招标投标法执行的，属于适用法律错误，违反了政府采购法第二条第一款和第六十四条第一款的规定。

相关法条

《中华人民共和国政府采购法》第二条、第六十四条

《政府采购供应商投诉处理办法》（财政部令第 20 号）第十九条

基本案情

2004 年 10 月 29 日，采购人 C 委托代理机构 A 就该单位“××体系采购项目”（以下称本项目）进行公开招标，采购有关仪器设备，B 公司参与投标。2004 年 12 月 1 日，代理机构 A 发布中标公告。B 公司对中标结果不满，向采购人 C 和代理机构 A 提出质疑。

2004 年 12 月 21 日，B 公司向财政部提起投诉。B 公司认为：1. 某投标产品是该类产品中最好的品牌之一，以最低价投标而未中标，没有合理解释。2. 招标文件中未写明具体评标方法、打分标准、计算公式。3. 中标结果公示应包括评标委员会成员名单而未包括，不符合法定标准。4. 招标文件技术要求规定的“免保养，无需更换泵管、管路及气瓶”具有排他性，属于歧视性条款。5. 中标人在其他项目的投标中，相同产品的价格比本次投

标报价低。

代理机构 A 称：B 公司所投产品的一些技术指标不满足招标文件要求。本项目是 × × 体系建设项目的一部分，应遵照招标投标法的相关规定开展。

另查明，本项目资金属于国家发展和改革委员会（以下简称国家发改委）安排的基本建设投资，按照招标投标法有关规定进行的招标。招标投标法和政府采购法的实施条例当时均尚未发布，具体实施中有些内容存在交叉，例如对国家重大建设项目中的货物采购应适用两法中的哪一部尚不明确。因此，财政部收到投诉材料后考虑到《国务院办公厅印发国务院有关部门实施招标投标活动行政监督职责分工意见的通知》（国办发〔2000〕34号）已明确规定，重大建设项目由国家发改委监管，且本项目招标已按招标投标法进行，为防止职能交叉，财政部未作答复并将投诉移送国家发改委处理。后 B 公司以财政部不作为为由向法院提起行政诉讼。2006 年 8 月，法院作出一审判决，认为本项目属于货物采购，B 公司投诉的是关于代理机构在以招投标方式采购货物的过程中，招投标组织不合法的问题，根据政府采购法的相关规定应由财政部监管。2006 年 12 月，财政部提起上诉，二审法院维持一审判决。根据法院判决，财政部作出投诉处理决定书。后 B 公司不服该处理决定向法院提起行政诉讼。最终法院作出判决，驳回 B 公司全部诉讼请求。

处理结果

财政部投诉处理决定：关于投诉事项 1，B 公司所投产品不符合招标文件的实质性要求，投诉事项 1 不成立。关于投诉事项 2、3、4、5，本项目采购活动违反了《中华人民共和国政府采购法》第二条第一款和第六十四条第一款的规定。根据《政府采购供应商投诉处理办法》（财政部令第 20 号）第十九条第（三）项的规定，决定采购活动违法。

处理理由

财政部认为：关于投诉事项 1，本项目招标文件实质性条款要求所投产品“免保养，无需更换泵管、管路及气瓶”，而 B 公司所投产品使用了蠕动泵，泵管、管路、气瓶需定期更换，在人员培训内容中也包括蠕动泵的安装与更换，气瓶的安装与更换，不符合招标文件实质性要求。

关于投诉事项 2、3、4、5，本项目属于政府采购中的货物采购，其采购方式和采购程序均应依照《中华人民共和国政府采购法》以及《政府采购货物和服务招标投标管理办法》（财政部令第 18 号）等相关法律法规执行。而本项目依照《中华人民共和国招标投标法》执行，属于适用法律错误，违反了《中华人民共和国政府采购法》第二条第一款和第六十四条第一款的规定。

鉴于本项目政府采购合同已经履行，根据《政府采购供应商投诉处理办法》（财政部令第 20 号）第十九条第（三）项的规定，决定采购活动违法。

第二部分

政府采购投诉举报处理案例

21－70 页

案例一：客观分不“客观一致”怎么办？

要点提示：

1. 供应商应提供清晰明确的投标文件；
2. 评审委员会对客观内容打分应一致；
3. 代理机构应尽到提示义务。

案情概述

20××年4月30日，K招标公司接受采购人委托，就该单位“网络设备采购及安装项目”组织公开招标工作。4月14日，采购人确认了招标文件；K招标公司在中国政府采购网上发布了招标公告。招标文件发售日期为4月14日至4月20日，共有4家供应商购买了本项目的招标文件。开标前一个工作日，K招标公司与采购人共同从专家库中抽取了评标专家。到招标文件规定的投标截止时间，4家投标人均按时递交了投标文件。

K招标公司、采购人和投标人代表参加了开标仪式。唱标前，投标人代表对投标文件的密封情况进行了检查确认。随后，K招标公司和采购人组织了评标。评标委员会由2名采购人代表和5名评标专家组成。在评标工作开始前，评标专家与采购人代表就与本项目所有投标人没有利害关系及保证遵守保密原则进行了承诺。

本项目采用综合评分法评标，评标委员会对实质上响应招标文件要求的投标人进行价格、商务和技术综合评价打分后，按综合评分由高到低的顺序进行排列，向采购人推荐了三名中标候选人。K招标公司在得到采购人对评标结果的确认后，在中国政府采购网发布了中标公告。

公告发布后，A公司对本次评标结果提出质疑，称：在本次投标中，A公司报价最低，中标人报价最高，而各供应商技术水平相当，按分数推算，A公司价格分比中标单位高出近7分，理应中标。K招标公司在收到质疑后，组织了原评标委员会进行复核。原评标委员会出具的复核意见称：质疑人投标文件的案例未按招标文件要求提供用户反馈，且文字模糊，无法辨认；评标委员会认为，对该投标人的评分是客观公正的。A公司对此质疑答复不满，向财政部门提出投诉。

调查情况

本案争议的焦点是，A公司投标文件中提供的案例材料是否清晰，提供的合同是否符合招标文件的要求。因此，财政部门调取了本项目的招标文件、投标文件和评标报告。调查发现，A公司投标文件中的案例业绩部分，共提供了10个案例及相应的合同材料，其中，有4个合同案例的材料清晰且符合招标文件要求，合同金额分别为253万元、395万元、590万元和650万元，其余6个合同中存在着文字模糊或者合同金额无法辨认等情形。

根据招标文件的评分细则“单个合同金额 200 万元以上成功案例，每个 0.5 分；单个合同金额 400 万元以上成功案例，每个 1 分；最高 8 分”，A 公司的案例得分应为 3 分。而实际的评分情况是，5 名评标专家给 A 公司此项的打分均为 3 分，因此，专家的打分是客观的，也符合招标文件的要求；而 2 名采购人代表给 A 公司此项的打分均为 0 分。如此打分，要么是采购人代表没有很好地理解评标办法中关于案例分这种客观分的评分方法，要么是采购人代表没有仔细地审查 A 公司的投标业绩案例，要么是采购人代表在评标过程中存在歧视性和倾向性，没有客观地进行评分。为防止出现这些情况，代理机构应该对评标数据进行校对，并对评分存在差异的地方提示评标委员会复核。为了了解代理机构是否履行了提示义务，财政部门调取了评标录像，录像显示在评标打分之后，代理机构没有校对评标数据，也没有提示评标委员会进行复核。

问题分析与处理情况

本案集中反映了政府采购中常见的几种问题，应当说投标人、评标委员会和代理机构都存在不当之处：

一是投标人编制投标文件不够清晰准确。投标人编制的投标文件应该准确清晰、响应招标文件的要求、内容真实有效。本案中，投标人提供的 10 个合同案例，只有 4 个符合要求能够得分，其他 6 个有文字模糊或合同金额无法辨认等情况，导致出现提供案例却不能全部得分的情况。

二是评标委员会成员对客观分的评分不一致。如果评标委员会成员都按照招标文件规定的评分标准进行打分，那么由于评分标准固定，投标资料固定，评标委员会成员对客观分的打分就应该是一致的。本案中，虽然 A 公司提供的投标资料不够完整清晰，但是其中的 4 个合同案例还是清晰、符合要求的，评标委员会成员对案例的打分按道理来说应该保持一致，都给 A 公司打 3 分。而实际中 2 名采购人代表打分不准确，评标委员会的客观分不一致，导致评标结果存在问题。

三是代理机构没有尽到提示义务。代理机构作为评标工作的组织者，在评标过程中，应该核对评标委员会的评分，特别是提醒评标委员会成员对客观分的评分要保持一致。本案中出现了“客观分评分不一致”的情况，而代理机构既没有校对评标数据，也没有提示评标委员会进行复核，导致本项目产生了质疑和投诉。

因此，财政部门认为：本项目中评标委员会对于案例分这一客观分评分不一致，违反了《财政部关于进一步规范政府采购评审工作有关问题的通知》（财库〔2012〕69 号）第 2 条“对供应商的价格分等客观评分项的评分应当一致”的规定；K 招标公司未能及时发现和纠正“客观分评分不一致”等问题，且在答复质疑阶段仍没有发现相关问题，违反了《财政部关于进一步规范政府采购评审工作有关问题的通知》（财库〔2012〕69 号文）第 2 条“采购人、采购代理机构要对评审数据进行校对、核对，对畸高、畸低的重大差异评分可以提示评审委员会复核或书面说明理由”的规定。

综上，财政部门做出处理决定如下：根据《政府采购货物和服务招标投标管理办法》（财政部令第 18 号）第 77 条“未按招标文件规定的评标方法和标准进行评标的……影响中标结果的，中标结果无效”的规定，决定本次中标结果无效。根据《财政部关于进一步规范政府采购评审工作有关问题的通知》（财库〔2012〕69 号）的规定，责令代理机构进行整改。

案例二："★"条款之争

要点提示：

非实质性条款不满足不能因此取消中标成交资格。

案情概述

20××年 3 月，S 招标公司接受采购人某局的委托，按照采购人的要求就其"办公楼业务大平面显示系统设备采购及安装项目"组织竞争性谈判工作。4 月初，采购人成立了谈判小组，S 招标公司根据采购人的技术需求书编制了谈判文件，4 月 7 日，采购人最终审核确认了谈判文件。4 月 8 日，S 招标公司邀请 A 公司、B 公司和 C 公司参加谈判，并向该三家公司提供了谈判文件。4 月 28 日，A 公司、B 公司和 C 公司均按时递交了响应文件，文件的密封情况完好。谈判小组在对响应文件进行评审中发现，A 公司响应文件中显示设备的外观尺寸为："1215. 3mm（长）×686. 1mm（宽）×130mm（厚）"不符合谈判文件要求的单个液晶显示单元厚度为 98. 5mm 的规定。谈判中 A 公司作出承诺，如果其能够成为成交供应商，其产品将按照谈判文件的要求制作。最终谈判小组根据谈判文件的规定确定 A 公司为成交供应商。成交结果公告发出后，A 公司与采购人沟通，告知采购人其屏体尺寸为 1215. 3mm（长）×686. 1mm（宽）×116mm（厚），即不能满足谈判文件及其谈判过程中所做的承诺。虽然此项参数未设置"★"，但采购人表示不能接受该偏离，因此征得评审专家及监督人意见后，于 5 月 20 日，组织评审专家出具了新的评审结果，取消 A 公司的成交资格，推荐第二顺序成交人为成交供应商。

A 公司知道成交结果变更后，向 S 招标公司提出质疑，认为其产品满足谈判文件实质性要求且为评审价格最低，取消其成交资格不合理。A 公司认为自己提出的屏体尺寸以及其所需安装空间完全可以满足采购人 400mm 的空间要求，且该项参数未设置"★"，不能作为废标条件。S 招标公司在质疑回复中称，A 公司在谈判响应文件技术偏离表中，将谈判文件规格要求的 98. 5mm 改为 120mm，使其与响应文件相一致，干扰了谈判小组的评审，导致在评审过程中未及时发现此问题。A 公司谈判响应文件所提供的单元厚度为 120mm，而实际响应文件所提供的彩页外形尺寸为 130mm，其响应参数严重偏离谈判文件要求，自相矛盾。且无论是 120mm、130mm 还是后提出的 116mm 都偏离谈判文件 98. 5mm 规定，不能满足项目要求。A 公司对质疑答复不满，向财政部门提起投诉。

调查情况

本案争议的焦点是，没有满足非"★"条款的偏离是否能够成为取消成交的理由。因此，财政部门调取了本项目采购过程的相关文件，调查发现：谈判文件中规定“下文标示‘★’的条款为不可偏离项目，要求完全满足要求，部分满足视同不满足，将被视为实质性不响应要求”。而谈判文件中“单个液晶显示单元对角线尺寸为 55 英寸，边框尺寸为 1215.3mm（长）×686.1mm（宽）×98.5mm（厚），显示尺寸为 1209.6mm×680.4mm”，此项条款并未标注“★”，并没有在谈判文件中列为实质性条款。谈判报告的记录显示，A 公司在谈判过程中作出承诺，如果其能够成为成交供应商，其产品将按照谈判文件的要求制作。5 月 20 日的评审结果记录中显示，评审专家以 A 公司未能完全响应采购人要求为理由，推荐 4 月 28 日的评审结果中排名第二的供应商为成交供应商。

问题分析及处理情况

本案反映了采购人对采购产品关键性指标标注“★”不准确而导致的问题。在采购文件的编制过程中，采购人和代理机构应该对采购内容进行准确详细的描述和规定，对于关键性指标的技术规格参数，可以通过标注“★”的方式着重提示供应商需要完全响应，而对于允许存在偏差的参数内容，则可以允许供应商根据自己产品的情况进行变动调整。本项目中，采购人和 S 招标公司如果认为显示设备的边框尺寸受客观原因限制，必须完全满足才行的话，就应该在采购文件中将边框尺寸标注“★”，列为实质性条款。但是本案中，采购文件中没有对此标注“★”，而且 A 公司的产品也是符合采购人提供的实际安装空间的，在此情况下，评审专家以 A 公司不满足显示设备的边框尺寸的要求为由取消其成交结果的行为完全没有道理。

因此，财政部门认为：本项目中 A 公司虽然提供的液晶屏显示单元的技术要求参数不完全满足谈判文件的要求，但由于此要求并未标注“★”，不属于谈判文件中的实质性条款，故上述技术参数不满足不属于未实质性响应谈判文件要求，采购人和 S 招标公司不能因此取消 A 公司成交资格。综上，财政部门做出处理决定：A 公司投诉事项成立，此次成交结果无效，责令重新开展采购活动。

案例三：代理机构不能“越俎代庖”

要点提示：

1. 在政府采购活动中，采购人、采购代理机构、评审委员会应针对质疑事项作出答复。

2. 因质疑事项导致中标或成交结果改变的情形，应报财政部门备案。

3. 质疑期间发现了质疑事项之外的情况可能导致中标无效情形的，应报财政部门认定中标无效。

案情概述

20××年 10 月 30 日，Z 招标公司接受某研究院委托，就该研究院“信息系统设备采购及安装项目”组织公开招标工作。11 月 14 日，采购人确认了招标文件。同日，Z 招标公司在中国政府采购网上发布了招标公告。招标文件发售日期为 11 月 14 日至 11 月 20 日，共有 3 家供应商购买了招标文件。12 月 10 日投标截止，3 家投标人均按时递交了投标文件。Z 招标公司、采购人和投标人代表参加了开标仪式。经评审，评标委员会按综合评分由高到低的顺序向招标人推荐 B 公司为中标候选人。Z 招标公司在得到采购人对评标结果的确认后，在中国政府采购网发布了 B 公司中标的中标公告。

随后，投标人 A 公司对本次评标结果提出质疑，称：在本次投标中，A 公司报价最低，中标人报价最高，而各供应商技术水平相当，按分数推算，A 公司价格分比中标单位高，理应中标。Z 招标公司在收到质疑后，组织了原评标委员会进行复核。12 月 21 日，Z 招标公司告知采购人该项目质疑复核中发现中标人 B 公司的投标文件存在实质性问题，项目有效投标人不足三家，应做废标处理，采购人回函确认同意。Z 招标公司于 12 月 25 日发布废标公告，同时向 A 公司发出质疑回复。A 公司对此质疑答复不满，向财政部门提出投诉。

调查情况

本案的焦点问题是，采购代理机构能否以质疑事项之外的理由改变采购结果。经财政部门调查后发现，Z 招标公司在收到投诉人质疑后，组织了原评标委员会进行复核。复核过程中，发现有证据表明，中标候选人 B 公司的投标资信证明的真实性存疑。Z 招标公司于 12 月 14 日向 B 公司投标文件中资信证明开具行发函确认中标人资信证明的真实性，当日，该行回函声明未出过该资信证明。12 月 21 日，Z 招标公司告知采购人该项目质疑复核中发现中标人的投标文件存在实质性问题，项目有效投标人不足三家，应做废标处理，采购人回函确认。Z 招标公司于 12 月 25 日发布废标公告。

问题分析及处理情况

本案反映了采购人、采购代理机构和评审委员会在处理质疑答复时，针对出现可能导致采购结果改变的不同情况，须把握以下三点：

一、在政府采购活动中，采购人、采购代理机构、评审委员会应针对质疑事项作出答复。根据《政府采购法》第 53 条和《政府采购货物和服务招标投标管理办法》（财政部令第 18 号）第 63 条规定，招标采购单位应在收到投标供应商书面质疑七个工作日内，对质疑内容作出答复。《财政部关于进一步规范政府采购评审工作有关问题的通知》（财库〔2012〕69 号）规定“参与政府采购活动的供应商对评审过程或结果提出质疑的，采购人或采购代理机构可以组织原评审委员会协助处理质疑事项，并依据评审委员会出具的意见进行答复”。根据上述规定，在政府采购活动中，采购人、采购代理机构、评审委员会应针对质疑事项作出答复，而不应对质疑事项之外的内容进行答复。

二、因质疑事项导致中标或成交结果改变的情形，应报财政部门备案。根据《财政部关于进一步规范政府采购评审工作有关问题的通知》（财库〔2012〕69 号）关于“质疑答复导致中标或成交结果改变的，采购人或采购代理机构应当将相关情况报财政部门备案”的规定，主要针对答复质疑期间，因质疑事项导致中标或成交结果改变的情形要求备案。

三、质疑期间发现了质疑事项之外的情况可能导致中标无效情形的，应报财政部门认定中标无效。为防止在答复质疑期间，招标代理机构、评标委员会随意改变采购结果，《政府采购货物和服务招标投标管理办法》（财政部令第 18 号）第 82 条规定专门作出了规定，“有本办法规定的中标无效情形的，由同级或其上级财政部门认定中标无效”。本案中，在中标人 B 公司已确定的情况下，经过评标委员会再次复审以及采购人确认，发现 B 公司的投标文件中投标资信证明为虚假材料，不但超出了质疑答复范围，而且此废标决定也不应由评标委员会做出。

因此，财政部门认为：《政府采购货物和服务招标投标管理办法》（财政部令第 18 号）第 74 条规定，“投标人‘提供虚假材料谋取中标的’，中标无效”；第 82 条规定“有本办法规定的中标无效情形的，由同级或其上级财政部门认定中标无效”；《财政部关于进一步规范政府采购评审工作有关问题的通知》（财库〔2012〕69 号）规定“质疑答复导致中标或成交结果改变的，采购人或采购代理机构应当将相关情况报财政部门备案。”根据上述规定，本项目发现中标供应商提供虚假材料谋取中标的违法违规情形，属于质疑事项之外的内容，应由财政部门认定中标无效。综上，财政部门作出投诉处理决定：本项目中标人 B 公司提供虚假材料的情况不属于质疑事项，因此，应按《政府采购货物和服务招标投标管理办法》（财政部令第 18 号）第 82 条的规定，报财政部门认定项目中标无效。招标采购单位自行认定中标无效并废标，属于适用法律法规错误，行为无效。中标供应商提供虚假材料，违反了《政府采购货物和服务招标投标管理办法》（财政部令第 18 号）第 74 条的规定，决定取消 B 公司的中标资格，并作出列入不良行为记录名单，在一年内禁止参加政府采购活动的行政处罚。

案例四：被歧视的“外地人”

要点提示：

1. 招标文件不得含有倾向性或者排斥潜在投标人的内容；
2. 出现影响采购公正的违法、违规行为的，应予废标。

案情概述

20××年 10 月，某学院委托 Z 招标公司，就该学院“修理厂设备购置政府采购项目”进行公开招标；10 月 22 日，Z 招标公司发布招标公告；11 月 12 日开标、评标，同日 Z 招标公司得到采购人的确认后，发布中标公告。

11 月 19 日，投标人 M 公司提出质疑称，招标文件第一章第五条第六款规定：投标人注册登记地不在 C 市的，则在 C 市应有工商注册登记的服务机构（提供服务机构证件复印件）和固定的专业维修人员（固定专业维修人员社保缴纳证明）。此招标要求作为废标条款之一，具有明显的地域歧视和排挤其他地区投标方的嫌疑。当日，采购人和采购代理机构答复质疑称：本项目采购内容涉及维修的专业设备，在维修、维护、培训方面均需要提供长期、优质的本地化服务，以确保服务的专业性和及时性，且需要设备供应商提供及时的上门调试服务和提供备件，因此投标人在本地有正式的售后服务机构的要求是合法合理的。投标人 M 公司对此质疑答复不满，向财政部门提出投诉。

调查情况

本案的焦点问题是，要求投标人在本地有正式的售后服务机构的要求是合法合理，还是不正当的歧视性、排他性的要求。因此，财政部门调取了招标采购过程中的相关资料。调查发现：招标文件第一章第五条规定："投标人注册登记地不在 C 市的，则在 C 市应有工商注册登记的服务机构（提供服务机构证件复印件）和固定的专业维修人员（固定专业维修人员社保缴纳证明）"。此要求是合格投标人的资格要求之一，招标文件第二章第 24.5 条规定："如果投标实质上没有响应招标文件的要求，其投标将被拒绝，投标人不得通过修正或撤消不合要求的偏离或保留从而使其投标成为实质上响应的投标。如发现下列情况之一的，招标人有权拒绝其投标：……不具备招标文件中规定的资格要求的。"

问题分析及处理情况

本案反映了采购人和采购代理机构在对投标人的服务机构和维修人员进行要求时，应注意不得含有倾向性或者排斥潜在投标人的内容。

作为一个货物采购项目，同时涉及货物的培训使用及维修服务等问题。按照通常惯例，招标文件可以要求供应商对所售商品的本地化售后服务提出承诺，要求其在限定时间内提供培训维修服务以保证售后服务质量。但是，在本项目的招标公告和招标文件中规定："投标人注册登记地不在 C 市的，则在 C 市应有工商注册登记的服务机构"，这就导致了在招标之前没有在 C 市工商局注册的供应商都不能参加此次招标。然而，经工商注册的办事机构，并非提供有效售后服务的必要条件，采购人和代理机构制定的招标文件中要求售后服务机构是在本地进行过注册登记的机构，实际上是属于以不合理的条件对供应商实行差别待遇或者歧视待遇。

因此，财政部门认为：《中华人民共和国政府采购法》第 22 条第 2 款规定："采购人可以根据采购项目的特殊要求，规定供应商的特定条件，但不得以不合理的条件对供应商实行差别待遇或者歧视待遇。"《政府采购货物和服务招标投标管理办法》（财政部令第 18 号）第 21 条第 2 款规定："招标文件不得要求或者标明特定的投标人或者产品，以及含有倾向性或者排斥潜在投标人的其他内容。"本项目在招标文件中要求提供经工商注册的办事机构，属于以不合理的条件对供应商实行差别待遇或者歧视待遇。《中华人民共和国政府采购法》第 36 条规定："出现影响采购公正的违法、违规行为的，应予废标"；《中华人民共和国政府采购法》第 71 条规定："采购人、采购代理机构有下列情形之一的，责令限期改正，给予警告……（四）以不合理的条件对供应商实行差别待遇或者歧视待遇的；"《政府采购货物和服务招标投标管理办法》（财政部令第 18 号）第 68 条规定："招标采购单位有下列情形之一的，责令限期改正，给予警告……（四）以不合理的要求限制或者排斥潜在投标供应商，对潜在投标供应商实行差别待遇或者歧视待遇，或者招标文件指定特定的供应商、含有倾向性或者排斥潜在投标供应商的其他内容的；”同时，《政府采购供应商投诉处理办法》（财政部令第 20 号）第 19 条规定：“财政部门经审查，认定采购文件、采购过程影响或者可能影响中标、成交结果的，或者中标、成交结果的产生过程存在违法行为的，政府采购合同尚未签订的，分别根据不同情况决定全部或者部分采购行为违法，责令重新开展采购活动。”

综上，财政部门作出处理决定如下：本项目违反了《中华人民共和国政府采购法》第 22 条、第 36 条、第 77 条和《政府采购货物和服务招标投标管理办法》（财政部令第 18 号）第 21 条、第 68 条的规定，根据《政府采购供应商投诉处理办法》（财政部令第 20 号）第 19 条的规定，决定该项目予以废标，责令采购人重新开展采购活动，责令采购人和采购代理机构进行整改并作出警告的行政处罚。

案例五：指定货物品牌行不行？

要点提示：

招标文件中不得指定货物的品牌。

案情概述

20××年 10 月，T 师范学校委托 H 招标公司，就该学校“教学设备购置项目”进行公开招标。由于此次采购的教学设备是配合 T 师范学校争创“省级优秀学校”而准备的，因此校方要求采购的设备必须体现优质性和先进性，要高标准。为此，H 招标公司对此次招标工作高度重视，协助采购人 T 师范学校一起了解外省市及北京、上海、广州等大城市师范学校同类产品的采购和使用情况，并对本校既有同类教学设备在使用中发现的问题进行查找，听取多方意见后，编制完成了招标文件。10 月 25 日，H 招标公司发布招标公告，并同时开始发售招标文件。在招标文件发售期间，共有 A、B、C、D 四家供应商购买了招标文件。

10 月 28 日，H 招标公司收到 B 公司提交的质疑函，质疑函称：招标文件中指明了某些设备的品牌，存在不合理条款，例如，第五章第二条品目六中指定了多媒体教学大屏幕为“三星”品牌，规定了投影仪为“夏普”品牌。要求 H 招标公司和 T 师范学校修改招标文件。H 招标公司回复质疑称：招标文件表格中所列产品品牌并不是指定品牌，只是表示列出的品牌在之前的使用中效果较好，作为推荐，供应商可以提供招标文件中标明品牌的产品，也可以提供其他品牌的产品。因此，招标文件不存在指定品牌的问题，也不存在歧视性，不需要修改。B 公司对 H 招标公司质疑答复不满，向财政部门提起投诉。

调查情况

本案争议的焦点是，招标文件中是否指定了投标产品的品牌。为此，财政部门调取了本项目的招标文件、质疑文件和质疑答复等材料。调查发现：招标文件第五章“二、技术规格及要求”“品目六”规定，“为保证大型阶梯教室中多媒体教学情况下的显示效果，大屏幕显示器应采用三星品牌宽屏高清显示器”；同时，在投影仪的配置一项中表明，“投影仪应采用夏普影院系列投影设备”。这与H招标公司在质疑回复中所称的“招标文件表格中所列产品品牌并不是指定品牌，……只是作为推荐”的表述大相径庭。后来，财政部门向H招标公司再次核实，H招标公司反映说，这是T师范学校的要求，其实在编制招标文件时，H招标公司已向T师范学校建议过，认为这样在招标文件中写明品牌不太好，但T师范学校为了落实校领导要求，采购高质量教学设备，坚持要求写明品牌，所以才按照T师范学校的要求在招标文件中做出了上述规定。

问题分析及处理情况

本案反映了政府采购中常见的问题，即指定品牌的问题。应当说，本案中，采购人、采购代理机构都存在不当之处：

一是采购人在提供采购文件的技术需求时不应指定品牌。政府采购的基本原则是公开透明、公平竞争，应该允许符合采购需求的所有供应商均能参与竞争，只有这样，才能通过广泛而充分的竞争使采购人采购到最符合需求且价格合理的货物和服务。如采购人在招标文件中指定了某个或某些产品或服务的品牌，则必然会限制其他品牌参与此次政府采购活动，难以实现各品牌的公平竞争，既损害了供应商的权益，也会最终导致政府采购活动难以达到最佳效果。本案中，T师范学校一意孤行，坚持在招标文件中明确产品品牌，导致了本案投诉的发生。

二是采购代理机构在发现采购文件的技术需求存在问题时应该及时纠正，不应盲目听从采购人的要求。采购代理机构作为专业机构，应该非常了解政府采购法律法规与程序规定，在发现采购人提供的技术需求存在倾向性或其行为有不当之处时，应当及时指出，并要求采购人改正。本案中，H招标公司发现了采购人提供的技术需求中存在指定品牌的问题，却没有依法坚持自己的意见、要求采购人修改相应的技术需求内容，而是仍然按照采购人的要求编制招标文件并公开发售，最终导致了供应商不满，引发本案的质疑投诉。

因此，财政部门认为：《政府采购货物和服务招标投标管理办法》（财政部令第18号）第21条规定：“招标文件不得要求或者标明特定的投标人或者产品，以及含有倾向性或者排斥潜在投标人的其他内容。”第68条规定：“招标采购单位有下列情形之一的，责令限期改正，给予警告，可以按照有关法律规定并处罚款，对直接负责的主管人员和其他直接责任人员，由其行政主管部门或者有关机关依法给予处分，并予通报：（四）以不合理的要求限制或者排斥潜在投标供应商，对潜在投标供应商实行差别待遇或者歧视待遇，或者招标文件指定特定的供应商、含有倾向性或者排斥潜在投标供应商的其他内容的；”本项目招标文件中指定了部分产品的品牌，违反上述规定，必然会影响或者可能影响中标结果。《政府采购供应商投诉处理办法》第19条规定，“财政部门经审查，认定采购文件、采购过程影响或者可能影响中标、成交结果的，或者中标、成交结果的产生过程存在违法行为的，政府采购合同尚未签订的，分别根据不同情况决定全部或者部分采购行为违法，责令重新开展采购活动。”综上，财政部门做出处理决定：本项目违反了《政府采购货物和服务招标投标管理办法》（财政部令第 18 号）第 21 条和第 68 条的规定，责令采购人重新开展采购活动。

案例六：不该有的歧视待遇

要点提示：

招标文件中不得以资产总额、营业收入、从业人员、利润、纳税额等规模条件对中小企业实行差别待遇或者歧视待遇。

案情概述

20××年 10 月，某单位 T 管理局委托 H 招标公司进行“高防伪证书制作”服务项目采购工作。由于目前办假证活动泛滥，T 管理局此前曾多次接到举报或在业务检查中发现有人违法使用假证书，因此，T 管理局对此次新的证书制作服务采购工作高度重视，在采购开始前专门咨询了国内证书防伪领域的专家，并在专家指导下在采购需求中规定了较高的技术标准，同时，T 管理局还要求专家提供了几家国内从事防伪证书制作业务的技术水平较高的大公司名单。H 招标公司接受委托后，T 管理局将自己的担心和前期调研的情况与 H 招标公司进行了沟通，要求 H 招标公司按照 T 管理局前期确定的采购需求编制招标文件，并且提出为了保证采购的效果，要对投标人的资格提出较高的要求，一定要保证中标人是技术过硬、信誉良好、管理规范的大公司。

10 月底，H 招标公司按照 T 管理局的要求，编制完成了招标文件，并得到 T 管理局的确认。随后，H 招标公司依法进行了发布招标公告、发售招标文件、接受投标人递交投标文件、抽取专家、组织开标、组织评标委员会进行评标等工作，评标委员会经过评审，推荐投标人 D 公司为排名第一的中标候选供应商。H 招标公司在获得 T 管理局对采购结果的确认后，发布了中标公告。

12 月初，财政部门收到 A 公司的举报，举报称，此次采购存在不正当限制投标人的情形，采购结果有失公正，要求财政部门对此项目进行调查，并依法作出处理处罚。

调查情况

本案的焦点问题是，采购中是否存在以不正当理由限制投标人的情形。为此，财政部门调取了本项目的招标公告、招标文件等材料。调查发现：招标公告及招标文件中对于投标人的资格要求存在如下内容：投标人“注册资金不低于 2000 万元”、“投标前三年每年度营业收入不低于 2000 万元”、投标人正式员工“不得低于 100 人”等。为避免案件处理中出现疏漏，财政部门根据文件中发现的问题又对 T 管理局和 H 招标公司进行了询问。询问中 T 管理局表示，他们只是要求中标人必须是技术过硬，信誉良好的大公司，至于具体标准，是由 H 招标公司确定的；H 招标公司反映，为了能实现 T 管理局提出的必须由证书制作行业内大公司中标的要求，H 招标公司通过市场调研，确定了比较合理的资格标准，对投标人的注册资金、营业收入和公司规模等提出了一定的要求，这样既能保证投标人是具有一定实力的大公司，也能保证投标人数量比较多，能够构成充分竞争。

问题分析及处理情况

在本案中，采购人和采购代理机构确实存在不当之处，即对投标人进行了不正当限制。政府采购的一项基本原则是公平公正，即在采购中，要公平公正地对待所有投标人，不得对某些投标人进行歧视、也不得对某些投标人进行特殊照顾。反映在具体操作上，一是招标文件中不得存在歧视投标人的条款，例如不得要求或者标明特定的投标人或者产品、不得设置地域限制或者规模限制；二是在评标时要按照统一明确的标准进行评审，不得对投标人区别对待，有所倾向。此外，政府采购有一项基本政策是促进中小企业发展，近年来国家相关部门为了进一步促进这一政策的落实，也颁布了十分具有可操作性的文件，其要求中即包括“政府采购活动不得以注册资本金、资产总额、营业收入、从业人员、利润、纳税额等供应商的规模条件对中小企业实行差别待遇或者歧视待遇”的内容，这也与政府采购法所要求的“不得以不合理的条件对供应商实行差别待遇或者歧视待遇”的原则相呼应。本案中，招标文件中对投标人作出“注册资金不低于 2000 万元”、“投标前三年的每年度营业收入不低于 2000 万元”，“不得低于 100 人”等要求，明显是对注册资本较少、营业收入较低、从业人员不多的中小企业进行了限制，不符合政府采购公平公正的原则，有违政府采购促进中小企业发展的政策，是对中小企业的歧视。

因此，财政部门认为：《中华人民共和国政府采购法》第 22 条第二款规定，“采购人可以根据采购项目的特殊要求，规定供应商的特定条件，但不得以不合理的条件对供应商实行差别待遇或者歧视待遇”。《政府采购货物和服务招标投标管理办法》（财政部令第 18 号）第 21 条规定：“招标文件不得要求或者标明特定的投标人或者产品，以及含有倾向性或者排斥潜在投标人的其他内容。”《政府采购促进中小企业发展暂行办法》（财库〔2011〕181 号）第 3 条规定，“任何单位和个人不得阻挠和限制中小企业自由进入本地区和本行业的政府采购市场，政府采购活动不得以注册资本金、资产总额、营业收入、从业人员、利润、纳税额等供应商的规模条件对中小企业实行差别待遇或者歧视待遇”。本案中招标公告和招标文件中关于投标人资格的要求，明显违反了上述规定。

《中华人民共和国政府采购法》第 71 条规定，“采购人、采购代理机构有下列情形之一的，责令限期改正，给予警告，可以并处罚款，对直接负责的主管人员和其他直接责任人员，由其行政主管部门或者有关机关给予处分，并予通报：（四）以不合理的条件对供应商实行差别待遇或者歧视待遇的”。《政府采购货物和服务招标投标管理办法》（财政部令第 18 号）第 68 条规定，“招标采购单位有下列情形之一的，责令限期改正，给予警告，可以按照有关法律规定并处罚款，对直接负责的主管人员和其他直接责任人员，由其行政主管部门或者有关机关依法给予处分，并予通报：（四）以不合理的要求限制或者排斥潜在投标供应商，对潜在投标供应商实行差别待遇或者歧视待遇，或者招标文件指定特定的供应商、含有倾向性或者排斥潜在投标供应商的其他内容的”。综上，财政部门对本案作出处理决定，决定采购活动违法，并对采购人和采购代理机构给予了警告的行政处罚。

案例七：有法可依，就应该“有法必依”

要点提示：

适用政府采购法的项目不应按照招标投标法执行。

案情概述

采购人某单位委托G招标公司，就“某医疗救治体系采购项目”进行公开招标，采购预算2000万元。本项目于20××年10月29日在中国政府采购网发布招标公告，11月20日开标、评标，经评标委员会评审，推荐C公司为中标候选人，G招标公司经采购人确认，于12月1日在中国政府采购网发布中标公告。

投标人A公司在中标公告发布后，向采购人及G招标公司提出质疑，称：根据《政府采购货物和服务招标投标管理办法》（财政部令第18号）规定，“中标供应商确定后，中标结果应当在财政部门指定的政府采购信息发布媒体上公告。公告内容应当包括招标项目名称、中标供应商名单、评标委员会成员名单、招标采购单位的名称和电话。”而本项目中标公告中未包括评标委员会成员名单。G招标公司在质疑回复中称，本项目是某医疗救治体系建设项目的一部分，遵循《招标投标法》的相关规定进行招标活动，无需按照《政府采购货物和服务招标投标管理办法》公告评标委员会成员名单。A公司对此质疑答复不满，向财政部门提出了投诉。

调查情况

本案争议的焦点是，项目采购活动应该遵循《政府采购法》还是应该遵循《招标投标法》。经财政部门调查发现，就本次“医疗救治体系采购项目”采购人向财政部申请了专项资金，并且已经取得了相应的批复文件。但是在采购人委托G招标公司进行公开招标采购时，并未向代理机构提供上级财政主管部门的批复文件，G招标公司也未向采购人确认资金性质。

问题分析及处理情况

本案反映了招投标过程中适用法律的问题。本项目从单位性质来看属于中央预算单位，从资金使用性质来看属于财政拨款，从采购预算2000万元来看，超过了公开招标的采购限额标准，从采购内容来看属于货物类采购，很显然本项目是采购人使用财政性资金采购货物的行为，其采购方式和采购程序，均应依照《中华人民共和国政府采购法》及《政府采购货物和服务招标投标管理办法》（财政部令第18号）等相关法律法规执行，而本项目没有依照上述规定执行，而且在A公司提出质疑后，G招标公司也没有认真对待，却以本项目应遵循《招标投标法》为由答复A公司，最终导致了A公司向财政部门的投诉。

《中华人民共和国政府采购法》第2条规定："在中华人民共和国境内进行的政府采购适用本法。本法所称政府采购，是指各级国家机关、事业单位和团体组织，使用财政性资金采购依法制定的集中采购目录以内的或者采购限额标准以上的货物、工程和服务的行为。"第64条规定："采购人必须按照本法规定的采购方式和采购程序进行采购。"本项目属于预算单位使用财政性资金采购货物的行为，且项目采购金额在国家规定的采购限额标准以上，故本项目应按照《中华人民共和国政府采购法》规定的方式和程序进行招标。

综上，财政部门做出处理决定如下：本项目采购活动违反了《中华人民共和国政府采购法》第2条第1款和第64条第1款规定。根据《政府采购供应商投诉处理办法》第19条规定，"财政部门经审查，认定采购文件、采购过程影响或者可能影响中标、成交结果的，或者中标、成交结果的产生过程存在违法行为的，政府采购合同已经履行的，决定采购活动违法"，财政部门决定本项目采购活动违法。

案例八：宏观的评标标准不好用

要点提示：

招标文件应包括详细的评分标准和方法。

案情概述

20××年5月，某市政府采购中心受采购人的委托，就采购人所需服务器及存储备份设备进行公开招标。5月4日，某市政府采购中心发布招标公告，并同时发售招标文件。5月27日上午9：30，开评标活动如期进行，共有A、B、C、D四家公司参与投标。这4家公司的投标报价分别为：A公司354万元，B公司312万元，C公司375万元，D公司360.5万元。经过评标委员会评审，C公司中标。某市政府采购中心于5月30日发布了中标公告。

由于C公司投标报价高出B公司投标报价63万元，B公司对评标结果不服，提出质疑。B公司质疑称：此次采购的中标价格高于市场平均价，评标委员会没有严格按照招标文件规定的评分标准和各投标公司的投标文件响应情况进行比较打分。政府采购中心答复称：本项目采用综合评分法进行评审，价格不是唯一的决定因素，C公司因综合实力较强，故综合评分最高，评标委员会严格按照招标文件规定的评分标准和各投标公司的投标文件响应情况进行比较打分，C公司中标完全合法合规。B公司对政府采购中心的质疑答复不满意，又向财政部门提出了投诉。

调查情况

本案争议的焦点是，评标委员会是否严格按照招标文件规定的评分标准和各投标人的投标文件响应情况进行了比较打分。因此，财政部门调取了本项目招标文件、投标文件、评标材料和质疑材料等。调查发现：根据招标文件，此项目的采购采用综合评分法进行评审，技术、商务、价格所占的分值权重分别是 30%、30%、40%。其中技术分的评审因素包括指标响应程度、品牌数量、产品可靠性、品牌知名度及市场占有率。商务标的评审因素包括商务响应程度、投标人信誉度、投标人实力、售后服务。每项评标因素按优、良、一般分为三档分别设定了分值范围。但招标文件并没有规定上述各评审因素的评标标准，即没有明确的打分标准。在评标过程中，由于没有详细的评标标准，评标打分表中显示，各评委打分出入很大。

问题分析及处理情况

本案产生的根源在于，采购人和采购代理机构编制的招标文件不够清晰准确，尤其是评标标准规定模糊。招标文件是政府采购活动中十分重要的文件，招标文件中的评标标准，更是重中之重，它直接影响到评标委员会能否客观、准确地对投标人做出评价，进而选择出最满足招标文件要求的投标人。因此，采购人和采购代理机构在编制招标文件时应认真、细致，对招标文件中评标标准的设置应该清楚、准确、详细，以便评标委员会能够按照统一明确的标准对投标人进行评价。本案中，由于招标文件中只对各评审因素按优、良、一般分为三档分别设定了分值范围，但并没有规定上述各评审因素的评标标准，即没有明确的打分标准，导致了在评标过程中，各评委按照自己的主观理解进行打分，同一评分项的分值差距很大，最终造成投诉事项的发生。

因此，财政部门认为：《政府采购货物和服务招标投标管理办法》（财政部令第 18 号）第 18 条规定，“招标采购单位应当根据招标项目的特点和需求编制招标文件。招标文件包括以下内容：（八）评标方法、评标标准和废标条款。”而本次采购的招标文件缺乏评标标准，违反《政府采购货物和服务招标投标管理办法》（财政部令第 18 号）第 18 条的规定，影响或者可能影响中标结果。《政府采购供应商投诉处理办法》（财政部令第 20 号）第 19 条规定，“财政部门经审查，认定采购文件、采购过程影响或者可能影响中标、成交结果的，或者中标、成交结果的产生过程存在违法行为的，政府采购合同尚未签订的，分别根据不同情况决定全部或者部分采购行为违法，责令重新开展采购活动。”综上，财政部门做出处理决定：本次采购评标结果无效，由采购人和代理机构完善招标文件后重新组织招标采购。

案例九：“缺斤少两”的评标专家

要点提示：

1. 评标专家应为 5 人以上单数，技术、经济专家不少于 2/3；
2. 采购人不得以专家身份参与本部门或者本单位采购项目的评标。

案情概述

20××年 11 月，Z 招标公司接受采购人某学校的委托，就该校“新教学楼办公桌椅采购项目”组织公开招标工作，项目预算 190 万元人民币。11 月 14 日，采购人确认了招标文件，Z 招标公司于 11 月 15 日发布了招标公告，并同时开始发售招标文件。在招标文件发售期内，共有四家供应商购买了招标文件。12 月 5 日投标截止，四家供应商均递交了投标文件。Z 招标公司组织了项目开标和评标，经过评审，评标委员会推荐了 B 公司为中标候选人。采购人对评标结果进行确认后，Z 招标公司于 12 月 8 日发布了中标公告，公布 B 公司为中标人。

中标公告发布后，A 公司提出质疑，称：B 公司在办公家具行业内属于质次价低的供应商，按照本次招标文件中的评分标准，虽然 B 公司价格分能够拿到满分，但是技术分上与 A 公司的差距很大，B 公司在价格分上的优势根本不能弥补其在技术分上与 A 公司的差距，因此，本次招标 B 公司能中标，一定是评标委员会在评审过程中存在不公正的情况。Z 招标公司在收到质疑后，组织了原评标委员会对评标结果进行复核。原评标委员会出具的复核意见称：本项目采用综合打分法，评标委员会按照招标文件规定的评分办法进行评审，对各投标人的评分均是客观公正的。Z 招标公司根据评标委员会的复核意见对 A 公司进行了答复，A 公司对此质疑答复不满，向财政部门提出投诉。

调查情况

本案争议的焦点是，评标中是否存在不公正的情况。因此，财政部门调取了本项目的招标文件、投标文件和评标报告等资料。调查发现，在《评标委员会成员签到表》中，共有 5 位评委，其中 2 人填写的工作单位显示这两个人都是采购人所在学校的工作人员，其中一名是该校副校长，另一名为采购办主任。财政部门调取的评标专家抽取记录显示，Z 招标公司 12 月 4 日抽取评标专家时，共抽取了 3 名外聘专家。随后，财政部门向 Z 招标公司询问了解了相关的情况。Z 招标公司解释说，本项目金额不大，按照法律规定评标委员会有 5 名评委即可。在抽专家之前，采购人通知 Z 招标公司该校的副校长和采购办主任都要参与本次评审工作。Z 招标公司了解到该副校长具有高级经济师、教授级高工职称，认为可以将该副校长列为经济类专家参与评审，因此，在抽取评标专家时，仅抽取了 3 名外聘专家。从评标报告中的评分表看，所有评委的打分均比较客观，没有畸高畸低的重大差异评分出现，在技术分一栏中，A 公司确实比 B 公司得分高，但由于本项目是综合评分法，评分因素包括价格、技术、信誉、业绩、服务等五项，B 公司综合得分排名第一，基本可以排除评标不公平的情况。

问题分析及处理情况

本案反映了政府采购中，采购人委派代表和采购代理机构抽取评标专家时应该注意的问题：即采购人代表参与评审工作时，不能以专家身份参与本部门或者本单位采购项目的评标，另外采购代理机构也应该严格按照法律规定抽取专家。在一个采购项目中，评标委员会应由采购人代表和有关技术、经济等方面的专家组成，成员人数应当为五人以上单数，其中，技术、经济等方面的专家不得少于成员总数的 2/3。之所以这样要求，是因为评标是一项专业性、技术性很强的工作，且需要独立、公正，不能受外界任何因素的不当影响，因此，评标工作必须依靠具有一定专业知识且身份独立于采购人的专家进行；同时，评标工作的最终目的是为采购人评选出最符合采购需求的投标人，因此，应该给采购人在评标中表达自己意见的机会。但由于在项目前期调研和市场调查中，供应商难免会与采购人有所接触，在评标前采购人已对不同的供应商形成了既定的印象，同时，供应商也有可能通过不正当手段对采购人施加影响，因此，评标委员会中的采购人代表不应过多，以免影响评标委员会的独立、公正判断。所以，采购人代表如果以专家身份参与本单位采购项目的评标，虽然在形式上满足专家超过评委总数的 2/3，但可能会造成事实上采购人代表过多，极端情况下甚至可能出现所有专家均来自采购人单位，造成评标委员会成员全部为采购人内部人员的情况，这就不能保证评标工作的独立和公正，因此，采购人代表不能以专家身份参与本单位采购项目的评标工作。在本案中，采购人和 Z 招标公司即忽视了上述问题，采购人委派代表过多，Z 招标公司没有按照规定抽取评标专家，造成项目评标委员会构成不合法。

因此，财政部门认为：本项目中 Z 招标公司在采购人委派 2 名评审代表的情况下，只抽取了 3 名外聘专家，违反了《政府采购货物和服务招标投标管理办法》（财政部令第 18 号）第 45 条“评标委员会由采购人代表和有关技术、经济等方面的专家组成，成员人数应当为五人以上单数。其中，技术、经济等方面的专家不得少于成员总数的 2/3。……采购人不得以专家身份参与本部门或者本单位采购项目的评标”的规定。《政府采购供应商投诉处理办法》（财政部令第 20 号）第 19 条规定，“财政部门经审查，认定采购文件、采购过程影响或者可能影响中标、成交结果的，或者中标、成交结果的产生过程存在违法行为的，政府采购合同尚未签订的，分别根据不同情况决定全部或者部分采购行为违法，责令重新开展采购活动。”

综上，财政部门做出处理决定如下：本项目违反了《政府采购货物和服务招标投标管理办法》（财政部令第 18 号）第 45 条的规定，根据《政府采购供应商投诉处理办法》（财政部令第 20 号）第 19 条的规定，决定采购行为违法，责令重新开展采购活动。

案例十：自行确定评标专家行不行

要点提示：

应当从同级或上一级财政部门专家库中抽取评标专家。

案情概述

采购人某研究院为推进办公自动化工作落实，委托 × 招标公司组织了“信息管理系统建设项目”的采购工作，项目招标预算为 200 万元。采购人成立了专项采购小组，由资产科、网络中心、计划财务处、纪检等部门人员组成。自 4 月 4 日发布招标公告开始，招标过程历经了发售招标文件、开标和评标，其间共有 3 家投标人参与投标活动，经评审 A 公司综合得分最高，被推荐为中标候选人。中标后、采购合同签订前，财政部门收到关于本项目的举报，举报人称“本招标项目早已内定，涉嫌在中国政府采购网装模作样招标，滥用财政专项资金。”

调查情况

本案的焦点问题是，采购人的公开招标工作是否涉嫌违规。因此，收到举报后，财政部门依法对项目进行了监督检查，调查期间采购活动暂停。经过调取本项目招标文件、采购记录等材料，财政部门发现，×招标公司于4月4日在中国政府采购网发布招标公告，4月24日组织了评标工作。在评标委员会成员签到表中，有一位评标专家在“专业”一栏中填写了与本次采购的内容完全没有关系的“土建”专业。于是，财政部门调取了“财政部政府采购评审专家监管系统”记录，发现4月22日至4月23日，×招标公司没有从财政部专家库中抽取评标专家。随后，财政部门就该问题向×招标公司询问，×招标公司承认未在“财政部政府采购评审专家监管系统”中抽取评标专家，而是于4月23日，在采购人的监督下，从该公司自有专家库中随机抽取了评标专家。×招标公司向财政部门提供了当时抽取评标专家的记录表格。

问题分析及处理情况

本案反映了采购代理机构在组织政府采购活动过程中，没有按规定抽取评标专家的问题。

采购代理机构作为采购人的受托方，应该给采购人在政府采购工作中给予正确的指导，项目执行过程中的所有程序节点都应该符合法律法规的规定。采购人如果对政府采购工作节点的具体操作过程不太清楚，采购代理机构就应该从专业的角度向采购人提出建议，并且合规操作。本案中，×招标公司虽然在抽取评标专家时有采购人的监督，而且抽取时间上也符合规定，但是由于没有在“财政部政府采购评审专家监管系统”中抽取，实际上是评标工作的第一步就走歪了，导致了后续的评标工作和评标结果无法得到认可。

因此，财政部门认为，《政府采购货物和服务招标投标管理办法》（财政部令第18号）第48条规定，“招标采购单位应当从同级或上一级财政部门设立的政府采购评审专家库中，通过随机方式抽取评标专家。招标采购机构对技术复杂、专业性极强的采购项目，通过随机方式难以确定合适评标专家的，经设区的市、自治州以上人民政府财政部门同意，可以采取选择性方式确定评标专家”。《政府采购评审专家管理办法》（财库〔2013〕119号）第3条规定，“评审专家实行‘统一条件，分级管理，资源共享，随机选取、管用分离’的管理办法”。本项目违反了上述规定。

综上，财政部门做出处理决定如下：本项目违反了《政府采购货物和服务招标投标管理办法》（财政部令第18号）第48条的规定，根据《中华人民共和国政府采购法》第36条规定，“出现影响采购公正的违法、违规行为的，应予废标”，责令本项目采购人对本项目做废标处理。

案例十一：不可或缺的“章”

要点提示：

投标文件的签署、盖章应符合招标文件要求

案情概述

20××年5月，Z招标公司接受采购人委托，就“某柴油发电机设备采购项目”进行公开招标。6月6日，采购人确认了招标文件，Z招标公司在中国政府采购网发布了招标公告。标书发售期间，共有5家供应商购买了招标文件。6月27日投标截止，5家投标人均按时递交了投标文件。开标仪式结束后，Z招标公司组织了评标工作，由2名采购人代表和5名随机抽取的专家组成的评标委员会共同完成了评标工作。经评审，5家投标人均属于无效投标，本项目废标。6日28日，Z招标公司得到采购人的确认后，发布了废标公告。

6月29日，投标人A公司提出质疑，称其投标文件是按照招标文件的要求编制的，完全响应招标文件实质性条款，评标委员会不应当在初审阶段认定其投标无效。Z招标公司答复质疑称：招标文件规定，投标人须提供ISO9000系列质量管理体系认证情况、ISO14001：2004环境管理体系认证（复印件，加盖公章），柴油发电机组的泰尔认证（复印件，加盖公章），该条款为实质性条件，不满足将导致投标无效。在本项目初审阶段，评标委员会认为A公司提供的ISO9000系列质量管理体系认证情况、ISO14001：2004环境管理体系认证均不是A公司的认证证书，而且未加盖自身的公章，柴油发电机组的泰尔认证也未加盖A公司公章，不满足招标文件要求中实质性条款的要求。A公司对此质疑答复不满，向财政部门提出投诉。

调查情况

本案争议的焦点是，A公司是否满足招标文件要求中的实质性条款。因此，财政部门调取了本项目的招标文件、投标文件和评标报告等资料。调查发现，招标文件第二部分投标人须知“投标文件的组成”部分规定，资格证明文件应包括：“（5）①投标人须提供ISO9000系列质量管理体系认证情况、ISO14001：2004环境管理体系认证（复印件，加盖公章）；②柴油发电机组的泰尔认证（复印件，加盖公章）”，该条款为实质性条件，不满足将导致投标无效。投标人须知“投标文件的签署及规定”部分规定，组成投标文件的各项资料，投标人应填写全称，并加盖单位印章。A公司投标文件中质量管理体系认证证书、环境管理体系认证证书及泰尔认证证书均加盖了制造商的公章而没有投标人自身的公章。在评标结果中，评标委员会也是根据上述情况认定A公司的投标无效的。

问题分析与处理情况

本案反映了投标人在制作投标文件时，应该注意需要加盖投标人公章资料的问题。投标人作为采购当事人之一，直接参与采购活动，应当按照招标文件的要求对所提供的各项资料加盖公章，以证明对文件的真实性负责。本案中，招标文件第二部分投标人须知“投标文件的组成”部分要求的资格证明文件，都应该是针对投标人的要求，因此要求加盖的公章也应该是投标人的公章。即使投标人作为代理商，提供的资料是制造商的证书，但是既然放在投标文件中作为支持性文件的一部分，也应该加盖投标人公章来证明其资料的有效性。A 公司投标文件的认证证书中没有加盖投标人的公章，导致了投标文件的无效。

因此，财政部门认为：《政府采购货物和服务招标投标管理办法》（财政部令第 18 号）第 56 条规定：“投标文件属下列情况之一的，应当在资格性、符合性检查时按照无效投标处理：（二）未按照招标文件规定要求密封、签署、盖章的。”本项目 A 公司投标文件中质量管理体系认证证书、环境管理体系认证证书及泰尔认证证书均加盖了制造商的公章而没有投标人自身的公章，评标委员会据此认定 A 公司的投标无效符合上述规定。

综上，财政部门做出处理决定如下：根据《政府采购供应商投诉处理办法》（财政部令第 20 条）第 17 条第 2 款的规定，A 公司的投诉事项缺乏事实依据，予以驳回。

案例十二：证据，你去哪里啦？

要点提示：

1. 评审工作现场应当全过程录音录像。
2. 录音录像属于项目采购文件的组成部分，应按照政府采购档案妥善保存。

案情概述

20××年 11 月，Z 省政府采购中心接受采购人某机关的委托，就该机关“批量采购信息设备项目”组织公开招标工作。11 月 20 日，Z 省采购中心得到采购人对招标文件的确认后，在中国政府采购网上发布了招标公告。12 月 11 日投标截止，共有 3 家投标人按时递交了投标文件，随后，Z 省政府采购中心组织了开标，采购人和投标人代表参与了开标仪式。开标仪式结束后，Z 省采购中心组织了评标工作，评标工作由 2 名采购人代表和 5 名随机抽取的专家组成的评标委员会共同完成，经过评审，评标委员会向采购人推荐 B 公司为中标候选人。

次年 1 月 18 日，财政部门收到 Z 省政府采购中心的举报，称评标委员会组长杨某在此次评标中不按相关法规及规定进行评审，带有明显的倾向性、排他性，未能履行专家义务。主要举报事项包括：1. “预装正版”问题上，杨某不按照相关法规和招标文件规定评审。举报反映，招标文件并没有要求投标人将“预装正版”技术规范要求进行复述，只要正常填写技术规格、在备注中注明偏离情况即可，而在评标过程中，在Z省政府采购中心经办人员已告知投标函已承诺具备“法律、行政法规规定的其他条件”和《信息产业部、国家版权局、商务部关于计算机预装正版操作系统软件有关问题的通知》（信部联产〔2006〕199号）中有关“在我国境内生产的计算机，出厂时应当预装正版操作系统软件的规定”时，杨某仍坚持有投标人在所投台式机各包技术偏离表应答中并没有标明“预装正版”，应做负偏离处理。2.“独立显卡”问题上，杨某技术认知出现明显偏差，同其他专家意见有较大差异，并发表不当言论。举报反映，招标文件并没有要求将“独立显卡”技术规范要求进行复述，而杨某提出有投标人对所投台式机各包技术偏离表应答中独立显卡没有标明“独立显卡”，只标明“1G”，属负偏离，予以扣分，就此评审专家发生了技术争论，杨某就此发表了不当言论。3.“环境标志”产品认定上，杨某强行增加评分细则条款，曲解修改评分细则。招标文件规定“投标产品进入最新一期财政部和环保部正式公布的环境标志产品政府采购清单者得2分”，评标过程中，杨某提出有投标人对所投台式机提供了环保清单但未注明第＊期，属负偏离。举报认为杨某的理解曲解了评分细则。4. 对投标人资质过期的问题视而不见。举报认为，杨某作为评审专家组组长，在初审、正式评审和复核过程中，在投标人资质过期的情况下，仍判定投标人资质合格。

调查情况

本案的焦点是，评审组长杨某在评审过程中，是否存在违法违规的行为。因此财政部门调取了本项目的相关资料。经财政部门调查，从该项目评标打分记录来看，无法认定杨某在“预装正版”“独立显卡”“环境标志产品”等问题的评审上存在问题，也无法认定杨某对投标人资质评审过程中存在明显的排他性、倾向性。财政部门两次要求Z省政府采购中心提供招投标现场录音录像资料以核实相关情况，Z省政府采购中心均未能提供。财政部门认为由于关键证据缺失，仅凭现有证据无法认定举报人所举报的事项。

问题分析与处理情况

本案虽然是一个涉及评标专家评审公正性的举报案件，但它的处理却反映了政府采购活动中，存档文件的重要性。政府采购由于涉及到方方面面的利益，因此，其整个采购过程都应当遵守相关法律法规的规定，对招投标过程中档案的收集、保存和管理也不能忽视，任何环节档案的缺失，对于政府采购争议的处理都会带来重大的影响。

《政府采购法》第42条的规定“采购文件的保存期限为从采购结束之日起至少保存十五年”。《财政部关于进一步规范政府采购评审工作有关问题的通知》（财库〔2012〕69号）第二部分规定：“省级以上政府集中采购机构和政府采购甲级代理机构，应当对评审工作现场进行全过程录音录像，录音录像资料作为采购项目文件随其他文件一并存档。”可见，录音录像资料属于政府采购活动的基础档案，应当按规定进行保存。

本案中，由于关键证据即采购过程中的录音录像资料的缺失，导致了财政部门无法认定举报事项的真实性，造成对举报事项无法进行查处。综上，财政部门做出处理决定如下：Z省政府采购中心的举报缺乏事实依据，不予受理。

案例十三：说变就变的谈判

要点提示：

谈判小组应按照采购文件规定的评定成交的标准进行评审。

案情概述

20××年6月，某大学为了保证新生军训的需求，委托L招标公司就该大学“运动场人造草坪采购项目”采用竞争性谈判方式开展采购活动。本项目共邀请了4家供应商参与谈判。谈判小组由L招标公司在专家库中抽取的4位评审专家和采购人的1位代表组成。经评审，专家认定4家供应商的产品均符合竞争性谈判文件的要求，但A公司的产品更优，因此，一致推荐A公司为成交供应商。

成交公告发布后，排名第二的供应商B公司提出质疑称，A公司不具备谈判文件要求的国际足联认证合格的场地业绩及认证证书等条件，申请撤销其成交资格。L招标公司收到质疑后，组织谈判小组进行了复审，谈判小组认为，A公司缺少国际足联认证的场地业绩和认证证书，B公司所投产品不符合竞争性谈判文件的要求，其他两家供应商所投产品也不满足要求，并据此终止项目。L招标公司得到采购人确认后，发布项目终止公告。B公司认为L招标公司在质疑答复阶段废标，违反了谈判文件中“如果排名第一的供应商没有通过审查，则拒绝其投标。在此情况下，买方将对排名第二的供应商能力做类似审查”的规定，因此，向财政部门提出投诉。

调查情况

本案争议的焦点是L招标公司在质疑答复阶段“废标”是否合法。财政部门在调取了谈判过程中的文件后了解到：本项目谈判文件“投标人合格条件”规定，“人造草坪的生产厂家必须具有国际足联认证合格的场地业绩及认证证书，并在国际足联网站上可以查询到。”在A公司的响应文件中表明，A公司是生产厂家，但是在其响应文件中并没有提供自身的国际足联认证合格的场地业绩及认证证书，在国际足联的网站上也查询不到相关的信息。谈判报告显示，第一次的谈判最终结果中，谈判小组认定所有供应商均为有效投标；而复审时，谈判小组认定A公司缺少国际足联认证的场地业绩和认证证书，B公司所投产品不符合竞争性谈判文件的要求，其他两家供应商所投产品也不满足要求，所有供应商均未实质性响应采购文件，因此决定终止项目。

问题分析与处理情况

本案反映了谈判小组没有按照谈判文件中评审标准进行评审的问题。谈判小组应该严格按照法律法规和采购文件中的评审标准进行评审，应该熟悉和理解采购文件中的采购内容、资质要求、评审办法等，应该认真阅读所有供应商的响应文件，对所有响应文件逐一进行资格性、符合性检查，并且按照采购文件规定的评审方法和标准进行评审。本案中，谈判小组在第一次的评审结果中，认定所有供应商均为有效投标；而复审时，谈判小组认定所有供应商均未实质性响应采购文件。说明本项目评审和复审时谈判小组采取了不同的评审标准，导致了本项目的评审结果前后矛盾。

因此，财政部门认为：根据《中华人民共和国政府采购法》第38条规定："谈判小组从符合相应资格条件的供应商名单中确定不少于三家的供应商参加谈判"。《政府采购非招标采购方式管理办法》（财政部令第74号）第55条规定："谈判小组、询价小组成员有下列行为之一的，责令改正，给予警告：（六）未按照采购文件规定的评定成交的标准进行评审的。"本项目评审过程中，谈判小组允许不符合资格条件的供应商A公司参加谈判，也没有在评审时按照采购文件的要求审查A公司的谈判文件，违反了上述规定。

综上，财政部门做出处理决定如下：本项目违反了《中华人民共和国政府采购法》第38条和《政府采购非招标采购方式管理办法》（财政部令第74号）第55条的规定，根据《政府采购供应商投诉处理办法》（财政部令第20号）第19条的规定，本项目采购过程存在影响公正的违法情形，影响成交结果，责令采购人重新开展采购活动。

案例十四：形同虚设的评标纪律

要点提示：

1. 参加评审工作的所有人员应严格遵守评审工作纪律。
2. 组织评审活动的代理机构有责任维护评审纪律。

案情概述

20××年7月，某学院委托Z招标公司，就"某学院餐厅厨房用具采购项目"进行公开招标。7月22日，Z招标公司在中国政府采购网发布招标公告，标书发售期间，共有3家供应商购买了招标文件。8月15日投标截止，3家投标人均按时提交了投标文件。开标仪式结束后，Z招标公司组织了评标工作，由2名采购人代表和5名随机抽取的专家组成的评标委员会共同完成了评标工作，17日Z招标公司得到采购人的确认后，发布中标公告，A公司为中标人。

公告发布后，财政部门接到投标人实名举报，称：本项目在评审过程中有评标委员会存在不符合法律法规的情况，请求财政部门对本项目评审过程进行审查，保护投标人的合法权益。

调查情况

本案的焦点是评标委员会在评审过程中是否存在不符合法律规定的情况。因此，财政部门调取了评审录像，经调查录像显示，采购人、Z 招标公司在评标前未对评标委员会成员的手机等通讯工具进行统一保管，评审中，评标委员会成员多次查看使用手机，部分评标委员会成员多次用手机接听电话并进出评标现场。

问题分析与处理情况

本案集中反映了评审过程中采购代理机构和评审专家应该注意的问题。政府采购评审工作应该有严肃的工作纪律，采购代理机构应该在评审工作开始之前介绍评审程序以及强调评审纪律，对评审专家的通讯工具进行统一保管，对评审专家进出评审会场和不得接打电话做出明确的要求。评审专家应该配合采购代理机构的工作，无故不得离开评标现场，不得擅自使用通讯工具。本案中，采购代理机构没有做好评审过程中的组织及管理工作，部分评标委员会成员没有遵守评审纪律，导致了关注评审工作的投标人发现了评审过程中不严肃的行为，从而向财政部门进行了举报。

因此，财政部门认为：《政府采购货物和服务招标投标管理办法》（财政部令第 18 号）第 44 条规定“评标工作由招标采购单位负责组织。”《关于进一步规范政府采购评审工作有关问题的通知》（财库〔2012〕69 号）规定“三、严肃政府采购评审工作纪律。在评审工作开始前，将手机等通讯工具或相关电子设备交由采购人或采购代理机构统一保管。”本项目中采购人、Z 招标公司未依法组织评标工作，评审活动违反评审工作纪律，可能影响中标结果。

综上，财政部门作出处理决定如下：本项目违反了《政府采购货物和服务招标投标管理办法》（财政部令第 18 号）第 44 条和《关于进一步规范政府采购评审工作有关问题的通知》（财库〔2012〕69 号）的规定，决定本次采购行为违法，责令重新开展采购活动。

案例十五：受限制的“试制品”销售

要点提示：

1. 采购项目需要遵循的法律法规应当在采购文件中予以明确。
2. 供应商应具备法律、行政法规规定的条件。

案情概述

J 招标公司接受某学院的委托，就该学院“新建校区厨房设备采购项目”进行公开招标。项目历经了发布招标公告、发售招标文件、开标、评标、发布中标公告等程序。中标公告发布后，投标人 B 公司向 J 招标公司发出质疑函，称：中标人 A 公司在参与本项目投标时没有获得《工业产品生产许可证（燃气灶具）》，不符合政府采购法第 22 条中合格供应商应当具备的“法律、行政法规规定的其他条件”。J 招标公司收到质疑后，就相关问题咨询相关监督部门的意见后了解到，此许可证不属于 3C 强制性认证，因发证需要时间，在未拿到证照之前，产品审查合格后就具备生产条件了。根据《中华人民共和国工业产品生产许可证管理条例实施办法》第 102 条的规定，A 公司的许可证申请被受理后，在正式获得该证照之前，可以以“试制品”形式生产销售列入工业产品生产许可证目录中的燃气灶具。J 招标公司依据上述内容向 B 公司发出质疑回复。B 公司对此质疑答复不满，向财政部门提出投诉。

调查情况

本案争议的焦点是，A 公司没有获得《工业产品生产许可证（燃气灶具)》，是否满足参与本次招标采购活动的条件。财政部门经过调查发现，招标文件中“投标文件构成”要求中并未要求投标人必须提供《工业产品生产许可证（燃气灶具)》。A 公司在投标文件“本项目所需的其他文件”中提供了投标产品向相关部门燃气灶具生产许可证申请及行政许可受理决定书。投标文件中还提供了所投燃气灶具的检验报告。

问题分析与处理情况

本案反映了投标人所投产品合法性的问题。根据《中华人民共和国工业产品生产许可证管理条例》第 5 条的规定：“任何企业未取得许可证不得生产列入工业产品生产许可证目录的产品。任何单位和个人不得销售或者在经营活动中使用未取得生产许可证的列入目录的产品。”因此，本项目采购的厨房设备中包含列入工业产品生产许可证目录的商用燃气灶具，生产商是需要取得许可证才能生产、销售该类产品的。投标人 A 公司在参与本项目投标前虽已经向相关部门申请燃气灶具生产许可证，并已取得行政许可受理决定书，但在本项目投标截止前并未获得许可证。根据《中华人民共和国工业产品生产许可证管理条例实施办法》第 102 条、103 条的规定，在许可证下发之前，A 公司可以试生产燃气灶具，但必须经承担生产许可证产品检验任务的检验机构，批批检验合格，并在产品或者包装、说明书标明“试制品”后，方可销售。但是，A 公司在投标文件中及调查过程中所提供的检验报告表明，所投的燃气灶具并未进行批批检验，导致其投标时的产品也是不符合“试制品”销售条件的。

因此，财政部门认为：《中华人民共和国政府采购法》第 22 条规定，供应商参加政府采购活动应当具备下列条件：“（六）法律、行政法规规定的其他条件。”本案中，A 公司所投产品既不是取得生产许可证的列入目录的产品，又不是由检验机构进行批批检验的“试制品”，违反了《政府采购法》第 22 条的规定，不是合格投标供应商。

综上，财政部门做出处理决定如下：投诉人的投诉事项成立，因本项目采购合同已经部分履行，根据《政府采购供应商投诉处理办法》（财政部令第 20 号）第 19 条的规定：“财政部门经审查，认定采购文件、采购过程影响或者可能影响中标、成交结果的，或者中标、成交结果的产生过程存在违法行为的，政府采购合同已经履行的，决定采购活动违法，给采购人、投诉人造成损失的，由相关责任人承担赔偿责任。”决定本项目采购活动违法。

案例十六：评委名单能公布吗

要点提示：

评标委员会成员名单在招标结果确定前应保密。

案情概述

20××年5月，Z招标公司受采购人H中心委托，为该中心“某监测系统采购项目”进行招标。5月20日发布招标公告后，有A、B、C、D、E、F6家供应商购买了招标文件。由于B公司法定代表人李某与H中心办公室主任吴某认识，故购买招标文件后，李某多次向吴某打听招标进展情况，吴某碍于面子，也均如数告知。6月19日，Z招标公司与H中心项目经办人共同在政府采购专家库中抽取了本项目评标专家。6月20日投标截止，购买招标文件的六家单位均递交了投标文件。经过评标专家评审，B公司投标报价最低，被确定为中标候选人。H中心确认评标结果后，Z招标公司发布了中标公告，公布B公司中标。后投标人F公司提出质疑，认为评标过程存在不公正现象。Z招标公司答复称，本项目评标完全依法合规，评标过程一直在招标人H中心监督人员的监督下进行，不会出现不公正的情况。F公司对质疑答复不满，向财政部门提出投诉。

调查情况

本案争议的焦点是，项目评标过程中是否存在不公正现象。为此，财政部门调取了本项目招标文件、投标文件、评标材料，并对Z招标公司和采购人H中心进行了调查。调查发现：在评标专家确定后，B公司法定代表人李某与H中心办公室主任吴某联系，打听评标专家人选。吴某认为专家都是网上抽取的，依法合规，不会出什么问题，就将专家名单告知了李某。李某获悉专家名单后，先后与几个评标专家进行了联系。但从评标资料看，不能确定评标专家在评审过程中是否对B公司有所倾向。

问题分析与处理情况

本案反映了政府采购中容易被采购人和采购代理机构忽视的问题，即不应当在招标结果确定前泄露评标专家名单。评标专家是评标活动的关键人物，他们必须客观公正地进行评审，才能保证采购活动的公平、公正。如果在招标结果确定前就将评标专家的名单泄露出去，供应商就有可能与评标专家联系，对评标专家进行不正当的影响，以谋求中标，这样，就难以保证评标活动的公平公正。而本案中，采购人在评标前就将评标专家的名单告知了投标人B公司，导致B公司能够在评标前与专家进行联系，有可能造成评标的不公正。

因此，财政部门认为：《政府采购货物和服务招标投标管理办法》（财政部令第18号）第45条规定，“评标委员会成员名单原则上应在开标前确定，并在招标结果确定前保密。”本项目中，吴某在确定招标结果前，向李某透露评标专家名单，违反了上述规定。《政府采购供应商投诉处理办法》（财政部令第 20 号）第 19 条规定，“财政部门经审查，认定采购文件、采购过程影响或者可能影响中标、成交结果的，或者中标、成交结果的产生过程存在违法行为的，政府采购合同尚未签订的，分别根据不同情况决定全部或者部分采购行为违法，责令重新开展采购活动。”综上，财政部门做出处理决定：本项目违反了《政府采购货物和服务招标投标管理办法》（财政部令第 18 号）第 45 条的规定，根据《政府采购供应商投诉处理办法》（财政部令第 20 号）第 19 条的规定，责令采购人重新开展采购活动。

案例十七：不容小视的“利害关系”

要点提示：

采购人员与供应商有利害关系的应回避

案情概述

20××年，采购人 L 市职业技术学院就其“矿山安全检测实训室设备采购项目”进行竞争性谈判采购。L 市职业技术学院对此采购项目高度重视，年初即成立了竞争性谈判小组负责此项采购工作。谈判小组由该学院资源工程系主任肖某及从当地政府采购专家库中抽取的两名外聘专家组成，共三人。3 月，谈判小组经广泛调研与反复讨论，制订了谈判文件。谈判文件中明确了供应商资格条件、采购邀请、谈判程序、谈判内容、合同草案的条款以及评定成交的标准等事项。4 月，谈判小组在市场调查的基础上，从符合相应资格条件的供应商中确定了三家供应商参加谈判，并向其提供了谈判文件。至提交首次响应文件截止之日，三家受邀供应商均递交了响应文件。谈判小组依据谈判文件的规定，对响应文件进行了评审，并按照规定程序、评定成交的标准等与供应商进行了谈判。经过评审和谈判，最终确定供应商 H 公司为成交供应商。

成交公告发布后，供应商×公司提出质疑，认为：在本项目采购前，L 市职业技术学院资源工程系主任肖某作为院代表曾与中标成交供应商 H 公司签订协议，并出资共同组建“煤矿安全服务公司”，因此，本次评审专家组主要成员肖某与中标成交供应商 H 公司存在利害关系，应当回避。本项目评审过程中肖某依法应该回避而实际没有回避，违背了政府采购回避制度的规定。L 市职业技术学院答复称：谈判小组依法组建，谈判过程依法合规，所有采购程序合法，肖某不存在应当回避的情形。×公司对此答复不满，向财政部门提出投诉。

调查情况

本案争议的焦点是，谈判小组主要成员肖某与中标成交供应商 H 公司是否存在利害关系，是否应当回避。因此，财政部门调取了本项目谈判文件、质疑文件，并对投诉人×公司反映的情况进行了调查。调查发现：L市职业技术学院资源工程系主任肖某作为采购人代表，被推荐担任本项目竞争性谈判小组成员之一，并参与了该项目谈判。经查实，L市职业技术学院、肖某等11人和H公司已签订《共同组建产学研实体的协议》（以下简称《协议》），其中甲方为L市职业技术学院，乙方为H公司，丙方为肖某等11人。《协议》第一条明确规定：各方一致同意采用有限公司组织形式组建新型产学研实体。《协议》第二条关于新公司的注册资本、出资方式及出资期限及股权比例规定：新公司注册资本为人民币200万元，其中甲方出资50万元人民币，乙方出资102万元人民币，丙方出资48万元人民币。股权比例按出资比例分配，即乙方占51%，甲方占25%，丙方占24%。《协议》第八条关于其他约定规定：新公司经营所得在缴纳企业所得税后，股东分配利润之前，应提取可分配利润的6%给甲方资源工程系，作为该系建设经费。因此，根据《协议》有关规定及《中华人民共和国合同法》、《中华人民共和国公司法》等法律规定，财政部门认定采购人L市职业技术学院、该院资源工程系主任肖某等与中标成交供应商H公司存在事实上的经济利益关系。

问题分析与处理情况

本案反映出政府采购活动中经常被人忽视的一个问题，即与供应商有利害关系的采购人员、评标委员会成员、谈判小组成员、询价小组成员等必须回避。政府采购应该保证公平、公正，如果采购人员或评委、谈判小组成员、询价小组成员等与某一个或某几个供应商之间存在利害关系，就不能保证这些人在采购程序中，尤其在评审中公平、公正的对待所有供应商，不能有效防止评审中出现倾向性或不公正评审的行为，从而会影响政府采购评审的结果，导致政府采购活动不能达到预期的效果。本案中，采购人代表肖某与供应商H公司存在事实上的经济利益关系，在竞争性谈判中却没有回避，造成了本项目质疑投诉的发生。

因此，财政部门认为：《中华人民共和国政府采购法》第12条规定，“在政府采购活动中，采购人员及相关人员与供应商有利害关系的，必须回避。供应商认为采购人员及相关人员与其他供应商有利害关系的，可以申请其回避。前款所称相关人员，包括招标采购中评标委员会的组成人员，竞争性谈判采购中谈判小组的组成人员，询价采购中询价小组的组成人员等。”本项目中采购人代表应该回避而未回避，采购评审过程存在违法行为。《政府采购供应商投诉处理办法》第19条规定，“财政部门经审查，认定采购文件、采购过程影响或者可能影响中标、成交结果的，或者中标、成交结果的产生过程存在违法行为的，政府采购合同尚未签订的，分别根据不同情况决定全部或者部分采购行为违法，责令重新开展采购活动。”综上，财政部门做出处理决定：认定此次政府采购活动违法，责令重新开展采购活动。

案例十八："分量不足"的价格分

要点提示：

采购项目采用综合评分法的，价格分值设置应当合规。

案情概述

20××年6月30日，Z招标公司接受采购人某研究院的委托，就该研究院"计算机网络信息中心设备采购"项目组织公开招标工作。7月14日，采购人确认了招标文件。同日，Z招标公司在中国政府采购网上发布了招标公告。7月20日，购买了招标文件的A公司向Z招标公司提出质疑，称：招标文件的评分办法中，价格分为20分，不符合政府采购法律法规的相关规定，请求Z招标公司调增价格分。Z招标公司收到质疑后，向采购人反映了该情况，采购人认为，本次采购的信息中心设备本身金额不高，而且市场上销售的设备比较成熟，同档次产品的价格差距不会太大，但是设备的安装、调试以及售后等工作又比较重要，所以在设定评审因素时，将价格分调低，避免投标人通过提供质次价低的产品来进行恶性竞争，本项目中价格分比重相对较小，服务分比重相对提高，有助于对各投标供应商合理进行综合评价。Z招标公司根据采购人的意见，向A公司作出了质疑答复。A公司对此质疑答复不满，向财政部门提出投诉。

调查情况

本案争议的焦点是，招标文件的价格分比重是否需要调整。因此，财政部门调取了本项目的招标文件。调查发现：本次"计算机网络信息中心设备采购"项目招标文件第三章"技术需求"中，写明了采购标的是较为通用的服务器、磁盘阵列、交换机等设备，但卖方要承担设备的安装、调试及售后服务，很明显本项目为货物采购。在招标文件第二章"评标原则"中规定，本次招标采用综合评分法，满分100分，其中价格分20分，商务分20分，技术分30分，服务分30分（安装、调试及售后服务各占10分）。

问题分析与处理情况

本案反映了政府采购中常见的问题，即招标文件中评标方法设定不合理。招标文件是采购过程中最为重要的文件，它是投标人据以准备投标文件和评标委员会据以进行评标的依据，因此招标文件的各项规定必须清楚、准确，所设定的相关要求和标准要合理、合法。尤其是评标办法中的相关规定，会直接对中标结果造成重大的影响，因此必须科学、严谨。而实践中，由于采购人的需求各不相同、采购代理机构的水平各有差异，因此，招标文件中有关评标办法的规定也良莠不齐，有的项目的评标办法设定得十分科学合理、公平公正、符合具体采购项目的实际需求，而有的项目的评标办法却存在诸多问题，例如评分标准不够具体、各部分分值比重不合理、评分标准存在倾向性等。为此，财政部门为有效提高招标文件中评标方法规定的科学性和合理性，在部门规章中明确规定“采用综合评分法的，货物项目的价格分值占总分值的比重为30%至60%；服务项目的价格分值占总分值的比重为10%至30%。有特殊情况需要调整的，应当经同级人民政府财政部门批准。”本项目采购的标的为货物，按照上述规定，价格分比重应为30%至60%。采购人和采购代理机构在编制招标文件时没有遵守这一原则，在A公司提出质疑后也没有对照法律法规认真检查招标文件中存在的问题，是存在很大过错的。

因此，财政部门认为，《政府采购货物和服务招标投标管理办法》（财政部令第18号）第52条第四款规定：“采用综合评分法的，货物项目的价格分值占总分值的比重为30%至60%；服务项目的价格分值占总分值的比重为10%至30%。有特殊情况需要调整的，应当经同级人民政府财政部门批准。”本项目的招标文件违反了上述规定。

《政府采购供应商投诉处理办法》（财政部令第20号）第19条规定，“财政部门经审查，认定采购文件、采购过程影响或者可能影响中标、成交结果的，或者中标、成交结果的产生过程存在违法行为的，政府采购合同尚未签订的，分别根据不同情况决定全部或者部分采购行为违法，责令重新开展采购活动。”综上，财政部门做出处理决定：本项目违反了《政府采购货物和服务招标投标管理办法》（财政部令第18号）第52条的规定，根据《政府采购供应商投诉处理办法》（财政部令第20号）第19条的规定，决定本次采购行为违法，责令重新开展采购活动。

案例十九：受限制的进口产品

要点提示：

采购项目中，允许进口产品参加的，应在采购文件中予以明示。未在采购文件中明确规定不允许进口产品参加的，也视为拒绝进口产品参加。

案情概述

20××年6月，N管理处委托J招标公司，就“电子识别系统”进行公开招标。6月2日，J招标公司在中国政府采购网发布招标公告，并同时开始发售招标文件。标书发售期间，共有8家供应商购买了招标文件。6月22日投标截止，8家供应商均按时提交了投标文件。开标仪式结束后，J招标公司组织了评标工作，由2名采购人代表和5名随机抽取的专家组成的评标委员会共同完成了评标，23日J招标公司得到采购人的确认后，发布公告，公布A公司为中标人。

6月24日，投标人B公司向J招标公司提出质疑：本项目招标文件中并未标明采购的产品必须为本国产品，B公司因所投产品中包含进口产品被认定为无效投标。B公司认为此次评标过程存在不公正现象，评标委员会没有按照招标文件进行评标，影响了中标结果，要求重新评标。J 招标公司回复质疑：进口产品供应商不能参与此项目的评标。根据财政部《关于政府采购进口产品管理有关问题的通知》（财办库〔2008〕248 号）第五条的规定，此项目视为拒绝进口产品参加。B 公司对 J 招标公司质疑答复不满，向财政部门提起投诉。

调查情况

本案争议的焦点是，本项目是否允许进口产品参加投标。为此，财政部门调取了本项目的招标文件、投标文件、评标报告及评标录像等材料。调查发现：本项目招标文件中只是列明了拟采购产品的名称、数量、详细技术参数及考核标准，并未规定产品必须为本国产品，也没有明确规定不允许进口产品参加投标。评标录像显示，在评标过程中，评标委员会发现 B 公司的投标产品中包含大量的进口产品，在公证人员的监督下，评标委员会经评议认定，本项目只能采购本国产品，原产地为国外的投标产品均不符合本项目采购需求，因此，在评标报告的“评标结果”中认定 B 公司投标文件为无效投标。

问题分析与处理情况

本案反映了政府采购活动中涉及进口产品时经常发生的几个问题，应该说，在本案中，投标人 B 公司、J 招标公司和采购人 N 管理处均存在不当之处：

一是投标人 B 公司投标准备不认真，没有了解政府采购法律规定中最起码的原则。政府采购的一项重要原则就是采购本国产品。除非出现法律规定的特殊情况，一般情况下，必须采购本国货物、工程和服务。招标文件没有标明投标产品必须为本国产品，也不意味着可以用进口产品进行投标，允许进口产品投标须在招标文件中进行明示。本案中 B 公司对政府采购相关规定不熟悉，造成其盲目选用进口产品投标，导致其投标被认定为无效投标，失去了中标的机会。

二是 J 招标公司和采购人 N 管理处编制招标文件不够严谨。招标文件是供应商准备投标、编制投标文件的依据，必须十分清楚、明确，易于理解，这样才能使投标供应商准确领会采购人的需求，并根据自己的实际情况最大程度的提出适于采购需求的投标方案。本项目中，招标公司和采购人没有在招标文件中明示是否允许进口产品参加，虽然这样的做法并不违法，但给投标供应商造成了可以用进口产品投标的误解，导致 B 公司投标无效，某种程度上削弱了本项目的投标竞争，于采购效果无益。

因此，财政部门认为：财政部《关于印发政府采购进口产品管理办法的通知》（财库〔2007〕119 号）第 4 条规定：“政府采购应当采购本国产品，确需采购进口产品的，实行审核管理。”财政部《关于政府采购进口产品管理有关问题的通知》（财办库〔2008〕248 号）第 5 条规定：“采购人采购进口产品时，必须在采购活动开始前向财政部门提出申请并获得财政部门审核同意后，才能开展采购活动。在采购活动开始前没有获得财政部门同意而开展采购活动的，视同为拒绝采购进口产品，应当在采购文件中明确作出不允许进口产品参加的规定。未在采购文件中明确规定不允许进口产品参加的，也视为拒绝进口产品参加。”本项目中，采购文件中没有明确规定不允许进口产品参加，应当视为拒绝进口产品参加。本案中，B 公司所投产品中包括进口产品，应当作为无效投标处理，评标委员会的评审并无错误。综上，财政部门驳回了 B 公司的投诉。

案例二十：赶进度的采购项目

要点提示：

招标文件开始发出之日起至投标人提交投标文件截止之日止不得少于 20 日。

案情概述

20××年 9 月，采购人 T 医院委托 Z 招标公司代理其就某特殊医疗设备进行公开招标采购。由于该医疗设备为 T 医院急需使用的设备，因此，医院领导对采购工作高度重视，要求采购工作必须以最高的效率完成，保证能在预定时间将设备安装并投入临床使用。Z 招标公司接受委托后，立即向 T 医院确认采购需求，并根据 T 医院提供的技术标准和对投标人的要求等内容编制完成招标文件，在 T 医院对招标文件确认后，于 9 月 27 日发布了招标公告并同时开始发售招标文件，招标文件发售截止日与投标截止日一致，均为 10 月 10 日。招标文件发售期内，先后有 A、B、C、D 四家公司购买了招标文件。

10 月 9 日，Z 招标公司接到 D 公司质疑，质疑称，D 公司由于国庆节前项目较多，没有来得及购买招标文件，在 10 月 8 日上班后立即到 Z 招标公司处购买了招标文件，但本项目投标截止时间过短，D 公司不可能在一天内完成招标文件的编制，要求 Z 招标公司延长投标截止时间。Z 招标公司收到质疑后，向 T 医院进行了反映，T 医院认为本项目采购时间紧急，不同意延长投标截止时间。Z 招标公司根据 T 医院的意见进行了质疑答复，答复称由于本项目采购时间紧急，不能延长投标截止时间；另外，D 公司是由于自身原因没有在 9 月份购买招标文件，造成其没有充分时间准备投标文件，过错在 D 公司，其不能投标，与 Z 招标公司无关。D 公司对 Z 招标公司的质疑答复不满，向财政部门提出投诉。

调查情况

本案的争议焦点是招标文件中规定的投标截止时间是否合理。财政部门受理投诉后，调取了本项目的招标公告和招标文件，调查发现，招标公告中载明，“招标文件发售期为 9 月 27 日 13：00 至 10 月 10 日 9：00，法定假日休息，投标人请于每日上班时间（8：00～17：00）到 Z 招标公司处购买招标文件”；招标公告和招标文件中均规定，本项目的“投标截止时间为 10 月 10 日 9：00”。

问题分析与处理情况

本案反映出在政府采购项目中，采购人和采购代理机构容易忽视的问题，即自招标文件开始发出之日起至投标人提交投标文件截止之日止，不得少于 20 日。在实践中，确实有很多采购项目十分紧急，采购人对时间要求比较高，希望尽快完成采购活动，将采购的货物投入使用。但是，在这种情况下，如果单纯考虑效率问题，将投标截止时间设定得过短，就不能保证投标人有充分的时间准备投标，从而导致投标人的投标文件准备不充分或参与投标的供应商较少，降低了采购项目的竞争效果或投标质量，最终还是会对采购项目的采购效果造成影响。因此，在政府采购中，采购人和采购代理机构应当依法给投标人留出充分的投标准备时间，以保证投标人的数量和投标的质量。为了避免实践中不同采购人和采购代理机构对投标截止时间把握不一可能造成的问题，政府采购法明确规定了“自招标文件开始发出之日起至投标人提交投标文件截止之日止，不得少于20日。”本案中，9月27日开始发售招标文件，至10月10日投标截止，一共仅有13天，远不符合法定的20天时间要求。采购人本以为通过缩短投标截止时间能够加快采购进度，但是，项目却由于程序不合法受到供应商的质疑和投诉，反而影响了采购进度，真是得不偿失。

因此，财政部门认为：《中华人民共和国政府采购法》第35条规定，“货物和服务项目实行招标方式采购的，自招标文件开始发出之日起至投标人提交投标文件截止之日止，不得少于二十日。”《政府采购货物和服务招标投标管理办法》（财政部令第18号）第16条规定：“采用招标方式采购的，自招标文件开始发出之日起至投标人提交投标文件截止之日止，不得少于二十日。”本案中招标公告和招标文件有关投标截止时间的规定明显违反了上述规定。《政府采购供应商投诉处理办法》（财政部令第20号）第19条规定：“财政部门经审查，认定采购文件、采购过程影响或者可能影响中标、成交结果的，或者中标、成交结果的产生过程存在违法行为的，政府采购合同尚未签订的，分别根据不同情况决定全部或者部分采购行为违法，责令重新开展采购活动。”综上，财政部门做出处理决定：本项目违反了《中华人民共和国政府采购法》第35条和《政府采购货物和服务招标投标管理办法》（财政部令第18号）第16条的规定，根据《政府采购供应商投诉处理办法》（财政部令第20号）第19条的规定，决定本次采购行为违法，责令采购人重新开展采购活动。

案例二十一：被“独宠”的特定金额合同

要点提示：

1. 采购人可以根据采购项目的特殊要求，规定供应商的特定条件，但不得以不合理的条件对供应商实行差别待遇或者歧视待遇。如在采购文件中将特定金额的合同业绩作为投标人的资格条件。

2. 采购文件编制由采购人和代理机构共同完成，违法行为的法律责任由双方共同承担。

案情概述

20××年3月28日，Z招标公司接受采购人委托，就该单位“物业消防运行服务项目”组织公开招标工作。自4月4日发布招标公告开始，招标过程历经了发售招标文件、开标和评标，期间共有6家投标人参与投标活动，经评审B公司综合得分最高，被推荐为第一中标候选人。采购人确认评标结果后，Z招标公司发布了中标公告。随后，投标人F公司向财政部门提出举报，称：招标公告供应商的资质条件中，设置了“自20××年至20××年三年内须具有1个（含）以上，合同金额在200万元（含）以上物业管理服务”的业绩条件，属于以不合理的条件对供应商实行差别待遇或歧视待遇。

调查情况

本案争议的焦点是，采购文件将特定金额的合同业绩作为供应商的资格条件是否构成以不合理的条件对供应商实行差别待遇或歧视待遇。因此，财政部门依法调取了本项目的招标公告、招标文件、投标文件等相关材料。调查发现，Z招标公司于4月4日在中国政府采购网发布招标公告，该公告第11条第5款对供应商资格设置了“自20××年至20××年三年内须具有1个（含）以上合同金额在200万元（含）以上物业管理服务业绩”的规定。

在调查取证阶段，采购人和Z招标公司答复称：本项目的业绩要求是从项目的专业特点和实际需要出发做出的规定；同时，其所要求的合同业绩金额低于本项目的招标预算金额，不属于以不合理的条件对供应商实行差别待遇或者歧视待遇。

问题分析与处理情况

本案反映了政府采购活动中出现的几个相关问题：

一是采购文件将特定金额的合同业绩作为投标人资格条件是否合法合规的问题。本案中，招标公告对供应商200万元合同业绩的资格条件要求不具有合理性：其一，采购方对200万元合同业绩的限定无法提供合法有效的依据，虽然200万元的要求低于项目的预算金额，但该限定与项目本身的预算金额并无直接关联性，采购方提出的该合同业绩金额限定低于项目招标预算金额的说法无法证明该200万元合同业绩要求的合理性；其二，采购人和代理机构有多种方式可以实现对供应商履约能力的考核，将特定金额的合同业绩设定成资格条件并非是唯一不可替代的方式，而这种方式会构成“以不合理的条件对供应商实行差别待遇或者歧视待遇”，违反《中华人民共和国政府采购法》第二十二条第二款的规定；其三，“合同金额”的限定虽然不是直接对企业规模的限定，但由于合同金额与营业收入直接相关，实质是对中小企业营业收入的限制，构成对中小企业实行差别待遇或者歧视待遇。

二是采购文件编制中违法行为的法律责任问题。在政府采购活动中，虽然采购人委托了代理机构从事政府采购代理活动，但招标文件的编制是由采购人和代理机构共同完成的，且最终需经采购人书面确认。所以，采购人和代理机构须对采购文件编制中的违法行为共同承担责任。

因此，财政部门认为：该项目招标文件将供应商具有特定金额的合同业绩作为资格条件，违反了《中华人民共和国政府采购法》第二十二条第二款“采购人可以根据采购项目的特殊要求，规定供应商的特定条件，但不得以不合理的条件对供应商实行差别待遇或者歧视待遇”，以及《政府采购促进中小企业发展暂行办法》（财库〔2011〕181号）第三条“任何单位和个人不得阻挠和限制中小企业自由进入本地区和本行业的政府采购市场，政府采购活动不得以注册资本金、资产总额、营业收入、从业人员、利润、纳税额等供应商的规模条件对中小企业实行差别待遇或者歧视待遇”的规定。

综上，财政部门做出处理决定如下：根据《中华人民共和国政府采购法》第三十六条、第七十一条，以及《中华人民共和国政府采购法实施条例》第七十一条第一款第（二）项的规定，决定该项目中标无效，责令采购单位重新开展采购活动，并对采购人和 Z 招标公司作出警告的行政处罚。

案例二十二：“任性”的采购人

要点提示：

1. 采购人应当自收到评审报告之日起 5 个工作日内在评审报告推荐的中标候选人中按顺序确定中标供应商。

2. 除国务院财政部门规定的情形外，采购人、采购代理机构不得以任何理由组织重新评审。采购人、采购代理机构发现第一中标候选人存在违法行为的，应当书面向财政部门反映，而不得自行改变评审结果。

3. 采购人与中标供应商应当在中标通知书发出之日起三十日内，按照采购文件确定的事项签订政府采购合同。

案情概述

20××年 2 月 20 日，A 采购人委托 M 招标公司，就该单位“PC 服务器采购项目”进行公开招标。2 月 22 日，M 招标公司在中国政府采购网发布招标公告并发售招标文件。标书发售期间，共有 7 家供应商购买了招标文件。3 月 20 日投标截止，4 家供应商按时提交了投标文件。开标仪式结束后，M 招标公司组织了评标工作，由 1 名采购人代表和 4 名随机抽取的专家组成的评审委员会共同完成了评标，按次序推荐 B 公司为第一中标候选人。3 月 21 日，M 招标公司向 A 采购人发送了评审报告。4 月 11 日，M 招标公司发布中标人为第二中标候选人 D 公司的中标公告，并向 D 公司发送了中标通知书。4 月 14 日，A 采购人与 D 公司签订采购合同。

4 月 17 日，投标人 B 公司向财政部门来函反映，称：A 采购人未经评审委员会评审直接决定其他候选人为中标人的行为违法。A 采购人答复称：B 公司投标文件中业绩部分存在造假，涉嫌提供虚假材料谋取中标，由于 M 招标公司未按要求组织复审，本项目又急需采购 PC 服务器，A 采购人只能自行确认第二中标候选人 D 公司为中标供应商。

调查情况

本案争议的焦点是，在 A 采购人认为第一中标候选人 B 公司投标业绩涉嫌造假的情形下，是否可以不按照评审委员会推荐的中标候选人顺序确定中标人并与其签订采购合同。因此，财政部门调取了本项目的招标文件、投标文件、评标报告及评标录像等资料。调查发现：3 月 21 日，M 招标公司向 A 采购人发送了评审报告，按次序推荐 B 公司为第一中标候选人。随后，A 采购人对 B 公司进行了公开调查，认为其投标业绩造假，于 4 月 7 日要求 M 招标公司进行复审。由于 M 招标公司未组织复审，A 采购人于 4 月 10 日以其有权确定中标人为由，自行确认第二中标候选人 D 公司为中标供应商。4 月 11 日，M 招标公司按照 A 采购人的要求，发布中标人为 D 公司的中标公告，并向 D 公司发送了中标通知书。4 月 14 日，A 采购人与 D 公司签订采购合同。

关于 A 采购人认为 B 公司业绩造假的问题。经审查，B 公司提供的业绩材料符合招标文件要求，不存在提供虚假材料谋取中标的情形。

问题分析与处理情况

本案反映了政府采购活动中出现的几个相关问题：

一是采购人未在 5 个工作日之内在评审报告推荐的中标候选人中按顺序确定中标供应商。本案中，M 招标公司于 3 月 21 日向 A 采购人发送了评审报告，按次序推荐 B 公司为第一中标候选人，截至 3 月 29 日 5 个工作日期限届满，A 采购人未确认采购结果，该行为违反了《中华人民共和国政府采购法实施条例》第四十三条第一款的规定。

二是采购人不得要求评审委员会违法重新评审。根据《关于进一步规范政府采购评审工作有关问题的通知》（财库〔2012〕69 号）规定，评审结果汇总完成后，采购人、采购代理机构和评审委员会均不得修改评审结果或者要求重新评审，但资格性检查认定错误、分值汇总计算错误、分项评分超出评分标准范围、客观分评分不一致、经评审委员会一致认定评分畸高、畸低的情形除外。本案中，第一中标候选人 B 公司业绩可能造假不属于重新评审的法定情形，A 采购人以此要求 M 招标公司组织重新评审的做法违反了该规定。

三是采购人不得自行改变评审委员会推荐的中标候选人顺序选择中标人。如果采购人发现第一中标候选人存在违法行为的，根据《中华人民共和国政府采购法实施条例》第四十四条的规定，应当书面向本级人民政府财政部门反映。本案中，A 采购人自行确认第二中标候选人为中标供应商的行为违反了该规定。

四是采购人应按照法律及招标文件的相关规定签订采购合同。根据《中华人民共和国政府采购法》第四十六条规定，采购人与中标供应商应当在中标通知书发出之日起三十日内，按照采购文件确定的事项签订政府采购合同。实践中，采购人、采购代理机构往往通过隐瞒政府采购信息、改变采购方式、不按采购文件确定事项签订采购合同等手段，达到虚假采购或者让内定供应商中标的目的。因此，采购人应当依照采购文件所确认的标的、数量、单价等与中标供应商签订采购合同。

综上，财政部门作出处理决定如下：根据《中华人民共和国政府采购法》第四十六条、《中华人民共和国政府采购法实施条例》第四十三条的规定，责令 B 公司进行整改，督促其签订采购合同。

案例二十三："自身分歧"的采购文件

要点提示：

1. 采购人及代理机构编制采购文件时，产品技术指标应保持一致。

2. 采购活动中，出现采购文件对产品技术指标要求不一致，影响采购公正的情形，应予废标。

案情概述

20××年6月15日，K代理机构接受采购人委托，就该单位"灯具设备采购项目"组织公开招标工作。6月30日，采购人确认了招标文件；K代理机构在中国政府采购网上发布了招标公告。7月5日，K代理机构在中国政府采购网上发布了变更公告。招标文件发售日期为6月30日至7月25日，共有5家供应商购买了本项目的招标文件。开标前一个工作日，K代理机构与采购人共同从专家库中抽取了评标专家。到招标文件规定的投标截止时间，5家投标人均按时递交了投标文件。

本项目采用综合评分法评标，评标委员会对实质上响应招标文件要求的投标人进行价格、商务和技术综合评价打分后，按综合评分由高到低的顺序进行排列，向采购人推荐了三名中标候选人。K代理机构在得到采购人对评标结果的确认后，在中国政府采购网发布了中标公告。

公告发布后，A公司对本次评标结果提出质疑，称：中标供应商B公司投标产品不满足招标文件关于技术指标m的要求。K代理机构在收到质疑后，组织原评标委员会进行复核。原评标委员会出具的复核意见称：K代理机构已于7月5日发布变更公告，公告中已将产品技术指标m降低为n，但因工作失误，其中部分内容未作相应变更。更正公告发布后，通过邮件和电话的方式分别通知各投标人。从投标人提交的投标文件内容来看，各投标人已理解投标产品的技术指标由m降低为n。在评审中，评标委员会以n标准为评标基础进行评标，认为B公司提交的产品符合招标文件要求。同时，评标委员会对实际提交产品符合m标准的投标人予以了加分。A公司对此质疑答复不满，向财政部门提出投诉。

调查情况

本案争议的焦点是，采购文件中关于产品技术指标要求存在互相矛盾的情况，应如何处理。因此，财政部门调取了本项目的采购文件、响应文件和评标报告等资料。调查发现，原招标文件中对产品技术指标共有4处要求为m。采购人、代理机构及潜在投标人现场勘察后，认为应将产品技术指标由m降低为n。7月5日，代理机构发布更正公告，将标准更改为n，但由于采购人和代理机构的工作失误，更正公告中仅将2处技术指标降低为n，另2处技术指标仍为m。在评审过程中，关于产品技术指标，评审委员会以n标准为评标基础进行评标，对符合m标准的予以加分。

问题分析与处理情况

本案反映了政府采购中因采购人和代理机构的工作失误，导致采购文件中关于产品技术指标互相矛盾的问题。

本项目采购活动中，由于采购人和代理机构的工作失误，采购文件中关于产品技术指标的要求不一致，导致部分供应商按m标准投标，部分供应商按n标准投标。同时，因采购文件中对产品技术指标的要求不同，致使参加投标的供应商范围和所投产品的型号及报价也不同，直接影响评审环节，对采购结果的公正性造成了影响。

综上，财政部门做出处理决定如下：根据《中华人民共和国政府采购法》第三十六条第一款第（二）项规定，本项目招标采购中出现了影响采购结果公正性的违法、违规行为，责令采购人废标。针对本项目招标文件和更正公告编制不规范的问题，责令限期整改。

案例二十四：不能说的秘密

要点提示：

1. 政府采购评审中，采用综合评分法的评分因素包括价格、技术、商务等多项内容，报价最低并不必然中标。

2. 供应商各评分要素具体得分不属于依法公开的内容。

3. 采购人和采购代理机构对评审情况负有保密义务。

案情概述

20××年8月，某采购中心接受采购人某局的委托，就该局“设备采购项目”组织公开招标工作。8月28日，采购中心得到采购人对招标文件的确认后，在政府采购网上发布了招标公告，并同时开始发售招标文件。9月27日投标截止，共有A公司等15家供应商按时递交了投标文件。采购中心组织了开标，采购人和投标人代表参与了开标仪式。开标仪式结束后，采购中心组织了评标工作，评标工作由2名采购人代表和5名随机抽取的有关技术、经济方面的专家组成的评标委员会共同完成。经过评审，评标委员会向采购人推荐B公司等5个投标人为中标候选人。采购人对评标结果进行确认后，采购中心于9月28日发布了中标公告，公布B公司为中标人。

中标公告发布后，A公司向采购人提出质疑，称其投标价格最低却未中标，中标结果公布后未向其公布得分情况，使其对评标结果的合法性无法核实与确认。采购人答复称：本项目采用综合评分法进行评标，价格只是其中一项因素，并不是报价最低就能中标；各投标人得分情况依法保密。A 公司对此质疑答复不满，向财政部门提出投诉。

调查情况

本案争议的焦点是，投标人得分情况是否应当公开。因此财政部门调取了本项目的招标文件、评标报告等资料。调查发现：招标文件第二章“投标人须知 21.1”规定：“公开开标后，直至向中标的投标人授予合同时止，凡是与审查、澄清、评价和比较投标的有关资料以及授标建议等，采购人、评委、采购中心均不得向投标人或与评标无关的其他人员透露”。“21.5”规定：“采购中心和评标委员会不得向落标的投标人解释未中标原因，也不公布评标过程中的相关细节”。本项目招标文件第四章“评标方法与定标原则”规定：“本项目评标采用综合打分法，总分为 100 分，按评审后得分由高到低顺序排列，得分相同的，按投标报价由低到高顺序排列，得分且投标报价相同的，按技术指标优劣顺序排列”。“评分因素”规定：“服务 10 分”、“价格 40 分”、“管理 10 分”、“技术 40 分”，且分别有具体的评分指标。

问题分析与处理情况

本案反映了政府采购活动中，供应商对政府采购评标方法的误解，认为投标价格最低就应当中标。同时供应商对政府采购项目信息公开的规定也存在误区，不了解采购人和采购代理机构可以公开哪些政府采购项目信息。

第一，投标价格最低不意味必然中标。

根据《政府采购货物和服务招标投标管理办法》（财政部令第 18 号）第五十二条的规定，综合评分法，是指在最大限度地满足招标文件实质性要求前提下，按照招标文件中规定的各项因素进行综合评审后，以评标总得分最高的投标人作为中标候选供应商或者中标供应商的评标方法。综合评分的主要因素是：价格、技术、财务状况、信誉、业绩、服务、对招标文件的响应程度，以及相应的比重或者权值等。

可见，价格只是评标因素之一。评标委员会要根据招标文件规定的评标标准，对供应商进行综合评价，合格供应商中，报价最低的，价格得分会最高，但汇总其他评审因素的综合得分不一定最高。

第二，哪些政府采购项目信息可以公开。

根据《政府采购信息公告管理办法》（财政部令第 19 号）第八条、《做好政府采购信息公开工作的通知》（财库〔2015〕135 号）的规定，除涉及国家秘密、供应商的商业秘密，以及法律、行政法规规定应予保密的政府采购信息以外，可以公开的政府采购项目信息为：采购项目公告、采购文件、采购项目预算金额、采购结果、更正事项等。其中采购结果公开的内容包括：采购人和采购代理机构名称、地址、联系方式；项目名称和项目编号；中标或者成交供应商名称、地址和中标或者成交金额；主要中标或者成交标的的名称、规格型号、数量、单价、服务要求或者标的的基本概况；评审专家名单等。可见供应商的具体得分情况不在公开的内容中，不属于必须公开的范围。

根据《财政部关于进一步规范政府采购评审工作有关问题的通知》（财库〔2012〕69 号）的规定，采购人、采购代理机构要确保评审活动在严格保密的情况下进行。在采购结果确定前，采购人、采购代理机构对评审委员会名单负有保密责任。评审委员会成员、采购人和采购代理机构工作人员、相关监督人员等与评审工作有关的人员，对评审情况以及在评审过程中获悉的国家秘密、商业秘密负有保密责任。

本案中，投诉人认为应向其公布的得分情况，不属于依法应当公开的内容，采购人和采购代理机构应当履行保密义务。

因此，财政部门认为：本项目评标采用综合打分法，评标委员会根据具体评标标准综合评审，价格只是其中一项因素。得分情况不属于依法应当公开的内容。

综上，财政部门做出处理决定如下：根据《政府采购供应商投诉处理办法》（财政部令第20号）第十七条第（二）项的规定，投诉事项缺乏事实依据，决定驳回投诉。

案例二十五："法"眼看串标

要点提示：

1. 单位负责人为同一人或者存在直接控股、管理关系的不同供应商不得参加同一合同项下的政府采购活动。
2. 《中华人民共和国政府采购法实施条例》第七十四条规定了串通投标的法定情形。
3. 供应商之间存在股东交叉的情形并不必然构成串通投标。

案情概述

20××年5月10日，采购人委托A公司就"某系统采购项目"进行公开招标，5月12日在中国政府采购网发布招标公告。6月29日开标，7月1日发布中标公告，中标人为B公司。

7月29日，举报人D公司向财政部门来函反映，称：投标人B公司与C公司在本项目投标活动中有串通投标行为，两家供应商的股东、发起人均为甲，存在实际的关联关系，属于《中华人民共和国政府采购法实施条例》（以下简称实施条例）第七十四条第（四）项规定的串通投标的情形。同时，B公司和C公司的投标文件可能由同一家公司制作。

调查情况

本案争议的焦点是，B公司与C公司之间的关联关系是否足以认定其构成串通投标？因此，财政部门调取了本项目的招标文件、投标文件和评标报告等资料。

调查发现，招标文件第一章3.2规定："法定代表人为同一人的两个及两个以上法人，母公司及其全资子公司、控股公司，不得同时参加本招标项目投标。"

全国企业信用信息公示系统网站显示："B公司的法定代表人为甲，股东为甲、乙；C公司法定代表人、股东为乙。"

全国企业信用信息公示系统显示："B 公司注册资本为 3000 万元，其中甲的出资为 1530 万元，C 公司的 1470 万元；C 公司的法定代表人为乙，注册资本为 500 万元，出资人为乙。"

问题分析与处理情况

本案反映了政府采购实践中，如何认定串通投标的问题。串通投标属于法定情形，只有符合政府采购相关法律法规规定的情形才能认定为串通投标。

首先，实施条例第十八条第一款规定："单位负责人为同一人或者存在直接控股、管理关系的不同供应商，不得参加同一合同项下的政府采购活动。"

本案中，虽然 C 公司的法定代表人与 B 公司的股东为同一人，但是 B 公司与 C 公司的负责人不属于同一人，也不存在直接控股、管理关系。故 B 公司与 C 公司不属于实施条例第十八条以及招标文件第一章 3.2 规定的禁止参加同一合同项下的政府采购活动的情形。

其次，实施条例第七十四条规定："有下列情形之一的，属于恶意串通，对供应商依照政府采购法第七十七条第一款的规定追究法律责任，对采购人、采购代理机构及其工作人员依照政府采购法第七十二条的规定追究法律责任：

（一）供应商直接或者间接从采购人或者采购代理机构处获得其他供应商的相关情况并修改其投标文件或者响应文件；

（二）供应商按照采购人或者采购代理机构的授意撤换、修改投标文件或者响应文件；

（三）供应商之间协商报价、技术方案等投标文件或者响应文件的实质性内容；

（四）属于同一集团、协会、商会等组织成员的供应商按照该组织要求协同参加政府采购活动；

（五）供应商之间事先约定由某一特定供应商中标、成交；

（六）供应商之间商定部分供应商放弃参加政府采购活动或者放弃中标、成交；

（七）供应商与采购人或者采购代理机构之间、供应商相互之间，为谋求特定供应商中标、成交或者排斥其他供应商的其他串通行为。"

本案中，虽然 B 公司与 C 公司之间存在股东交叉的关系，但不属于实施条例第七十四条规定的恶意串通的情形。禁止性行为是法律对自由的限制，必须在法律规定的范围内进行认定。所以，只有存在法定串通投标情形的才能认定构成串通投标，进而根据政府采购法第七十七条进行处理，而不能仅凭两个供应商之间存在股东交叉的关联关系就认定构成串通投标。

经调查，财政部门未发现有证据证明 B 公司与 C 公司存在实施条例第七十四条规定的恶意串通的情形，也没有发现 B 公司与 C 公司的投标文件有雷同之处。

综上，财政部门做出处理决定如下：举报事项缺乏事实依据。

案例二十六："服""货"单行

要点提示：

货物项目不属于《财政部关于信息系统建设项目采购有关问题的通知》（财库〔2011〕59号）文件规范的范围。

案情概述

20××年8月，某代理机构接受采购人某中心的委托，就该中心"计算机网络系统总集成项目"组织公开招标工作。8月9日，代理机构得到采购人对招标文件的确认后，在中国政府采购网上发布了招标公告，并同时开始发售招标文件。在招标文件发售期内，共有4家供应商购买了招标文件。8月30日投标截止，4家供应商按时递交了投标文件。代理机构组织了开标，采购人和投标人代表参与了开标仪式。开标仪式结束后，代理机构组织了评标工作，评标工作由2名采购人代表和5名随机抽取的专家组成的评标委员会共同完成。经过评审，评标委员会向采购人推荐A公司为中标候选人。采购人对评标结果进行确认后，代理机构于9月8日发布了中标公告，公布A公司为中标人。

中标公告发布后，B公司提出质疑，称：A公司于20××年5月22日中标的另外一个项目"服务器采购项目"是"计算机网络系统总集成项目"前期建设的一部分，A公司提前获知了项目关键信息，具有优势，违反了《中华人民共和国政府采购法》（以下称政府采购法）公平竞争原则和《财政部关于信息系统建设项目采购有关问题的通知》（财库〔2011〕59号）的规定，应取消A公司投标人及中标人资格。采购人、代理机构答复称：服务器采购项目是货物采购，是F卫星临时应急的联调联试支撑平台，建设在采购人大楼机房内，主要支持卫星在轨测试期间的工作。"计算机网络系统总集成项目"采购的是集成服务，集成对象建设在某气象卫星地面站数据中心机房内，主要支持卫星业务运行等业务应用使用，集成对象不包括"服务器采购项目"的采购内容。B公司对此质疑答复不满，向财政部门提出投诉。

调查情况

本案争议的焦点是，货物项目是否适用财库〔2011〕59号文件。因此，财政部门调取了本项目的相关资料。调查发现："服务器采购项目"采购的是货物，采购内容主要为服务器设备，目的是为卫星应用系统的开发与联调联试提供计算资源、存储系统、数据传输通道等。而"计算机网络系统总集成项目"采购的是服务，采购内容为科研试验卫星地面应用系统工程计算机网络系统的集成服务，不包含相关软硬件设备的采购供货，目的是将科研试验卫星地面应用系统所有的IT相关软硬件集成为在功能、性能等方面均满足要求的气象卫星应用系统基础支撑平台。

问题分析与处理情况

本案反映了政府采购活动中，供应商对财库〔2011〕59 号文件的误读。将招标文件中明确规定的服务供应商，扩大为货物供应商。

根据财库〔2011〕59 号文件的规定，在信息系统建设中，受托为整体采购项目或者其中分项目的前期工作提供设计、编制规范、进行管理等服务的供应商，对于理解及把握采购内容具有一定的优势，其再参加项目的采购活动，存在违反公平竞争原则的可能性。为保证政府采购公平、公正，凡为整体采购项目提供上述服务的法人及其附属机构（单位），不得再参加该整体采购项目及其所有分项目的采购活动；凡为分项目提供上述服务的法人及其附属机构（单位），不得再参加该分项目的采购活动。

根据《关于〈中华人民共和国政府采购法实施条例〉第十八条第二款法律适用的函》（财办库〔2015〕295 号）的规定，为促进政府采购公平竞争，加强采购项目的实施监管，《中华人民共和国政府采购法实施条例》第十八条规定，“除单一来源采购项目外，为采购项目提供整体设计、规范编制或者项目管理、监理、检测等服务的供应商，不得再参加该采购项目的其他采购活动。”其中，“其他采购活动”指为采购项目提供整体设计、规范编制和项目管理、监理、检测等服务之外的采购活动。因此，同一供应商可以同时承担项目的整体设计、规范编制和项目管理、监理、检测等服务。

上述文件规范的是前期服务项目与后期货物采购项目的关系，以及整体项目服务与分项目服务等关系，有明确和特定的内容，不能作扩大解释。本案中，服务器采购项目采购的是货物，本项目采购的是集成服务，货物项目并不适用上述文件的规定。

因此，财政部门认为：“计算机网络系统总集成项目”尚未采购设备，不能认定“服务器采购项目”是“计算机网络系统总集成项目”的前期工作，也不属于财库〔2011〕59 号文件规定的情形。A 公司没有违反政府采购法公平竞争原则和财库〔2011〕59 号文件的规定，不应取消 A 公司投标人及中标人资格。

综上，财政部门做出处理决定如下：根据《政府采购供应商投诉处理办法》（财政部令第 20 号）第十七条第（二）项的规定，投诉事项缺乏事实依据，驳回投诉。

案例二十七：千里之堤　溃于蚁穴

要点提示：

评审专家应准确理解采购文件的要求，并严格按照采购文件规定的评审方法和标准进行评审。

案情概述

20××年 8 月 27 日，Z 招标公司接受 G 采购人委托，就该单位“××项目”组织公开招标工作。10 月 15 日，Z 招标公司发布了招标公告，招标文件发售日期为 10 月 15 日至 11 月 5 日，共有 4 家供应商购买并按时递交了本项目的投标文件。经评审，评标委员会推荐 C 公司为项目第一中标候选人。随后，G 采购人确认评标结果，Z 招标公司发布中标公告。

中标公告发布后，投标人 S 公司于 11 月 15 日向 Z 招标公司提出质疑，称：中标产品没有实质性响应招标文件关于“实配网口”的要求，该条目为“★关键指标项”，不满足则废标，中标应无效。Z 招标公司答复称：评标委员会依据招标文件和评标文件进行评审，各投标人对其所提供招标文件的真实性承担法律责任。S 公司对质疑答复不满，向财政部门提出投诉。

调查情况

本案争议的焦点是，中标产品是否满足招标文件关于“实配网口”的技术指标要求。因此，财政部门调取了本项目的招标文件、投标文件和评标报告等资料。调查发现，本项目招标文件规定“实配网口”为“★关键指标项”。C 公司在投标文件中的应答为以“USB 口 + USB 网卡集成器”的方式提供网口。C 公司认为，中标产品虽未配置网口，但是采用了“USB 口 + USB 网卡集成器”的具体实现方式，可以满足招标文件对“实配网口”的要求。评标报告显示，7 位评审专家均未发现 C 公司投标文件未实质性响应招标文件的实质性条款，并且在评分标准（技术指标）中给了 C 公司 40 分满分。

问题分析与处理情况

本案中的投标人与评标委员会对招标文件的理解均存在一定问题。

一是投标人没有准确理解招标文件的要求。投标人应准确响应招标文件的要求，完全满足实质性条款。本案中，C 公司主观认为，其投标产品可以采用“USB 口 + USB 网卡集成器”的方式达到“实配网口”的技术要求。

二是评标委员会未严格按照招标文件进行评审。评审专家要熟悉和理解招标文件，认真阅读所有供应商的投标文件，逐一进行符合性检查。评标委员会认为投标文件的相关事项需要做进一步澄清的，应当给供应商时间进行反馈。本案中，评标委员会没有认真阅读并准确理解招标文件对于实质性条款的要求，导致 C 公司的投标文件中采用“USB 口 + USB 网卡集成器”的实现方式替代“实配网口”，没有引起评标委员会的足够重视，做出了错误判断。

因此，财政部门认为：本案中，C 公司采用“USB 口 + USB 网卡集成器”的实现方式未实质性响应招标文件关于“实配网口”的要求，可能产生额外的故障点，影响 G 采购人的采购效果。评标委员会未严格按照招标文件进行评审，违反了《财政部关于进一步规范政府采购评审工作有关问题的通知》（财库〔2012〕69 号）第二条第二款的规定。

综上，财政部门做出处理决定如下：根据《政府采购供应商投诉处理办法》（财政部令第 20 号令）第十七条第一款第三项的规定，C 公司投标文件不符合招标文件的实质性要求，投诉事项成立。本项目中标结果无效，确定下一候选人为中标供应商。

案例二十八："何时"用"何法"

要点提示：

1. 各级国家机关、事业单位和团体组织，使用财政性资金采购集中采购目录以内的或者采购限额标准以上的货物、工程和服务的行为适用政府采购法。

2. 采购代理机构未按照法定程序开展采购活动的，将承担相应法律责任。

案情概述

20××年7月，Y招标公司接受采购人委托，就该单位"某系统建设项目"组织公开招标工作。7月10日，Y招标公司在中国政府采购网上发布了招标公告。7月15日，A公司认为招标文件中存在歧视性条款，向Y招标公司提出质疑。7月16日，Y招标公司答复质疑。A公司对质疑答复不满，向财政部门提出投诉。8月7日，Y招标公司在中国政府采购网发布了中标公告。

调查情况

财政部门调取了本项目的招标文件、投标文件和评标报告等资料。在调查过程中发现，本项目是行政机关使用财政性资金采购货物，预算金额为1200万元，属于政府采购，应当适用《中华人民共和国政府采购法》及相关规定，但Y招标公司未按照《中华人民共和国政府采购法》规定的程序开展采购活动，适用法律错误。对此，财政部门依法启动监督检查程序。

Y招标公司称，在其与采购人沟通过程中，因公司代表理解错误，导致其按照招标投标法的规定和程序进行本项目招标工作，公司并非故意规避政府采购法及其实施条例的规定。

财政部门在进一步调查中查明：20××年10月，本项目可行性研究报告的批复文件中记载："资金来源：全部由中央投资安排解决"。随后，采购人与Y招标公司沟通项目具体情况，并将本项目批文提供给Y招标公司。

问题分析与处理情况

本案反映了代理机构在开展属于国家机关使用财政性资金采购货物的政府采购活动中，未按照《中华人民共和国政府采购法》、《中华人民共和国政府采购法实施条例》及相关政府采购政策的规定进行的问题。

《中华人民共和国政府采购法》第二条规定"在中华人民共和国境内进行的政府采购适用本法。本法所称政府采购，是指各级国家机关、事业单位和团体组织，使用财政性资金采购依法制定的集中采购目录以内的或者采购限额标准以上的货物、工程和服务的行为"。

本案中，虽然 Y 招标公司称，因公司代表理解错误，导致其未按照政府采购法规定组织招标工作。但根据项目批文中的规定，可明显判断出本项目所用资金为财政性资金，已经达到政府采购的限额标准，且 Y 招标公司作为专业从事政府采购的代理机构，应当知道本项目须按照政府采购法及其实施条例规定开展采购活动。

综上，财政部门做出处理决定如下：本项目适用法律错误，采购程序违法。根据《中华人民共和国政府采购法》第三十六条、《政府采购供应商投诉处理办法》（财政部令第 20 号）第十九条的规定，责令采购人重新开展采购活动。根据《中华人民共和国政府采购法实施条例》第六十八条的规定，责令采购人对未按政府采购法及其实施条例的规定组织采购活动的行为进行整改。

根据《中华人民共和国政府采购法》第七十一条、第七十八条及《中华人民共和国政府采购法实施条例》第六十八条的规定，对 Y 招标公司未按政府采购法及其实施条例的规定组织采购活动的行为作出罚款，一年内禁止其代理政府采购业务的行政处罚。

案例二十九：差之毫厘的参数　失之千里的代价

要点提示：

1. 供应商提交的响应文件应真实可靠。
2. 供应商存在提供虚假材料谋取中标、成交的情形，将承担严重的法律后果。

案情概述

20××年 8 月 2 日，Z 招标公司受采购人 H 中心委托，为该中心“监测系统采购项目”进行招标。8 月 7 日发布招标公告后，共有 15 家供应商购买了招标文件。8 月 29 日投标截止，15 家投标人均按时提交了投标文件。经过评标专家评审，B 公司被确定为中标候选人。采购人 H 中心确认评标结果后，Z 招标公司发布了中标公告，B 公司中标。

9 月 6 日，投标人 F 公司提出质疑，称：中标人的产品数据不满足招标文件技术需求，存在提供虚假材料谋取中标的情形。收到质疑材料后，Z 招标公司通知 B 公司提交证明材料，B 公司未提供响应招标文件要求的相关技术参数的证明材料。9 月 11 日，Z 招标公司组织复核，认为：根据相关合法有效的证据，可认定 B 公司在招标阶段提供了虚假材料，建议认定 B 公司中标无效。随后，采购人 H 中心向财政部门提出举报。

调查情况

本案争议的焦点是，B 公司投标文件中的产品技术参数是否与招标文件要求和产品实际参数相符。因此，财政部门调取了本项目招标文件、投标文件、评标报告等资料，并对 Z 招标公司、采购人 H 中心、中标人 B 公司等相关当事人进行了调查。调查发现：招标文件技术部分对产品的数据参数和供应商的服务方案进行了明确要求。B 公司的投标文件显示其投标产品的技术参数符合招标文件要求，但产品运营商提供的材料证明投标产品的部分数据参数与招标文件不符。随后，B公司承认投标文件中的技术参数与事实不符，但声称是由于标书制作审查不严而导致的笔误，投标产品在实质上完全满足招标文件的技术要求，该笔误并未影响评分分值。

问题分析与处理情况

本案集中反映了政府采购中，供应商通过修改投标文件中的产品参数以达到招标要求的行为，该行为存在以下问题：

一是该行为构成了以虚假材料谋取中标的违法情形。本案中，供应商在明知投标产品不符合招标文件技术参数要求的情况下，通过修改投标文件中的产品参数，意图达到满足招标要求。该行为是典型的“提供虚假材料”。

二是该行为违背了《中华人民共和国政府采购法》第三条规定的诚实信用原则。诚信原则是供应商的生存之本，提供产品的真实数据参数是对供应商最基本的要求。产品的技术参数是产品性能的说明，直接决定着产品能否满足采购人的实际需求。如果供应商凭借虚假数据获得了中标，一方面剥夺了其他投标人的中标机会，造成对其他投标人的不公；另一方面也使得采购人无法获得真正符合要求的产品，造成对其合法权益的侵害。

三是供应商以“笔误”为由进行辩解的理由不能成立。首先，供应商对此辩解理由并未提供合法有效的证据；其次，供应商实际提供的产品确实不符合招标文件的要求。

综上，财政部门做出处理决定如下：B公司的行为构成提供虚假材料谋取中标。根据《中华人民共和国政府采购法》第七十七条的规定，决定本项目中标无效，对B公司作出处以采购金额千分之五的罚款，列入不良行为记录名单，一年内禁止参加政府采购活动的行政处罚。

案例三十：资质非往日不可追

要点提示：

1. 供应商的资格条件设置应与项目的特殊要求存在关联性。国家明令取消的职业资格许可和认定事项，相关证书的申请条件对企业的注册资本金、资产总额、营业收入、从业人员、利润、纳税额等规模条件作出限制的，不得作为供应商资格条件。

2. 采购文件编制由采购人和代理机构共同完成，违法行为的法律责任由双方共同承担。

案情概述

20××年5月3日，C采购人委托W招标公司，就该单位“信息网络及服务器采购项目”进行公开招标。5月5日，W招标公司在中国政府采购网发布招标公告并发售招标文件。

5月8日，投标人H公司向W招标公司提出质疑，称：本项目的招标文件将“计算机信息系统集成一级（含）以上集成资质”作为资格条件，属于以不合理条件对供应商实行差别待遇或者歧视待遇，要求删除该资格条款。W招标公司答复质疑称：W招标公司在综合考量了项目采购内容、所需专业技术复杂性等特殊情况后，才将“计算机信息系统集成一级（含）以上集成资质”作为投标人的特定资格条件，符合政府采购法第二十二条的规定，不属于以不合理条件对供应商实行差别待遇或者歧视待遇。H公司对W招标公司的质疑答复不满，向财政部门提起投诉。

调查情况

本案争议的焦点是，“计算机信息系统集成资质”能否作为投标人的资格条件。因此，财政部门核查了本项目的招标公告、招标文件等材料。经审查，招标公告及招标文件中设置了“投标人须具备计算机系统集成一级（含）以上资质”的资格条件。W招标公司在发售招标文件之前，将编制完成的招标文件交C采购人确认，在得到C采购人确认同意后发售招标文件。另查明：国务院在2014年1月28日《国务院关于取消和下放一批行政审批项目的决定》中已经明确将“计算机信息系统集成企业资质认定项目”取消。同时，由中国电子信息行业联合会颁发的“信息系统集成一级资质”要求申请企业“注册资本和实收资本均不少于5000万元，或所有者权益合计不少于5000万元”、“近三年的系统集成收入总额不少于5亿元，或不少于4亿元且近三年完成的系统集成项目总额中软件和信息技术服务费总额所占比例不低于80%”。

问题分析与处理情况

本案反映了政府采购活动中出现的几个相关问题：

一是采购人、代理机构可以根据采购项目的特殊要求，规定供应商的特定条件，但不得以不合理的条件对供应商实行差别待遇或者歧视待遇。本案中，虽然W招标公司认为其将信息系统集成资质作为投标人资格条件与项目的特殊要求存在关联性，但是在开展本项目采购活动时，信息系统集成资质已经不再是法定资质，不应列入采购文件，且由中国电子信息行业联合会颁发的计算机资质对企业的注册资金、营业收入等规模进行了限制，违反了《政府采购促进中小企业发展暂行办法》（财库〔2011〕181号）第三条的规定。因此，信息系统集成资质不能作为投标人的资格条件。本项目将这一资质作为实质性条款，违反了《中华人民共和国政府采购法》第二十二条、第三十六条、《中华人民共和国政府采购法实施条例》第二十条的规定，构成对供应商实行差别待遇或者歧视待遇。

二是采购文件在编制中的违法行为的法律责任由采购人和代理机构共同承担。虽然C采购人委托W招标公司从事政府采购代理活动，但采购文件的编制由C采购人及W招标公司共同完成，且经C采购人书面确认，所以C采购人及W招标公司均应对违法行为承担责任。

综上，财政部门作出处理决定如下：本案中，H公司认为C采购人和W招标公司将“计算机信息系统集成资质”作为投标人资格条件，属于以不合理条件对供应商实行差别待遇或者歧视待遇，投诉事项成立。根据《中华人民共和国政府采购法》第二十二条第二款、第三十六条第一款第（二）项、《中华人民共和国政府采购法实施条例》第二十条、《政府采购供应商投诉处理办法》（财政部令第 20 号）第十九条第一款第一项和《政府采购促进中小企业发展暂行办法》（财库〔2011〕181 号）第三条的规定，决定采购活动违法，责令 C 采购人废标，修改招标文件后重新开展采购活动。同时，对 C 采购人和 W 招标公司在招标文件中将“计算机信息系统集成资质”作为资格条件的行为，根据《中华人民共和国政府采购法》第七十一条第（三）项的规定，对 C 采购人和 W 代理机构的违法行为分别作出警告的行政处罚。

第三部分

中华人民共和国财政部政府采购信息公告

71－505页

中华人民共和国财政部政府采购信息公告（第一号）

根据《政府采购信息公告管理办法》（财政部第19号令）第8条的规定，现将确认政府采购业务代理资格的广东河海工程咨询有限公司等25家公司及授予甲级资格的兰州正泽招投标代理有限公司等12家公司的名单公告如下：

确认政府采购业务代理资格名单

序号	公司名称	授予的资格
1	广东河海工程咨询有限公司	工程招标甲级招标代理业务范围以内的政府采购项目招标代理业务
2	广西区建设工程机电设备招标中心	工程招标甲级招标代理业务范围以内的政府采购项目招标代理业务
3	中金招标有限责任公司	中央投资项目甲级招标代理业务范围以内的政府采购项目招标代理业务
4	成都晨越建设项目管理有限公司	工程招标甲级招标代理业务范围以内的政府采购项目招标代理业务
5	江西银信工程造价咨询有限公司	工程招标甲级招标代理业务范围以内的政府采购项目招标代理业务
6	山东中钢招标有限公司	工程招标甲级招标代理业务范围以内的政府采购项目招标代理业务
7	浙江省工程咨询有限公司	工程招标甲级招标代理业务范围以内的政府采购项目招标代理业务
8	广东省机电设备招标中心	工程招标甲级、中央投资项目甲级招标代理业务范围以内的政府采购项目招标代理业务
9	河南申鑫工程管理有限公司	工程招标甲级招标代理业务范围以内的政府采购项目招标代理业务
10	杭州信达投资咨询估价监理有限公司	工程招标甲级招标代理业务范围以内的政府采购项目招标代理业务
11	福建兴诚建工程管理有限公司	工程招标甲级招标代理业务范围以内的政府采购项目招标代理业务
12	新华国际招标有限公司	中央投资项目甲级招标代理业务范围以内的政府采购项目招标代理业务
13	苏州鸿鑫工程咨询有限公司	工程招标甲级招标代理业务范围以内的政府采购项目招标代理业务
14	福建卓知项目投资顾问有限公司	工程招标甲级招标代理业务范围以内的政府采购项目招标代理业务
15	湖南大唐天华工程项目管理有限公司	工程招标甲级招标代理业务范围以内的政府采购项目招标代理业务
16	青岛信达工程管理有限公司	工程招标甲级招标代理业务范围以内的政府采购项目招标代理业务
17	中经国际招投标有限公司	工程招标甲级招标代理业务范围以内的政府采购项目招标代理业务
18	新疆西北招标有限公司	工程招标甲级招标代理业务范围以内的政府采购项目招标代理业务
19	中冶京诚工程技术有限公司	工程招标甲级招标代理业务范围以内的政府采购项目招标代理业务
20	湖南建业招标代理有限责任公司	工程招标甲级招标代理业务范围以内的政府采购项目招标代理业务

续表

序号	公司名称	授予的资格
21	浙江江南工程管理股份有限公司	工程招标甲级招标代理业务范围以内的政府采购项目招标代理业务
22	福州市建设工程监理有限公司	工程招标甲级招标代理业务范围以内的政府采购项目招标代理业务
23	天津宸颍工程咨询有限公司	工程招标甲级招标代理业务范围以内的政府采购项目招标代理业务
24	北京时代建业建设项目管理有限公司	工程招标甲级招标代理业务范围以内的政府采购项目招标代理业务
25	浙江省国际技术设备招标有限公司	工程招标甲级招标代理业务范围以内的政府采购项目招标代理业务

政府采购代理机构甲级资格名单

序号	公司名称	授予的资格
1	兰州正泽招投标代理有限公司	货物和服务招标、竞争性谈判、询价等采购代理业务，政府采购咨询服务
2	广东和盛招标代理有限公司	货物和服务招标、竞争性谈判、询价等采购代理业务，政府采购咨询服务
3	北京华采招标代理有限公司	货物和服务招标、竞争性谈判、询价等采购代理业务，政府采购咨询服务
4	辽宁明大国际咨询有限公司	货物和服务招标、竞争性谈判、询价等采购代理业务，政府采购咨询服务
5	福建卓知项目投资顾问有限公司	货物和服务招标、竞争性谈判、询价等采购代理业务，政府采购咨询服务
6	上海浦成机电设备招标有限公司	货物和服务招标、竞争性谈判、询价等采购代理业务，政府采购咨询服务
7	云南玮元工程咨询有限公司	货物和服务招标、竞争性谈判、询价等采购代理业务，政府采购咨询服务
8	山东中技招标拍卖有限公司	货物和服务招标、竞争性谈判、询价等采购代理业务，政府采购咨询服务
9	湖南大唐天华工程项目管理有限公司	货物和服务招标、竞争性谈判、询价等采购代理业务，政府采购咨询服务
10	山西华境招标代理有限公司	货物和服务招标、竞争性谈判、询价等采购代理业务，政府采购咨询服务
11	内蒙古自治区机械设备成套有限责任公司	货物和服务招标、竞争性谈判、询价等采购代理业务，政府采购咨询服务
12	宁夏国际招标有限公司	货物和服务招标、竞争性谈判、询价等采购代理业务，政府采购咨询服务

2010年7月16日

中华人民共和国财政部政府采购信息公告（第二号）

根据《政府采购信息公告管理办法》（财政部第19号令）第8条的规定，现将本机关对中国疾病预防控制中心新址信息系统采购项目投诉案作出的处理决定公告如下：

一、相关当事人名称

投诉人名称：北京市太极华青信息系统有限公司

被投诉人名称：中央国家机关政府采购中心

二、基本情况

投诉人认为被投诉人关于“中国疾病预防控制中心新址信息系统建设项目Ⅰ期工程网络设备采购与集成项目”（项目编号：GC－HG090387）的质疑处理存在问题，于2010年1月向本机关提起投诉。经审查，本机关正式受理，并依法对投诉事项进行了调查取证，征求了相关当事人的意见，现本案已审查终结，本机关于2010年6月7日依法作出投诉处理决定（财库〔2010〕61号）。

三、处理结果

本机关认为，被投诉人的质疑答复违反了法定程序，且超出了法定权限，影响了采购活动的公正性和严肃性。根据政府采购法第36条、第51条、第54条及《政府采购货物和服务招标投标管理办法》（财政部第18号令）第63条的规定，本机关做出如下处理决定：1. 质疑答复结果无效，责令被投诉人重新答复太极计算机股份有限公司的质疑。2. 被投诉人应当根据政府采购质疑与投诉的制度规定规范质疑答复行为，加强文件管理工作。

2010年7月20日

中华人民共和国财政部政府采购信息公告（第三号）

根据《政府采购信息公告管理办法》（财政部第19号令）第8条的规定，现将财政部对中央国家机关政府采购中心、中共中央直属机关采购中心、全国人大机关采购中心2009年度集中采购工作的考核情况公告如下：

本次考核是《中华人民共和国政府采购法》颁布以来第一次对中央集中采购机构实施的考核，对推进和深化中央单位政府采购制度改革具有重要现实意义。考核分为项目考核和综合考核两部分，其中项目考核包括落实政府采购政策功能、采购程序、采购文件编制、评审专家抽取、采购效率、廉洁自律等内容，综合考核包括执行政府采购法律制度、政府采购范围和方式、政府采购信息反馈、文件归档及备案、采购人和供应商满意度、内部监督管理机制、信息发布、业务经费使用等内容。

本次考核采取定性与定量、自查与核查相结合的方式。考核小组随机抽取了中央国家机关政府采购中心 50 个采购项目，占其全年总项目的 13.37%；抽取中共中央直属机关采购中心 23 个采购项目，占其全年总项目的 13.77%；抽取全国人大机关采购中心 20 个采购项目，占其全年总项目的 11.43%。经综合评价，中央国家机关政府采购中心、中共中央直属机关采购中心、全国人大机关采购中心考核等次均为良好。考核结果表明，中央国家机关政府采购中心、中共中央直属机关采购中心、全国人大机关采购中心 2009 年度均认真贯彻执行政府采购有关法律制度规定，采购代理程序较为规范，在推进制度建设和业务创新、规范采购行为、发挥政策功能、提高采购效率和质量、加强内部财务制度建设等方面做了大量工作，较好地完成了中央单位政府采购业务代理工作。

考核发现，中央国家机关政府采购中心、中共中央直属机关采购中心、全国人大机关采购中心在执行有关政府采购政策规定方面还存在一些问题。一是部分项目未按规定发布政府采购信息公告或公告内容不完整。二是部分项目招标文件中规定的撤销条款、供应商资格条件等部分内容不合规。三是部分项目未按规定与采购人签订委托代理协议或委托手续不严格。四是采购效率有待进一步提高。五是协议供货和网上竞价未建立完善的内部监督制约机制。六是内部操作规程有待进一步完善。

2010 年 7 月 23 日

中华人民共和国财政部政府采购信息公告（第四号）*

根据《政府采购信息公告管理办法》（财政部第 19 号令）第 8 条的规定，现将确认政府采购业务代理资格的辽宁经纬工程管理有限公司等 22 家公司及授予甲级资格的广州金良工程咨询有限公司等 34 家公司的名单公告如下：

确认政府采购业务代理资格名单

序号	公司名称	授予的资格
1	辽宁经纬工程管理有限公司	工程招标甲级招标代理业务范围以内的政府采购项目招标代理业务
2	云南招标股份有限公司	工程招标甲级招标代理业务范围以内的政府采购项目招标代理业务
3	北京华银建设工程咨询有限公司	工程招标甲级招标代理业务范围以内的政府采购项目招标代理业务
4	黑龙江省国律招标有限责任公司	中央投资项目甲级招标代理业务范围以内的政府采购项目招标代理业务

续表

序号	公司名称	授予的资格
5	福建省建信工程管理有限公司	工程招标甲级招标代理业务范围以内的政府采购项目招标代理业务
6	福建省营造招标代理有限公司	工程招标甲级招标代理业务范围以内的政府采购项目招标代理业务
7	中海建国际招标有限责任公司	工程招标甲级招标代理业务范围以内的政府采购项目招标代理业务
8	山东易方达建设项目管理有限公司	工程招标甲级招标代理业务范围以内的政府采购项目招标代理业务
9	中建精诚工程咨询有限公司	工程招标甲级招标代理业务范围以内的政府采购项目招标代理业务
10	河北海际工程咨询有限公司	工程招标甲级招标代理业务范围以内的政府采购项目招标代理业务
11	黑龙江正信伟业招标有限公司	工程招标甲级招标代理业务范围以内的政府采购项目招标代理业务
12	浙江天音管理咨询有限公司	工程招标甲级招标代理业务范围以内的政府采购项目招标代理业务
13	昆明华昆招标代理有限公司	工程招标甲级招标代理业务范围以内的政府采购项目招标代理业务
14	华杰工程咨询有限公司	工程招标甲级招标代理业务范围以内的政府采购项目招标代理业务
15	宁波科信建设工程造价咨询有限公司	工程招标甲级招标代理业务范围以内的政府采购项目招标代理业务
16	江苏宏翔工程造价咨询有限公司	工程招标甲级招标代理业务范围以内的政府采购项目招标代理业务
17	河南卓越工程管理有限公司	工程招标甲级招标代理业务范围以内的政府采购项目招标代理业务
18	上海万国建设工程项目管理有限公司	工程招标甲级招标代理业务范围以内的政府采购项目招标代理业务
19	广州金良工程咨询有限公司	工程招标甲级招标代理业务范围以内的政府采购项目招标代理业务
20	广州诚信公路建设监理咨询有限公司	工程招标甲级招标代理业务范围以内的政府采购项目招标代理业务
21	江苏经天纬地建设项目管理有限公司	工程招标甲级招标代理业务范围以内的政府采购项目招标代理业务
22	四川通和工程项目管理咨询有限公司	工程招标甲级招标代理业务范围以内的政府采购项目招标代理业务

政府采购代理机构甲级资格名单

序号	公司名称	授予的资格
1	广州金良工程咨询有限公司	货物和服务招标、竞争性谈判、询价等采购代理业务，政府采购咨询服务
2	辽宁经纬工程管理有限公司	货物和服务招标、竞争性谈判、询价等采购代理业务，政府采购咨询服务
3	上海社发招标采购服务有限公司	货物和服务招标、竞争性谈判、询价等采购代理业务，政府采购咨询服务
4	山东中明工程咨询有限公司	货物和服务招标、竞争性谈判、询价等采购代理业务，政府采购咨询服务
5	福州华腾招标有限公司	货物和服务招标、竞争性谈判、询价等采购代理业务，政府采购咨询服务
6	临沂鼎泰招标有限公司	货物和服务招标、竞争性谈判、询价等采购代理业务，政府采购咨询服务
7	福建省闽水招标代理有限公司	货物和服务招标、竞争性谈判、询价等采购代理业务，政府采购咨询服务
8	湖南明信招标代理有限公司	货物和服务招标、竞争性谈判、询价等采购代理业务，政府采购咨询服务
9	云南鸿立招标代理有限公司	货物和服务招标、竞争性谈判、询价等采购代理业务，政府采购咨询服务
10	朔州市中天招标有限责任公司	货物和服务招标、竞争性谈判、询价等采购代理业务，政府采购咨询服务
11	广西天柱工程建设监理有限公司	货物和服务招标、竞争性谈判、询价等采购代理业务，政府采购咨询服务

续表

序号	公司名称	授予的资格
12	宁夏黄河远东国际招标有限公司	货物和服务招标、竞争性谈判、询价等采购代理业务，政府采购咨询服务
13	福建省建信工程管理有限公司	货物和服务招标、竞争性谈判、询价等采购代理业务，政府采购咨询服务
14	福建省营造招标代理有限公司	货物和服务招标、竞争性谈判、询价等采购代理业务，政府采购咨询服务
15	北京宏信天诚国际招标有限公司	货物和服务招标、竞争性谈判、询价等采购代理业务，政府采购咨询服务
16	辽宁创一招标有限公司	货物和服务招标、竞争性谈判、询价等采购代理业务，政府采购咨询服务
17	辽宁富鸿工程造价咨询有限公司	货物和服务招标、竞争性谈判、询价等采购代理业务，政府采购咨询服务
18	广东粤能工程管理有限公司	货物和服务招标、竞争性谈判、询价等采购代理业务，政府采购咨询服务
19	山东众德建设项目管理有限公司	货物和服务招标、竞争性谈判、询价等采购代理业务，政府采购咨询服务
20	山西辰丰达招标代理有限公司	货物和服务招标、竞争性谈判、询价等采购代理业务，政府采购咨询服务
21	黑龙江正信伟业招标有限公司	货物和服务招标、竞争性谈判、询价等采购代理业务，政府采购咨询服务
22	北京北咨工程咨询有限公司	货物和服务招标、竞争性谈判、询价等采购代理业务，政府采购咨询服务
23	江西中昌工程咨询监理有限公司	货物和服务招标、竞争性谈判、询价等采购代理业务，政府采购咨询服务
24	昆明华昆招标代理有限公司	货物和服务招标、竞争性谈判、询价等采购代理业务，政府采购咨询服务
25	广东长信德工程咨询有限公司	货物和服务招标、竞争性谈判、询价等采购代理业务，政府采购咨询服务
26	淄博光正建设管理有限公司	货物和服务招标、竞争性谈判、询价等采购代理业务，政府采购咨询服务
27	江苏经天纬地建设项目管理有限公司	货物和服务招标、竞争性谈判、询价等采购代理业务，政府采购咨询服务
28	四川通和工程项目管理咨询有限公司	货物和服务招标、竞争性谈判、询价等采购代理业务，政府采购咨询服务
29	福建榕卫招标有限公司	货物和服务招标、竞争性谈判、询价等采购代理业务，政府采购咨询服务
30	海南政采招投标有限公司	货物和服务招标、竞争性谈判、询价等采购代理业务，政府采购咨询服务
31	重庆国际投资咨询集团有限公司	货物和服务招标、竞争性谈判、询价等采购代理业务，政府采购咨询服务
32	重庆菲迪克信息系统工程咨询监理有限公司	货物和服务招标、竞争性谈判、询价等采购代理业务，政府采购咨询服务
33	云南边陲招标代理有限公司	货物和服务招标、竞争性谈判、询价等采购代理业务，政府采购咨询服务
34	辽宁金衡工程造价咨询有限公司	货物和服务招标、竞争性谈判、询价等采购代理业务，政府采购咨询服务

2010年9月21日

中华人民共和国财政部政府采购信息公告（第五号）

根据《政府采购信息公告管理办法》（财政部第19号令）第8条的规定，现将确认政府采购业务代理资格的浙江建经投资咨询有限公司等26家公司及授予甲级资格的广州新伊丰工程咨询有限公司等20家公司的名单公告如下：

确认政府采购业务代理资格名单

序号	公司名称	授予的资格
1	浙江建经投资咨询有限公司	工程招标甲级招标代理业务范围以内的政府采购项目招标代理业务
2	珠海明正建筑工程管理有限公司	工程招标甲级招标代理业务范围以内的政府采购项目招标代理业务
3	山东法正招标代理有限公司	工程招标甲级招标代理业务范围以内的政府采购项目招标代理业务
4	江苏建业恒安工程项目管理有限公司	工程招标甲级招标代理业务范围以内的政府采购项目招标代理业务
5	山东正方建设项目管理有限公司	工程招标甲级招标代理业务范围以内的政府采购项目招标代理业务
6	郑州天一招标咨询有限公司	工程招标甲级招标代理业务范围以内的政府采购项目招标代理业务
7	广州市财贸建设开发监理有限公司	工程招标甲级招标代理业务范围以内的政府采购项目招标代理业务
8	沈阳志诚招投标有限公司	工程招标甲级招标代理业务范围以内的政府采购项目招标代理业务
9	山东正通审计会计事务所有限公司	工程招标甲级招标代理业务范围以内的政府采购项目招标代理业务
10	江苏省国际招标公司	工程招标甲级招标代理业务范围以内的政府采购项目招标代理业务
11	广东电信建设开发有限公司	工程招标甲级招标代理业务范围以内的政府采购项目招标代理业务
12	山东中咨建成招标有限公司	工程招标甲级招标代理业务范围以内的政府采购项目招标代理业务
13	云南山重建设工程招标咨询有限公司	工程招标甲级招标代理业务范围以内的政府采购项目招标代理业务
14	石家庄鑫泽招标有限公司	工程招标甲级招标代理业务范围以内的政府采购项目招标代理业务
15	山东华安泰恒信建设工程项目管理有限公司	工程招标甲级招标代理业务范围以内的政府采购项目招标代理业务
16	福建省招标中心有限责任公司	工程招标甲级招标代理业务范围以内的政府采购项目招标代理业务
17	信利达（大连）项目管理咨询有限公司	工程招标甲级招标代理业务范围以内的政府采购项目招标代理业务
18	广东恒胜建设监理有限公司	工程招标甲级招标代理业务范围以内的政府采购项目招标代理业务
19	四川恒鑫工程管理咨询有限公司	工程招标甲级招标代理业务范围以内的政府采购项目招标代理业务
20	深圳市建星项目管理顾问有限公司	工程招标甲级招标代理业务范围以内的政府采购项目招标代理业务
21	山东招标股份有限公司	中央投资项目甲级招标代理业务范围以内的政府采购项目招标代理业务
22	吉林省宏信工程咨询有限公司	工程招标甲级招标代理业务范围以内的政府采购项目招标代理业务
23	辽宁启运招投标服务有限公司	工程招标甲级招标代理业务范围以内的政府采购项目招标代理业务
24	山东衡天咨询有限公司	工程招标甲级招标代理业务范围以内的政府采购项目招标代理业务
25	福建安华建设工程咨询监理有限公司	工程招标甲级招标代理业务范围以内的政府采购项目招标代理业务
26	山东世纪华都工程造价咨询有限公司	工程招标甲级招标代理业务范围以内的政府采购项目招标代理业务

政府采购代理机构甲级资格名单

序号	公司名称	授予的资格
1	广州新伊丰工程咨询有限公司	货物和服务招标、竞争性谈判、询价等采购代理业务，政府采购咨询服务
2	浙江建经投资咨询有限公司	货物和服务招标、竞争性谈判、询价等采购代理业务，政府采购咨询服务
3	北京建信衡工程管理有限公司	货物和服务招标、竞争性谈判、询价等采购代理业务，政府采购咨询服务
4	云南山重建设工程招标咨询有限公司	货物和服务招标、竞争性谈判、询价等采购代理业务，政府采购咨询服务
5	成都万安建设项目管理有限公司	货物和服务招标、竞争性谈判、询价等采购代理业务，政府采购咨询服务
6	黑龙江奥隆工程项目管理有限公司	货物和服务招标、竞争性谈判、询价等采购代理业务，政府采购咨询服务
7	福建省招标中心有限责任公司	货物和服务招标、竞争性谈判、询价等采购代理业务，政府采购咨询服务
8	鄂尔多斯市巨立招标代理有限责任公司	货物和服务招标、竞争性谈判、询价等采购代理业务，政府采购咨询服务
9	信利达（大连）项目管理咨询有限公司	货物和服务招标、竞争性谈判、询价等采购代理业务，政府采购咨询服务
10	广东恒胜建设监理有限公司	货物和服务招标、竞争性谈判、询价等采购代理业务，政府采购咨询服务
11	中绿实业有限公司	货物和服务招标、竞争性谈判、询价等采购代理业务，政府采购咨询服务
12	四川恒鑫工程管理咨询有限公司	货物和服务招标、竞争性谈判、询价等采购代理业务，政府采购咨询服务
13	深圳市建星项目管理顾问有限公司	货物和服务招标、竞争性谈判、询价等采购代理业务，政府采购咨询服务
14	吉林省宏信工程咨询有限公司	货物和服务招标、竞争性谈判、询价等采购代理业务，政府采购咨询服务
15	广州高新工程顾问有限公司	货物和服务招标、竞争性谈判、询价等采购代理业务，政府采购咨询服务
16	辽宁启运招投标服务有限公司	货物和服务招标、竞争性谈判、询价等采购代理业务，政府采购咨询服务
17	广州万安建设监理有限公司	货物和服务招标、竞争性谈判、询价等采购代理业务，政府采购咨询服务
18	广州市财贸建设开发监理有限公司	货物和服务招标、竞争性谈判、询价等采购代理业务，政府采购咨询服务
19	山东衡天咨询有限公司	货物和服务招标、竞争性谈判、询价等采购代理业务，政府采购咨询服务
20	福建安华建设工程咨询监理有限公司	货物和服务招标、竞争性谈判、询价等采购代理业务，政府采购咨询服务

中华人民共和国财政部政府采购信息公告（第六号）

根据《政府采购信息公告管理办法》（财政部第19号令）第8条的规定，现将本机关对中国医学科学院放射医学研究所2010年核辐射事故人员医学救治关键技术平台设备购置项目举报案作出的处理决定公告如下：

一、相关当事人名称

举报人名称：北京华瑞奥利科电子技术有限公司

举报人名称：北京中检维康技术有限公司
被举报人名称：天津市泛亚工程机电设备咨询有限公司

二、基本情况

举报人认为"中国医学科学院放射医学研究所2010年核辐射事故人员医学救治关键技术平台设备购置项目（项目编号：FZK2010－1－160）"的评审程序和结果违反公平、公正原则，于2010年8月先后向本机关进行举报。经审查，本机关正式受理，并依法对举报事项进行了调查取证，征求了相关当事人的意见，现本案已审查终结，本机关于2010年10月9日依法作出监督检查处理决定（财库〔2010〕112号）。

三、处理结果

本机关认为，该项目评分标准和评标办法缺失，导致评审随意性较大，影响了中标、成交结果。且被举报人未在法定期限内答复质疑，违反了法律规定。因此，本机关作出如下处理决定：1. 根据政府采购法第36条、第53条、第54条、《政府采购货物和服务招标投标管理办法》（财政部第18号令）第18条及《财政部关于加强政府采购货物和服务项目价格评审管理的通知》（财库〔2007〕2号）的规定，该项目采购过程中存在影响采购公正的违法、违规行为，该项目应予废标并责令重新开展采购活动。2. 对天津市泛亚工程机电设备咨询有限公司进行通报批评。

2010年11月19日

中华人民共和国财政部政府采购信息公告（第七号）

根据《政府采购信息公告管理办法》（财政部第19号令）第8条的规定，现将本机关对国家广播电影电视总局无线广播电视数字化采购项目投诉案作出的处理决定公告如下：

一、相关当事人名称

投诉人名称：北京立洋创业科技有限公司
被投诉人名称：中技国际招标公司

二、基本情况

投诉人认为，在"国家广播电影电视总局无线广播电视数字化采购项目（项目编号：0701－104150150138）"第13包、第14包、第15包中，中标人所投产品的技术指标不符合招标文件的要求，存在虚假的技术指标。且中标人均为高价中标，而报价低的投标人却没有中标。投诉人于2010年9月向本机关进行投诉。经审查，本机关正式受理，并依法对投诉事项进行了调查取证，征求了相关当事人的意见，现本案已审查终结，本机关于2010年11月3日依法作出投诉处理决定（财库〔2010〕121号）。

三、处理结果

本机关认为，投诉人关于中标人所投产品的技术指标是虚假的投诉事项缺乏事实依据。同时，评标委员会的评分符合法律规定，中标人并非高价中标。因此，本机关作出如下处理决定：根据《政府采购供应商投诉处理办法》（财政部第20号令）第17条第2款第2项的规定，投诉人的投诉事项缺乏事实依据，予以驳回。

2010年11月19日

中华人民共和国财政部政府采购信息公告（第八号）

根据《政府采购信息公告管理办法》（财政部第19号令）第8条的规定，现将本机关对海关PC服务器及中低端网络存储设备采购项目投诉案作出的处理决定公告如下：

一、相关当事人名称

投诉人名称：北京美承互联数码科技发展有限公司
被投诉人名称：中钢招标有限责任公司

二、基本情况

投诉人认为在“海关PC服务器及中低端网络存储设备采购项目（编号：1041STC40589）”第01至04包中，投诉人的报价最低却没有中标，评审违反公平、公正原则，于2010年9月向本机关投诉。经审查，本机关正式受理，并依法对投诉事项进行了调查取证，征求了相关当事人的意见，现本案已审查终结，本机关于2010年12月3日依法作出投诉处理决定（财库〔2010〕137号）。

三、处理结果

经审查，投诉人业绩、技术指标等响应程度低于中标人，经综合评分后，4包均未能排名第一，因此未能中标。评标委员会是按照本项目评分细则进行的评审，未发现存在倾向性，投诉人的投诉事项缺乏事实依据。本机关根据《政府采购供应商投诉处理办法》（财政部第20号令）第17条第2款第2项的规定，驳回投诉人的投诉。

2011年1月7日

中华人民共和国财政部政府采购信息公告（第九号）

根据《政府采购信息公告管理办法》（财政部第19号令）第8条的规定，现将本机关对国家质量监督检验检疫总局2010年第一批专用仪器设备采购项目投诉案作出的处理决定公告如下：

一、相关当事人名称

投诉人名称：大连聚龙仪器系统有限公司

被投诉人名称：中技国际招标公司

二、基本情况

投诉人认为在“国家质量监督检验检疫总局2010年第一批专用仪器设备采购项目（项目编号：0701－104150100183）”中，中标人北京国药中康医疗器械有限公司所投产品的型号LEICA SPE Ⅱ是不存在的，因此，中标人属于在投标文件中提供虚假技术材料谋取中标，于2010年10月向本机关投诉。经审查，本机关正式受理，并依法对投诉事项进行了调查取证，征求了相关当事人的意见，现本案已审查终结，本机关于2010年12月8日依法作出投诉处理决定（财库〔2010〕139号）。

三、处理结果

经审查，中标人所投的激光共聚焦扫描显微镜存在LEICA SPE Ⅱ型号的产品，投诉人的投诉事项缺乏事实依据。本机关根据《政府采购供应商投诉处理办法》（财政部第20号令）第17条第2款第2项的规定，驳回投诉人的投诉。

2011年1月7日

中华人民共和国财政部政府采购信息公告（第十号）

根据《政府采购信息公告管理办法》（财政部第19号令）第8条的规定，现将本机关对国家税务总局金税三期工程网络项目投诉案作出的处理决定公告如下：

一、相关当事人名称

投诉人名称：紫光软件系统有限公司

被投诉人名称：中仪国际招标公司

二、基本情况

投诉人认为在“金税三期工程网络项目－省网建设”第2包（项目编号：0703－1041CIC1N043，以下简称“省网项目”）中，神州数码信息系统有限公司（以下简称“神州数码”）之前已经中标金税三期总体规划设计与工程管理咨询项目（以下简称“总体规划项目”）。其在实施“总体规划项目”期间，参与了包括“省网项目”在内的18个分项目的项目管理、招标文件编制等工作。从回避和公正性角度出发，其不应当再参加“省网项目”的工作。因此，于2010年11月向本机关投诉，申请取消神州数码的中标资格。经审查，本机关正式受理，并依法对投诉事项进行了调查取证，征求了相关当事人的意见，现本案已经审查终结，本机关于2011年1月29日依法作出投诉处理决定（财库〔2011〕23号）。

三、处理结果

经审查，政府采购法律法规没有明确规定总体设计项目的中标人不得再投标分项目，本项目招标文件也没有作出禁止性约定。同时，从本项目人员名单、技术参数设定及技术方案评审方面来看，不存在影响公正执行项目的因素，投诉人的投诉事项缺乏法律、文件及事实依据。本机关根据《政府采购供应商投诉处理办法》（财政部第20号令）第17条第2款第2项的规定，驳回投诉人的投诉。

2011年2月25日

中华人民共和国财政部政府采购信息公告（第十一号）

根据《政府采购信息公告管理办法》（财政部第19号令）第8条的规定，现将授予政府采购代理机构甲级资格的国义招标股份有限公司等19家公司的名单公告如下：

政府采购代理机构甲级资格名单

序号	公司名称	授予的资格
1	国义招标股份有限公司	政府采购法规定的货物、工程和服务的采购代理业务和政府采购咨询服务
2	四川中意招标有限公司	政府采购法规定的货物、工程和服务的采购代理业务和政府采购咨询服务
3	陕西教育招标有限责任公司	政府采购法规定的货物、工程和服务的采购代理业务和政府采购咨询服务
4	山东普华项目管理有限公司	政府采购法规定的货物、工程和服务的采购代理业务和政府采购咨询服务
5	济南众志招标投标代理有限公司	政府采购法规定的货物、工程和服务的采购代理业务和政府采购咨询服务
6	山东金润建设咨询有限公司	政府采购法规定的货物、工程和服务的采购代理业务和政府采购咨询服务
7	北京佳益工程咨询有限公司	政府采购法规定的货物、工程和服务的采购代理业务和政府采购咨询服务

续表

序号	公司名称	授予的资格
8	贵州卫虹医药电子商务有限公司	政府采购法规定的货物、工程和服务的采购代理业务和政府采购咨询服务
9	甘肃省通信产业工程监理有限公司	政府采购法规定的货物、工程和服务的采购代理业务和政府采购咨询服务
10	大连正融工程造价咨询有限公司	政府采购法规定的货物、工程和服务的采购代理业务和政府采购咨询服务
11	苏州市中诚工程建设造价事务所有限公司	政府采购法规定的货物、工程和服务的采购代理业务和政府采购咨询服务
12	北京华清技科工程管理有限公司	政府采购法规定的货物、工程和服务的采购代理业务和政府采购咨询服务
13	上海上咨建设工程咨询有限公司	政府采购法规定的货物、工程和服务的采购代理业务和政府采购咨询服务
14	上海中世建设咨询有限公司	政府采购法规定的货物、工程和服务的采购代理业务和政府采购咨询服务
15	福建立勤招标代理有限公司	政府采购法规定的货物、工程和服务的采购代理业务和政府采购咨询服务
16	天津市森宇建筑技术法律咨询有限公司	政府采购法规定的货物、工程和服务的采购代理业务和政府采购咨询服务
17	烟台市万信项目管理有限公司	政府采购法规定的货物、工程和服务的采购代理业务和政府采购咨询服务
18	广西德胜工程造价咨询有限公司	政府采购法规定的货物、工程和服务的采购代理业务和政府采购咨询服务
19	中国自动化控制系统招标有限责任公司	政府采购法规定的货物、工程和服务的采购代理业务和政府采购咨询服务

2011 年 2 月 25 日

中华人民共和国财政部政府采购信息公告（第十二号）

根据《政府采购信息公告管理办法》（财政部第 19 号令）第 8 条的规定，现将本机关对北京理工大学“元素分析仪及顺序式波长色散 X 射线荧光光谱仪采购项目”（项目编号：0610－1042BJNH7281）投诉案作出的处理决定公告如下：

一、相关当事人名称

投诉人名称：顶合嘉（北京）国际贸易有限公司
被投诉人名称：北京理工大学

二、基本情况

投诉人认为北京中检维康技术有限公司（以下简称中检维康公司）与北京中科华星科贸有限公司（以下简称中科华星公司）存在串标的事实。投诉人于 2010 年 11 月向本机关进行投诉。经审查，本机关正式受理，并依法对投诉事项进行了调查取证，征求了相关当事人的意见，现本案已审查终结，本机关于 2011 年 1 月 4 日依法作出投诉处理决定（财库〔2011〕2 号）。

三、处理结果

本机关认为，投诉人关于中检维康公司与中科华星公司存在串标的投诉事项缺乏事实依据。同时本项目招标采购中因合格投标人不足三家，应予废标。因此，本机关做出如下处理决定：1. 根据20号令第17条的规定，投诉人的投诉事项缺乏事实依据，予以驳回。2. 根据《政府采购法》第三十六条第一款的规定，对招标文件做实质响应的供应商不足三家，本项目应予废标。

2011年3月4日

中华人民共和国财政部政府采购信息公告（第十三号）

根据《政府采购信息公告管理办法》（财政部第19号令）第8条的规定，现将本机关对中国医学科学院放射医学研究所2010年核辐射事故人员医学救治关键技术平台设备购置项目投诉案作出的处理决定公告如下：

一、相关当事人名称

投诉人名称：北京中检维康技术有限公司
被投诉人名称：天津市泛亚工程机电设备咨询有限公司

二、基本情况

投诉人认为在"中国医学科学院放射医学研究所2010年核辐射事故人员医学救治关键技术平台设备购置项目"（项目编号：FZK2010－1－369、FZK2010－1－371）中，在FZK2010－1－369第1标段、FZK2010－1－371第2、4、5标段中，投诉人报价低却没有中标，评审存在问题。因此，于2010年12月向本机关提起投诉。经审查，本机关正式受理，并依法对投诉事项进行了调查取证，征求了相关当事人的意见，现本案已经审查终结，本机关于2011年2月15日依法作出投诉处理决定（财库〔2011〕39号）。

三、处理结果

经审查，投诉人没有按照招标文件的要求提供ISO9000认证证书，在交货期限方面也没有优惠承诺，导致技术部分得分较低。经综合评分后，4个标段均未能排名第一，因此未能中标。评标委员会是按照本项目评分细则进行的评审，相关材料不能证明评审存在倾向性。投诉人的投诉事项缺乏事实依据。本机关根据《政府采购供应商投诉处理办法》（财政部第20号令）第17条第2款第2项的规定，驳回投诉人的投诉。

2011年3月4日

中华人民共和国财政部政府采购信息公告（第十四号）

根据《政府采购信息公告管理办法》（财政部第19号令）第8条的规定，现将本机关对中国农业科学院果树研究所部级区域性果品及苗木质量安全监督检验中心进口设备采购项目投诉案作出的处理决定公告如下：

一、相关当事人名称

投诉人名称：中国科学仪器进出口总公司

被投诉人名称：北京华盛中天咨询有限责任公司

二、基本情况

投诉人认为在"中国农业科学院果树研究所部级区域性果品及苗木质量安全监督检验中心进口设备采购项目（项目编号：HSZT2010HG/054）"中，投诉人报价低却没有中标，评审存在问题。因此，于2010年12月向本机关提起投诉。经审查，本机关正式受理，并依法对投诉事项进行了调查取证，征求了相关当事人的意见，现本案已经审查终结，本机关于2011年3月4日依法作出投诉处理决定（财库〔2011〕44号）。

三、处理结果

经审查，投诉人的投标产品在技术指标方面存在一定的偏差，响应程度低于中标人，其他评分项得分与中标人相近，经综合评分后，2包均未能排名第一，因此未能中标。评标委员会是按照评分细则进行的评审，相关材料不能证明评审存在倾向性。投诉人的投诉事项缺乏事实依据。本机关根据《政府采购供应商投诉处理办法》（财政部第20号令）第17条第2款第2项的规定，驳回投诉人的投诉。

2011年3月25日

中华人民共和国财政部政府采购信息公告（第十五号）

根据《政府采购信息公告管理办法》（财政部第19号令）第8条的规定，现将2011年1月20日本机关发布的《财政部关于明确政府采购保证金和行政处罚罚款上缴事项的通知》（财库〔2011〕15号）公告如下：

为了加强政府采购活动的监督管理，根据《中华人民共和国政府采购法》和《罚款决定与罚款收缴分离实施办法》（国务院令第235号）等有关规定，现就政府采购保证金和行政处罚罚款上缴渠道有关问题通知如下：

一、关于保证金的上缴

在中央政府采购活动中，供应商出现政府采购相关规定和采购文件约定不予退还保证金（投标保证金和履约保证金）的情形，由集中采购机构、采购人按照就地缴库程序，将不予退还的保证金上缴中央国库。

二、关于行政处罚罚款的上缴

在中央政府采购活动中，政府采购相关方违反政府采购有关规定被财政部处以罚款的行政处罚，由被处罚人按照就地缴库程序将所罚款项上缴中央国库。

三、关于就地缴库程序

上述资金的性质属政府非税收入，缴款人应根据属地原则到财政部驻该地区财政监察专员办事处领取《一般缴款书》，通过填写《一般缴款书》将资金缴入中央国库。一般缴款书的填写方式：预算科目名称填“其他一般罚没收入（103050199）”；收款单位一栏：财政机关填财政部，预算级次填中央级，收款国库填写实际收纳款项的国库名称（国家金库总库或国家金库××省分库）。

2011 年 5 月 13 日

中华人民共和国财政部政府采购信息公告（第十六号）

根据《政府采购信息公告管理办法》（财政部第 19 号令）第 8 条的规定，现将 2011 年 4 月 13 日本机关发布的《财政部关于信息系统建设项目采购有关问题的通知》（财库〔2011〕59 号）公告如下：

为规范政府采购行为，维护政府采购公平、公正，促进供应商公平竞争，根据《中华人民共和国政府采购法》的规定，现就信息系统建设政府采购有关问题通知如下：

在信息系统建设中，受托为整体采购项目或者其中分项目的前期工作提供设计、编制规范、进行管理等服务的供应商，对于理解及把握采购内容具有一定的优势，其再参加该项目的采购活动，存在违反公平竞争原则的可能性。为保证政府采购公平、公正，凡为整体采购项目提供上述服务的法人及其附属机构（单位），不得再参加该整体采购项目及其所有分项目的采购活动；凡为分项目提供上述服务的法人及其附属机构（单位），不得再参加该分项目的采购活动。但属于《中华人民共和国政府采购法》第三十一条规定的单一来源方式采购情形的，不适用本通知。

请各单位按照要求编制采购文件，办理采购事务，开展采购活动。

2011 年 5 月 13 日

中华人民共和国财政部政府采购信息公告（第十七号）

根据《政府采购信息公告管理办法》（财政部第19号令）第8条的规定，现将本机关对中国环境科学研究院第九批仪器设备采购项目举报案作出的处理决定公告如下：

一、相关当事人名称

举报人名称：北京安龙联合科贸有限公司
被举报人名称：国信招标集团有限公司

二、基本情况

举报人认为在“中国环境科学研究院第九批仪器设备采购项目”（项目编号：GXTC－1001083）第01、02、07包中存在多家代理商代理同一品牌同一型号产品投标的情形，参与投标的供应商不足3家，应当予以废标。同时，第01包中标候选人堀场贸易（上海）有限公司北京分公司（以下简称堀场公司）同时使用人民币和美元报价，违反了招标文件的规定。因此，举报人于2010年12月28日向本机关进行举报。经审查，本机关正式受理，并依法对举报事项进行了调查取证，征求了相关当事人的意见，现本案已审查终结，本机关于2011年4月14日依法作出监督检查处理决定（财库〔2011〕60号）。

三、处理结果

经审查，根据《关于多家代理商代理一家制造商的产品参加投标如何计算供应商家数的复函》（财办库〔2003〕38号）的规定，本项目第01包供应商数量不足3家，第02包、第07包供应商数量满足要求。同时，堀场公司并未对同一投标货物报有两个价格。因此，本机关根据《中华人民共和国政府采购法》第36条、财办库〔2003〕38号文的规定，责令采购人对本项目第01包予以废标，并依法重新开展采购活动。第02、07包维持原采购结果。

2011年5月13日

中华人民共和国财政部政府采购信息公告（第十八号）

根据《政府采购信息公告管理办法》（财政部第19号令）第8条的规定，现将本机关对中国国际广播电台柴油发电机设备采购项目投诉案作出的处理决定公告如下：

一、相关当事人名称

投诉人名称：威士金（北京）机电设备有限公司

被投诉人名称：中招国际招标有限公司

二、基本情况

投诉人认为在“中国国际广播电台柴油发电机设备采购项目（项目编号：TC108S21）”中投诉人投标文件响应招标文件中实质性条款，评标委员会不应当认定投诉人投标无效。因此，投诉人于2011年2月15日向本机关提起投诉。经审查，本机关正式受理，并依法对投诉事项进行了调查取证，征求了相关当事人的意见，现本案已审查终结，本机关于2011年4月16日依法作出投诉处理决定（财库〔2011〕62号）。

三、处理结果

经审查，招标文件规定，投标人需提供质量管理体系认证证书（加盖公章）等，该条款为实质性条件，不满足将导致投标无效。同时，组成投标文件的各项资料，投标人应填写全称，并加盖单位印章。投诉人投标文件中质量管理体系认证证书等加盖了制造商的公章而没有加盖投诉人自身的公章，评标委员会据此认定投诉人的投标无效符合招标文件的规定。因此，投诉人的投诉事项缺乏事实依据，本机关根据《政府采购供应商投诉处理办法》（财政部第20号令）第17条第2款第2项的规定，驳回投诉人的投诉。

2011年5月13日

中华人民共和国财政部政府采购信息公告（第十九号）

根据《政府采购信息公告管理办法》（财政部第19号令）第8条的规定，现将本机关对中国科学院计算机网络信息中心CNGI可信域名及中文域名网络设备采购项目举报案作出的处理决定公告如下：

一、相关当事人名称

举报人名称：神州数码（中国）有限公司
被举报人名称：中国科学院计算机网络信息中心
被举报人名称：中央国家机关政府采购中心
被举报人名称：北京华胜天成科技股份有限公司

二、基本情况

举报人认为在“中国科学院计算机网络信息中心CNGI可信域名及中文域名网络设备采购项目（项目编号：GC－HG100342）”第1包招标投标活动中，北京华胜天成科技股份有限公司（以下简称华胜天成）将进口产品冒充非进口产品投标，违反了相关规定。因此，举报人于2010年12月20日向本机关进行举报。经审查，本机关正式受理，并依法对举报事项进行了调查取证，征求了相关当事人的意见，现本案已审查终结，本机关于2011年4月16日依法作出监督检查处理决定（财库〔2011〕63号）。

三、处理结果

经审查，华胜天成的中标产品UIT XP24000的设备图片、技术参数等与惠普公司的HP XP24000完全一致，而HP XP24000的产地为新加坡。同时华胜天成未提供UIT XP24000在国内生产的有效证据，因此，举报人的举报事项成立。本机关作出处理决定如下：根据《政府采购货物和服务招标投标管理办法》（财政部第18号令）第82条的规定及招标文件第23条的约定，本项目应当由排序在第二位的候选人顺序中标。

2011年5月13日

中华人民共和国财政部政府采购信息公告（第二十号）

根据《政府采购信息公告管理办法》（财政部第19号令）第8条的规定，现将本机关拟对北京市广立伟业科技发展有限公司的违规行为作出的处罚决定（财库函〔2011〕3号）公告如下：

一、相关当事人名称

当事人：北京市广立伟业科技发展有限公司

地址：北京市朝阳区十里堡北区炫特嘉园5号楼210室

二、基本情况

本机关收到中共中央直属机关采购中心的来函，反映北京市广立伟业科技发展有限公司在“中国藏学研究中心二期工程多联式中央空调设备及安装项目”（项目编号：ZC－AZB07081）中存在提供虚假材料的行为，因此，请本机关作出处罚。本机关依法进行了调查取证，征求了相关当事人的意见，现本案已审查终结。

三、处罚结果

经调查，北京市广立伟业科技发展有限公司存在提供虚假材料的行为，违反了《中华人民共和国政府采购法》第77条和《政府采购货物和服务招标投标管理办法》第74条规定。因此，本机关拟对北京市广立伟业科技发展有限公司处以3.3375万元的罚款。

2011年5月20日

中华人民共和国财政部政府采购信息公告（第二十一号）

根据《政府采购信息公告管理办法》（财政部第19号令）第8条的规定，现将授予甲级资格的河南省鑫诚工程管理有限公司等144家公司的名单公告如下：

政府采购代理机构甲级资格名单

序号	公司名称	授予的资格
1	河南省鑫诚工程管理有限公司	政府采购法规定的货物、工程和服务的采购代理业务和政府采购咨询服务
2	泉州市信恒招标咨询有限公司	政府采购法规定的货物、工程和服务的采购代理业务和政府采购咨询服务
3	厦门市务实采购有限公司	政府采购法规定的货物、工程和服务的采购代理业务和政府采购咨询服务
4	北京市京发招标有限公司	政府采购法规定的货物、工程和服务的采购代理业务和政府采购咨询服务
5	广东华禹工程咨询有限公司	政府采购法规定的货物、工程和服务的采购代理业务和政府采购咨询服务
6	广东省机电设备招标中心	政府采购法规定的货物、工程和服务的采购代理业务和政府采购咨询服务
7	中融国远招标代理（北京）有限公司	政府采购法规定的货物、工程和服务的采购代理业务和政府采购咨询服务
8	北京鑫中招标代理有限公司	政府采购法规定的货物、工程和服务的采购代理业务和政府采购咨询服务
9	上海正弘建设工程顾问有限公司	政府采购法规定的货物、工程和服务的采购代理业务和政府采购咨询服务
10	北京双圆工程咨询监理有限公司	政府采购法规定的货物、工程和服务的采购代理业务和政府采购咨询服务
11	攀钢集团国际经济贸易有限公司	政府采购法规定的货物、工程和服务的采购代理业务和政府采购咨询服务
12	广州顺为招标代理有限公司	政府采购法规定的货物、工程和服务的采购代理业务和政府采购咨询服务
13	湖北三峡建设项目管理有限公司	政府采购法规定的货物、工程和服务的采购代理业务和政府采购咨询服务
14	厦门市公物采购招投标有限公司	政府采购法规定的货物、工程和服务的采购代理业务和政府采购咨询服务
15	上海通信招标有限公司	政府采购法规定的货物、工程和服务的采购代理业务和政府采购咨询服务
16	湖北腾升工程管理有限责任公司	政府采购法规定的货物、工程和服务的采购代理业务和政府采购咨询服务
17	福建顺恒工程造价咨询有限公司	政府采购法规定的货物、工程和服务的采购代理业务和政府采购咨询服务
18	郑州中原招标股份有限公司	政府采购法规定的货物、工程和服务的采购代理业务和政府采购咨询服务
19	上海祥浦建设工程监理咨询有限责任公司	政府采购法规定的货物、工程和服务的采购代理业务和政府采购咨询服务
20	山东龙达工程造价咨询有限公司	政府采购法规定的货物、工程和服务的采购代理业务和政府采购咨询服务
21	西藏正鑫达工程咨询有限公司	政府采购法规定的货物、工程和服务的采购代理业务和政府采购咨询服务
22	中龙国际招标有限公司	政府采购法规定的货物、工程和服务的采购代理业务和政府采购咨询服务
23	辽宁汇诚招投标代理有限公司	政府采购法规定的货物、工程和服务的采购代理业务和政府采购咨询服务

续表

序号	公司名称	授予的资格
24	浙江广川工程咨询有限公司	政府采购法规定的货物、工程和服务的采购代理业务和政府采购咨询服务
25	广西壮族自治区建设工程机电设备招标中心	政府采购法规定的货物、工程和服务的采购代理业务和政府采购咨询服务
26	云南招标股份有限公司	政府采购法规定的货物、工程和服务的采购代理业务和政府采购咨询服务
27	内蒙古新天立工程项目管理有限公司	政府采购法规定的货物、工程和服务的采购代理业务和政府采购咨询服务
28	广东采联采购招标有限公司	政府采购法规定的货物、工程和服务的采购代理业务和政府采购咨询服务
29	北京中建源建筑工程管理有限公司	政府采购法规定的货物、工程和服务的采购代理业务和政府采购咨询服务
30	五矿国际招标有限责任公司	政府采购法规定的货物、工程和服务的采购代理业务和政府采购咨询服务
31	中国建筑设计咨询公司	政府采购法规定的货物、工程和服务的采购代理业务和政府采购咨询服务
32	中机国际招标公司	政府采购法规定的货物、工程和服务的采购代理业务和政府采购咨询服务
33	中仪国际招标公司	政府采购法规定的货物、工程和服务的采购代理业务和政府采购咨询服务
34	中技国际招标公司	政府采购法规定的货物、工程和服务的采购代理业务和政府采购咨询服务
35	中信国际招标有限公司	政府采购法规定的货物、工程和服务的采购代理业务和政府采购咨询服务
36	北京逸群工程咨询有限公司	政府采购法规定的货物、工程和服务的采购代理业务和政府采购咨询服务
37	北京东方华太工程咨询有限公司	政府采购法规定的货物、工程和服务的采购代理业务和政府采购咨询服务
38	北京国际贸易公司	政府采购法规定的货物、工程和服务的采购代理业务和政府采购咨询服务
39	中金招标有限责任公司	政府采购法规定的货物、工程和服务的采购代理业务和政府采购咨询服务
40	中国机械进出口（集团）有限公司	政府采购法规定的货物、工程和服务的采购代理业务和政府采购咨询服务
41	北京英诺威建设工程管理有限公司	政府采购法规定的货物、工程和服务的采购代理业务和政府采购咨询服务
42	东方国际招标有限责任公司	政府采购法规定的货物、工程和服务的采购代理业务和政府采购咨询服务
43	中国技术进出口总公司	政府采购法规定的货物、工程和服务的采购代理业务和政府采购咨询服务
44	中化国际招标有限责任公司	政府采购法规定的货物、工程和服务的采购代理业务和政府采购咨询服务
45	北京科技园拍卖招标有限公司	政府采购法规定的货物、工程和服务的采购代理业务和政府采购咨询服务
46	中通建设工程咨询有限责任公司	政府采购法规定的货物、工程和服务的采购代理业务和政府采购咨询服务
47	北京泛华国金工程咨询有限公司	政府采购法规定的货物、工程和服务的采购代理业务和政府采购咨询服务
48	北京建智达建筑咨询有限公司	政府采购法规定的货物、工程和服务的采购代理业务和政府采购咨询服务
49	中航技国际经贸发展有限公司	政府采购法规定的货物、工程和服务的采购代理业务和政府采购咨询服务
50	北京中昌工程咨询有限公司	政府采购法规定的货物、工程和服务的采购代理业务和政府采购咨询服务
51	中招国际招标有限公司	政府采购法规定的货物、工程和服务的采购代理业务和政府采购咨询服务
52	北京国金管理咨询有限公司	政府采购法规定的货物、工程和服务的采购代理业务和政府采购咨询服务
53	北京国际招标有限公司	政府采购法规定的货物、工程和服务的采购代理业务和政府采购咨询服务
54	中国乡镇企业总公司	政府采购法规定的货物、工程和服务的采购代理业务和政府采购咨询服务
55	中国远东国际招标公司	政府采购法规定的货物、工程和服务的采购代理业务和政府采购咨询服务

续表

序号	公司名称	授予的资格
56	广西创建工程招投标造价咨询有限责任公司	政府采购法规定的货物、工程和服务的采购代理业务和政府采购咨询服务
57	黑龙江省国律招标有限责任公司	政府采购法规定的货物、工程和服务的采购代理业务和政府采购咨询服务
58	浙江省成套招标代理有限公司	政府采购法规定的货物、工程和服务的采购代理业务和政府采购咨询服务
59	广西科联招标中心	政府采购法规定的货物、工程和服务的采购代理业务和政府采购咨询服务
60	大连理工招标代理有限公司	政府采购法规定的货物、工程和服务的采购代理业务和政府采购咨询服务
61	辽宁环宇工程咨询管理有限公司	政府采购法规定的货物、工程和服务的采购代理业务和政府采购咨询服务
62	河北方达招标有限公司	政府采购法规定的货物、工程和服务的采购代理业务和政府采购咨询服务
63	国信招标集团有限公司	政府采购法规定的货物、工程和服务的采购代理业务和政府采购咨询服务
64	山东兴联招标有限公司	政府采购法规定的货物、工程和服务的采购代理业务和政府采购咨询服务
65	山西省国际招标有限公司	政府采购法规定的货物、工程和服务的采购代理业务和政府采购咨询服务
66	广州市国际工程咨询公司	政府采购法规定的货物、工程和服务的采购代理业务和政府采购咨询服务
67	河北中原工程项目管理有限公司	政府采购法规定的货物、工程和服务的采购代理业务和政府采购咨询服务
68	山西省招标有限公司	政府采购法规定的货物、工程和服务的采购代理业务和政府采购咨询服务
69	山东英大招投标有限公司	政府采购法规定的货物、工程和服务的采购代理业务和政府采购咨询服务
70	沈阳志诚招投标有限公司	政府采购法规定的货物、工程和服务的采购代理业务和政府采购咨询服务
71	河北华能招标有限责任公司	政府采购法规定的货物、工程和服务的采购代理业务和政府采购咨询服务
72	湖南国联招标有限公司	政府采购法规定的货物、工程和服务的采购代理业务和政府采购咨询服务
73	山东正信招标有限责任公司	政府采购法规定的货物、工程和服务的采购代理业务和政府采购咨询服务
74	宁波市国际招标有限公司	政府采购法规定的货物、工程和服务的采购代理业务和政府采购咨询服务
75	山东龙融招投标代理有限公司	政府采购法规定的货物、工程和服务的采购代理业务和政府采购咨询服务
76	河北安惠招标有限公司	政府采购法规定的货物、工程和服务的采购代理业务和政府采购咨询服务
77	山东经纬工程管理有限公司	政府采购法规定的货物、工程和服务的采购代理业务和政府采购咨询服务
78	山东启新工程项目管理有限公司	政府采购法规定的货物、工程和服务的采购代理业务和政府采购咨询服务
79	山东海逸恒安招标有限公司	政府采购法规定的货物、工程和服务的采购代理业务和政府采购咨询服务
80	山东大洋招标有限公司	政府采购法规定的货物、工程和服务的采购代理业务和政府采购咨询服务
81	山东省鲁成招标有限公司	政府采购法规定的货物、工程和服务的采购代理业务和政府采购咨询服务
82	广西云龙招标有限公司	政府采购法规定的货物、工程和服务的采购代理业务和政府采购咨询服务
83	广东华伦招标有限公司	政府采购法规定的货物、工程和服务的采购代理业务和政府采购咨询服务
84	湖北长江工程造价咨询事务有限责任公司	政府采购法规定的货物、工程和服务的采购代理业务和政府采购咨询服务
85	辽宁轩宇工程招标投标有限公司	政府采购法规定的货物、工程和服务的采购代理业务和政府采购咨询服务
86	河北恒基建设招标有限公司	政府采购法规定的货物、工程和服务的采购代理业务和政府采购咨询服务

续表

序号	公司名称	授予的资格
87	四川国际招标有限责任公司	政府采购法规定的货物、工程和服务的采购代理业务和政府采购咨询服务
88	河南招标采购服务有限公司	政府采购法规定的货物、工程和服务的采购代理业务和政府采购咨询服务
89	广西科文招标有限公司	政府采购法规定的货物、工程和服务的采购代理业务和政府采购咨询服务
90	安徽中技工程咨询有限公司	政府采购法规定的货物、工程和服务的采购代理业务和政府采购咨询服务
91	深圳市中正招标有限公司	政府采购法规定的货物、工程和服务的采购代理业务和政府采购咨询服务
92	河南省伟信招标管理咨询有限公司	政府采购法规定的货物、工程和服务的采购代理业务和政府采购咨询服务
93	大连长城信息系统工程监理有限公司	政府采购法规定的货物、工程和服务的采购代理业务和政府采购咨询服务
94	山西明实招标代理有限公司	政府采购法规定的货物、工程和服务的采购代理业务和政府采购咨询服务
95	黑龙江天恒招标咨询有限责任公司	政府采购法规定的货物、工程和服务的采购代理业务和政府采购咨询服务
96	广州建筑工程监理有限公司	政府采购法规定的货物、工程和服务的采购代理业务和政府采购咨询服务
97	山东中钢招标有限公司	政府采购法规定的货物、工程和服务的采购代理业务和政府采购咨询服务
98	广东元正招标采购有限公司	政府采购法规定的货物、工程和服务的采购代理业务和政府采购咨询服务
99	青岛采购招标中心有限公司	政府采购法规定的货物、工程和服务的采购代理业务和政府采购咨询服务
100	黑龙江垦区采购招标中心	政府采购法规定的货物、工程和服务的采购代理业务和政府采购咨询服务
101	河北宏信招标有限公司	政府采购法规定的货物、工程和服务的采购代理业务和政府采购咨询服务
102	湖北设备工程招标有限公司	政府采购法规定的货物、工程和服务的采购代理业务和政府采购咨询服务
103	中钢招标有限责任公司	政府采购法规定的货物、工程和服务的采购代理业务和政府采购咨询服务
104	山东德勤招标评估造价咨询有限公司	政府采购法规定的货物、工程和服务的采购代理业务和政府采购咨询服务
105	大连万融招投标代理有限公司	政府采购法规定的货物、工程和服务的采购代理业务和政府采购咨询服务
106	广州建成工程造价咨询事务所有限公司	政府采购法规定的货物、工程和服务的采购代理业务和政府采购咨询服务
107	深圳市三方诚信招标有限公司	政府采购法规定的货物、工程和服务的采购代理业务和政府采购咨询服务
108	广东达安工程项目管理有限公司	政府采购法规定的货物、工程和服务的采购代理业务和政府采购咨询服务
109	天津市泛亚工程机电设备咨询有限公司	政府采购法规定的货物、工程和服务的采购代理业务和政府采购咨询服务
110	辽宁国华招标有限公司	政府采购法规定的货物、工程和服务的采购代理业务和政府采购咨询服务
111	安徽省技术进出口股份有限公司	政府采购法规定的货物、工程和服务的采购代理业务和政府采购咨询服务
112	中海建国际招标有限责任公司	政府采购法规定的货物、工程和服务的采购代理业务和政府采购咨询服务
113	黑龙江省招标公司	政府采购法规定的货物、工程和服务的采购代理业务和政府采购咨询服务
114	湖北省成套招标有限公司	政府采购法规定的货物、工程和服务的采购代理业务和政府采购咨询服务
115	天津国际招标有限公司	政府采购法规定的货物、工程和服务的采购代理业务和政府采购咨询服务
116	浙江国际招（投）标公司	政府采购法规定的货物、工程和服务的采购代理业务和政府采购咨询服务
117	西北（陕西）国际招标有限公司	政府采购法规定的货物、工程和服务的采购代理业务和政府采购咨询服务

续表

序号	公司名称	授予的资格
118	浙江省国际技术设备招标有限公司	政府采购法规定的货物、工程和服务的采购代理业务和政府采购咨询服务
119	河北中机咨询有限公司	政府采购法规定的货物、工程和服务的采购代理业务和政府采购咨询服务
120	内蒙古招标有限责任公司	政府采购法规定的货物、工程和服务的采购代理业务和政府采购咨询服务
121	河南省机电设备国际招标有限公司	政府采购法规定的货物、工程和服务的采购代理业务和政府采购咨询服务
122	河北省招标公司	政府采购法规定的货物、工程和服务的采购代理业务和政府采购咨询服务
123	大连机械设备成套公司	政府采购法规定的货物、工程和服务的采购代理业务和政府采购咨询服务
124	浙江省成套工程有限公司	政府采购法规定的货物、工程和服务的采购代理业务和政府采购咨询服务
125	内蒙古中实成套设备有限责任公司	政府采购法规定的货物、工程和服务的采购代理业务和政府采购咨询服务
126	福建省机电设备招标公司	政府采购法规定的货物、工程和服务的采购代理业务和政府采购咨询服务
127	山东东岳国际经贸合作股份有限公司	政府采购法规定的货物、工程和服务的采购代理业务和政府采购咨询服务
128	吉林省机械设备成套招标公司	政府采购法规定的货物、工程和服务的采购代理业务和政府采购咨询服务
129	广东省机电设备招标公司	政府采购法规定的货物、工程和服务的采购代理业务和政府采购咨询服务
130	河南省机电设备招标股份有限公司	政府采购法规定的货物、工程和服务的采购代理业务和政府采购咨询服务
131	湖南省招标有限责任公司	政府采购法规定的货物、工程和服务的采购代理业务和政府采购咨询服务
132	山东阳光招标有限公司	政府采购法规定的货物、工程和服务的采购代理业务和政府采购咨询服务
133	沈阳招标中心	政府采购法规定的货物、工程和服务的采购代理业务和政府采购咨询服务
134	北京江河润泽工程管理咨询有限公司	政府采购法规定的货物、工程和服务的采购代理业务和政府采购咨询服务
135	河北省成套招标有限公司	政府采购法规定的货物、工程和服务的采购代理业务和政府采购咨询服务
136	山东广源招标有限公司	政府采购法规定的货物、工程和服务的采购代理业务和政府采购咨询服务
137	河北光大招标有限公司	政府采购法规定的货物、工程和服务的采购代理业务和政府采购咨询服务
138	深圳市深水水务咨询有限公司	政府采购法规定的货物、工程和服务的采购代理业务和政府采购咨询服务
139	北京华盛中天咨询有限责任公司	政府采购法规定的货物、工程和服务的采购代理业务和政府采购咨询服务
140	福建省天海招标有限公司	政府采购法规定的货物、工程和服务的采购代理业务和政府采购咨询服务
141	北京求实工程管理有限公司	政府采购法规定的货物、工程和服务的采购代理业务和政府采购咨询服务
142	河南豫信招标有限责任公司	政府采购法规定的货物、工程和服务的采购代理业务和政府采购咨询服务
143	陕西龙寰招标有限责任公司	政府采购法规定的货物、工程和服务的采购代理业务和政府采购咨询服务
144	江苏海外集团国际工程咨询有限公司	政府采购法规定的货物、工程和服务的采购代理业务和政府采购咨询服务

2011年5月27日

中华人民共和国财政部政府采购信息公告（第二十二号）

根据《政府采购信息公告管理办法》（财政部第19号令）第8条的规定，现将本机关对环境保护部核与辐射安全监督执法能力建设项目投诉案作出的处理决定公告如下：

一、相关当事人名称

投诉人名称：中核（北京）核仪器厂
被投诉人名称：中机国际招标公司

二、基本情况

投诉人认为在环境保护部“核与辐射安全监督执法能力建设项目”（编号：0702－1041CITC6056）中中标人卡迪诺科技贸易（北京）有限公司（以下简称中标人）未取得《制造计量器具许可证》（以下简称许可证），不能生产、销售中标产品，因此，投诉人于2011年3月17日向本机关提起投诉，申请取消中标人中标资格。经审查，本机关正式受理，并依法对投诉事项进行了调查取证，征求了有关部门及相关当事人的意见，现本案已审查终结，本机关于2011年5月10日依法作出投诉处理决定（财库〔2011〕73号）。

三、处理结果

计量法律、法规规定制造商只有取得许可证后才可以从事计量器具的生产，有许可证标志的计量器具才可以销售。经审查，本项目中标人及制造商均没有许可证，中标人的投标不符合法律、法规的规定，投标应当无效。因此，本机关根据《政府采购供应商投诉处理办法》（财政部第20号令）第19条的规定，责令采购人重新开展采购活动。

2011年5月27日

中华人民共和国财政部政府采购信息公告（第二十三号）

根据《政府采购信息公告管理办法》（财政部第19号令）的相关规定，现将本机关对北京市广立伟业科技发展有限公司的违规行为作出的处罚决定公告如下：

一、相关当事人名称

当事人：北京市广立伟业科技发展有限公司
地址：北京市朝阳区十里堡北区炫特嘉园5号楼210室

二、基本情况

本机关收到中共中央直属机关采购中心的来函，反映北京市广立伟业科技发展有限公司在“中国藏学研究中心二期工程多联式中央空调设备及安装项目”（项目编号：ZC－AZB07081）中存在提供虚假材料的行为。本机关依法进行了调查取证，征求了相关当事人的意见，现本案已审查终结。本机关于 2011 年 6 月 12 日依法作出行政处罚决定（财库〔2011〕81 号）。

三、处罚结果

经调查，北京市广立伟业科技发展有限公司在投标文件中提交的《中国环境标志认证证书》为虚假材料，该行为违反了《中华人民共和国政府采购法》第 77 条和《政府采购货物和服务招标投标管理办法》第 74 条规定。为此，本机关决定对北京市广立伟业科技发展有限公司处以 33375 元罚款。

2011 年 7 月 8 日

中华人民共和国财政部政府采购信息公告（第二十四号）

根据《政府采购信息公告管理办法》（财政部第 19 号令）的相关规定，现将本机关对国家税务总局金税三期工程管理决策分析平台项目举报案作出的处理决定公告如下：

一、相关当事人名称

被举报人：国信招标集团有限公司
地址：北京市海淀区首体南路 22 号

二、基本情况

举报人认为在国家税务总局金税三期工程管理决策分析平台项目中，中标人神州数码信息系统有限公司（以下简称神州数码）之前已经中标金税三期总体规划项目及整理与分析项目，其在实施上述项目期间会参与管理决策项目的咨询与分析，较其他供应商获取了更多的信息，不应再参加管理决策项目的相关工作，为此，举报人于 2011 年 4 月 11 日向本机关举报，申请取消中标人中标资格。经审查，本机关正式受理，并依法对举报事项进行了调查取证，征求了相关当事人的意见，现本案已审查终结，本机关于 2011 年 7 月 1 日依法作出监督检查处理决定（财库〔2011〕89 号）。

三、处理结果

经审查，总体规划项目、整理与分析项目、管理决策项目是金税三期 17 个项目中的独立项目。神州数码中标后，仅进行宏观架构规划、辅助评估等程序性、辅助性工作，分拆项目、制定集成方案及编写业务需求等具体工作由国家税务总局工程办独立完成。金税三期管理决策项目经过公开听证，招标文件也对技术参数等有清晰的规定，项目信息对所有供应商均是公开、对等的。政府采购相关法律法规也没有明确规定总体设计等项目的中标人不得再投标分项目。为此，举报人的举报事项缺乏事实和法律依据，本机关不予支持。

2011 年 8 月 5 日

中华人民共和国财政部政府采购信息公告（第二十五号）

根据《政府采购信息公告管理办法》（财政部第 19 号令）的相关规定，现将本机关对环境保护部国家环境信息与统计能力建设项目综合数据库平台系统软件采购与集成项目举报案作出的处理决定公告如下：

一、相关当事人名称

被举报人：环境保护部信息中心

地址：北京市朝阳区育会南路 1 号

二、基本情况

举报人认为国家环境信息与统计能力建设项目综合数据库平台系统软件采购与集成项目（编号：GXTC－1101003）的中标人东软集团股份有限公司（以下简称东软公司）投标文件中投标业绩等未响应招标文件的要求，于 2011 年 4 月 13 日、5 月 20 日向本机关提起举报。经审查，本机关正式受理，并依法对举报事项进行了调查取证，征求了相关当事人的意见，现本案已审查终结，本机关于 2011 年 7 月 1 日依法作出监督检查处理决定（财库〔2011〕90 号）。

三、处理结果

经审查，东软公司的投标业绩未响应招标文件的规定，不满足合格投标人资格要求，投标应当被拒绝，而评标委员会在资格审查时认为东软公司合格，未按照招标文件规定的评标方法和标准进行评审，影响中标结果。为此，本机关作出如下处理决定：根据《政府采购货物和服务招标投标管理办法》（财政部第 18 号令）第 77 条的规定，本项目中标结果无效。

2011 年 8 月 5 日

中华人民共和国财政部政府采购信息公告（第二十六号）

根据《政府采购信息公告管理办法》（财政部第 19 号令）的相关规定，现将本机关对国家人口计生委科研所 2011 年大慧寺路 12 号物业服务采购项目举报案作出的处理决定公告如下：

一、相关当事人名称

被举报人：中央国家机关政府采购中心
地址：北京市西城区西安门大街 22 号

二、基本情况

举报人认为在 2011 年大慧寺路 12 号物业服务采购项目（编号：GC－FG110046）中，评标委员会的评分存在问题，于 2011 年 5 月 17 日向本机关提起举报。经审查，本机关正式受理，并依法对举报事项进行了调查取证，征求了相关当事人的意见，现本案已审查终结，本机关于 2011 年 6 月 30 日依法作出监督检查处理决定（财库〔2011〕91 号）。

三、处理结果

经审查，本项目采购文件的制定和评标委员会的评审均存在问题，影响中标结果。为此，本机关作出如下处理决定：根据《政府采购货物和服务招标投标管理办法》（财政部第 18 号令）第 77 条、第 82 条的规定，本项目中标结果无效，责令重新开展采购活动。

2011 年 8 月 5 日

中华人民共和国财政部政府采购信息公告（第二十七号）

根据《政府采购信息公告管理办法》（财政部第 19 号令）的相关规定，现将本机关对中国国家博物馆改扩建计算机网络系统集成工程项目举报案作出的处理决定公告如下：

一、相关当事人名称

被举报人：中国国家博物馆
地址：东城区东长安街 16 号
被举报人：北京中电兴发科技有限公司
地址：北京市海淀区永定路甲 15 号

二、基本情况

举报人认为，在中国国家博物馆改扩建计算机网络系统集成工程项目中，北京中电兴发科技有限公司代理华为产品投标并中标，而国家博物馆擅自将华为产品变更为华三产品，违反了相关规定。为此，举报人于 2010 年 9 月向本机关提起举报。经审查，本机关正式受理，并依法对举报事项进行了调查取证，征求了主管部门及相关当事人的意见，现本案已审查终结，本机关于 2011 年 7 月 1 日依法作出监督检查处理决定（财库〔2011〕93 号）。

三、处理结果

经审查，举报人的举报事项成立，本项目合同签订、履行过程中存在违法、违规行为。为此，本机关作出如下处理决定：对国家博物馆、北京中电兴发科技有限公司进行通报批评，责令对内部管理制度进行整改，并将整改情况及时报本机关。

2011 年 8 月 12 日

中华人民共和国财政部政府采购信息公告（第二十八号）

根据《政府采购信息公告管理办法》（财政部第 19 号令）的相关规定，现将本机关对中央文明办等五部委“绿色电脑进西部活动”计算机采购项目举报案作出的处理决定公告如下：

一、相关当事人名称

被举报人：中共中央直属机关采购中心

地址：北京市西城区新风街 1 号院

二、基本情况

举报人认为中央文明办等五部委“绿色电脑进西部活动”计算机采购项目（项目编号：ZC－AZB11007）的中标人同方股份有限公司在投标文件中提供的案例符合性与真实性存在问题。评审专家未按照评分标准进行打分。为此，举报人于 2011 年 6 月 16 日向本机关提起举报。经审查，本机关正式受理，并依法对举报事项进行了调查取证，征求了相关当事人的意见，现本案已审查终结，本机关于 2011 年 7 月 11 日依法作出监督检查处理决定（财库〔2011〕97 号）。

三、处理结果

经审查，同方股份有限公司在投标文件中提供的项目案例响应了招标文件的要求。评标委员会按照招标文件的要求进行的评审，没有证据证明评审存在不合理或者不正当倾向性。为此，举报人的举报事项事实依据不足，本机关不予支持。

2011年8月12日

中华人民共和国财政部政府采购信息公告（第二十九号）

根据《政府采购信息公告管理办法》（财政部第19号令）的相关规定，现将本机关对国家气象信息中心天气预报会商系统改造项目投诉案作出的处理决定公告如下：

一、相关当事人名称

投诉人：北京直真视通科技有限公司
地址：北京市朝阳区马甸裕民路12号
被投诉人：国信招标集团有限公司
地址：北京市海淀区首体南路22号

二、基本情况

投诉人认为在国家气象信息中心天气预报会商系统改造项目（编号：GXTC－1107010）中，中标人北京飞利信电子技术有限公司在投标文件中提供虚假业绩证明材料谋取中标。为此，投诉人于2011年5月向本机关提起投诉。经审查，本机关正式受理，并依法对投诉事项进行了调查取证，征求了相关当事人的意见，现本案已审查终结，本机关于2011年7月11日依法作出投诉处理决定（财库〔2011〕98号）。

三、处理结果

经审查，北京飞利信电子技术有限公司在本项目投标过程中存在提供虚假材料的行为，影响中标、成交结果。为此，本机关根据《政府采购供应商投诉处理办法》（财政部第20号令）第19条的规定，责令采购人重新开展采购活动。

2011年8月12日

中华人民共和国财政部政府采购信息公告（第三十号）

根据《政府采购信息公告管理办法》（财政部第19号令）的相关规定，现将授予甲级资格的北京市捷力诚建筑事务服务所有限公司等267家公司的名单公告如下：

政府采购代理机构甲级资格名单

序号	公司名称	授予的资格
1	北京市捷力诚建筑事务服务所有限公司	政府采购法规定的货物、工程和服务的采购代理业务和政府采购咨询服务
2	内蒙古存信招标有限责任公司	政府采购法规定的货物、工程和服务的采购代理业务和政府采购咨询服务
3	河南省政通招标有限公司	政府采购法规定的货物、工程和服务的采购代理业务和政府采购咨询服务
4	山东新世纪招标有限公司	政府采购法规定的货物、工程和服务的采购代理业务和政府采购咨询服务
5	河南兴达工程咨询有限公司	政府采购法规定的货物、工程和服务的采购代理业务和政府采购咨询服务
6	云南元大工程咨询有限责任公司	政府采购法规定的货物、工程和服务的采购代理业务和政府采购咨询服务
7	北京京园诚得信工程管理有限公司	政府采购法规定的货物、工程和服务的采购代理业务和政府采购咨询服务
8	深圳市华昊咨询有限公司	政府采购法规定的货物、工程和服务的采购代理业务和政府采购咨询服务
9	湖北天元工程项目管理有限公司	政府采购法规定的货物、工程和服务的采购代理业务和政府采购咨询服务
10	辽宁民建工程招标投标有限公司	政府采购法规定的货物、工程和服务的采购代理业务和政府采购咨询服务
11	四川省建设工程设备招标中心	政府采购法规定的货物、工程和服务的采购代理业务和政府采购咨询服务
12	山东省国际招标有限公司	政府采购法规定的货物、工程和服务的采购代理业务和政府采购咨询服务
13	中国电子进出口总公司	政府采购法规定的货物、工程和服务的采购代理业务和政府采购咨询服务
14	山东齐信招标有限公司	政府采购法规定的货物、工程和服务的采购代理业务和政府采购咨询服务
15	河北安达投资咨询有限公司	政府采购法规定的货物、工程和服务的采购代理业务和政府采购咨询服务
16	辽宁阜康招投标有限公司	政府采购法规定的货物、工程和服务的采购代理业务和政府采购咨询服务
17	河北国合招标有限公司	政府采购法规定的货物、工程和服务的采购代理业务和政府采购咨询服务
18	福建优胜招标代理有限公司	政府采购法规定的货物、工程和服务的采购代理业务和政府采购咨询服务
19	河北筑城工程招标咨询有限公司	政府采购法规定的货物、工程和服务的采购代理业务和政府采购咨询服务
20	黑龙江省迈克招标有限公司	政府采购法规定的货物、工程和服务的采购代理业务和政府采购咨询服务
21	佛山市广得信工程造价咨询有限公司	政府采购法规定的货物、工程和服务的采购代理业务和政府采购咨询服务
22	北京兴电国际工程管理有限公司	政府采购法规定的货物、工程和服务的采购代理业务和政府采购咨询服务
23	厦门吉百特投资咨询有限公司	政府采购法规定的货物、工程和服务的采购代理业务和政府采购咨询服务
24	广西海特建设工程项目咨询管理有限公司	政府采购法规定的货物、工程和服务的采购代理业务和政府采购咨询服务
25	贵州明诚招标有限公司	政府采购法规定的货物、工程和服务的采购代理业务和政府采购咨询服务
26	江西汇众招标咨询有限公司	政府采购法规定的货物、工程和服务的采购代理业务和政府采购咨询服务
27	山东志诚招标有限公司	政府采购法规定的货物、工程和服务的采购代理业务和政府采购咨询服务

续表

序号	公司名称	授予的资格
28	湖南省华新招标咨询有限公司	政府采购法规定的货物、工程和服务的采购代理业务和政府采购咨询服务
29	河南智远工程管理有限公司	政府采购法规定的货物、工程和服务的采购代理业务和政府采购咨询服务
30	山东誉丰工程项目管理有限公司	政府采购法规定的货物、工程和服务的采购代理业务和政府采购咨询服务
31	烟台元亨管理咨询有限公司	政府采购法规定的货物、工程和服务的采购代理业务和政府采购咨询服务
32	中国机电工程招标有限公司	政府采购法规定的货物、工程和服务的采购代理业务和政府采购咨询服务
33	银川万博拍卖招标有限公司	政府采购法规定的货物、工程和服务的采购代理业务和政府采购咨询服务
34	保定通达招标有限公司	政府采购法规定的货物、工程和服务的采购代理业务和政府采购咨询服务
35	贵州泰禾招标造价咨询有限公司	政府采购法规定的货物、工程和服务的采购代理业务和政府采购咨询服务
36	乳山市建筑设计院有限公司	政府采购法规定的货物、工程和服务的采购代理业务和政府采购咨询服务
37	广东远东招标代理有限公司	政府采购法规定的货物、工程和服务的采购代理业务和政府采购咨询服务
38	招远正诚建设工程招标代理有限公司	政府采购法规定的货物、工程和服务的采购代理业务和政府采购咨询服务
39	山东三阳项目管理有限公司	政府采购法规定的货物、工程和服务的采购代理业务和政府采购咨询服务
40	北京中京天元工程咨询有限公司	政府采购法规定的货物、工程和服务的采购代理业务和政府采购咨询服务
41	北京华厦工程项目管理有限责任公司	政府采购法规定的货物、工程和服务的采购代理业务和政府采购咨询服务
42	北京维公工程项目管理有限公司	政府采购法规定的货物、工程和服务的采购代理业务和政府采购咨询服务
43	长春市万力工程咨询有限公司	政府采购法规定的货物、工程和服务的采购代理业务和政府采购咨询服务
44	成都长源工程咨询有限公司	政府采购法规定的货物、工程和服务的采购代理业务和政府采购咨询服务
45	山东卓舜招标咨询有限公司	政府采购法规定的货物、工程和服务的采购代理业务和政府采购咨询服务
46	吉林省汇通招标投标代理有限公司	政府采购法规定的货物、工程和服务的采购代理业务和政府采购咨询服务
47	新华国际招标有限公司	政府采购法规定的货物、工程和服务的采购代理业务和政府采购咨询服务
48	河北华业招标有限公司	政府采购法规定的货物、工程和服务的采购代理业务和政府采购咨询服务
49	河北达洋咨询有限公司	政府采购法规定的货物、工程和服务的采购代理业务和政府采购咨询服务
50	北京京城招建设工程咨询有限公司	政府采购法规定的货物、工程和服务的采购代理业务和政府采购咨询服务
51	广西建标建设工程咨询有限责任公司	政府采购法规定的货物、工程和服务的采购代理业务和政府采购咨询服务
52	吉林省建设项目招标有限责任公司	政府采购法规定的货物、工程和服务的采购代理业务和政府采购咨询服务
53	山东朝阳招标有限公司	政府采购法规定的货物、工程和服务的采购代理业务和政府采购咨询服务
54	中国科学器材公司	政府采购法规定的货物、工程和服务的采购代理业务和政府采购咨询服务

续表

序号	公司名称	授予的资格
55	河北广通三德招标代理有限责任公司	政府采购法规定的货物、工程和服务的采购代理业务和政府采购咨询服务
56	珠海市物资招标有限公司	政府采购法规定的货物、工程和服务的采购代理业务和政府采购咨询服务
57	桂林建银工程造价咨询有限公司	政府采购法规定的货物、工程和服务的采购代理业务和政府采购咨询服务
58	河北清风招标代理有限公司	政府采购法规定的货物、工程和服务的采购代理业务和政府采购咨询服务
59	辽宁信达招投标代理有限公司	政府采购法规定的货物、工程和服务的采购代理业务和政府采购咨询服务
60	北京先锋环宇电子商务有限责任公司	政府采购法规定的货物、工程和服务的采购代理业务和政府采购咨询服务
61	河南飞洋建设工程咨询有限公司	政府采购法规定的货物、工程和服务的采购代理业务和政府采购咨询服务
62	湖南智埔工程咨询有限公司	政府采购法规定的货物、工程和服务的采购代理业务和政府采购咨询服务
63	北京市建壮咨询有限公司	政府采购法规定的货物、工程和服务的采购代理业务和政府采购咨询服务
64	广州采阳招标代理有限公司	政府采购法规定的货物、工程和服务的采购代理业务和政府采购咨询服务
65	山东华标招标有限公司	政府采购法规定的货物、工程和服务的采购代理业务和政府采购咨询服务
66	云南云创招标有限公司	政府采购法规定的货物、工程和服务的采购代理业务和政府采购咨询服务
67	山东环宇招标有限公司	政府采购法规定的货物、工程和服务的采购代理业务和政府采购咨询服务
68	石家庄金信工程咨询有限公司	政府采购法规定的货物、工程和服务的采购代理业务和政府采购咨询服务
69	北京德基工程咨询有限责任公司	政府采购法规定的货物、工程和服务的采购代理业务和政府采购咨询服务
70	江西省机电设备招标有限公司	政府采购法规定的货物、工程和服务的采购代理业务和政府采购咨询服务
71	广西桂一招标有限公司	政府采购法规定的货物、工程和服务的采购代理业务和政府采购咨询服务
72	广西建设工程项目管理中心	政府采购法规定的货物、工程和服务的采购代理业务和政府采购咨询服务
73	山西众信教育招标有限公司	政府采购法规定的货物、工程和服务的采购代理业务和政府采购咨询服务
74	贵州鹏业国际机电设备招标有限公司	政府采购法规定的货物、工程和服务的采购代理业务和政府采购咨询服务
75	上海健生教育配置招标有限公司	政府采购法规定的货物、工程和服务的采购代理业务和政府采购咨询服务
76	上海容基工程项目管理有限公司	政府采购法规定的货物、工程和服务的采购代理业务和政府采购咨询服务
77	上海碧凌工程咨询有限公司	政府采购法规定的货物、工程和服务的采购代理业务和政府采购咨询服务
78	山东普来恩工程设计有限公司	政府采购法规定的货物、工程和服务的采购代理业务和政府采购咨询服务
79	苏州新一造价师价格事务所有限公司	政府采购法规定的货物、工程和服务的采购代理业务和政府采购咨询服务
80	湖南天鉴工程项目管理有限公司	政府采购法规定的货物、工程和服务的采购代理业务和政府采购咨询服务
81	广西鼎策工程顾问有限责任公司	政府采购法规定的货物、工程和服务的采购代理业务和政府采购咨询服务
82	上海臻诚建设管理咨询有限公司	政府采购法规定的货物、工程和服务的采购代理业务和政府采购咨询服务

续表

序号	公司名称	授予的资格
83	中天信远国际招投标咨询（北京）有限公司	政府采购法规定的货物、工程和服务的采购代理业务和政府采购咨询服务
84	天津万泽建设工程咨询有限公司	政府采购法规定的货物、工程和服务的采购代理业务和政府采购咨询服务
85	上海瑞和工程造价咨询有限公司	政府采购法规定的货物、工程和服务的采购代理业务和政府采购咨询服务
86	河南兴建建设管理有限公司	政府采购法规定的货物、工程和服务的采购代理业务和政府采购咨询服务
87	成都科益工程咨询有限公司	政府采购法规定的货物、工程和服务的采购代理业务和政府采购咨询服务
88	河南大河招标有限公司	政府采购法规定的货物、工程和服务的采购代理业务和政府采购咨询服务
89	北京方正联工程咨询有限公司	政府采购法规定的货物、工程和服务的采购代理业务和政府采购咨询服务
90	黑龙江泓森建设工程招标投标代理有限公司	政府采购法规定的货物、工程和服务的采购代理业务和政府采购咨询服务
91	大连正评建设工程造价咨询有限公司	政府采购法规定的货物、工程和服务的采购代理业务和政府采购咨询服务
92	四川勤德建设工程造价咨询有限责任公司	政府采购法规定的货物、工程和服务的采购代理业务和政府采购咨询服务
93	宁夏正业通工程咨询有限责任公司	政府采购法规定的货物、工程和服务的采购代理业务和政府采购咨询服务
94	广西中意招标造价咨询有限公司	政府采购法规定的货物、工程和服务的采购代理业务和政府采购咨询服务
95	内蒙古奥晨招标有限公司	政府采购法规定的货物、工程和服务的采购代理业务和政府采购咨询服务
96	宁夏天鹰电力物资有限公司	政府采购法规定的货物、工程和服务的采购代理业务和政府采购咨询服务
97	云南塔卡工程咨询有限公司	政府采购法规定的货物、工程和服务的采购代理业务和政府采购咨询服务
98	辽宁文星招投标代理有限公司	政府采购法规定的货物、工程和服务的采购代理业务和政府采购咨询服务
99	广西建信建设项目管理有限公司	政府采购法规定的货物、工程和服务的采购代理业务和政府采购咨询服务
100	山东嘉信招标有限责任公司	政府采购法规定的货物、工程和服务的采购代理业务和政府采购咨询服务
101	河南中建工程管理有限公司	政府采购法规定的货物、工程和服务的采购代理业务和政府采购咨询服务
102	重庆卓越招标代理有限公司	政府采购法规定的货物、工程和服务的采购代理业务和政府采购咨询服务
103	烟台天润房地产评估招标咨询有限公司	政府采购法规定的货物、工程和服务的采购代理业务和政府采购咨询服务
104	广西汇业工程造价咨询有限公司	政府采购法规定的货物、工程和服务的采购代理业务和政府采购咨询服务
105	黑龙江融信招投标有限公司	政府采购法规定的货物、工程和服务的采购代理业务和政府采购咨询服务
106	江苏希地环球建设项目管理有限公司	政府采购法规定的货物、工程和服务的采购代理业务和政府采购咨询服务
107	广州珠江工程建设监理有限公司	政府采购法规定的货物、工程和服务的采购代理业务和政府采购咨询服务
108	山东省齐鲁国际招标有限公司	政府采购法规定的货物、工程和服务的采购代理业务和政府采购咨询服务

续表

序号	公司名称	授予的资格
109	浙江欧邦工程管理有限公司	政府采购法规定的货物、工程和服务的采购代理业务和政府采购咨询服务
110	北京筑标建设工程咨询有限公司	政府采购法规定的货物、工程和服务的采购代理业务和政府采购咨询服务
111	吉林卓信建设招标造价咨询有限公司	政府采购法规定的货物、工程和服务的采购代理业务和政府采购咨询服务
112	河南省大成工程咨询有限公司	政府采购法规定的货物、工程和服务的采购代理业务和政府采购咨询服务
113	湖南中投项目管理有限公司	政府采购法规定的货物、工程和服务的采购代理业务和政府采购咨询服务
114	北京天融创业投资顾问有限公司	政府采购法规定的货物、工程和服务的采购代理业务和政府采购咨询服务
115	四川中建西勘九鼎建设项目管理有限公司	政府采购法规定的货物、工程和服务的采购代理业务和政府采购咨询服务
116	河南英华咨询有限公司	政府采购法规定的货物、工程和服务的采购代理业务和政府采购咨询服务
117	深圳市综合交通设计研究院	政府采购法规定的货物、工程和服务的采购代理业务和政府采购咨询服务
118	北京城市轨道交通咨询有限公司	政府采购法规定的货物、工程和服务的采购代理业务和政府采购咨询服务
119	广西嘉华建设项目管理咨询有限公司	政府采购法规定的货物、工程和服务的采购代理业务和政府采购咨询服务
120	苏州正信工程造价咨询事务所有限责任公司	政府采购法规定的货物、工程和服务的采购代理业务和政府采购咨询服务
121	河南广汇招标采购服务有限公司	政府采购法规定的货物、工程和服务的采购代理业务和政府采购咨询服务
122	甘肃西招国际招标有限公司	政府采购法规定的货物、工程和服务的采购代理业务和政府采购咨询服务
123	唐山市纪宇工程项目管理有限公司	政府采购法规定的货物、工程和服务的采购代理业务和政府采购咨询服务
124	河北物产招标有限公司	政府采购法规定的货物、工程和服务的采购代理业务和政府采购咨询服务
125	山东中成信建设项目管理有限公司	政府采购法规定的货物、工程和服务的采购代理业务和政府采购咨询服务
126	新疆新天国际招标有限责任公司	政府采购法规定的货物、工程和服务的采购代理业务和政府采购咨询服务
127	新疆经纬招标有限责任公司	政府采购法规定的货物、工程和服务的采购代理业务和政府采购咨询服务
128	广东海虹药通电子商务有限公司	政府采购法规定的货物、工程和服务的采购代理业务和政府采购咨询服务
129	湖北保都招标代理有限公司	政府采购法规定的货物、工程和服务的采购代理业务和政府采购咨询服务
130	海南天行招投标有限公司	政府采购法规定的货物、工程和服务的采购代理业务和政府采购咨询服务
131	海虹医药电子交易中心有限公司	政府采购法规定的货物、工程和服务的采购代理业务和政府采购咨询服务
132	河南省亿达招投标代理有限公司	政府采购法规定的货物、工程和服务的采购代理业务和政府采购咨询服务
133	山东广信招标有限责任公司	政府采购法规定的货物、工程和服务的采购代理业务和政府采购咨询服务
134	上海建科建设监理咨询有限公司	政府采购法规定的货物、工程和服务的采购代理业务和政府采购咨询服务
135	山东宏昇伟业商贸有限责任公司	政府采购法规定的货物、工程和服务的采购代理业务和政府采购咨询服务

续表

序号	公司名称	授予的资格
136	北京奇泰桥工程技术咨询有限公司	政府采购法规定的货物、工程和服务的采购代理业务和政府采购咨询服务
137	辽宁中成建正工程管理咨询有限公司	政府采购法规定的货物、工程和服务的采购代理业务和政府采购咨询服务
138	临沂市财信招标有限责任公司	政府采购法规定的货物、工程和服务的采购代理业务和政府采购咨询服务
139	北京世纪保险经纪有限公司	政府采购法规定的货物、工程和服务的采购代理业务和政府采购咨询服务
140	山东信一项目管理有限公司	政府采购法规定的货物、工程和服务的采购代理业务和政府采购咨询服务
141	达华工程管理集团有限公司	政府采购法规定的货物、工程和服务的采购代理业务和政府采购咨询服务
142	德汇工程管理（北京）有限公司	政府采购法规定的货物、工程和服务的采购代理业务和政府采购咨询服务
143	北京希地环球建设工程顾问有限公司	政府采购法规定的货物、工程和服务的采购代理业务和政府采购咨询服务
144	吉林省晟裕工程咨询有限公司	政府采购法规定的货物、工程和服务的采购代理业务和政府采购咨询服务
145	青岛市招标中心	政府采购法规定的货物、工程和服务的采购代理业务和政府采购咨询服务
146	湖南中技项目管理有限公司	政府采购法规定的货物、工程和服务的采购代理业务和政府采购咨询服务
147	北京市精屋工程管理有限公司	政府采购法规定的货物、工程和服务的采购代理业务和政府采购咨询服务
148	北京中恒昌国际招标代理有限公司	政府采购法规定的货物、工程和服务的采购代理业务和政府采购咨询服务
149	陕西中技招标有限公司	政府采购法规定的货物、工程和服务的采购代理业务和政府采购咨询服务
150	山东怡和泰山建设项目管理咨询有限公司	政府采购法规定的货物、工程和服务的采购代理业务和政府采购咨询服务
151	河南省方圆招标代理有限责任公司	政府采购法规定的货物、工程和服务的采购代理业务和政府采购咨询服务
152	中国仪器进出口（集团）公司	政府采购法规定的货物、工程和服务的采购代理业务和政府采购咨询服务
153	福建省金丰招标代理有限公司	政府采购法规定的货物、工程和服务的采购代理业务和政府采购咨询服务
154	陕西省采购招标有限责任公司	政府采购法规定的货物、工程和服务的采购代理业务和政府采购咨询服务
155	江苏省国际招标公司	政府采购法规定的货物、工程和服务的采购代理业务和政府采购咨询服务
156	甘肃省招标中心	政府采购法规定的货物、工程和服务的采购代理业务和政府采购咨询服务
157	山东同方招标造价咨询有限公司	政府采购法规定的货物、工程和服务的采购代理业务和政府采购咨询服务
158	湖南建业招标代理有限责任公司	政府采购法规定的货物、工程和服务的采购代理业务和政府采购咨询服务
159	江苏苏美达集团公司	政府采购法规定的货物、工程和服务的采购代理业务和政府采购咨询服务
160	贵州省招标有限公司	政府采购法规定的货物、工程和服务的采购代理业务和政府采购咨询服务
161	苏州诚和招投标咨询有限公司	政府采购法规定的货物、工程和服务的采购代理业务和政府采购咨询服务

续表

序号	公司名称	授予的资格
162	湖北恒达建设工程项目管理有限公司	政府采购法规定的货物、工程和服务的采购代理业务和政府采购咨询服务
163	厦门天和项目管理投资咨询有限公司	政府采购法规定的货物、工程和服务的采购代理业务和政府采购咨询服务
164	上海新域工程建设咨询有限公司	政府采购法规定的货物、工程和服务的采购代理业务和政府采购咨询服务
165	广西国泰招标咨询有限公司	政府采购法规定的货物、工程和服务的采购代理业务和政府采购咨询服务
166	河南省兴豫建设管理有限公司	政府采购法规定的货物、工程和服务的采购代理业务和政府采购咨询服务
167	湖南省天平项目管理有限公司	政府采购法规定的货物、工程和服务的采购代理业务和政府采购咨询服务
168	广西桂水工程咨询有限公司	政府采购法规定的货物、工程和服务的采购代理业务和政府采购咨询服务
169	四川华通建设工程造价管理有限责任公司	政府采购法规定的货物、工程和服务的采购代理业务和政府采购咨询服务
170	安徽省招标集团有限公司	政府采购法规定的货物、工程和服务的采购代理业务和政府采购咨询服务
171	北京中教仪国际招标代理有限公司	政府采购法规定的货物、工程和服务的采购代理业务和政府采购咨询服务
172	大连东大招投标代理有限公司	政府采购法规定的货物、工程和服务的采购代理业务和政府采购咨询服务
173	上海市上投招标公司	政府采购法规定的货物、工程和服务的采购代理业务和政府采购咨询服务
174	北京安泰恒工程项目管理有限公司	政府采购法规定的货物、工程和服务的采购代理业务和政府采购咨询服务
175	河南正大招标服务有限公司	政府采购法规定的货物、工程和服务的采购代理业务和政府采购咨询服务
176	广东宏正工程咨询有限公司	政府采购法规定的货物、工程和服务的采购代理业务和政府采购咨询服务
177	山东汇泉建设项目管理有限公司	政府采购法规定的货物、工程和服务的采购代理业务和政府采购咨询服务
178	河北博鳌招标代理有限公司	政府采购法规定的货物、工程和服务的采购代理业务和政府采购咨询服务
179	张家口张垣招标代理有限责任公司	政府采购法规定的货物、工程和服务的采购代理业务和政府采购咨询服务
180	天津泰达工程管理咨询有限公司	政府采购法规定的货物、工程和服务的采购代理业务和政府采购咨询服务
181	上海国际招标有限公司	政府采购法规定的货物、工程和服务的采购代理业务和政府采购咨询服务
182	山东金桥建设项目管理有限公司	政府采购法规定的货物、工程和服务的采购代理业务和政府采购咨询服务
183	江苏中润工程建设咨询有限公司	政府采购法规定的货物、工程和服务的采购代理业务和政府采购咨询服务
184	潍坊明信招标代理有限公司	政府采购法规定的货物、工程和服务的采购代理业务和政府采购咨询服务
185	山东衡誉工程咨询管理有限公司	政府采购法规定的货物、工程和服务的采购代理业务和政府采购咨询服务
186	山东天佑工程咨询有限公司	政府采购法规定的货物、工程和服务的采购代理业务和政府采购咨询服务
187	昆山公正建设咨询房地产评估有限公司	政府采购法规定的货物、工程和服务的采购代理业务和政府采购咨询服务

续表

序号	公司名称	授予的资格
188	临沂远大招标公司	政府采购法规定的货物、工程和服务的采购代理业务和政府采购咨询服务
189	河南大明建设工程管理有限公司	政府采购法规定的货物、工程和服务的采购代理业务和政府采购咨询服务
190	江西国政招标咨询有限公司	政府采购法规定的货物、工程和服务的采购代理业务和政府采购咨询服务
191	河北润泰工程咨询有限公司	政府采购法规定的货物、工程和服务的采购代理业务和政府采购咨询服务
192	山西中天华建设工程项目管理有限公司	政府采购法规定的货物、工程和服务的采购代理业务和政府采购咨询服务
193	新疆惠帝工程咨询有限责任公司	政府采购法规定的货物、工程和服务的采购代理业务和政府采购咨询服务
194	广东海外建设监理有限公司	政府采购法规定的货物、工程和服务的采购代理业务和政府采购咨询服务
195	广州菲达建筑咨询有限公司	政府采购法规定的货物、工程和服务的采购代理业务和政府采购咨询服务
196	辽阳志诚招投标有限公司	政府采购法规定的货物、工程和服务的采购代理业务和政府采购咨询服务
197	天津市鑫森建设工程咨询有限公司	政府采购法规定的货物、工程和服务的采购代理业务和政府采购咨询服务
198	天津城投建设工程管理咨询有限公司	政府采购法规定的货物、工程和服务的采购代理业务和政府采购咨询服务
199	上海申权招标咨询有限公司	政府采购法规定的货物、工程和服务的采购代理业务和政府采购咨询服务
200	河南金泰招标代理有限公司	政府采购法规定的货物、工程和服务的采购代理业务和政府采购咨询服务
201	天恒招标有限公司	政府采购法规定的货物、工程和服务的采购代理业务和政府采购咨询服务
202	河南建标工程管理有限公司	政府采购法规定的货物、工程和服务的采购代理业务和政府采购咨询服务
203	广东省建筑工程监理公司	政府采购法规定的货物、工程和服务的采购代理业务和政府采购咨询服务
204	烟台宏正招标代理有限公司	政府采购法规定的货物、工程和服务的采购代理业务和政府采购咨询服务
205	河南省至诚招标采购服务有限公司	政府采购法规定的货物、工程和服务的采购代理业务和政府采购咨询服务
206	宁夏盛世丰招标代理有限公司	政府采购法规定的货物、工程和服务的采购代理业务和政府采购咨询服务
207	辽宁天泓工程项目管理有限公司	政府采购法规定的货物、工程和服务的采购代理业务和政府采购咨询服务
208	辽宁乔泰招投标代理有限公司	政府采购法规定的货物、工程和服务的采购代理业务和政府采购咨询服务
209	海南菲迪克招标咨询有限公司	政府采购法规定的货物、工程和服务的采购代理业务和政府采购咨询服务
210	广东德正工程管理有限公司	政府采购法规定的货物、工程和服务的采购代理业务和政府采购咨询服务
211	河南中辰工程咨询有限公司	政府采购法规定的货物、工程和服务的采购代理业务和政府采购咨询服务
212	广州市市政工程监理有限公司	政府采购法规定的货物、工程和服务的采购代理业务和政府采购咨询服务
213	山东泰和建设管理有限公司	政府采购法规定的货物、工程和服务的采购代理业务和政府采购咨询服务
214	浙江万邦工程管理咨询有限公司	政府采购法规定的货物、工程和服务的采购代理业务和政府采购咨询服务
215	河北远洲招标有限公司	政府采购法规定的货物、工程和服务的采购代理业务和政府采购咨询服务
216	河南求实工程造价咨询有限公司	政府采购法规定的货物、工程和服务的采购代理业务和政府采购咨询服务

续表

序号	公司名称	授予的资格
217	泰安田园建设项目管理有限公司	政府采购法规定的货物、工程和服务的采购代理业务和政府采购咨询服务
218	吉林省吉能招标有限公司	政府采购法规定的货物、工程和服务的采购代理业务和政府采购咨询服务
219	新疆同孚招投标有限公司	政府采购法规定的货物、工程和服务的采购代理业务和政府采购咨询服务
220	北京瀛润达建设工程咨询有限责任公司	政府采购法规定的货物、工程和服务的采购代理业务和政府采购咨询服务
221	上海东松国际贸易有限公司	政府采购法规定的货物、工程和服务的采购代理业务和政府采购咨询服务
222	日照市大成工程招标咨询有限责任公司	政府采购法规定的货物、工程和服务的采购代理业务和政府采购咨询服务
223	四川同方管理咨询有限公司	政府采购法规定的货物、工程和服务的采购代理业务和政府采购咨询服务
224	潍坊市工程建设监理有限责任公司	政府采购法规定的货物、工程和服务的采购代理业务和政府采购咨询服务
225	中化建国际招标有限责任公司	政府采购法规定的货物、工程和服务的采购代理业务和政府采购咨询服务
226	德州市正道招标服务有限责任公司	政府采购法规定的货物、工程和服务的采购代理业务和政府采购咨询服务
227	北京京建标工程项目管理有限公司	政府采购法规定的货物、工程和服务的采购代理业务和政府采购咨询服务
228	大连万科招标代理有限公司	政府采购法规定的货物、工程和服务的采购代理业务和政府采购咨询服务
229	广东建设工程监理有限公司	政府采购法规定的货物、工程和服务的采购代理业务和政府采购咨询服务
230	广东金扬教育采购中心有限公司	政府采购法规定的货物、工程和服务的采购代理业务和政府采购咨询服务
231	山西协诚工程招标代理有限公司	政府采购法规定的货物、工程和服务的采购代理业务和政府采购咨询服务
232	广东五洲招标代理有限公司	政府采购法规定的货物、工程和服务的采购代理业务和政府采购咨询服务
233	浙江省建设工程设备招标有限公司	政府采购法规定的货物、工程和服务的采购代理业务和政府采购咨询服务
234	宁波中基国际招标有限公司	政府采购法规定的货物、工程和服务的采购代理业务和政府采购咨询服务
235	上海百通项目管理咨询有限公司	政府采购法规定的货物、工程和服务的采购代理业务和政府采购咨询服务
236	辽宁正泉工程造价咨询服务有限公司	政府采购法规定的货物、工程和服务的采购代理业务和政府采购咨询服务
237	上海申莘建设工程造价咨询有限公司	政府采购法规定的货物、工程和服务的采购代理业务和政府采购咨询服务
238	河南创达建设工程管理有限公司	政府采购法规定的货物、工程和服务的采购代理业务和政府采购咨询服务
239	上海大华工程造价咨询有限公司	政府采购法规定的货物、工程和服务的采购代理业务和政府采购咨询服务
240	贵州贵财招标有限责任公司	政府采购法规定的货物、工程和服务的采购代理业务和政府采购咨询服务
241	深圳市国际招标有限公司	政府采购法规定的货物、工程和服务的采购代理业务和政府采购咨询服务

续表

序号	公司名称	授予的资格
242	四川西南工程项目管理咨询有限责任公司	政府采购法规定的货物、工程和服务的采购代理业务和政府采购咨询服务
243	河南方大建设工程管理有限公司	政府采购法规定的货物、工程和服务的采购代理业务和政府采购咨询服务
244	天津市国盛工程造价咨询有限公司	政府采购法规定的货物、工程和服务的采购代理业务和政府采购咨询服务
245	上海财瑞建设咨询有限公司	政府采购法规定的货物、工程和服务的采购代理业务和政府采购咨询服务
246	湖南省国鼎招标咨询有限公司	政府采购法规定的货物、工程和服务的采购代理业务和政府采购咨询服务
247	新疆诚誉工程项目管理有限公司	政府采购法规定的货物、工程和服务的采购代理业务和政府采购咨询服务
248	重庆西恒工程咨询有限公司	政府采购法规定的货物、工程和服务的采购代理业务和政府采购咨询服务
249	广东粤源水利水电工程咨询有限公司	政府采购法规定的货物、工程和服务的采购代理业务和政府采购咨询服务
250	北京建基业工程管理有限公司	政府采购法规定的货物、工程和服务的采购代理业务和政府采购咨询服务
251	牡丹江市志隆工程管理有限公司	政府采购法规定的货物、工程和服务的采购代理业务和政府采购咨询服务
252	云南陆地招标咨询有限公司	政府采购法规定的货物、工程和服务的采购代理业务和政府采购咨询服务
253	上海申邑工程咨询有限公司	政府采购法规定的货物、工程和服务的采购代理业务和政府采购咨询服务
254	中国国际工程咨询公司	政府采购法规定的货物、工程和服务的采购代理业务和政府采购咨询服务
255	上海市建设工程监理有限公司	政府采购法规定的货物、工程和服务的采购代理业务和政府采购咨询服务
256	江苏建协工程咨询有限公司	政府采购法规定的货物、工程和服务的采购代理业务和政府采购咨询服务
257	中国瑞林工程技术有限公司	政府采购法规定的货物、工程和服务的采购代理业务和政府采购咨询服务
258	河南省城建招标代理有限公司	政府采购法规定的货物、工程和服务的采购代理业务和政府采购咨询服务
259	上海安正建设管理咨询有限公司	政府采购法规定的货物、工程和服务的采购代理业务和政府采购咨询服务
260	新疆智诚达项目管理咨询有限公司	政府采购法规定的货物、工程和服务的采购代理业务和政府采购咨询服务
261	新疆新能物资集团有限责任公司	政府采购法规定的货物、工程和服务的采购代理业务和政府采购咨询服务
262	江苏新时代工程项目管理咨询有限公司	政府采购法规定的货物、工程和服务的采购代理业务和政府采购咨询服务
263	湖南省湘咨招标咨询有限责任公司	政府采购法规定的货物、工程和服务的采购代理业务和政府采购咨询服务
264	大连华彩工程咨询中心	政府采购法规定的货物、工程和服务的采购代理业务和政府采购咨询服务
265	山东中桥工程咨询有限公司	政府采购法规定的货物、工程和服务的采购代理业务和政府采购咨询服务
266	武汉天汇诚信工程项目管理有限公司	政府采购法规定的货物、工程和服务的采购代理业务和政府采购咨询服务
267	东营市驰成招标代理有限公司	政府采购法规定的货物、工程和服务的采购代理业务和政府采购咨询服务

2011 年 9 月 16 日

中华人民共和国财政部政府采购信息公告（第三十一号）

根据《政府采购信息公告管理办法》（财政部第19号令）的相关规定，现将鞍山创新工程咨询监理有限责任公司等资质到期未再重新申请政府采购甲级的代理机构名单公告如下：

资质到期未再重新申请政府采购甲级的机构名单

序号	机构名称	审批、确认证书均到期	审批资质到期	确认资质到期	资质到期时间
1	鞍山创新工程咨询监理有限责任公司	√			2009年5月15日
2	吉林省建安建设工程招标代理有限公司	√			2009年5月15日
3	武汉市万里建设工程咨询有限公司	√			2009年5月15日
4	安徽省招标中心	√			2009年5月31日
5	威海市建设工程招标代理咨询有限责任公司	√			2009年9月6日
6	河北四海工程投资顾问有限公司	√			2009年9月18日
7	安徽省机电设备招标中心	√			2009年10月13日
8	湖北长江招投标有限公司	√			2009年10月13日
9	秦皇岛市中城信工程经济咨询服务有限公司	√			2009年10月13日
10	北京五岳山河工程咨询有限公司	√			2010年11月14日
11	福建省建融工程咨询有限公司	√			2010年12月27日
12	厦门高诚信建设监理有限公司	√			2011年2月14日
13	湖北诚信建设项目管理有限公司	√			2011年4月2日
14	广东广机国际招标股份有限公司	√			2011年5月15日
15	山西路华通工程咨询有限公司	√			2011年5月15日
16	深圳市中邦国际招标有限公司	√			2011年5月15日
17	福建昇华工程造价咨询有限公司	√			2011年5月31日
18	江河机电装备工程有限公司	√			2011年5月31日
19	山东鲁煤工程造价咨询有限公司	√			2011年6月19日
20	三峡国际招标有限责任公司		√		2011年7月18日
21	山东百汇招标有限公司		√		2009年5月15日
22	山东成盛招标咨询有限公司		√		2009年5月15日

续表

序号	机构名称	审批、确认证书均到期	审批资质到期	确认资质到期	资质到期时间
23	中化时代国际经贸公司		√		2009年5月15日
24	中瑞兴源国际信息技术（北京）有限公司		√		2009年5月15日
25	湖北鄂卫招标有限公司		√		2009年5月19日
26	辽宁天行健招投标有限责任公司		√		2009年5月31日
27	山东邦润招标代理有限公司		√		2009年6月19日
28	宜春市诚信采购招标代理有限公司		√		2009年6月19日
29	中安集团经贸有限责任公司		√		2009年6月19日
30	中国新时代控股（集团）公司		√		2009年6月19日
31	中天宏国际咨询有限责任公司		√		2009年6月19日
32	广东中量工程造价事务所有限公司		√		2009年9月6日
33	贵州阳光产权交易所		√		2009年9月6日
34	湖南利安达招标咨询有限公司		√		2009年9月6日
35	广西天岳招标有限公司		√		2009年10月13日
36	广东奇辉英特威招标采购服务有限公司		√		2009年11月30日
37	山东三立招标代理有限公司		√		2009年12月1日
38	山东兴业联合集团有限公司		√		2009年12月1日
39	福建天润工程项目管理有限公司		√		2010年1月10日
40	湖北新光招标有限责任公司		√		2010年3月26日
41	山东永信建设工程承包管理有限公司		√		2010年3月26日
42	威海万达招标代理有限公司		√		2010年6月26日
43	苏州市苏信项目投资管理有限公司		√		2010年8月2日
44	北京国经兆维认证咨询中心		√		2010年11月14日
45	北京金水工程设计有限公司		√		2010年11月14日
46	北京市捷力诚建筑事务服务所有限公司		√		2010年11月14日
47	福建省海峡拍卖行有限公司		√		2010年11月14日
48	福建省教育招标采购服务中心		√		2010年11月14日
49	广东志正信息系统招标代理有限公司		√		2010年11月14日
50	湖南有色阳光国际招标有限公司		√		2010年11月14日
51	北京乾泰保险经纪有限公司		√		2010年11月26日
52	福建省新卫招标代理有限公司		√		2010年11月26日
53	义乌至诚工程咨询有限责任公司		√		2010年11月26日
54	福建讯诚招标有限公司		√		2010年12月3日

续表

序号	机构名称	审批、确认证书均到期	审批资质到期	确认资质到期	资质到期时间
55	北京中成海达进出口有限公司		√		2010年12月27日
56	北京融财盛通投资管理有限公司		√		2011年5月15日
57	大连长城信息系统工程监理有限公司		√		2011年5月15日
58	湖南天润招标咨询有限公司		√		2011年5月15日
59	湖南湘诚招标咨询有限公司		√		2011年5月15日
60	辽宁建投招投标代理有限公司		√		2011年5月15日
61	平顶山市国信招投标代理有限公司		√		2011年5月15日
62	山东恒立伟业招标有限公司		√		2011年5月15日
63	山东华舜招标代理有限公司		√		2011年5月15日
64	中国建材技术装备总公司		√		2011年5月15日
65	北京中京天元工程咨询有限公司		√		2011年5月26日
66	北京华盛中天咨询有限责任公司		√		2011年5月31日
67	辽宁省机械设备成套局（辽宁省成套设备招标中心）		√		2011年5月31日
68	潍坊市鲁成招标有限公司		√		2011年5月31日
69	福建诚信招标有限公司		√		2011年6月19日
70	临沂市沂蒙国际招标有限公司		√		2011年6月19日
71	山东弘裕建设项目管理有限公司		√		2011年6月19日
72	山东中桥工程咨询有限公司		√		2011年6月19日
73	北京先锋环宇电子商务有限责任公司		√		2011年6月27日
74	福建省福怡药械招标有限公司		√		2011年6月27日
75	广东金扬教育采购中心有限公司		√		2011年6月27日
76	贵州兴五环招标有限公司		√		2011年6月27日
77	山西厚德工程项目代建管理有限责任公司		√		2011年6月27日
78	中泽鼎诚（北京）咨询有限公司		√		2011年6月27日
79	辽宁政兴国际招标代理有限公司		√		2011年7月18日
80	深圳市国信招标有限公司		√		2011年7月18日
81	湖北兴城工程招标代理有限公司			√	2009年5月15日
82	吉林松辽工程招标有限公司			√	2009年5月15日
83	山东省机电设备招标中心			√	2009年5月31日
84	吉林省建业建设工程招标有限公司			√	2009年7月18日
85	山东博大工程咨询有限公司			√	2009年7月18日

续表

序号	机构名称	审批、确认证书均到期	审批资质到期	确认资质到期	资质到期时间
86	新疆维吾尔自治区建设工程设备招标中心			√	2009年7月18日
87	珠海德联工程造价咨询中心有限公司			√	2009年7月18日
88	东风汽车（武汉）招标咨询有限公司			√	2009年8月16日
89	东风汽车（武汉）招标咨询有限公司			√	2009年8月16日
90	永茂兴达工程管理有限责任公司			√	2009年8月16日
91	上海万隆建设工程咨询事务所有限公司			√	2009年9月18日
92	北京荣广盛工程管理有限公司			√	2009年10月13日
93	上海园林工程招投标代理有限公司			√	2009年10月13日
94	沈阳建联建筑工程招投标代理有限公司			√	2009年12月1日
95	新疆天麒工程项目管理咨询有限责任公司			√	2009年12月1日
96	安徽安兆工程技术咨询服务中心			√	2010年1月10日
97	河北海际招标有限公司			√	2010年1月30日
98	湖北天盛建设工程招标代理有限公司			√	2010年3月26日
99	北京瑞新宇工程造价咨询有限公司			√	2010年7月2日
100	湖南建科工程项目管理有限公司			√	2010年7月2日
101	牡丹江市建工招投标代理事务所			√	2010年7月2日
102	甘肃金安建设工程招标有限公司			√	2010年8月21日
103	北京建基业工程管理有限公司			√	2010年8月27日
104	浙江万事达建设工程管理有限公司			√	2010年8月27日
105	湖南省工程建设监理有限公司			√	2010年9月12日
106	安徽欣安造价师事务所			√	2010年11月14日
107	北京百环建设工程项目管理有限公司			√	2010年11月14日
108	北京恒庆国际工程管理有限公司			√	2010年11月14日
109	北京筑衡建设工程顾问有限公司			√	2010年11月14日
110	哈尔滨市建设工程招标投标代理有限公司			√	2010年11月14日
111	河南康茂招投标代理有限公司			√	2010年11月14日
112	昆山市中建项目管理有限公司			√	2010年11月14日
113	云南润滇工程技术咨询有限公司			√	2010年11月14日
114	淄博景坤建设工程招标代理有限公司			√	2010年11月14日
115	北京华清技科工程管理有限公司			√	2010年11月26日
116	昆山新意建设咨询有限公司			√	2010年11月26日
117	上海建经投资咨询有限公司			√	2010年11月26日

续表

序号	机构名称	审批、确认证书均到期	审批资质到期	确认资质到期	资质到期时间
118	浙江新世纪工程咨询有限公司			√	2010年12月3日
119	北京金唯信工程咨询有限公司			√	2010年12月27日
120	福建晖源工程咨询有限公司			√	2010年12月27日
121	济南忠诚信工程咨询有限公司			√	2011年2月14日
122	深圳市宝安区建设工程监理公司			√	2011年2月14日
123	北京华厦工程项目管理有限责任公司			√	2011年4月2日
124	北京隆宇达招标代理有限公司			√	2011年4月2日
125	浙江中际造价师事务所有限公司			√	2011年4月2日
126	安徽省江河水利水电工程监理咨询有限公司			√	2011年5月15日
127	江苏益诚建设工程咨询有限公司			√	2011年5月21日
128	陕西建华招投标代理咨询有限责任公司			√	2011年6月27日
129	张家港市金港工程造价事务所有限公司			√	2011年6月27日
130	浙江天源实业发展有限公司			√	2011年6月27日
131	北京百聪建筑工程造价咨询有限公司			√	2011年7月18日
132	北京德基工程咨询有限责任公司			√	2011年7月18日
133	北京首建招标有限责任公司			√	2011年7月18日
134	北京中外建工程管理有限公司			√	2011年7月18日
135	广州市见智咨询有限公司			√	2011年7月18日
136	泰安市泰山建设工程招标代理有限公司			√	2011年7月18日
137	中国五矿集团公司			√	2011年7月18日

2011年9月16日

中华人民共和国财政部政府采购信息公告（第三十二号）

根据《政府采购信息公告管理办法》（财政部令第19号）的相关规定，现将本机关对公安部边防管理局实景互动对抗实弹（模拟）射击系统项目投诉案作出的处理决定公告如下：

一、相关当事人名称

投诉人名称：北京信安通靶场装备技术有限公司

地址：北京市西城区莲花池东路 5 号
投诉人名称：上海亿湾特训练设备科技有限公司
地址：上海市浦东新区碧波路 49 弄 10 号
被投诉人名称：中仪国际招标公司
地址：北京市丰台区西三环中路 90 号

二、基本情况

投诉人认为在公安部边防管理局实景互动对抗实弹（模拟）射击系统项目（项目编号：BFJCG2010034）中，中标人中国人民解放军总参谋部第 60 研究所（以下简称第 60 研究所）的《军队单位对外有偿服务许可证》（以下简称《许可证》）已经超出了有效期，不能对外提供有偿服务，而其参与了本项目的投标活动并中标，存在一定问题。此外，第 60 研究所没有缴纳保险和税收的记录，不符合政府采购法规定的“供应商参加政府采购活动应当有依法缴纳税收和社会保障资金的良好记录”的资格条件，为此，投诉人向本机关提起了投诉。经审查，本机关正式受理，并依法对投诉事项进行了调查取证，征求了相关当事人的意见，现本案已审查终结，本机关于 2011 年 8 月 19 日依法作出投诉处理决定（财库〔2011〕117 号）。

三、处理结果

经审查，第 60 研究所的《许可证》已经过期，但其在投标文件中提供了中国人民解放军总参谋部管理保障部出具的延期使用证明，在此期间，第 60 研究所可以对外提供有偿服务，参与招标投标活动。此外，第 60 研究所未在投标文件中提供缴纳税收和保险的证明，不能证明其具备政府采购法规定的“供应商参加采购活动应当有依法缴纳税收和社会保障资金的良好记录”的法定条件，投标应当被拒绝。为此，本机关根据《政府采购供应商投诉处理办法》（财政部令第 20 号）第 19 条的规定，责令采购人重新开展采购活动。

2011 年 10 月 11 日

中华人民共和国财政部政府采购信息公告（第三十四号）

根据《政府采购信息公告管理办法》（财政部令第 19 号）的相关规定，现将财政部对东北大学五五运动场人造草坪竞争性谈判采购项目投诉案作出的投诉处理、行政处罚决定公告如下：

一、相关当事人

投诉人名称：江苏共创人造草坪有限公司
地址：江苏省南京市五台山 1－6 号体育中心

被投诉人名称：东北大学

地址：辽宁省沈阳市和平区文化路3号

被投诉人名称：辽宁工程招标公司

地址：沈阳市和平区南九马路47号

二、基本情况

投诉人认为在东北大学五五运动场人造草坪竞争性谈判采购项目（项目编号：DD2011014）中，成交供应商北京火炬天地人造草坪有限公司（以下简称火炬草坪公司）不具备采购文件要求的国际足联认证合格的场地业绩及认证证书等条件，申请撤销其成交资格。代理机构辽宁工程招标公司在质疑答复阶段废标，违反了采购文件中“如果排名第一的供应商没有通过审查，则拒绝其投标。在此情况下，买方将对排名第二的供应商能力作类似审查”的规定，为此，投诉人向本机关提起了投诉。经审查，本机关正式受理，并依法对投诉事项进行了调查取证，征求了相关当事人的意见，现本案已审查终结。2011年8月19日、10月17日，本机关先后依法作出投诉处理决定（财库〔2011〕120号）及行政处罚决定（财库〔2011〕140号）。

三、处理结果

经审查，本项目采购文件规定，人造草坪的生产厂家必须具有国际足联认证合格的场地业绩及认证证书，并在国际足联网站上可以查询到。火炬草坪公司是生产厂家，其未在谈判文件中提供自身的国际足联认证合格的场地业绩及认证证书，在国际足联网站上也查不到相关信息，不满足上述资格条件。而谈判小组允许不符合资格条件的供应商参加谈判，违反了政府采购法第38条的规定。此外，本项目评审和复审时评审专家采取了不同的评审标准。为此，本机关根据《政府采购供应商投诉处理办法》（财政部令第20号）第19条的规定，责令采购人重新开展采购活动。

此外，本项目还存在采购文件中设置了差别性和歧视性条款，未按规定抽取评审专家的问题，违反了《中华人民共和国政府采购法》第22条、《中央单位政府采购管理实施办法》（财库〔2004〕104号）第14条的规定。为此，本机关根据《中华人民共和国政府采购法》第71条的规定，对辽宁工程招标公司作出警告的行政处罚，并责令改正。

2011年11月22日

中华人民共和国财政部政府采购信息公告（第三十五号）

根据《政府采购信息公告管理办法》（财政部令第19号）的相关规定，现将财政部对福建省泓业招标有限责任公司的违法违规行为作出的行政处罚决定公告如下：

一、相关当事人

当事人：福建省泓业招标有限责任公司
地址：福建省福州市鼓楼区东水路 88 号
法定代表人：高仁杰

二、基本情况

本机关收到《关于福建省泓业招标有限责任公司在甲级政府采购代理资格申报材料弄虚作假的举报信》后，根据来信反映的情况依法进行了调查取证，现本案已审查终结。2011 年 10 月 11 日，本机关依法作出了行政处罚决定（财库〔2011〕137 号）。

三、处罚结果

经调查，福建省泓业招标有限责任公司在政府采购甲级代理机构资格申请过程中，将未为其缴足 6 个月保险的人员薛瑞平、许丹超列入已缴纳社会保险的专职人员名单中，使该公司符合申请条件的专职人员达到法定人数，违反了《政府采购代理机构资格认定办法》（财政部令第 61 号）第 17 条、第 18 条的规定。根据财政部 61 号令第 41 条的规定，本机关决定不予认定福建省泓业招标有限责任公司政府采购甲级代理机构资格，并给予该公司警告的行政处罚。

2011 年 11 月 22 日

中华人民共和国财政部政府采购信息公告（第三十六号）

根据《政府采购信息公告管理办法》（财政部令第 19 号）的相关规定，现将财政部对山东瀚广建设项目管理有限公司的违法违规行为作出的行政处罚决定公告如下：

一、相关当事人

当事人：山东瀚广建设项目管理有限公司
地址：山东省淄博市开发区万杰路 93 号
法定代表人：杨克生

二、基本情况

本机关收到《关于山东瀚广建设项目管理有限公司虚假申请资格的举报材料》后，根据来信反映的情况依法进行了调查取证，现本案已审查终结。2011 年 10 月 11 日，本机关依法作出了行政处罚决定（财库〔2011〕138 号）。

三、处罚结果

经调查，山东瀚广建设项目管理有限公司在政府采购甲级代理机构资格申请过程中，在申报材料中提交的关于为王海伟缴纳社会保险的证明、王平美的高级工程师职称复印件为虚假材料，违反了《政府采购代理机构资格认定办法》（财政部令第61号）第17条、第18条的规定。根据财政部61号令第41条的规定，本机关决定不予认定山东瀚广建设项目管理有限公司政府采购甲级代理机构资格，并给予该公司警告的行政处罚。

2011年11月22日

中华人民共和国财政部政府采购信息公告（第三十七号）

根据《政府采购信息公告管理办法》（财政部令第19号）的相关规定，现将财政部对北京华文学院新建校区厨房设备采购项目投诉案作出的处理决定公告如下：

一、相关当事人

投诉人名称：北京珠江白云酒店设备有限公司
地址：北京市通州区八里桥市场金海街5号
投诉人名称：北京市普腾厨房设备有限公司
地址：北京市海淀区交大东路60号
被投诉人名称：北京华文学院
地址：北京市西城区阜成门外大街39号
被投诉人名称：北京京发招标有限公司
地址：北京市东城区崇外大街90号
被投诉人名称：北京彤来厨房设备有限公司
地址：北京市大兴区长子营镇

二、基本情况

投诉人认为在北京华文学院新建校区厨房设备采购项目中，中标人北京彤来厨房设备有限公司（以下简称彤来厨房设备公司）在参与本项目投标时没有获得《工业产品生产许可证（燃气灶具）》（以下简称许可证），不符合政府采购法第22条中合格投标供应商应当具备的条件，因此，向本机关提起投诉申请取消其中标资格。经审查，本机关正式受理，并依法对投诉事项进行了调查取证，征求了相关当事人的意见，现本案已审查终结。2011年10月18日，本机关依法作出投诉处理决定（财库〔2011〕142号）。

三、处理结果

经审查，本项目采购的厨房设备中包含列入工业产品生产许可证目录的商用燃气灶具，生产商需要取得许可证才能生产、销售该类产品。彤来厨房设备公司所投的燃气灶具均是由北京彤来工贸有限公司（以下简称彤来工贸）生产的，彤来工贸在本项目投标截止前并未获得许可证，所投的燃气灶具也未进行批批检验，不符合《中华人民共和国工业产品生产许可证管理条例实施办法》的相关规定，不是合格投标供应商。因本项目采购合同已经部分履行，本机关根据《政府采购供应商投诉处理办法》（财政部令第 20 号）第 19 条的规定，决定本项目采购活动违法，给采购人、投诉人造成损失的，由北京彤来厨房设备有限公司承担赔偿责任。

2011 年 11 月 22 日

中华人民共和国财政部政府采购信息公告（第三十八号）

根据《政府采购信息公告管理办法》（财政部令第 19 号）第 8 条的规定，现将财政部对中央国家机关政府采购中心、中共中央直属机关采购中心、全国人大机关采购中心 3 家中央集中采购机构和国家税务总局集中采购中心、海关总署物资装备采购中心、中国人民银行集中采购中心 3 家部门集中采购机构 2010 年度集中采购工作的考核情况公告如下：

本次考核在对中央集中采购机构进行年度例行考核的基础上，首次将部门集中采购机构纳入考核范围，对进一步完善集中采购监管和运行机制，推进和深化中央单位政府采购制度改革具有重要的现实意义。考核分为项目考核和综合考核两部分，其中项目考核包括政府采购范围和方式、落实政府采购政策功能、采购程序、采购文件编制、评审专家抽取、协议供货和定点采购、网上竞价、采购效率、信息发布等内容；综合考核包括执行政府采购法律法规、政府采购信息反馈、文件归档及备案、采购人和供应商满意度、内部监督管理机制、从业人员培训、廉洁自律、投诉等内容。

本次考核采取定性与定量、自查与核查相结合的方式。考核小组综合运用项目评分、问卷调查、现场核查等方式，并随机抽取了 6 家被考核单位共 130 个采购项目，约占各自全年总项目的 10%。经综合评价，中共中央直属机关采购中心考核等次为优秀，中央国家机关政府采购中心、全国人大机关采购中心、国家税务总局集中采购中心、海关总署物资装备采购中心、中国人民银行集中采购中心考核等次均为良好。考核结果表明，以上 3 家中央集中采购机构和 3 家部门集中采购 2010 年度均认真贯彻执行政府采购有关法律制度规定，采购代理程序较为规范，在推进制度建设和业务创新、规范采购行为、发挥政策功能、提高采购效率和质量、加强内部制度建设等方面做了大量工作，较好地完成了中央单位集中采购工作。

考核发现，在取得较好工作成效的同时，6 家被考核单位在执行有关政府采购法律、政策规定方面还存在以下几方面的问题：一是部分项目未按规定发布政府采购信息公告或公告内容不完整。二是部分项目招标文件制定的供应商资格条件、评分标准等内容不合理。三是协议供货、定点采购和网上竞价尚未建立完善的内部监督制约机制。四是部分部门集中采购项目的委托方式不合规。五是部门集中采购的政策和规模优势尚未充分发挥。六是集中采购机构内部操作规程有待进一步完善。

2011 年 12 月 9 日

中华人民共和国财政部政府采购信息公告（第三十九号）

根据《政府采购信息公告管理办法》（财政部令第 19 号）的相关规定，现将政府采购代理机构甲级资格自动失效的公司名单公告如下：

云南山水招投标代理有限公司、山东誉丰工程项目管理有限公司没有自政府采购代理机构《资格证书》记载事项依法发生变更之日起 20 日内向我部提交有关证明文件并办理变更手续，违反了《政府采购代理机构资格认定办法》（财政部令第 61 号，以下简称 61 号令）第 32 条的规定。根据 61 号令第 35 条的规定，该两家公司的政府采购甲级代理机构资格自动失效。

2012 年 1 月 17 日

中华人民共和国财政部政府采购信息公告（第四十号）

根据《政府采购信息公告管理办法》（财政部令第 19 号）的相关规定，现将财政部对中国医学科学院医学信息研究所医药卫生信息整合与服务信息平台软件开发项目投诉案作出的处理决定公告如下：

一、相关当事人

投诉人名称：河南省好友软件开发有限公司
地址：河南省郑州市金水区农业路北政七街神威大厦
被投诉人名称：中央国家机关政府采购中心
地址：北京市西城区西安门大街 22 号院 1 号楼 5 层
被投诉人名称：中国医学科学院医学信息研究所
地址：北京市朝阳区雅宝路 3 号

二、基本情况

投诉人认为在“中国医学科学院医学信息研究所医药卫生信息整合与服务信息平台软件开发项目”（编号：GC－FG110150）中，被投诉人对其投标按废标处理错误，为此，于

2011 年 7 月 25 日向本机关投诉。经审查，本机关正式受理，并依法对投诉事项进行了调查取证，征求了相关当事人的意见，现本案已审查终结，本机关于 2011 年 9 月 30 日依法作出投诉处理决定（财库〔2011〕131 号）。

三、处理结果

经审查，投标时，投诉人共提供了两份开标一览表，一份在开标现场唱标时使用的，自行删除了文字说明方面的内容。另一份附在商务文件第 20 页，符合招标文件要求的格式。本机关认为，开标一览表包括投标人应当填写内容的表格和文字说明，且文字说明部分明确了“投标总价是投标项目（包含相关服务）的全部费用的报价”，表明了文字部分与表格中的投标人应填写的价格部分构成一个不可分割的整体。虽然该部分内容不属于投标人填写，但是投标人填写内容的具体含义以及法律后果，在文字说明部分进行了解释。投标人删除了文字部分，构成了开标一览表的缺失或无效。同时，招标文件关于“加 * 项目若有缺失或无效，将可能导致投标被拒绝且不允许在开标后补正”的规定表明，该开标一览表是否被采纳，属于评标委员会的职责权限。评标委员会以投诉人递交的开标一览表不符合招标文件要求将其投标文件作废标处理的做法符合招标文件的规定。因此，投诉人的投诉事项缺乏事实和法律依据，本机关根据《政府采购供应商投诉处理办法》（财政部令第 20 号）第 17 条的规定，驳回投诉人的投诉。

2012 年 1 月 17 日

中华人民共和国财政部政府采购信息公告（第四十一号）

根据《政府采购信息公告管理办法》（财政部令第 19 号）的相关规定，现将财政部对中国科学院计算机网络信息中心 IDN 项目服务器、网络设备采购项目投诉案作出的处理决定公告如下：

一、相关当事人

投诉人名称：同方股份有限公司
地址：北京市海淀区王庄路 1 号
被投诉人名称：中央国家机关政府采购中心
地址：北京市西城区西安门大街 22 号

二、基本情况

投诉人认为在“中国科学院计算机网络信息中心 IDN 项目服务器、网络设备采购项目”（编号：GC－HG110307）中，被投诉人拒绝投诉人投标所引用的条款缺乏法律依据，存在明显不公正对待和违规操作行为。评标委员会要求澄清的过程不具备实际可操作性。

为此，于2011年11月1日向本机关投诉。经审查，本机关正式受理，并依法对投诉事项进行了调查取证，征求了相关当事人的意见，现本案已审查终结，本机关于2011年12月13日依法作出投诉处理决定（财库〔2011〕168号）。

三、处理结果

经审查，评标委员会要求投诉人澄清报价过低的问题，不属于法定澄清事由，要求投诉人补充提供“投标产品制造商的书面相关承诺（须有制造商签字盖章）”不属于招标文件要求的投标文件组成范围，上述行为违反了相关规定。同时，评标委员会要求投诉人在午休期间不到1小时的时间内澄清其投标报价的可行性，并需要原制造厂商签字盖章的书面承诺，存在明显不合理性。因此，投诉人的投诉事项成立，本机关根据《政府采购供应商投诉处理办法》（财政部令第20号）第17条、第19条的规定，责令采购人重新开展本项目采购活动。

2012年1月17日

中华人民共和国财政部政府采购信息公告（第四十二号）

根据《政府采购信息公告管理办法》（财政部令第19号）的相关规定，现将财政部对中央美术学院互联网专线接入及服务项目投诉案作出的处理决定公告如下：

一、相关当事人

投诉人名称：北京蓝波万维宽带网络有限责任公司
地址：北京市朝阳区朝阳门外大街18号
被投诉人名称：北京中教仪国际招标代理有限公司
地址：北京市海淀区文慧园北路10号

二、基本情况

投诉人认为在“中央美术学院互联网专线接入及服务项目”（编号：CEIECZB01-11JX066）中，符合专业条件的供应商或者对招标文件作实质性响应的供应商不足三家，应当予以废标，为此，于2011年11月2日向本机关投诉。经审查，本机关正式受理，并依法对投诉事项进行了调查取证，征求了相关当事人的意见，现本案已审查终结，本机关于2011年12月16日依法作出投诉处理决定（财库〔2011〕170号）。

三、处理结果

经审查，本项目采用的是竞争性谈判方式进行的采购，代理机构向5家供应商发出了谈判邀请，其中有3家供应商购买了谈判文件，并在规定时间内递交了应答文件，符合政府采购法中竞争性谈判的相关程序。目前，政府采购法律法规没有规定，在竞争性谈判活动中，符合专业条件的供应商或者对招标文件作实质性响应的供应商不足三家，应当予以废标。因此，投诉人的投诉事项缺乏事实及法律依据，本机关根据《政府采购供应商投诉处理办法》（财政部令第 20 号）第 17 条的规定，驳回投诉人的投诉。

2012 年 1 月 17 日

中华人民共和国财政部政府采购信息公告（第四十三号）

根据《政府采购信息公告管理办法》（财政部令第 19 号）的相关规定，现将财政部对贵州贵财招标有限责任公司政府采购甲级代理机构资格举报案作出的处理决定公告如下：

一、相关当事人

当事人：贵州贵财招标有限责任公司
地址：贵州省贵阳市云岩区中华北路 137 号

二、基本情况

本机关收到实名举报后，根据来信反映的情况依法进行了调查取证，现本案已审查终结。2011 年 12 月 20 日，本机关依法作出了监督检查处理决定（财库〔2011〕176 号）。

三、处理结果

经审查，贵州贵财招标有限责任公司申报政府采购甲级代理机构资格时所列的 31 名专职人员中，潘极等 12 名人员是由贵州贵财投资有限责任公司缴纳的社会保险，不能作为贵州贵财招标有限责任公司的专职人员，该公司申报的专职人员数量不满足《政府采购代理机构资格认定办法》（财政部令第 61 号）的相关规定。因此，本机关根据《行政许可法》第 69 条的规定，对贵州贵财招标有限责任公司的政府采购甲级代理机构资格予以撤销。

2012 年 1 月 17 日

中华人民共和国财政部政府采购信息公告（第四十四号）

根据《政府采购信息公告管理办法》（财政部令第 19 号）的相关规定，现将财政部对中国纪检监察学院餐厅厨房用具采购项目投诉案作出的处理决定公告如下：

一、相关当事人

投诉人名称：北京彤来厨房设备有限公司
地址：北京市大兴区长子营镇
投诉人名称：北京威达豪厨房设备有限公司
地址：北京市朝阳区十八里店乡小武基村
被投诉人名称：北京珠江白云酒店设备有限公司
地址：北京市通州区宋庄镇丁各庄工业园
被投诉人名称：中共中央直属机关采购中心
地址：北京市西城区新风街1号院

二、基本情况

投诉人认为在“中国纪检监察学院餐厅厨房用具采购项目”（编号：ZC－AZB11087）中，中标人北京珠江白云酒店设备有限公司（以下简称珠江白云）参加本次采购活动前三年内，在经营活动中有重大违法记录，且本次投标时提供的投标函存在弄虚作假，故意隐瞒违法事实，不符合政府采购法要求的供应商参加政府采购活动应当具备的条件。为此，投诉人于2011年11月11日向本机关提起投诉。经审查，本机关正式受理，并依法对投诉事项进行了调查取证，征求了相关当事人及其他主管部门的意见，现本案已审查终结，本机关于2011年12月21日依法作出投诉处理决定（财库〔2011〕177号）。

三、处理结果

经审查，北京市通州区政府采购办公室于2009年在“北京市通州区教育委员会购置学生安全饮水设备采购项目”投诉案处理决定书中，认定珠江白云存在提供虚假材料的行为，并据此作出该项目第2包废标的决定，但未给予珠江白云行政处罚。本机关认为，违法记录是对违法事实的认定，不完全等同于行政处罚，尚未作出行政处罚决定并不能否认违法记录的存在。珠江白云在“北京市通州区教育委员会购置学生安全饮水设备采购项目”第2包的投标文件中附有虚假材料，严重违反了政府采购法的基本原则，上述违法行为的性质属于重大违法。珠江白云在参加本次采购活动时，不满足政府采购法第22条中“供应商参加政府采购活动前三年内，在经营活动中没有重大违法记录”的条件，不属于合格的投标供应商。因此，投诉人投诉事项成立，本机关根据《政府采购供应商投诉处理办法》（财政部令第20号）第19条的规定，责令采购人重新开展采购活动。

2012年1月17日

中华人民共和国财政部政府采购信息公告（第四十五号）

根据《政府采购信息公告管理办法》（财政部令第19号）的相关规定，现将本机关

对国家旅游局 2011 年旅游宣传品设计及印刷项目举报案作出的处理决定公告如下：

一、相关当事人名称

被举报人：国家旅游局
地址：北京市建国门内大街甲 9 号
被举报人：北京兴旅传媒国际有限公司
地址：北京市建国门内大街甲 9 号

二、基本情况

举报人认为，在国家旅游局 2011 年旅游宣传品设计及印刷项目（项目编号：GC－FG110050）中，北京兴旅传媒国际有限公司（以下简称兴旅传媒）不是法定合格供应商。兴旅传媒的法定代表人是国家旅游局机关服务中心主任，与采购人有利害关系。评标委员会中 2 名采购人代表与兴旅传媒人员有多种场合可以接触，在评标过程中没有回避。举报人于 2011 年 8 月 10 日向本机关提起举报。经审查，本机关正式受理，并依法对举报事项进行了调查取证，征求了相关当事人的意见，现本案已审查终结，本机关于 2011 年 12 月 31 日依法作出监督检查处理决定（财库〔2011〕187 号）。

三、处理结果

经审查，兴旅传媒在参加本次政府采购活动前三年内，在经营活动中有重大违法记录的情形，不具备政府采购法第 22 条合格供应商的条件。兴旅传媒是国家旅游局下属控股企业，与国家旅游局存在关联关系和利益关系。国家旅游局委派参与评审的采购人代表事先了解本项目相关信息，且与兴旅传媒的法定代表人是同事关系，存在影响政府采购公平、公正的因素。为此，本机关作出如下处理决定：根据《中华人民共和国政府采购法》第 77 条、《政府采购货物和服务招标投标管理办法》（财政部令第 18 号）第 74 条的规定，本项目中标结果无效。

2012 年 5 月 22 日

中华人民共和国财政部政府采购信息公告（第四十六号）

根据《政府采购信息公告管理办法》（财政部令第 19 号）的相关规定，现将本机关对财政客户端安全监控管理系统建设项目举报案作出的监督检查处理决定公告如下：

一、相关当事人名称

被举报人：沈阳通用软件有限公司
地址：沈阳市和平区安图街 8－1 号和平国际科技大厦二层

被举报人：北京支点国际咨询投资有限公司
地址：北京市东三环南路17号京瑞大厦B座26层

二、基本情况

举报人认为财政客户端安全监控管理系统建设项目中，沈阳通用软件公司（以下简称通软公司）存在明显违反招标书规定采用低于成本报价恶意竞争行为但未被认定。经审查，本机关正式受理，并依法对举报事项进行了调查取证，征求了相关当事人的意见，现本案已审查终结，本机关于2012年2月28日依法作出监督检查处理决定书（财库〔2012〕18号）。

三、处理结果

经审查，举报人就财政客户端安全监控管理系统建设项目的举报，缺乏事实和法律依据。为此，本机关决定：根据《中华人民共和国政府采购法》第70条的规定，对举报人的举报不予支持。

2012年5月22日

中华人民共和国财政部政府采购信息公告（第四十七号）

根据《政府采购信息公告管理办法》（财政部令第19号）的相关规定，现将本机关对国家数字图书馆工程——文津搜索系统集成项目举报案作出的处理决定公告如下：

一、相关当事人名称

被举报人：国家图书馆
地址：北京市海淀区中关村南大街33号

二、基本情况

举报人认为国家数字图书馆工程——文津搜索系统集成项目（项目编号：0773-1141GNGT11429）的招标文件存在违法违规问题。经审查，本机关正式受理，并依法对举报事项进行了调查取证，征求了相关当事人的意见，现本案已审查终结，本机关于2012年3月16日依法作出行政处罚决定书（财库〔2012〕23号）。

三、处罚结果

经审查，本项目招标文件的编制存在一定的倾向性，违反了《政府采购货物和服务招标投标管理办法》（财政部令第18号）第21条的规定。为此，本机关决定：根据《政府采购货物和服务招标投标管理办法》（财政部令第18号）第68条的规定，给予采购人警告的行政处罚。

2012年5月22日

中华人民共和国财政部政府采购信息公告（第四十八号）

根据《政府采购信息公告管理办法》（财政部令第19号）的相关规定，现将本机关对长江海事局信息中心长江干线应急移动通信平台（车）设备购置项目举报案作出的处理决定公告如下：

一、相关当事人名称

被举报人：长江海事局信息中心
地址：武汉市合作路16号
被举报人：北京中交通信科技有限公司
地址：北京市朝阳区安外外馆后身一号
被举报人：湖北设备工程招标有限公司
地址：武汉市珞瑜路长江传媒大厦

二、基本情况

举报人认为长江海事局信息中心长江干线应急移动通信平台（车）设备购置项目采购过程中存在违法违规行为。为此，举报人于2011年12月向本机关提起举报。经审查，本机关正式受理，并依法对举报事项进行了调查取证，征求了相关当事人的意见，现本案已审查终结，本机关于2012年3月21日依法作出监督检查处理决定书（财库〔2012〕25号）。

三、处理结果

经审查，本项目没有执行政府采购法及相关制度的规定，违反了《中华人民共和国政府采购法》第2条及第64条的规定。为此，本机关作出如下处理决定：责令采购人依法重新开展本项目采购活动，并将采购情况及时反馈给本机关。

2012年5月22日

中华人民共和国财政部政府采购信息公告（第四十九号）

根据《政府采购信息公告管理办法》（财政部令第19号）的相关规定，现将本机关

对中国版本图书馆样本资源抢救工程音像资料数字化转存及编目服务项目投诉案作出的处理决定公告如下：

一、相关当事人名称

投诉人：北京中科大洋科技发展股份有限公司
地址：北京市海淀区中关村软件园11号楼
被投诉人：新闻出版总署
地址：北京市宣武门外大街40号
被投诉人：中钢招标有限责任公司
地址：北京市海淀区海淀大街8号

二、基本情况

投诉人认为中国版本图书馆样本资源抢救工程音像资料数字化转存及编目服务项目（编号：1141STC40461）中，招投标程序中存在明显不公允现象，造成中标、成交结果的产生过程存在违法行为，为此，于2011年9月向本机关投诉。经审查，本机关正式受理，并依法对投诉事项进行了调查取证，征求了相关当事人的意见，现本案已审查终结，本机关于2012年3月26日依法作出投诉处理决定（财库〔2012〕27号）。

三、处理结果

经审查，本项目招标文件规定“报价低于成本价且为恶性竞争”的投标将被拒绝，但没有设定“报价低于成本价且为恶性竞争”的评审标准，不符合《政府采购货物和服务招标投标管理办法》（财政部令第18号）第18条的规定；评标委员会在没有前述评审标准的情况下，认定投诉人报价低于成本价且为恶性竞争，导致投诉人的投标未进入评分程序，影响或可能影响中标结果。为此，本机关根据《政府采购供应商投诉处理办法》（财政部令第20号）第17条及第19条的规定，责令新闻出版总署重新开展本项目采购活动。

2012年5月22日

中华人民共和国财政部政府采购信息公告（第五十号）

根据《政府采购信息公告管理办法》（财政部令第19号）的相关规定，现将本机关对国家体育总局体育彩票管理中心竞彩网点标准化经营检查考评项目投诉案作出的处理决定公告如下：

一、相关当事人名称

投诉人：北京彩赢联咨询中心有限公司

地址：北京朝阳区望京园 601 号悠乐汇 E 座
被投诉人：国家体育总局体育彩票管理中心
地址：北京市朝阳区东三环南路 23 号
被投诉人：中信国际招标有限公司
地址：北京市朝阳区北苑路 108 号鸿华高尔夫商务花园

二、基本情况

投诉人对"国家体育总局体育彩票管理中心竞彩网点标准化经营检查考评项目（编号：0733－116220264201）"质疑答复不满，认为中标人上海勺海市场调查有限公司（以下简称勺海公司）在投标过程中存在提供虚假材料谋取中标的行为，于 2011 年 12 月 9 日向本机关投诉。经审查，本机关正式受理，并依法对投诉事项进行了调查取证，征求了相关当事人的意见，现本案已审查终结，本机关于 2012 年 5 月 8 日依法作出投诉处理决定（财库〔2012〕50 号）。

三、处理结果

经审查，相关证据不足以证明勺海公司在投标过程中提供了虚假材料，投诉人的投诉事项缺乏事实依据。为此，本机关根据《政府采购供应商投诉处理办法》（财政部令第 20 号）第 17 条的规定，驳回投诉人的投诉。

2012 年 6 月 8 日

中华人民共和国财政部政府采购信息公告（第五十一号）

根据《政府采购信息公告管理办法》（财政部令第 19 号）的相关规定，现将本机关对海关系统办公软件采购项目投诉案作出的处理决定公告如下：

一、相关当事人名称

投诉人名称：珠海金山办公软件有限公司
地址：珠海市唐家湾镇湾大道科技一路 10 号
被投诉人名称：中钢招标有限责任公司
地址：北京市海淀区海淀大街 8 号中钢国际广场 16 层

二、基本情况

投诉人对"海关系统办公软件采购项目（项目编号：1141STC40941）"的质疑答复不满，认为本项目中标人在本次海关系统办公软件采购项目中存在以低于成本价报价竞标的不正当竞争行为，于 2012 年 1 月 16 日向本机关投诉。经审查，本机关正式受理，并依法对投诉事项进行了调查取证，征求了相关当事人的意见，现本案已审查终结，本机关于2012年5月29日依法作出投诉处理决定（财库〔2012〕62号）。

三、处理结果

经审查，根据政府采购法律法规和本案目前的证据材料，无法认定中标人在本次采购项目中存在以低于成本价报价竞标的行为，投诉人的投诉事项缺乏事实依据。为此，本机关根据《政府采购供应商投诉处理办法》（财政部令第20号）第17条的规定，驳回投诉人的投诉。

2012年6月15日

中华人民共和国财政部政府采购信息公告（第五十二号）

根据《政府采购信息公告管理办法》（财政部令第19号）的相关规定，现将本机关对国家数字复合出版系统、中华字库项目举报案作出的监督检查处理决定公告如下：

一、相关当事人名称

被举报人：国家新闻出版总署

二、基本情况

举报人认为国家数字复合出版系统、中华字库项目存在违反《中国政府采购法》等有关问题。经审查，本机关正式受理，并依法对举报事项进行了调查取证，征求了相关当事人的意见，案件已审查终结，本机关于2012年5月22日依法作出监督检查处理决定书（财库〔2012〕52号）。

三、处理结果

经审查，国家数字复合出版系统、中华字库项目的采购方式、采购程序违反了《中国政府采购法》及《科学技术进步法》的规定。为此，本机关决定：根据《中国政府采购法》及相关法律法规的规定，责令采购人重新开展采购活动，同时对《新闻出版重大科技项目承包单位筛选实施方案》、《新闻出版重大科技项目研发实施管理办法》中不符合《中国政府采购法》规定的内容作出修改。

2013年1月18日

中华人民共和国财政部政府采购信息公告（第五十三号）

根据《政府采购信息公告管理办法》（财政部令第19号）的相关规定，现将本机关对中央民族大学安防系统二期工程项目举报案作出的监督检查处理决定公告如下：

一、相关当事人名称

被举报人：北京中加集成智能系统工程有限公司

二、基本情况

举报人反映中标人北京中加集成智能系统工程有限公司投标产品数量、技术参数和投标文件不完全响应招标文件的要求及该项目评审专家评审存在违法违规的情形。经审查，本机关正式受理，并依法对举报事项进行了调查取证，征求了相关当事人的意见，案件已审查终结，本机关于2012年5月22日依法作出监督检查处理决定书（财库〔2012〕59号）。

三、处理结果

经审查，根据招标文件评标方法，评审专家已在自由裁量评审范围内打分，举报人反映的情况并不直接导致废标。为此，本机关决定：中央民族大学应当依法执行本项目的中标结果。同时，建议在项目的合同签订阶段，细化合同条款，强化违约责任，保障项目的顺利实施。在今后的工作中，进一步加强招标文件的编制工作。

2013年1月18日

中华人民共和国财政部政府采购信息公告（第五十五号）

根据《政府采购信息公告管理办法》（财政部令第19号）的相关规定，现将本机关对广电总局监管中心设备采购项目第4包投诉案作出的处理决定公告如下：

一、相关当事人名称

投诉人名称：浪潮（北京）电子信息产业有限公司
地址：北京市海淀区上地信息路2号2－1号C栋一层
被投诉人名称：中央国家机关政府采购中心
地址：北京市西城区西安门大街22号一号楼五层

二、基本情况

投诉人对“广电总局监管中心设备采购项目第4包（项目编号：GC－HG110527）”的质疑答复不满，认为中标人神州数码（中国）有限公司所投产品非国内生产，未对招标文件要求进行实质性响应，于2012年3月19日向本机关投诉。经审查，本机关正式受理，并依法对投诉事项进行了调查取证，征求了相关当事人的意见，现本案已审查终结，本机关于2012年7月16日依法作出投诉处理决定（财库〔2012〕91号）。

三、处理结果

经审查，神州数码（中国）有限公司关于“此次投标有所产品均由联想国内生产提供，生产地为北京”等情况与事实情况不符合，为虚假材料。为此，本机关根据《中国政府采购法》第56条及《政府采购供应商投诉处理办法》（财政部令第20号）第17条、第19条的规定，责令重新开展采购活动。

2013年1月18日

中华人民共和国财政部政府采购信息公告（第五十六号）

根据《政府采购信息公告管理办法》（财政部令第19号）的相关规定，现将本机关对中国人民公安大学痕迹检验实验室设备购置项目举报案作出的监督检查处理决定公告如下：

一、相关当事人名称

被举报人：中航技国际经贸发展有限公司

二、基本情况

举报人反映，在“中国人民公安大学痕迹检验实验室设备购置项目”中，代理机构中航技国际经贸发展有限公司存在以不合理的要求排斥潜在投标供应商的情形。经审查，本机关正式受理，并依法对举报事项进行了调查取证，征求了相关当事人的意见，现本案已审查终结，本机关于2012年7月20日依法作出监督检查处理决定书（财库〔2012〕92号）。

三、处理结果

经审查，招标单位人为缩短购买招标文件实际有效时间，排斥潜在的投标人，违反了《中国政府采购法》及《政府采购货物和服务招标投标管理办法》（财政部令第18号）的相关规定。同时，中航技国际经贸发展有限公司在编写招标文件时，没有按详细的评标标准逐项设置打分栏，存在影响公正评审的可能。为此，本机关决定：根据《中国政府采购法》第 36 条及财政部令第 18 号第 68 条、第 71 条的规定，责令采购人对本项目予以废标，并依法重新招标。

2013 年 1 月 18 日

中华人民共和国财政部政府采购信息公告（第五十七号）

根据《政府采购信息公告管理办法》（财政部令第 19 号）的相关规定，现将本机关对中国康复科学所设备购置与升级改造项目第 2 包举报案作出的监督检查处理决定公告如下：

一、相关当事人名称

被举报人：中招国际招标有限公司

二、基本情况

举报人反映中标人所投产品不能满足招标文件的要求，存在弄虚作假的嫌疑。经审查，本机关正式受理，并依法对举报事项进行了调查取证，征求了相关当事人的意见，现本案已审查终结，本机关于 2012 年 7 月 23 日依法作出监督检查处理决定书（财库〔2012〕95 号）。

三、处理结果

经审查，本案目前的证据材料不足以证明中标人的中标产品无法满足招标文件的要求。为此，本机关决定：根据《中国政府采购法》第 70 条的规定，举报人的举报事项不成立，不予支持。

2013 年 1 月 18 日

中华人民共和国财政部政府采购信息公告（第五十八号）

根据《政府采购信息公告管理办法》（财政部令第 19 号）的相关规定，现将财政部对神州数码（中国）有限公司的违法违规行为作出的行政处罚决定公告如下：

一、相关当事人

当事人：神州数码（中国）有限公司

地址：北京市海淀区上地九街9号

二、基本情况

本机关收到“广电总局监管中心设备采购项目第4包”的投诉书后，根据投诉书反映的情况依法进行了调查取证，现本案已审查终结。2012年9月28日，本机关依法作出了行政处罚决定（财库〔2012〕129号）。

三、处罚结果

在该项目招投标过程中，该项目招标文件明确要求所投产品为非进口产品，神州数码（中国）有限公司提供多份书面材料澄清其所投产品是国产产品。经查，材料中关于“所投产品均在国内生产（深圳）”、“此次投标项目所有产品均由联想国内生产提供，生产地为北京”等内容与事实情况不符合，为虚假材料。根据《中华人民共和国政府采购法》第77条及《政府采购货物和服务招标投标管理办法》（财政部令第18号）第74条的规定，我部决定对神州数码（中国）有限公司处以该项目中标金额千分之五罚款的行政处罚，合计金额3918元，列入不良行为记录名单，三年内禁止参加政府采购活动。

2013年1月22日

中华人民共和国财政部政府采购信息公告（第五十九号）

根据《政府采购信息公告管理办法》（财政部令第19号）的相关规定，现将本机关对江苏省国家税务局系统普通发票定点印刷项目举报案作出的监督检查处理决定公告如下：

一、相关当事人名称

被举报人：江苏省国家税务局

二、基本情况

2012年5月7日，本机关收到对江苏省国家税务局系统普通发票定点印刷项目的实名举报信。5月14日，本机关又收到对该项目的投诉。本机关正式受理后，向当事人送达了《关于江苏省国家税务局系统普通发票定点印刷项目并案作出处理决定的通知》，告知相关当事人将以监督检查处理决定形式并案作出处理决定，举报人和投诉人均无异议。经调查取证，现本案已审查终结，本机关于2012年9月6日依法作出监督检查处理决定书（财库〔2012〕137号）。

三、处理结果

经审查，本项目招标文件的内容违反了《中华人民共和国政府采购法》第22条、第

46 条及《政府采购货物和服务招标投标管理办法》（财政部令第 18 号）第 21 条、第 61 条、第 64 条的有关规定，项目评审委员会评审时未按照财政部令第 18 号第 54 条规定进行评审，影响采购活动的公平、公正。根据《中华人民共和国政府采购法》第 36 条及财政部令第 18 号第 57 条的规定，责令采购人对该项目予以废标，并依法重新开展采购活动。

2013 年 1 月 22 日

中华人民共和国财政部政府采购信息公告（第六十号）

根据《政府采购信息公告管理办法》（财政部令第 19 号）的相关规定，现将财政部对中信国际招标有限公司的违法违规行为作出的行政处罚决定公告如下：

一、相关当事人

当事人：中信国际招标有限公司

地址：北京市朝阳区北苑路 108 号鸿华高尔夫商务花园 A12

二、基本情况

本机关收到“公安部公安信息通信网边界接入平台项目”的投诉书后，根据投诉书反映的情况依法进行了调查取证，现该案已审查终结。2012 年 10 月 22 日，本机关依法对该项目代理机构中信国际招标有限公司的违法行为作出了行政处罚决定（财库〔2012〕151 号）。

三、处罚结果

中信国际招标有限公司在编制招标文件时，没有按详细的评标标准逐项设置打分栏，存在影响公正评审的可能。根据《中华人民共和国政府采购法》第 71 条第（三）项、第 78 条及《政府采购代理机构认定办法》（财政部令第 61 号）第 43 条第一款第（六）项、第（七）项的规定，我部决定对中信国际招标有限公司给予警告的行政处罚。

2013 年 1 月 22 日

中华人民共和国财政部政府采购信息公告（第六十一号）

根据《政府采购信息公告管理办法》（财政部令第 19 号）的相关规定，现将财政部对中国人民公安大学的违法违规行为作出的行政处罚决定公告如下：

一、相关当事人

当事人：中国人民公安大学
地址：北京市西城区木樨地南里1号

二、基本情况

本机关收到“中国人民公安大学痕迹检验实验室设备购置项目”的举报信后，根据举报信反映的情况依法进行了调查取证，现该案已审查终结。2012年10月22日，本机关依法对该项目采购人中国人民公安大学的违法行为作出了行政处罚决定（财库〔2012〕152号）。

三、处罚结果

经审查，该项目招标文件规定招标文件的发售时间是自5月9日起至5月29日止，且同时规定投标人必须在5月14日提交投标产品样机，投标产品样机、样机的检测报告是实质性要求，不提供的投标人将在资格性检查时被评标委员会否决。这一规定意味着5月14日之后购买招标文件的潜在投标人实际上已丧失了中标的机会。该项目采购人中国人民公安大学的上述行为违反了《政府采购货物和服务招标投标管理办法》（财政部令第18号）第21条的规定。根据《中华人民共和国政府采购法》第71条及财政部令第18号第68条的规定，我部决定对采购人中国人民公安大学给予警告的行政处罚。

2013年1月22日

中华人民共和国财政部政府采购信息公告（第六十二号）

根据《政府采购信息公告管理办法》（财政部令第19号）的相关规定，现将财政部对代理机构中航技国际经贸发展有限公司的违法违规行为作出的行政处罚决定公告如下：

一、相关当事人

当事人：中航技国际经贸发展有限公司
地址：北京市朝阳区惠忠路5号远大中心B座14层

二、基本情况

本机关收到“中国人民公安大学痕迹检验实验室设备购置项目”的举报信后，根据来信反映的情况依法进行了调查取证，现本案已审查终结。2012年10月22日，本机关依法作出了行政处罚决定（财库〔2012〕153号）。

三、处罚结果

经审查，该项目中招标文件规定招标文件的发售时间是从5月9日起至5月29日止，且同时规定投标人必须在 5 月 14 日提交投标产品样机，投标产品样机及样机的检测报告是实质性要求，不提供的投标人将在资格性检查时被评标委员会否决。这一规定意味着 5 月 14 日之后购买招标文件的潜在投标人实际上已丧失了中标的机会。代理机构中航技国际经贸发展有限公司的行为违反了《政府采购货物和服务招标投标管理办法》（财政部令第 18 号）第 21 条规定。同时，中航技国际经贸发展有限公司在编制招标文件时，没有按详细的评标标准逐项设置打分栏，存在影响公正评审的可能。根据《中华人民共和国政府采购法》第 71 条、财政部令第 18 号第 68 条及《政府采购代理机构认定办法》第 43 条的规定，我部决定对中航技国际经贸发展有限公司给予警告的行政处罚。

2013 年 1 月 22 日

中华人民共和国财政部政府采购信息公告（第六十三号）

根据《政府采购信息公告管理办法》（财政部令第 19 号）的相关规定，现将本机关对人民大会堂大礼堂及周边区域地毯采购项目举报案作出的监督检查处理决定公告如下：

一、相关当事人名称

被举报人：人民大会堂管理局、全国人大机关采购中心、日照格瑞菲斯纺织有限公司

二、基本情况

2012 年 7 月 16 日，本机关收到对人民大会堂大礼堂及周边区域地毯采购项目的实名举报信。举报人反映在“人民大会堂大礼堂及周边区域地毯采购项目”中，中标供应商日照格瑞菲斯纺织有限公司是一家专门生产阿克明斯特编织地毯的厂家，无独立生产本次项目招标标的尼龙簇绒匹染地毯的能力。经审查，本机关正式受理，并依法对举报事项进行了调查取证，征求了相关当事人的意见，现本案已审查终结，本机关于 2012 年 11 月 22 日依法作出监督检查处理决定书（财库〔2012〕165 号）。

三、处理结果

经审查，本机关作出以下处理决定：根据《中华人民共和国政府采购法》第 77 条及《政府采购货物和服务招标投标管理办法》（财政部令第 18 号）第 74 条的规定，认定本项目的中标、成交结果无效。对日照格瑞菲斯纺织有限公司在投标文件中提供虚假材料谋取中标的违法行为，另行处理。

2013 年 6 月 4 日

中华人民共和国财政部政府采购信息公告（第六十四号）

根据《政府采购信息公告管理办法》（财政部令第19号）的相关规定，现将本机关对日照格瑞菲斯纺织有限公司的违法违规行为作出的行政处罚决定公告如下：

一、相关当事人

被处罚人：日照格瑞菲斯纺织有限公司

地址：山东省日照高科技工业园

二、基本情况

本机关收到“人民大会堂大礼堂及周边区域地毯采购项目”的举报信后，根据举报信反映的情况依法进行了调查取证，现本案已审查终结。2012年11月22日，本机关依法作出了行政处罚决定（财库〔2012〕129号）。

三、处罚结果

经审查，日照格瑞菲斯纺织有限公司在“人民大会堂大礼堂及周边区域地毯采购项目”中，投标文件提供的美国地毯协会和中国工艺美术协会地毯专业委员会（以下简称地毯委员会）联合颁发的《国际高级环保地毯证书》（证书登记05号）及地毯委员会颁发的《中国环保地毯证书》（证书登记019号）与证书颁发机构地毯委员会存档的证书不符，为虚假材料。该公司的上述行为属于《中华人民共和国政府采购法》第77条及《政府采购货物和服务招标投标管理办法》（财政部令第18号）第74条规定“提供虚假材料谋取中标”的情形。因此，根据《中华人民共和国政府采购法》第77条及财政部令第18号第74条的规定，本机关决定：对日照格瑞菲斯纺织有限公司作出处以该项目中标金额千分之五的罚款（合计人民币7300元）的行政处罚，并将其列入不良行为记录名单，三年内禁止参加政府采购活动。

2013年6月4日

中华人民共和国财政部政府采购信息公告（第六十五号）

根据《政府采购信息公告管理办法》（财政部令第19号）的相关规定，现将本机关对中国企业联合会全国企业诚信信息化系统功能扩展项目投诉案作出的处理决定公告如下：

一、相关当事人名称

投诉人名称：博雅软件股份有限公司
地址：北京市海淀区北四环西路66号2C－06室
被投诉人名称：北京兴电国际工程管理有限公司
地址：北京市海淀区西外大柳树路17号富海国际港606室

二、基本情况

投诉人因对北京兴电国际工程管理有限公司（以下简称代理机构）关于“中国企业联合会全国企业诚信信息化系统功能扩展项目”的质疑答复不满，认为参加本项目投标的中科软股份有限公司、铭基电子技术（北京）有限公司和东华软件股份有限公司3家相关供应商现场没有按招标文件要求递交“授权委托书”，明显违反了招标要求，按招标文件“第七章评标办法中废标条件”的规定应予废标，于2012年1月16日向本机关投诉。经审查，本机关正式受理，并依法对投诉事项进行了调查取证，征求了相关当事人的意见，现本案已审查终结，本机关已于2012年11月15日依法作出投诉处理决定（财库〔2012〕167号）。

三、处理结果

经审查，投诉人的投诉理由不成立，主要为：(1）评标委员会经评审认定，中科软股份有限公司等3家供应商的投标书中有符合招标文件要求的法人授权书，符合政府采购法律法规和招标文件的规定。(2）根据招标文件第二章第六部分有关当场拒绝投标的规定，开标现场投标人的委托代理人未现场递交授权委托书，不属于当场拒绝投标的情形。综上，本机关根据《政府采购法》第56条和《政府采购供应商投诉处理办法》（财政部令第20号）第17条的规定，投诉缺乏事实依据，驳回投诉。

2013年6月4日

中华人民共和国财政部政府采购信息公告（第六十六号）

根据《政府采购信息公告管理办法》（财政部令第19号）的相关规定，现将本机关对“国家海洋标准计量中心实验室设备采购项目第二包：离子色谱仪（编号：FZK2011－3－252)”举报案作出的监督检查处理决定公告如下：

一、相关当事人名称

被举报人：天津市泛亚工程机电设备咨询有限公司、天津诺维莱博科技有限公司

二、基本情况

本机关收到对“国家海洋标准计量中心实验室设备采购项目第二包：离子色谱仪（编号：FZK2011－3－252）”的实名举报信。举报信反映本项目存在错误评审和中标供应商虚假投标问题。经审查，本机关正式受理，并依法对举报事项进行了调查取证，征求了相关当事人的意见。现本案已审查终结，本机关于2013年1月24日依法作出了监督检查处理决定书（财库〔2013〕10号）。

三、处理结果

经审查，本项目评标委员会存在未按招标文件规定的评标方法和标准进行评标的情形；本项目中标供应商在投标过程中，虽投标文件中没有提供色谱柱温箱的有关材料，但在评标现场就柱温箱问题口头作了澄清，并承诺通过其他途径提供柱温箱，且色谱柱温箱价格较低，因此，该公司的行为不属于主观故意谋取中标，不足以构成“提供虚假材料谋取中标”的情形。本项目评标委员会在评审时存在未按招标文件规定的评标方法和标准进行评标的情形，本机关将根据《政府采购货物和服务招标投标管理办法》（财政部令第18号）第77条的规定另行处理。

2013年6月4日

中华人民共和国财政部政府采购信息公告（第六十七号）

根据《政府采购信息公告管理办法》（财政部令第19号）的相关规定，现将本机关对“国家海洋标准计量中心实验室设备采购项目第二包：离子色谱仪（编号：FZK2011－3－252）”的评标委员会成员违法违规行为作出的行政处罚决定公告如下：

一、相关当事人

当事人：项目评标委员会成员

二、基本情况

本机关收到“国家海洋标准计量中心实验室设备采购项目第二包：离子色谱仪（编号：FZK2011－3－252）”的举报信后，根据举报信反映的情况依法进行了调查取证，现该案已审查终结。2013年1月24日，本机关依法对该项目评标委员会成员的违法违规行为作出了行政处罚决定（财库〔2013〕11号）。

三、处罚结果

经审查，本项目评标委员会确实存在未按招标文件规定的评标方法和标准进行评标的情形。根据《政府采购货物和服务招标投标管理办法》（财政部令第18号）第77条的规定，本机关决定对该项目评标委员会成员给予警告的行政处罚。

2013年6月4日

中华人民共和国财政部政府采购信息公告（第六十八号）

根据《政府采购信息公告管理办法》（财政部令第19号）的相关规定，现将本机关对“中国民用航空飞行学院飞机修理厂设备购置政府采购项目第2包：检测设备（二）项目（编号：0773－1241GNSC12681）”投诉案作出的处理决定公告如下：

一、相关当事人名称

投诉人名称：北京马瑞顿航空设备有限公司
地址：北京市朝阳区北湖渠578－1－36
被投诉人名称：中金招标有限责任公司、中国民航飞行学院
地址：成都市东大街紫东楼段11号东方广场A座2312号、四川省广汉市飞行学院

二、基本情况

投诉人因对“中国民用航空飞行学院飞机修理厂设备购置政府采购项目第2包：检测设备（二）项目（编号：0773－1241GNSC12681）”的质疑答复不满，认为投标文件要求投标人注册登记地在成都或在成都应有工商注册登记的服务机构，具有明显的地域歧视和排挤其他地区投标方的嫌疑，于2012年12月11日向本机关投诉。经审查，本机关正式受理，并依法对投诉事项进行了调查取证，征求了相关当事人的意见，现本案已审查终结，本机关于2013年2月25日依法作出投诉处理决定（财库〔2013〕29号）。

三、处理结果

经审查，本项目投标文件要求投标人注册登记地在成都或在成都应有工商注册登记的服务机构，属于以不合理的条件对供应商实行差别待遇或者歧视待遇。为此，本机关根据《中华人民共和国政府采购法》第36条的规定，该项目予以废标；根据《政府采购供应商投诉处理办法》（财政部第20号令）第19条的规定，责令采购人重新开展采购活动。

2013年6月4日

中华人民共和国财政部政府采购信息公告（第六十九号）

根据《政府采购信息公告管理办法》（财政部令第19号）的相关规定，现将本机关对国家林业局调查规划设计院彩色工程打印系统采购项目举报案作出的监督检查处理决定公告如下：

一、相关当事人名称

被举报人：国家林业局调查规划设计院、中经国际招投标有限公司

二、基本情况

举报人反映，在“国家林业局调查规划设计院彩色工程打印系统采购项目”中，招标采购单位没有按照《中华人民共和国政府采购法》执行采购。同时，招标采购单位没有在财政部门指定的政府采购信息发布媒体上发布招标信息，只是在“中国采购与招标网”发布招标信息，违反了《中华人民共和国政府采购法》的相关规定。经审查，本机关正式受理，并依法对举报事项进行了调查取证，征求了相关当事人的意见，现本案已审查终结，本机关于2013年3月28日依法作出监督检查处理决定书（财库〔2013〕34号）。

三、处理结果

经审查，本项目属于政府采购项目，应按照政府采购法规定的程序执行，但国家林业局调查规划设计院及中经国际招投标有限公司未按照政府采购法规定的程序执行。因此，本机关作出如下处理决定：1. 根据《中华人民共和国政府采购法》第74条的规定，责令采购人国家林业局调查规划设计院改正，并予以通报批评；2. 对代理机构中经国际招投标有限公司的违法违规行为，我部将另行处理；3. 鉴于本项目的采购合同已经履行，根据《政府采购货物和服务招标投标管理办法》（财政部令第18号）第71条的规定，采购合同已经履行的，给采购人、投标人造成损失的，由责任人承担赔偿责任。

2013年6月7日

中华人民共和国财政部政府采购信息公告（第七十号）

根据《政府采购信息公告管理办法》（财政部令第19号）的相关规定，现将本机关对“湖南国税2012～2015年度普通发票印制企业定点采购项目（第三次）（编号：HNXXZG2012－160）”举报案作出的监督检查处理决定公告如下：

一、相关当事人名称

被举报人：湖南省国家税务局、湖南新星工程造价咨询有限公司

二、基本情况

本机关收到对“湖南国税2012～2015年度普通发票印制企业定点采购项目（第三次）（编号：HNXXZG2012－160）”的实名举报，反映本项目的招投标过程存在评审不公等问题。经审查，本机关正式受理，并依法对举报事项进行了调查取证，征求了相关当事人的意见。现本案已审查终结，本机关已于2013年3月28日依法作出监督检查处理决定（财库〔2013〕35号）。

三、处理结果

经审查，举报事项（一）、（二）、（三）、（四）、（五）、（六）、（七）、（八）缺乏相应证据予以证实，举报事项不成立。举报事项（九）成立，本项目存在评标委员会成员未按招标文件规定的评标方法和标准进行评标的情形，导致评审有失公平，影响了中标结果。根据《中华人民共和国政府采购法》第36条及《政府采购货物和服务招标投标管理办法》（财政部令第18号）第77条、82条的规定，责令采购人对本项目予以废标，并依法重新组织采购活动。

2013年6月7日

中华人民共和国财政部政府采购信息公告（第七十一号）

根据《政府采购信息公告管理办法》（财政部令第19号）的相关规定，现将本机关对“中国疾病预防控制中心环境与健康相关产品安全所流式细胞仪采购项目（编号：TC12P6HJ）”投诉案作出的处理决定公告如下：

一、相关当事人名称

投诉人名称：北京希尔诚兴业科技有限责任公司
地址：北京市丰台区小屯路10号3310房间
被投诉人名称：中招国际招标有限公司
地址：北京市海淀区皂君庙14号院9号楼

二、基本情况

投诉人对“中国疾病预防控制中心环境与健康相关产品安全所流式细胞仪采购项目（编号：TC12P6HJ）”的质疑答复不满，认为中标供应商所投产品的网站数据表明该产品

不能满足招标文件要求，于2012年9月20日向本机关投诉。经审查，本机关正式受理，并依法对投诉事项进行了调查取证，征求了相关当事人的意见，现本案已审查终结，本机关于2013年4月8日依法作出投诉处理决定（财库〔2013〕40号）。

三、处理结果

经审查，中标人所投产品达到了招标文件要求。为此，本机关根据《政府采购供应商投诉处理办法》（财政部令第20号）第17条第1款第2项的规定，驳回投诉。

2013年6月7日

中华人民共和国财政部政府采购信息公告（第七十二号）

根据《政府采购信息公告管理办法》（财政部令第19号）的相关规定，现将本机关对“中华人民共和国海事局制服装具采购项目（编号：0701－124110170042）”举报案作出的监督检查处理决定公告如下：

一、相关当事人名称

被举报人：中华人民共和国海事局、中技国际招标公司、宁波杉杉股份有限公司

二、基本情况

举报人认为该项目第1、3、12包存在人为操纵串谋高价中标套取国家资金等违法问题。经审查，本机关正式受理，并依法对举报事项进行了调查取证，征求了相关当事人的意见。现本案已审查终结，本机关于2013年4月10日依法作出监督检查处理决定书（财库〔2013〕44号）。

三、处理结果

经审查，本项目评标委员会在评审时，违反了《政府采购货物和服务招标投标管理办法》（财政部令第18号）第52条“评标时，评标委员会各成员应当独立对每个有效投标人的标书进行评价、打分，然后汇总每个投标人每项评分因素的得分”的规定，影响采购活动的公平公正。综上，本机关决定：根据《中华人民共和国政府采购法》第36条的规定，责令采购人对该项目第1、3、12包予以废标。

2013年6月7日

中华人民共和国财政部政府采购信息公告（第七十三号）

根据《政府采购信息公告管理办法》（财政部令第 19 号）的相关规定，现将本机关对“国家医疗救治体系采购项目（编号：0722 - FECT - 04285）”和“国家医疗救治体系采购项目（编号：GXTC - 0404038）”投诉案作出的处理决定公告如下：

一、相关当事人名称

投诉人名称：北京现代沃尔经贸有限责任公司

地址：北京市崇文区广渠门内大街 80 号 511 室

被投诉人名称：中华人民共和国国家发展和改革委员会、中华人民共和国国家卫生和计划生育委员会

地址：北京市西城区月坛南街 38 号、北京市西城区西直门外南路 1 号

二、基本情况

投诉人对“国家医疗救治体系采购项目（编号：0722 - FECT - 04285）”和“国家医疗救治体系采购项目（编号：GXTC - 0404038）”的质疑答复不满，认为自己所投产品以最低价投标而未中标，未得到合理解释；招标文件中无具体评标方法、打分标准、计算公式；中标公示应包括评标委员会成员名单而未包括，不符合法定标准；招标文件技术要求具有排他性，属于歧视性条款；中标人在其他投标中相同产品的价格比本投标报价低等。投诉人于 2004 年 12 月 21 日向本机关投诉。经审查，本机关正式受理，并依法对投诉事项进行了调查取证，征求了相关当事人的意见，现本案已审查终结，本机关于 2013 年 5 月 13 日依法作出投诉处理决定（财库〔2013〕59 号）。

三、处理结果

经审查，投诉人所投产品不符合招标文件实质性要求，被投诉项目属于货物采购，其采购方式和采购程序，均应依照《中华人民共和国政府采购法》及《政府采购货物和服务招标投标管理办法》（财政部第 18 号令）等相关法律法规执行，而被投诉项目未依照上述规定执行，违反了《中华人民共和国政府采购法》第 2 条第 1 款和第 64 条第 1 款规定。为此，本机关根据《政府采购供应商投诉处理办法》（财政部第 20 号令）第 19 条的规定，政府采购合同已经履行的，决定该采购活动违法。

2013 年 6 月 7 日

中华人民共和国财政部政府采购信息公告（第七十四号）

根据《政府采购信息公告管理办法》（财政部令第19号）的相关规定，现将本机关对中科院研究生院雁栖湖新小区空调采购及安装项目投诉案作出的处理决定公告如下：

一、相关当事人名称

投诉人名称：北京恒佳永勤科技发展有限公司
地址：北京市海淀区普惠南里7号楼101室
被投诉人名称：中央国家机关政府采购中心
地址：北京市西城区西安门大街22号院1号楼

二、基本情况

投诉人因对被投诉人组织的“中科院研究生院雁栖湖新小区空调采购及安装项目（编号：GC－HG120472）”的质疑答复不满，向本机关提起投诉。经审查，本机关正式受理，并依法对投诉事项进行了调查取证，征求了相关当事人的意见，现本案已审查终结，本机关已于2013年5月30日依法作出投诉处理决定（财库〔2013〕61号）。

三、处理结果

经审查，本机关作出如下处理决定：（1）根据《政府采购供应商投诉处理办法》（财政部令第20号）第十七条、第十九条的规定，本项目招标采购单位对该项目废标行为，违反了财政部令第18号第八十二条的规定，属于适用法律法规错误，废标行为无效；（2）对采购活动组织和质疑中存在的未按相关法律法规规定执行的问题，责令采购人和代理机构进行整改，并在10个工作日内将整改情况报财政部；（3）关于中标供应商提供虚假材料谋取中标的问题，与项目结果密切相关，本机关将进一步调查取证，一并作出处理。

2013年6月18日

中华人民共和国财政部政府采购信息公告（第七十五号）

根据《政府采购信息公告管理办法》（财政部令第19号）的相关规定，现将本机关对中经国际招投标有限公司的违法违规行为作出的行政处罚决定公告如下：

一、相关当事人

被处罚人：中经国际招投标有限公司
地址：北京市东城区滨河路1号航天信息大厦7层

二、基本情况

本机关收到“国家林业局调查规划设计院彩色工程打印系统采购项目”的举报信后，根据举报信反映的情况依法进行了调查取证，现本案已审查终结。2013年5月28日，本机关依法作出了行政处罚决定（财库〔2013〕62号）。

三、处罚结果

经审查，中经国际招投标有限公司存在以下违法违规问题：（1）该项目采购的工程打印机属于货物，该公司未按照《中华人民共和国政府采购法》及相关规定的程序执行该项目的采购活动。（2）该项目采购的打印机为集中采购目录内产品，应当由集中采购机构代理采购，该公司不应当接受该项目的委托。（3）该公司没有在财政部指定的政府采购信息发布媒体上发布该项目的招标信息。

综上，本机关作出如下决定：根据财政部令第18号第68条、财政部令第19号第30条及《政府采购代理机构认定办法》（财政部令第61号）第43条的规定，对中经国际招投标有限公司给予警告的行政处罚，责令进行整改，并将整改情况报本机关。

2013年6月18日

中华人民共和国财政部政府采购信息公告（第七十六号）

根据《政府采购信息公告管理办法》（财政部令第19号）的相关规定，现将本机关对“国家质检总局2012年第一批120万元以上质检专用仪器设备采购项目第1包、第2包（项目编号：CMEETC－127AP115EQ03）”举报案作出的监督检查处理决定公告如下：

一、相关当事人名称

被举报人：国家质量监督检验检疫总局、中国机电工程招标有限公司

二、基本情况

举报人反映，在“国家质检总局2012年第一批120万元以上质检专用仪器设备采购项目第1包、第2包（项目编号：CMEETC－127AP115EQ03）”采购活动中，中标供应商存在虚假应标以及评审委员会在评审过程中存在违法违规的情形。经审查，本机关正式受理，并依法对举报事项进行了调查取证，征求了相关当事人的意见。现本案已审查终结，

本机关于2013年5月28日依法作出监督检查处理决定书（财库〔2013〕66号）。

三、处理结果

经审查，本机关作出如下决定（1）举报事项（一）缺乏相应证据予以证实，举报事项不成立；（2）采购人代表在评标过程中有不正当倾向性的情形，影响评审的公平、公正。根据采购法第36条的规定，责令采购人对涉案项目予以废标；（3）对代理机构在编制招标文件、组织评标工作中出现的违规行为，本机关将另行处理；（4）对采购人在编制招标文件、组织评标工作中出现的违规行为，责令国家质量监督检验检疫总局进行整改，并予以通报批评；（5）对采购人代表在评标过程中的违法违规行为，本机关将另行处理。

2013年6月18日

中华人民共和国财政部政府采购信息公告（第七十七号）

根据《政府采购信息公告管理办法》（财政部令第19号）的相关规定，现将本机关对“国家工商总局商标发文打印服务采购项目（编号：GC－FG130016）”举报案作出的监督检查处理决定公告如下：

一、相关当事人名称

被举报人：国家工商总局、中央国家机关政府采购中心

二、基本情况

举报人反应：（1）该项目的中标供应商资质证明文件不符合本项目招标文件的资质要求；（2）该项目评审打分不公，评委滥用裁量权，该公司具有本项目长期服务的经营，得到客户的认可，评分反而落后；（3）该项目招标文件指定品牌进行招标，违反了政府采购法的相关规定。经审查，本机关正式受理，并依法对举报事项进行了调查取证，征求了相关当事人的意见。现本案已审查终结，本机关于2013年8月7日依法作出了监督检查处理决定书（财库〔2013〕97号）

三、处理结果

经审查，本机关作出如下决定：根据政府采购法第七十条的规定，举报人的举报事项证据不足，不予支持。

2013年9月18日

中华人民共和国财政部政府采购信息公告（第七十八号）

根据《政府采购信息公告管理办法》（财政部令第19号）的相关规定，现将本机关对海洋三所仪器设备（第四批）采购招标项目投诉案作出的处理决定公告如下：

一、相关当事人名称

投诉人：北京华信空天科技有限公司
地址：北京市中关村南大街甲六号1507室
被投诉人1：厦门市中实采购招标有限公司
地址：厦门市湖滨南路57号金源大厦7楼
被投诉人2：国家海洋局第三海洋研究所
地址：厦门市大学路178号

二、基本情况

投诉人因对被投诉人1和被投诉人2关于"海洋三所仪器设备（第四批）采购招标项目（编号：2013－ZS658）"的质疑答复不满，认为本项目中标人山海一商贸有限公司提交的投标文件不满足招标文件的要求，不具备招标文件中规定的中标候选人资格，于2013年7月4日向本机关提起投诉。经审查，本机关依法予以受理，并依法进行了调查取证，现本案已审查终结，本机关于2013年8月20日依法作出投诉处理决定（财库〔2013〕105号）。

三、处理结果

经审查，本案中中标人山海一商贸有限公司提供的授权书是代理商授权书，并非厂家授权书，按照招标文件的规定不能作为中标候选人。为此，本机关作出如下决定，根据《政府采购供应商投诉处理办法》（财政部第20号令）第十七条的规定，投诉事项成立。

2013年9月18日

中华人民共和国财政部政府采购信息公告（第七十九号）

根据《政府采购信息公告管理办法》（财政部令第19号）的相关规定，现将本机关对"中央国家机关2012年批量集中采购项目－第十一期（GC－HG120571）"项目举报案作出的监督检查处理决定公告如下：

一、相关当事人名称

被举报人：杨宁

二、基本情况

举报人认为评审专家组长杨宁同志在“中央国家机关 2012 年批量集中采购项目 – 第十一期（GC – HG120571）”项目的评标过程中不履行专家职责。经审查，本机关正式受理，并依法对举报事项进行了调查取证，征求了相关当事人的意见，案件已审查终结，本机关于 2013 年 8 月 20 日依法作出监督检查处理决定书（财库〔2013〕106 号）。

三、处理结果

经审查，举报事项缺乏相应证据予以证实。为此，本机关作出如下决定：根据《中国政府采购法》及相关法律法规的规定，对举报事项不予支持。

2013 年 9 月 18 日

中华人民共和国财政部政府采购信息公告（第八十号）

根据《政府采购信息公告管理办法》（财政部令第 19 号）的相关规定，现将我部对北京北科博佳招标代理有限公司作出的《财政部关于撤销政府采购甲级代理机构资格的决定书》（财库〔2013〕110 号）公告如下：

一、相关当事人名称

被撤销人：北京北科博佳招标代理有限公司

二、基本情况

根据《中华人民共和国政府采购法》、《政府采购代理机构资格认定办法》（财政部令第 61 号）的规定，我部联合监察部、审计署、国家预防腐败局于 2012 年 12 月至 2013 年 5 月完成了对政府采购甲级代理机构的专项检查工作。经检查发现，北京北科博佳招标代理有限公司在 2011 年向我部申请政府采购代理机构甲级资格过程中，提供的专职人员社保证明材料与事实不符。

三、处理结果

经审查，我部决定：根据《中华人民共和国行政许可法》第六十九条第二款和《政府采购代理机构资格认定办法》（财政部令第 61 号）第四十二条的规定，撤销北京北科博佳招标代理有限公司政府采购甲级代理机构的资格，并收回《政府采购代理机构甲级资格证书》。

2013 年 9 月 18 日

中华人民共和国财政部政府采购信息公告（第八十一号）

根据《政府采购信息公告管理办法》（财政部令第 19 号）的相关规定，现将我部对北京必得阳光招投标咨询有限公司作出的《财政部关于撤销政府采购甲级代理机构资格的决定书》（财库〔2013〕111 号）公告如下：

一、相关当事人名称

被撤销人：北京必得阳光招投标咨询有限公司

二、基本情况

根据《中华人民共和国政府采购法》、《政府采购代理机构资格认定办法》（财政部令第 61 号）的规定，我部联合监察部、审计署、国家预防腐败局于 2012 年 12 月至 2013 年 5 月完成了对政府采购甲级代理机构的专项检查工作。经检查发现，北京必得阳光招投标咨询有限公司在 2011 年向我部申请政府采购代理机构甲级资格过程中，提供的专职人员社保证明材料与事实不符。

三、处理结果

经审查，我部决定：根据《中华人民共和国行政许可法》第六十九条第二款和《政府采购代理机构资格认定办法》（财政部令第 61 号）第四十二条的规定，撤销北京必得阳光招投标咨询有限公司政府采购甲级代理机构的资格，并收回《政府采购代理机构甲级资格证书》。

2013 年 9 月 18 日

中华人民共和国财政部政府采购信息公告（第八十二号）

根据《政府采购信息公告管理办法》（财政部令第 19 号）的相关规定，现将我部对北京金唯信工程咨询有限公司作出的《财政部关于撤销政府采购甲级代理机构资格的决定书》（财库〔2013〕112 号）公告如下：

一、相关当事人名称

被撤销人：北京金唯信工程咨询有限公司

二、基本情况

根据《中华人民共和国政府采购法》、《政府采购代理机构资格认定办法》（财政部令第61号）的规定，我部联合监察部、审计署、国家预防腐败局于2012年12月至2013年5月完成了对政府采购甲级代理机构的专项检查工作。经检查发现，北京金唯信工程咨询有限公司在2011年向我部申请政府采购代理机构甲级资格过程中，提供的专职人员社保证明材料与事实不符。

三、处理结果

经审查，我部决定：根据《中华人民共和国行政许可法》第六十九条第二款和《政府采购代理机构资格认定办法》（财政部令第61号）第四十二条的规定，撤销北京金唯信工程咨询有限公司政府采购甲级代理机构的资格，并收回《政府采购代理机构甲级资格证书》。

2013年9月18日

中华人民共和国财政部政府采购信息公告（第八十三号）

根据《政府采购信息公告管理办法》（财政部令第19号）的相关规定，现将我部对北京京建标工程项目管理有限公司作出的《财政部关于撤销政府采购甲级代理机构资格的决定书》（财库〔2013〕113号）公告如下：

一、相关当事人名称

被撤销人：北京京建标工程项目管理有限公司

二、基本情况

根据《中华人民共和国政府采购法》、《政府采购代理机构资格认定办法》（财政部令第61号）的规定，我部联合监察部、审计署、国家预防腐败局于2012年12月至2013年5月完成了对政府采购甲级代理机构的专项检查工作。经检查发现，北京京建标工程项目管理有限公司在2011年向我部申请政府采购代理机构甲级资格过程中，提供的专职人员社保证明材料与事实不符。

三、处理结果

经审查，我部决定：根据《中华人民共和国行政许可法》第六十九条第二款和《政府采购代理机构资格认定办法》（财政部令第 61 号）第四十二条的规定，撤销北京京建标工程项目管理有限公司政府采购甲级代理机构的资格，并收回《政府采购代理机构甲级资格证书》。

2013 年 9 月 18 日

中华人民共和国财政部政府采购信息公告（第八十四号）

根据《政府采购信息公告管理办法》（财政部令第 19 号）的相关规定，现将我部对北京市捷力诚建筑事务服务所有限公司作出的《财政部关于撤销政府采购甲级代理机构资格的决定书》（财库〔2013〕114 号）公告如下：

一、相关当事人名称

被撤销人：北京市捷力诚建筑事务服务所有限公司

二、基本情况

根据《中华人民共和国政府采购法》、《政府采购代理机构资格认定办法》（财政部令第 61 号）的规定，我部联合监察部、审计署、国家预防腐败局于 2012 年 12 月至 2013 年 5 月完成了对政府采购甲级代理机构的专项检查工作。经检查发现，北京市捷力诚建筑事务服务所有限公司在 2011 年向我部申请政府采购代理机构甲级资格过程中，提供的专职人员社保证明材料与事实不符。

三、处理结果

经审查，我部决定：根据《中华人民共和国行政许可法》第六十九条第二款和《政府采购代理机构资格认定办法》（财政部令第 61 号）第四十二条的规定，撤销北京市捷力诚建筑事务服务所有限公司政府采购甲级代理机构的资格，并收回《政府采购代理机构甲级资格证书》。

2013 年 9 月 18 日

中华人民共和国财政部政府采购信息公告（第八十五号）

根据《政府采购信息公告管理办法》（财政部令第 19 号）的相关规定，现将我部对北京天融创业投资顾问有限公司作出的《财政部关于撤销政府采购甲级代理机构资格的决定书》（财库〔2013〕115 号）公告如下：

一、相关当事人名称

被撤销人：北京天融创业投资顾问有限公司

二、基本情况

根据《中华人民共和国政府采购法》、《政府采购代理机构资格认定办法》（财政部令第 61 号）的规定，我部联合监察部、审计署、国家预防腐败局于 2012 年 12 月至 2013 年 5 月完成了对政府采购甲级代理机构的专项检查工作。经检查发现，北京天融创业投资顾问有限公司在 2011 年向我部申请政府采购代理机构甲级资格过程中，提供的专职人员社保证明材料与事实不符。

三、处理结果

经审查，我部决定：根据《中华人民共和国行政许可法》第六十九条第二款和《政府采购代理机构资格认定办法》（财政部令第 61 号）第四十二条的规定，撤销北京天融创业投资顾问有限公司政府采购甲级代理机构的资格，并收回《政府采购代理机构甲级资格证书》。

2013 年 9 月 18 日

中华人民共和国财政部政府采购信息公告（第八十六号）

根据《政府采购信息公告管理办法》（财政部令第 19 号）的相关规定，现将我部对北京瀛润达建设工程咨询有限责任公司作出的《财政部关于撤销政府采购甲级代理机构资格的决定书》（财库〔2013〕116 号）公告如下：

一、相关当事人名称

被撤销人：北京瀛润达建设工程咨询有限责任公司

二、基本情况

根据《中华人民共和国政府采购法》、《政府采购代理机构资格认定办法》（财政部令第 61 号）的规定，我部联合监察部、审计署、国家预防腐败局于 2012 年 12 月至 2013 年 5 月完成了对政府采购甲级代理机构的专项检查工作。经检查发现，北京瀛润达建设工程咨询有限责任公司在 2011 年向我部申请政府采购代理机构甲级资格过程中，提供的专职人员社保证明材料与事实不符。

三、处理结果

经审查，我部决定：根据《中华人民共和国行政许可法》第六十九条第二款和《政府采购代理机构资格认定办法》（财政部令第61号）第四十二条的规定，撤销北京瀛润达建设工程咨询有限责任公司政府采购甲级代理机构的资格，并收回《政府采购代理机构甲级资格证书》。

2013 年 9 月 18 日

中华人民共和国财政部政府采购信息公告（第八十七号）

根据《政府采购信息公告管理办法》（财政部令第 19 号）的相关规定，现将我部对北京中恒昌国际招标代理有限公司作出的《财政部关于撤销政府采购甲级代理机构资格的决定书》（财库〔2013〕117 号）公告如下：

一、相关当事人名称

被撤销人：北京中恒昌国际招标代理有限公司

二、基本情况

根据《中华人民共和国政府采购法》、《政府采购代理机构资格认定办法》（财政部令第 61 号）的规定，我部联合监察部、审计署、国家预防腐败局于 2012 年 12 月至 2013 年 5 月完成了对政府采购甲级代理机构的专项检查工作。经检查发现，北京中恒昌国际招标代理有限公司在 2011 年向我部申请政府采购代理机构甲级资格过程中，提供的专职人员社保证明材料与事实不符。

三、处理结果

经审查，我部决定：根据《中华人民共和国行政许可法》第六十九条第二款和《政府采购代理机构资格认定办法》（财政部令第 61 号）第四十二条的规定，撤销北京中恒昌国际招标代理有限公司政府采购甲级代理机构的资格，并收回《政府采购代理机构甲级资格证书》。

2013 年 9 月 18 日

中华人民共和国财政部政府采购信息公告（第八十八号）

根据《政府采购信息公告管理办法》（财政部令第 19 号）的相关规定，现将我部对

北京中京天元工程咨询有限公司作出的《财政部关于撤销政府采购甲级代理机构资格的决定书》（财库〔2013〕118 号）公告如下：

一、相关当事人名称

被撤销人：北京中京天元工程咨询有限公司

二、基本情况

根据《中华人民共和国政府采购法》、《政府采购代理机构资格认定办法》（财政部令第 61 号）的规定，我部联合监察部、审计署、国家预防腐败局于 2012 年 12 月至 2013 年 5 月完成了对政府采购甲级代理机构的专项检查工作。经检查发现，北京中京天元工程咨询有限公司在 2011 年向我部申请政府采购代理机构甲级资格过程中，提供的专职人员社保证明材料与事实不符。

三、处理结果

经审查，我部决定：根据《中华人民共和国行政许可法》第六十九条第二款和《政府采购代理机构资格认定办法》（财政部令第 61 号）第四十二条的规定，撤销北京中京天元工程咨询有限公司政府采购甲级代理机构的资格，并收回《政府采购代理机构甲级资格证书》。

2013 年 9 月 18 日

中华人民共和国财政部政府采购信息公告（第八十九号）

根据《政府采购信息公告管理办法》（财政部令第 19 号）的相关规定，现将我部对四川天力招标有限责任公司作出的《财政部关于撤销政府采购甲级代理机构资格的决定书》（财库〔2013〕119 号）公告如下：

一、相关当事人名称

被撤销人：四川天力招标有限责任公司

二、基本情况

根据《中华人民共和国政府采购法》、《政府采购代理机构资格认定办法》（财政部令第 61 号）的规定，我部联合监察部、审计署、国家预防腐败局于 2012 年 12 月至 2013 年 5 月完成了对政府采购甲级代理机构的专项检查工作。经检查发现，四川天力招标有限责任公司在 2011 年向我部申请政府采购代理机构甲级资格过程中，提供的专职人员社保证明材料与事实不符。

三、处理结果

经审查，我部决定：根据《中华人民共和国行政许可法》第六十九条第二款和《政府采购代理机构资格认定办法》（财政部令第61号）第四十二条的规定，撤销四川天力招标有限责任公司政府采购甲级代理机构的资格，并收回《政府采购代理机构甲级资格证书》。

2013年9月18日

中华人民共和国财政部政府采购信息公告（第九十号）

根据《政府采购信息公告管理办法》（财政部令第19号）的相关规定，现将我部对四川中和工程项目管理有限公司作出的《财政部关于撤销政府采购甲级代理机构资格的决定书》（财库〔2013〕120号）公告如下：

一、相关当事人名称

被撤销人：四川中和工程项目管理有限公司

二、基本情况

根据《中华人民共和国政府采购法》、《政府采购代理机构资格认定办法》（财政部令第61号）的规定，我部联合监察部、审计署、国家预防腐败局于2012年12月至2013年5月完成了对政府采购甲级代理机构的专项检查工作。经检查发现，四川中和工程项目管理有限公司在2011年向我部申请政府采购代理机构甲级资格过程中，提供的专职人员社保证明材料与事实不符。

三、处理结果

经审查，我部决定：根据《中华人民共和国行政许可法》第六十九条第二款和《政府采购代理机构资格认定办法》（财政部令第61号）第四十二条的规定，撤销四川中和工程项目管理有限公司政府采购甲级代理机构的资格，并收回《政府采购代理机构甲级资格证书》。

2013年9月18日

中华人民共和国财政部政府采购信息公告（第九十一号）

根据《政府采购信息公告管理办法》（财政部令第19号）的相关规定，现将我部对

四川中建西勘九鼎建设项目管理有限公司作出的《财政部关于撤销政府采购甲级代理机构资格的决定书》（财库〔2013〕121 号）公告如下：

一、相关当事人名称

被撤销人：四川中建西勘九鼎建设项目管理有限公司

二、基本情况

根据《中华人民共和国政府采购法》、《政府采购代理机构资格认定办法》（财政部令第 61 号）的规定，我部联合监察部、审计署、国家预防腐败局于 2012 年 12 月至 2013 年 5 月完成了对政府采购甲级代理机构的专项检查工作。经检查发现，四川中建西勘九鼎建设项目管理有限公司在 2011 年向我部申请政府采购代理机构甲级资格过程中，提供的专职人员社保证明材料与事实不符。

三、处理结果

经审查，我部决定：根据《中华人民共和国行政许可法》第六十九条第二款和《政府采购代理机构资格认定办法》（财政部令第 61 号）第四十二条的规定，撤销四川中建西勘九鼎建设项目管理有限公司政府采购甲级代理机构的资格，并收回《政府采购代理机构甲级资格证书》。

2013 年 9 月 18 日

中华人民共和国财政部政府采购信息公告（第九十二号）

根据《政府采购信息公告管理办法》（财政部令第 19 号）的相关规定，现将我部对江西国政招标咨询有限公司作出的《财政部关于撤销政府采购甲级代理机构资格的决定书》（财库〔2013〕122 号）公告如下：

一、相关当事人名称

被撤销人：江西国政招标咨询有限公司

二、基本情况

根据《中华人民共和国政府采购法》、《政府采购代理机构资格认定办法》（财政部令第 61 号）的规定，我部联合监察部、审计署、国家预防腐败局于 2012 年 12 月至 2013 年 5 月完成了对政府采购甲级代理机构的专项检查工作。经检查发现，江西国政招标咨询有限公司在 2011 年向我部申请政府采购代理机构甲级资格过程中，提供的专职人员社保证明材料与事实不符。

三、处理结果

经审查，我部决定：根据《中华人民共和国行政许可法》第六十九条第二款和《政府采购代理机构资格认定办法》（财政部令第61号）第四十二条的规定，撤销江西国政招标咨询有限公司政府采购甲级代理机构的资格，并收回《政府采购代理机构甲级资格证书》。

2013年9月18日

中华人民共和国财政部政府采购信息公告（第九十三号）

根据《政府采购信息公告管理办法》（财政部令第19号）的相关规定，现将我部对贵州万和工程招标代理造价咨询有限责任公司作出的《财政部关于撤销政府采购甲级代理机构资格的决定书》（财库〔2013〕123号）公告如下：

一、相关当事人名称

被撤销人：贵州万和工程招标代理造价咨询有限责任公司

二、基本情况

根据《中华人民共和国政府采购法》、《政府采购代理机构资格认定办法》（财政部令第61号）的规定，我部联合监察部、审计署、国家预防腐败局于2012年12月至2013年5月完成了对政府采购甲级代理机构的专项检查工作。经检查发现，贵州万和工程招标代理造价咨询有限责任公司在2011年向我部申请政府采购代理机构甲级资格过程中，提供的专职人员社保证明材料与事实不符。

三、处理结果

经审查，我部决定：根据《中华人民共和国行政许可法》第六十九条第二款和《政府采购代理机构资格认定办法》（财政部令第61号）第四十二条的规定，撤销贵州万和工程招标代理造价咨询有限责任公司政府采购甲级代理机构的资格，并收回《政府采购代理机构甲级资格证书》。

2013年9月18日

中华人民共和国财政部政府采购信息公告（第九十四号）

根据《政府采购信息公告管理办法》（财政部令第19号）的相关规定，现将我部对

山东广源招标有限公司作出的《财政部关于撤销政府采购甲级代理机构资格的决定书》（财库〔2013〕124 号）公告如下：

一、相关当事人名称

被撤销人：山东广源招标有限公司

二、基本情况

根据《中华人民共和国政府采购法》、《政府采购代理机构资格认定办法》（财政部令第 61 号）的规定，我部联合监察部、审计署、国家预防腐败局于 2012 年 12 月至 2013 年 5 月完成了对政府采购甲级代理机构的专项检查工作。经检查发现，山东广源招标有限公司在 2011 年向我部申请政府采购代理机构甲级资格过程中，提供的专职人员社保证明材料与事实不符。

三、处理结果

经审查，我部决定：根据《中华人民共和国行政许可法》第六十九条第二款和《政府采购代理机构资格认定办法》（财政部令第 61 号）第四十二条的规定，撤销山东广源招标有限公司政府采购甲级代理机构的资格，并收回《政府采购代理机构甲级资格证书》。

2013 年 9 月 18 日

中华人民共和国财政部政府采购信息公告（第九十五号）

根据《政府采购信息公告管理办法》（财政部令第 19 号）的相关规定，现将我部对山东省齐鲁国际招标有限公司作出的《财政部关于撤销政府采购甲级代理机构资格的决定书》（财库〔2013〕125 号）公告如下：

一、相关当事人名称

被撤销人：山东省齐鲁国际招标有限公司

二、基本情况

根据《中华人民共和国政府采购法》、《政府采购代理机构资格认定办法》（财政部令第 61 号）的规定，我部联合监察部、审计署、国家预防腐败局于 2012 年 12 月至 2013 年 5 月完成了对政府采购甲级代理机构的专项检查工作。经检查发现，山东省齐鲁国际招标有限公司在 2011 年向我部申请政府采购代理机构甲级资格过程中，提供的专职人员社保证明材料与事实不符。

三、处理结果

经审查，我部决定：根据《中华人民共和国行政许可法》第六十九条第二款和《政府采购代理机构资格认定办法》（财政部令第 61 号）第四十二条的规定，撤销山东省齐鲁国际招标有限公司政府采购甲级代理机构的资格，并收回《政府采购代理机构甲级资格证书》。

2013 年 9 月 18 日

中华人民共和国财政部政府采购信息公告（第九十六号）

根据《政府采购信息公告管理办法》（财政部令第 19 号）的相关规定，现将我部对山东广信招标有限责任公司作出的《财政部关于撤销政府采购甲级代理机构资格的决定书》（财库〔2013〕126 号）公告如下：

一、相关当事人名称

被撤销人：山东广信招标有限责任公司

二、基本情况

根据《中华人民共和国政府采购法》、《政府采购代理机构资格认定办法》（财政部令第 61 号）的规定，我部联合监察部、审计署、国家预防腐败局于 2012 年 12 月至 2013 年 5 月完成了对政府采购甲级代理机构的专项检查工作。经检查发现，山东广信招标有限责任公司在 2011 年向我部申请政府采购代理机构甲级资格过程中，提供的专职人员社保证明材料与事实不符。

三、处理结果

经审查，我部决定：根据《中华人民共和国行政许可法》第六十九条第二款和《政府采购代理机构资格认定办法》（财政部令第 61 号）第四十二条的规定，撤销山东广信招标有限责任公司政府采购甲级代理机构的资格，并收回《政府采购代理机构甲级资格证书》。

2013 年 9 月 18 日

中华人民共和国财政部政府采购信息公告（第九十七号）

根据《政府采购信息公告管理办法》（财政部令第 19 号）的相关规定，现将我部对

济南众志招标投标代理有限公司作出的《财政部关于撤销政府采购甲级代理机构资格的决定书》（财库〔2013〕127号）公告如下：

一、相关当事人名称

被撤销人：济南众志招标投标代理有限公司

二、基本情况

根据《中华人民共和国政府采购法》、《政府采购代理机构资格认定办法》（财政部令第61号）的规定，我部联合监察部、审计署、国家预防腐败局于2012年12月至2013年5月完成了对政府采购甲级代理机构的专项检查工作。经检查发现，济南众志招标投标代理有限公司在2011年向我部申请政府采购代理机构甲级资格过程中，提供的专职人员社保证明材料与事实不符。

三、处理结果

经审查，我部决定：根据《中华人民共和国行政许可法》第六十九条第二款和《政府采购代理机构资格认定办法》（财政部令第61号）第四十二条的规定，撤销济南众志招标投标代理有限公司政府采购甲级代理机构的资格，并收回《政府采购代理机构甲级资格证书》。

2013年9月18日

中华人民共和国财政部政府采购信息公告（第九十八号）

根据《政府采购信息公告管理办法》（财政部令第19号）的相关规定，现将我部对山东懋林项目管理咨询有限公司作出的《财政部关于撤销政府采购甲级代理机构资格的决定书》（财库〔2013〕128号）公告如下：

一、相关当事人名称

被撤销人：山东懋林项目管理咨询有限公司

二、基本情况

根据《中华人民共和国政府采购法》、《政府采购代理机构资格认定办法》（财政部令第61号）的规定，我部联合监察部、审计署、国家预防腐败局于2012年12月至2013年5月完成了对政府采购甲级代理机构的专项检查工作。经检查发现，山东懋林项目管理咨询有限公司在2011年向我部申请政府采购代理机构甲级资格过程中，提供的专职人员社保证明材料与事实不符。

三、处理结果

经审查，我部决定：根据《中华人民共和国行政许可法》第六十九条第二款和《政府采购代理机构资格认定办法》（财政部令第61号）第四十二条的规定，撤销山东懋林项目管理咨询有限公司政府采购甲级代理机构的资格，并收回《政府采购代理机构甲级资格证书》。

2013年9月18日

中华人民共和国财政部政府采购信息公告（第九十九号）

根据《政府采购信息公告管理办法》（财政部令第19号）的相关规定，现将我部对山东宏昇伟业商贸有限责任公司作出的《财政部关于撤销政府采购甲级代理机构资格的决定书》（财库〔2013〕129号）公告如下：

一、相关当事人名称

被撤销人：山东宏昇伟业商贸有限责任公司

二、基本情况

根据《中华人民共和国政府采购法》、《政府采购代理机构资格认定办法》（财政部令第61号）的规定，我部联合监察部、审计署、国家预防腐败局于2012年12月至2013年5月完成了对政府采购甲级代理机构的专项检查工作。经检查发现，山东宏昇伟业商贸有限责任公司在2011年向我部申请政府采购代理机构甲级资格过程中，提供的专职人员社保证明材料与事实不符。

三、处理结果

经审查，我部决定：根据《中华人民共和国行政许可法》第六十九条第二款和《政府采购代理机构资格认定办法》（财政部令第61号）第四十二条的规定，撤销山东宏昇伟业商贸有限责任公司政府采购甲级代理机构的资格，并收回《政府采购代理机构甲级资格证书》。

2013年9月18日

中华人民共和国财政部政府采购信息公告（第一百号）

根据《政府采购信息公告管理办法》（财政部令第19号）的相关规定，现将我部对

山东鲁投招标有限公司作出的《财政部关于撤销政府采购甲级代理机构资格的决定书》（财库〔2013〕130 号）公告如下：

一、相关当事人名称

被撤销人：山东鲁投招标有限公司

二、基本情况

根据《中华人民共和国政府采购法》、《政府采购代理机构资格认定办法》（财政部令第61 号）的规定，我部联合监察部、审计署、国家预防腐败局于 2012 年 12 月至 2013 年 5 月完成了对政府采购甲级代理机构的专项检查工作。经检查发现，山东鲁投招标有限公司在 2011 年向我部申请政府采购代理机构甲级资格过程中，提供的专职人员社保证明材料与事实不符。

三、处理结果

经审查，我部决定：根据《中华人民共和国行政许可法》第六十九条第二款和《政府采购代理机构资格认定办法》（财政部令第61 号）第四十二条的规定，撤销山东鲁投招标有限公司政府采购甲级代理机构的资格，并收回《政府采购代理机构甲级资格证书》。

2013 年 9 月 18 日

中华人民共和国财政部政府采购信息公告（第一百零一号）

根据《政府采购信息公告管理办法》（财政部令第 19 号）的相关规定，现将我部对山东阳光招标有限公司作出的《财政部关于撤销政府采购甲级代理机构资格的决定书》（财库〔2013〕131 号）公告如下：

一、相关当事人名称

被撤销人：山东阳光招标有限公司

二、基本情况

根据《中华人民共和国政府采购法》、《政府采购代理机构资格认定办法》（财政部令第61 号）的规定，我部联合监察部、审计署、国家预防腐败局于 2012 年 12 月至 2013 年 5 月完成了对政府采购甲级代理机构的专项检查工作。经检查发现，山东阳光招标有限公司在 2011 年向我部申请政府采购代理机构甲级资格过程中，提供的专职人员社保证明材料与事实不符。

三、处理结果

经审查，我部决定：根据《中华人民共和国行政许可法》第六十九条第二款和《政府采购代理机构资格认定办法》（财政部令第 61 号）第四十二条的规定，撤销山东阳光招标有限公司政府采购甲级代理机构的资格，并收回《政府采购代理机构甲级资格证书》。

2013 年 9 月 18 日

中华人民共和国财政部政府采购信息公告（第一百零二号）

根据《政府采购信息公告管理办法》（财政部令第 19 号）的相关规定，现将我部对山东龙融招投标代理有限公司作出的《财政部关于撤销政府采购甲级代理机构资格的决定书》（财库〔2013〕132 号）公告如下：

一、相关当事人名称

被撤销人：山东龙融招投标代理有限公司

二、基本情况

根据《中华人民共和国政府采购法》、《政府采购代理机构资格认定办法》（财政部令第 61 号）的规定，我部联合监察部、审计署、国家预防腐败局于 2012 年 12 月至 2013 年 5 月完成了对政府采购甲级代理机构的专项检查工作。经检查发现，山东龙融招投标代理有限公司在 2011 年向我部申请政府采购代理机构甲级资格过程中，提供的专职人员社保证明材料与事实不符。

三、处理结果

经审查，我部决定：根据《中华人民共和国行政许可法》第六十九条第二款和《政府采购代理机构资格认定办法》（财政部令第 61 号）第四十二条的规定，撤销山东龙融招投标代理有限公司政府采购甲级代理机构的资格，并收回《政府采购代理机构甲级资格证书》。

2013 年 9 月 18 日

中华人民共和国财政部政府采购信息公告（第一百零三号）

根据《政府采购信息公告管理办法》（财政部令第 19 号）的相关规定，现将我部对

山东海逸恒安招标有限公司作出的《财政部关于撤销政府采购甲级代理机构资格的决定书》（财库〔2013〕133号）公告如下：

一、相关当事人名称

被撤销人：山东海逸恒安招标有限公司

二、基本情况

根据《中华人民共和国政府采购法》、《政府采购代理机构资格认定办法》（财政部令第61号）的规定，我部联合监察部、审计署、国家预防腐败局于2012年12月至2013年5月完成了对政府采购甲级代理机构的专项检查工作。经检查发现，山东海逸恒安招标有限公司在2011年向我部申请政府采购代理机构甲级资格过程中，提供的专职人员社保证明材料与事实不符。

三、处理结果

经审查，我部决定：根据《中华人民共和国行政许可法》第六十九条第二款和《政府采购代理机构资格认定办法》（财政部令第61号）第四十二条的规定，撤销山东海逸恒安招标有限公司政府采购甲级代理机构的资格，并收回《政府采购代理机构甲级资格证书》。

2013年9月18日

中华人民共和国财政部政府采购信息公告（第一百零四号）

根据《政府采购信息公告管理办法》（财政部令第19号）的相关规定，现将我部对河南省政通招标有限公司作出的《财政部关于撤销政府采购甲级代理机构资格的决定书》（财库〔2013〕134号）公告如下：

一、相关当事人名称

被撤销人：河南省政通招标有限公司

二、基本情况

根据《中华人民共和国政府采购法》、《政府采购代理机构资格认定办法》（财政部令第61号）的规定，我部联合监察部、审计署、国家预防腐败局于2012年12月至2013年5月完成了对政府采购甲级代理机构的专项检查工作。经检查发现，河南省政通招标有限公司在2011年向我部申请政府采购代理机构甲级资格过程中，提供的专职人员社保证明材料与事实不符。

三、处理结果

经审查，我部决定：根据《中华人民共和国行政许可法》第六十九条第二款和《政府采购代理机构资格认定办法》（财政部令第61号）第四十二条的规定，撤销河南省政通招标有限公司政府采购甲级代理机构的资格，并收回《政府采购代理机构甲级资格证书》。

2013年9月18日

中华人民共和国财政部政府采购信息公告（第一百零五号）

根据《政府采购信息公告管理办法》（财政部令第19号）的相关规定，现将我部对郑州民诚建筑工程咨询有限公司作出的《财政部关于撤销政府采购甲级代理机构资格的决定书》（财库〔2013〕135号）公告如下：

一、相关当事人名称

被撤销人：郑州民诚建筑工程咨询有限公司

二、基本情况

根据《中华人民共和国政府采购法》、《政府采购代理机构资格认定办法》（财政部令第61号）的规定，我部联合监察部、审计署、国家预防腐败局于2012年12月至2013年5月完成了对政府采购甲级代理机构的专项检查工作。经检查发现，郑州民诚建筑工程咨询有限公司在2011年向我部申请政府采购代理机构甲级资格过程中，提供的专职人员社保证明材料与事实不符。

三、处理结果

经审查，我部决定：根据《中华人民共和国行政许可法》第六十九条第二款和《政府采购代理机构资格认定办法》（财政部令第61号）第四十二条的规定，撤销郑州民诚建筑工程咨询有限公司政府采购甲级代理机构的资格，并收回《政府采购代理机构甲级资格证书》。

2013年9月18日

中华人民共和国财政部政府采购信息公告（第一百零六号）

根据《政府采购信息公告管理办法》（财政部令第19号）的相关规定，现将我部对

招远正诚建设工程招标代理有限公司作出的《财政部关于撤销政府采购甲级代理机构资格的决定书》（财库〔2013〕136号）公告如下：

一、相关当事人名称

被撤销人：招远正诚建设工程招标代理有限公司

二、基本情况

根据《中华人民共和国政府采购法》、《政府采购代理机构资格认定办法》（财政部令第61号）的规定，我部联合监察部、审计署、国家预防腐败局于2012年12月至2013年5月完成了对政府采购甲级代理机构的专项检查工作。经检查发现，招远正诚建设工程招标代理有限公司在2011年向我部申请政府采购代理机构甲级资格过程中，提供的专职人员社保证明材料与事实不符。

三、处理结果

经审查，我部决定：根据《中华人民共和国行政许可法》第六十九条第二款和《政府采购代理机构资格认定办法》（财政部令第61号）第四十二条的规定，撤销招远正诚建设工程招标代理有限公司政府采购甲级代理机构的资格，并收回《政府采购代理机构甲级资格证书》。

2013年9月18日

中华人民共和国财政部政府采购信息公告（第一百零七号）

根据《政府采购信息公告管理办法》（财政部令第19号）的相关规定，现将我部对潍坊明信招标代理有限公司作出的《财政部关于撤销政府采购甲级代理机构资格的决定书》（财库〔2013〕137号）公告如下：

一、相关当事人名称

被撤销人：潍坊明信招标代理有限公司

二、基本情况

根据《中华人民共和国政府采购法》、《政府采购代理机构资格认定办法》（财政部令第61号）的规定，我部联合监察部、审计署、国家预防腐败局于2012年12月至2013年5月完成了对政府采购甲级代理机构的专项检查工作。经检查发现，潍坊明信招标代理有限公司在2011年向我部申请政府采购代理机构甲级资格过程中，提供的专职人员社保证明材料与事实不符。

三、处理结果

经审查，我部决定：根据《中华人民共和国行政许可法》第六十九条第二款和《政府采购代理机构资格认定办法》（财政部令第 61 号）第四十二条的规定，撤销潍坊明信招标代理有限公司政府采购甲级代理机构的资格，并收回《政府采购代理机构甲级资格证书》。

2013 年 9 月 18 日

中华人民共和国财政部政府采购信息公告（第一百零八号）

根据《政府采购信息公告管理办法》（财政部令第 19 号）的相关规定，现将我部对甘肃机械国际招标有限公司作出的《财政部关于撤销政府采购甲级代理机构资格的决定书》（财库〔2013〕138 号）公告如下：

一、相关当事人名称

被撤销人：甘肃机械国际招标有限公司

二、基本情况

根据《中华人民共和国政府采购法》、《政府采购代理机构资格认定办法》（财政部令第 61 号）的规定，我部联合监察部、审计署、国家预防腐败局于 2012 年 12 月至 2013 年 5 月完成了对政府采购甲级代理机构的专项检查工作。经检查发现，甘肃机械国际招标有限公司在 2011 年向我部申请政府采购代理机构甲级资格过程中，提供的专职人员社保证明材料与事实不符。

三、处理结果

经审查，我部决定：根据《中华人民共和国行政许可法》第六十九条第二款和《政府采购代理机构资格认定办法》（财政部令第 61 号）第四十二条的规定，撤销甘肃机械国际招标有限公司政府采购甲级代理机构的资格，并收回《政府采购代理机构甲级资格证书》。

2013 年 9 月 18 日

中华人民共和国财政部政府采购信息公告（第一百零九号）

根据《政府采购信息公告管理办法》（财政部令第 19 号）的相关规定，现将我部对

河北清风招标代理有限公司作出的《财政部关于撤销政府采购甲级代理机构资格的决定书》（财库〔2013〕139 号）公告如下：

一、相关当事人名称

被撤销人：河北清风招标代理有限公司

二、基本情况

根据《中华人民共和国政府采购法》、《政府采购代理机构资格认定办法》（财政部令第 61 号）的规定，我部联合监察部、审计署、国家预防腐败局于 2012 年 12 月至 2013 年 5 月完成了对政府采购甲级代理机构的专项检查工作。经检查发现，河北清风招标代理有限公司在 2011 年向我部申请政府采购代理机构甲级资格过程中，提供的专职人员社保证明材料与事实不符。

三、处理结果

经审查，我部决定：根据《中华人民共和国行政许可法》第六十九条第二款和《政府采购代理机构资格认定办法》（财政部令第 61 号）第四十二条的规定，撤销河北清风招标代理有限公司政府采购甲级代理机构的资格，并收回《政府采购代理机构甲级资格证书》。

2013 年 9 月 18 日

中华人民共和国财政部政府采购信息公告（第一百一十号）

根据《政府采购信息公告管理办法》（财政部令第 19 号）的相关规定，现将我部对河北同望招标代理有限公司作出的《财政部关于撤销政府采购甲级代理机构资格的决定书》（财库〔2013〕140 号）公告如下：

一、相关当事人名称

被撤销人：河北同望招标代理有限公司

二、基本情况

根据《中华人民共和国政府采购法》、《政府采购代理机构资格认定办法》（财政部令第 61 号）的规定，我部联合监察部、审计署、国家预防腐败局于 2012 年 12 月至 2013 年 5 月完成了对政府采购甲级代理机构的专项检查工作。经检查发现，河北同望招标代理有限公司在 2011 年向我部申请政府采购代理机构甲级资格过程中，提供的专职人员社保证明材料与事实不符。

三、处理结果

经审查，我部决定：根据《中华人民共和国行政许可法》第六十九条第二款和《政府采购代理机构资格认定办法》（财政部令第 61 号）第四十二条的规定，撤销河北同望招标代理有限公司政府采购甲级代理机构的资格，并收回《政府采购代理机构甲级资格证书》。

2013 年 9 月 18 日

中华人民共和国财政部政府采购信息公告（第一百一十一号）

根据《政府采购信息公告管理办法》（财政部令第 19 号）的相关规定，现将我部对河北物产招标有限公司作出的《财政部关于撤销政府采购甲级代理机构资格的决定书》（财库〔2013〕141 号）公告如下：

一、相关当事人名称

被撤销人：河北物产招标有限公司

二、基本情况

根据《中华人民共和国政府采购法》、《政府采购代理机构资格认定办法》（财政部令第 61 号）的规定，我部联合监察部、审计署、国家预防腐败局于 2012 年 12 月至 2013 年 5 月完成了对政府采购甲级代理机构的专项检查工作。经检查发现，河北物产招标有限公司在 2011 年向我部申请政府采购代理机构甲级资格过程中，提供的专职人员社保证明材料与事实不符。

三、处理结果

经审查，我部决定：根据《中华人民共和国行政许可法》第六十九条第二款和《政府采购代理机构资格认定办法》（财政部令第 61 号）第四十二条的规定，撤销河北物产招标有限公司政府采购甲级代理机构的资格，并收回《政府采购代理机构甲级资格证书》。

2013 年 9 月 18 日

中华人民共和国财政部政府采购信息公告（第一百一十二号）

根据《政府采购信息公告管理办法》（财政部令第 19 号）的相关规定，现将我部对

河北中机咨询有限公司作出的《财政部关于撤销政府采购甲级代理机构资格的决定书》（财库〔2013〕142号）公告如下：

一、相关当事人名称

被撤销人：河北中机咨询有限公司

二、基本情况

根据《中华人民共和国政府采购法》、《政府采购代理机构资格认定办法》（财政部令第61号）的规定，我部联合监察部、审计署、国家预防腐败局于2012年12月至2013年5月完成了对政府采购甲级代理机构的专项检查工作。经检查发现，河北中机咨询有限公司在2011年向我部申请政府采购代理机构甲级资格过程中，提供的专职人员社保证明材料与事实不符。

三、处理结果

经审查，我部决定：根据《中华人民共和国行政许可法》第六十九条第二款和《政府采购代理机构资格认定办法》（财政部令第61号）第四十二条的规定，撤销河北中机咨询有限公司政府采购甲级代理机构的资格，并收回《政府采购代理机构甲级资格证书》。

2013年9月18日

中华人民共和国财政部政府采购信息公告（第一百一十三号）

根据《政府采购信息公告管理办法》（财政部令第19号）的相关规定，现将我部对河北国合招标有限公司作出的《财政部关于撤销政府采购甲级代理机构资格的决定书》（财库〔2013〕143号）公告如下：

一、相关当事人名称

被撤销人：河北国合招标有限公司

二、基本情况

根据《中华人民共和国政府采购法》、《政府采购代理机构资格认定办法》（财政部令第61号）的规定，我部联合监察部、审计署、国家预防腐败局于2012年12月至2013年5月完成了对政府采购甲级代理机构的专项检查工作。经检查发现，河北国合招标有限公司在2011年向我部申请政府采购代理机构甲级资格过程中，提供的专职人员社保证明材料与事实不符。

三、处理结果

经审查，我部决定：根据《中华人民共和国行政许可法》第六十九条第二款和《政府采购代理机构资格认定办法》（财政部令第61号）第四十二条的规定，撤销河北国合招标有限公司政府采购甲级代理机构的资格，并收回《政府采购代理机构甲级资格证书》。

2013年9月18日

中华人民共和国财政部政府采购信息公告（第一百一十四号）

根据《政府采购信息公告管理办法》（财政部令第19号）的相关规定，现将我部对河北华业招标有限公司作出的《财政部关于撤销政府采购甲级代理机构资格的决定书》（财库〔2013〕144号）公告如下：

一、相关当事人名称

被撤销人：河北华业招标有限公司

二、基本情况

根据《中华人民共和国政府采购法》、《政府采购代理机构资格认定办法》（财政部令第61号）的规定，我部联合监察部、审计署、国家预防腐败局于2012年12月至2013年5月完成了对政府采购甲级代理机构的专项检查工作。经检查发现，河北华业招标有限公司在2011年向我部申请政府采购代理机构甲级资格过程中，提供的专职人员社保证明材料与事实不符。

三、处理结果

经审查，我部决定：根据《中华人民共和国行政许可法》第六十九条第二款和《政府采购代理机构资格认定办法》（财政部令第61号）第四十二条的规定，撤销河北华业招标有限公司政府采购甲级代理机构的资格，并收回《政府采购代理机构甲级资格证书》。

2013年9月18日

中华人民共和国财政部政府采购信息公告（第一百一十五号）

根据《政府采购信息公告管理办法》（财政部令第19号）的相关规定，现将我部对

石家庄金信工程咨询有限公司作出的《财政部关于撤销政府采购甲级代理机构资格的决定书》（财库〔2013〕145 号）公告如下：

一、相关当事人名称

被撤销人：石家庄金信工程咨询有限公司

二、基本情况

根据《中华人民共和国政府采购法》、《政府采购代理机构资格认定办法》（财政部令第 61 号）的规定，我部联合监察部、审计署、国家预防腐败局于 2012 年 12 月至 2013 年 5 月完成了对政府采购甲级代理机构的专项检查工作。经检查发现，石家庄金信工程咨询有限公司在 2011 年向我部申请政府采购代理机构甲级资格过程中，提供的专职人员社保证明材料与事实不符。

三、处理结果

经审查，我部决定：根据《中华人民共和国行政许可法》第六十九条第二款和《政府采购代理机构资格认定办法》（财政部令第 61 号）第四十二条的规定，撤销石家庄金信工程咨询有限公司政府采购甲级代理机构的资格，并收回《政府采购代理机构甲级资格证书》。

2013 年 9 月 18 日

中华人民共和国财政部政府采购信息公告（第一百一十六号）

根据《政府采购信息公告管理办法》（财政部令第 19 号）的相关规定，现将我部对山西中天华建设工程项目管理有限公司作出的《财政部关于撤销政府采购甲级代理机构资格的决定书》（财库〔2013〕146 号）公告如下：

一、相关当事人名称

被撤销人：山西中天华建设工程项目管理有限公司

二、基本情况

根据《中华人民共和国政府采购法》、《政府采购代理机构资格认定办法》（财政部令第 61 号）的规定，我部联合监察部、审计署、国家预防腐败局于 2012 年 12 月至 2013 年 5 月完成了对政府采购甲级代理机构的专项检查工作。经检查发现，山西中天华建设工程项目管理有限公司在 2011 年向我部申请政府采购代理机构甲级资格过程中，提供的专职人员社保证明材料与事实不符。

三、处理结果

经审查，我部决定：根据《中华人民共和国行政许可法》第六十九条第二款和《政府采购代理机构资格认定办法》（财政部令第61号）第四十二条的规定，撤销山西中天华建设工程项目管理有限公司政府采购甲级代理机构的资格，并收回《政府采购代理机构甲级资格证书》。

2013年9月18日

中华人民共和国财政部政府采购信息公告（第一百一十七号）

根据《政府采购信息公告管理办法》（财政部令第19号）的相关规定，现将我部对山西众信教育招标有限公司作出的《财政部关于撤销政府采购甲级代理机构资格的决定书》（财库〔2013〕147号）公告如下：

一、相关当事人名称

被撤销人：山西众信教育招标有限公司

二、基本情况

根据《中华人民共和国政府采购法》、《政府采购代理机构资格认定办法》（财政部令第61号）的规定，我部联合监察部、审计署、国家预防腐败局于2012年12月至2013年5月完成了对政府采购甲级代理机构的专项检查工作。经检查发现，山西众信教育招标有限公司在2011年向我部申请政府采购代理机构甲级资格过程中，提供的专职人员社保证明材料与事实不符。

三、处理结果

经审查，我部决定：根据《中华人民共和国行政许可法》第六十九条第二款和《政府采购代理机构资格认定办法》（财政部令第61号）第四十二条的规定，撤销山西众信教育招标有限公司政府采购甲级代理机构的资格，并收回《政府采购代理机构甲级资格证书》。

2013年9月18日

中华人民共和国财政部政府采购信息公告（第一百一十八号）

根据《政府采购信息公告管理办法》（财政部令第19号）的相关规定，现将我部对

云南城市建设项目管理咨询有限公司作出的《财政部关于撤销政府采购甲级代理机构资格的决定书》（财库〔2013〕148 号）公告如下：

一、相关当事人名称

被撤销人：云南城市建设项目管理咨询有限公司

二、基本情况

根据《中华人民共和国政府采购法》、《政府采购代理机构资格认定办法》（财政部令第 61 号）的规定，我部联合监察部、审计署、国家预防腐败局于 2012 年 12 月至 2013 年 5 月完成了对政府采购甲级代理机构的专项检查工作。经检查发现，云南城市建设项目管理咨询有限公司在 2011 年向我部申请政府采购代理机构甲级资格过程中，提供的专职人员社保证明材料与事实不符。

三、处理结果

经审查，我部决定：根据《中华人民共和国行政许可法》第六十九条第二款和《政府采购代理机构资格认定办法》（财政部令第 61 号）第四十二条的规定，撤销云南城市建设项目管理咨询有限公司政府采购甲级代理机构的资格，并收回《政府采购代理机构甲级资格证书》。

2013 年 9 月 18 日

中华人民共和国财政部政府采购信息公告（第一百一十九号）

根据《政府采购信息公告管理办法》（财政部令第 19 号）的相关规定，现将我部对云南国内招标有限公司作出的《财政部关于撤销政府采购甲级代理机构资格的决定书》（财库〔2013〕149 号）公告如下：

一、相关当事人名称

被撤销人：云南国内招标有限公司

二、基本情况

根据《中华人民共和国政府采购法》、《政府采购代理机构资格认定办法》（财政部令第 61 号）的规定，我部联合监察部、审计署、国家预防腐败局于 2012 年 12 月至 2013 年 5 月完成了对政府采购甲级代理机构的专项检查工作。经检查发现，云南国内招标有限公司在 2011 年向我部申请政府采购代理机构甲级资格过程中，提供的专职人员社保证明材料与事实不符。

三、处理结果

经审查，我部决定：根据《中华人民共和国行政许可法》第六十九条第二款和《政府采购代理机构资格认定办法》（财政部令第61号）第四十二条的规定，撤销云南国内招标有限公司政府采购甲级代理机构的资格，并收回《政府采购代理机构甲级资格证书》。

2013 年 9 月 18 日

中华人民共和国财政部政府采购信息公告（第一百二十号）

根据《政府采购信息公告管理办法》（财政部令第 19 号）的相关规定，现将我部对云南陆地招标咨询有限公司作出的《财政部关于撤销政府采购甲级代理机构资格的决定书》（财库〔2013〕150 号）公告如下：

一、相关当事人名称

被撤销人：云南陆地招标咨询有限公司

二、基本情况

根据《中华人民共和国政府采购法》、《政府采购代理机构资格认定办法》（财政部令第 61 号）的规定，我部联合监察部、审计署、国家预防腐败局于 2012 年 12 月至 2013 年 5 月完成了对政府采购甲级代理机构的专项检查工作。经检查发现，云南陆地招标咨询有限公司在 2011 年向我部申请政府采购代理机构甲级资格过程中，提供的专职人员社保证明材料与事实不符。

三、处理结果

经审查，我部决定：根据《中华人民共和国行政许可法》第六十九条第二款和《政府采购代理机构资格认定办法》（财政部令第 61 号）第四十二条的规定，撤销云南陆地招标咨询有限公司政府采购甲级代理机构的资格，并收回《政府采购代理机构甲级资格证书》。

2013 年 9 月 18 日

中华人民共和国财政部政府采购信息公告（第一百二十一号）

根据《政府采购信息公告管理办法》（财政部令第 19 号）的相关规定，现将我部对

云南塔卡工程咨询有限公司作出的《财政部关于撤销政府采购甲级代理机构资格的决定书》（财库〔2013〕151 号）公告如下：

一、相关当事人名称

被撤销人：云南塔卡工程咨询有限公司

二、基本情况

根据《中华人民共和国政府采购法》、《政府采购代理机构资格认定办法》（财政部令第 61 号）的规定，我部联合监察部、审计署、国家预防腐败局于 2012 年 12 月至 2013 年 5 月完成了对政府采购甲级代理机构的专项检查工作。经检查发现，云南塔卡工程咨询有限公司在 2011 年向我部申请政府采购代理机构甲级资格过程中，提供的专职人员社保证明材料与事实不符。

三、处理结果

经审查，我部决定：根据《中华人民共和国行政许可法》第六十九条第二款和《政府采购代理机构资格认定办法》（财政部令第 61 号）第四十二条的规定，撤销云南塔卡工程咨询有限公司政府采购甲级代理机构的资格，并收回《政府采购代理机构甲级资格证书》。

2013 年 9 月 18 日

中华人民共和国财政部政府采购信息公告（第一百二十二号）

根据《政府采购信息公告管理办法》（财政部令第 19 号）的相关规定，现将我部对云南惟诚工程招标代理有限公司作出的《财政部关于撤销政府采购甲级代理机构资格的决定书》（财库〔2013〕152 号）公告如下：

一、相关当事人名称

被撤销人：云南惟诚工程招标代理有限公司

二、基本情况

根据《中华人民共和国政府采购法》、《政府采购代理机构资格认定办法》（财政部令第 61 号）的规定，我部联合监察部、审计署、国家预防腐败局于 2012 年 12 月至 2013 年 5 月完成了对政府采购甲级代理机构的专项检查工作。经检查发现，云南惟诚工程招标代理有限公司在 2011 年向我部申请政府采购代理机构甲级资格过程中，提供的专职人员社保证明材料与事实不符。

三、处理结果

经审查，我部决定：根据《中华人民共和国行政许可法》第六十九条第二款和《政府采购代理机构资格认定办法》（财政部令第 61 号）第四十二条的规定，撤销云南惟诚工程招标代理有限公司政府采购甲级代理机构的资格，并收回《政府采购代理机构甲级资格证书》。

2013 年 9 月 18 日

中华人民共和国财政部政府采购信息公告（第一百二十三号）

根据《政府采购信息公告管理办法》（财政部令第 19 号）的相关规定，现将我部对云南鑫德招标咨询有限公司作出的《财政部关于撤销政府采购甲级代理机构资格的决定书》（财库〔2013〕153 号）公告如下：

一、相关当事人名称

被撤销人：云南鑫德招标咨询有限公司

二、基本情况

根据《中华人民共和国政府采购法》、《政府采购代理机构资格认定办法》（财政部令第 61 号）的规定，我部联合监察部、审计署、国家预防腐败局于 2012 年 12 月至 2013 年 5 月完成了对政府采购甲级代理机构的专项检查工作。经检查发现，云南鑫德招标咨询有限公司在 2011 年向我部申请政府采购代理机构甲级资格过程中，提供的专职人员社保证明材料与事实不符。

三、处理结果

经审查，我部决定：根据《中华人民共和国行政许可法》第六十九条第二款和《政府采购代理机构资格认定办法》（财政部令第 61 号）第四十二条的规定，撤销云南鑫德招标咨询有限公司政府采购甲级代理机构的资格，并收回《政府采购代理机构甲级资格证书》。

2013 年 9 月 18 日

中华人民共和国财政部政府采购信息公告（第一百二十四号）

根据《政府采购信息公告管理办法》（财政部令第 19 号）的相关规定，现将我部对

云南中盈招标咨询有限公司作出的《财政部关于撤销政府采购甲级代理机构资格的决定书》（财库〔2013〕154 号）公告如下：

一、相关当事人名称

被撤销人：云南中盈招标咨询有限公司

二、基本情况

根据《中华人民共和国政府采购法》、《政府采购代理机构资格认定办法》（财政部令第61 号）的规定，我部联合监察部、审计署、国家预防腐败局于 2012 年 12 月至 2013 年 5 月完成了对政府采购甲级代理机构的专项检查工作。经检查发现，云南中盈招标咨询有限公司在 2011 年向我部申请政府采购代理机构甲级资格过程中，提供的专职人员社保证明材料与事实不符。

三、处理结果

经审查，我部决定：根据《中华人民共和国行政许可法》第六十九条第二款和《政府采购代理机构资格认定办法》（财政部令第61 号）第四十二条的规定，撤销云南中盈招标咨询有限公司政府采购甲级代理机构的资格，并收回《政府采购代理机构甲级资格证书》。

2013 年 9 月 18 日

中华人民共和国财政部政府采购信息公告（第一百二十五号）

根据《政府采购信息公告管理办法》（财政部令第 19 号）的相关规定，现将我部对福建中实建设项目管理有限公司作出的《财政部关于撤销政府采购甲级代理机构资格的决定书》（财库〔2013〕155 号）公告如下：

一、相关当事人名称

被撤销人：福建中实建设项目管理有限公司

二、基本情况

根据《中华人民共和国政府采购法》、《政府采购代理机构资格认定办法》（财政部令第61 号）的规定，我部联合监察部、审计署、国家预防腐败局于 2012 年 12 月至 2013 年 5 月完成了对政府采购甲级代理机构的专项检查工作。经检查发现，福建中实建设项目管理有限公司在 2011 年向我部申请政府采购代理机构甲级资格过程中，提供的专职人员社保证明材料与事实不符。

三、处理结果

经审查，我部决定：根据《中华人民共和国行政许可法》第六十九条第二款和《政府采购代理机构资格认定办法》（财政部令第 61 号）第四十二条的规定，撤销福建中实建设项目管理有限公司政府采购甲级代理机构的资格，并收回《政府采购代理机构甲级资格证书》。

2013 年 9 月 18 日

中华人民共和国财政部政府采购信息公告（第一百二十六号）

根据《政府采购信息公告管理办法》（财政部令第 19 号）的相关规定，现将我部对福建省嘉信招标代理有限公司作出的《财政部关于撤销政府采购甲级代理机构资格的决定书》（财库〔2013〕156 号）公告如下：

一、相关当事人名称

被撤销人：福建省嘉信招标代理有限公司

二、基本情况

根据《中华人民共和国政府采购法》、《政府采购代理机构资格认定办法》（财政部令第 61 号）的规定，我部联合监察部、审计署、国家预防腐败局于 2012 年 12 月至 2013 年 5 月完成了对政府采购甲级代理机构的专项检查工作。经检查发现，福建省嘉信招标代理有限公司在 2011 年向我部申请政府采购代理机构甲级资格过程中，提供的专职人员社保证明材料与事实不符。

三、处理结果

经审查，我部决定：根据《中华人民共和国行政许可法》第六十九条第二款和《政府采购代理机构资格认定办法》（财政部令第 61 号）第四十二条的规定，撤销福建省嘉信招标代理有限公司政府采购甲级代理机构的资格，并收回《政府采购代理机构甲级资格证书》。

2013 年 9 月 18 日

中华人民共和国财政部政府采购信息公告（第一百二十七号）

根据《政府采购信息公告管理办法》（财政部令第 19 号）的相关规定，现将我部对

广西生聚招标有限责任公司作出的《财政部关于撤销政府采购甲级代理机构资格的决定书》（财库〔2013〕157 号）公告如下：

一、相关当事人名称

被撤销人：广西生聚招标有限责任公司

二、基本情况

根据《中华人民共和国政府采购法》、《政府采购代理机构资格认定办法》（财政部令第 61 号）的规定，我部联合监察部、审计署、国家预防腐败局于 2012 年 12 月至 2013 年 5 月完成了对政府采购甲级代理机构的专项检查工作。经检查发现，广西生聚招标有限责任公司在 2011 年向我部申请政府采购代理机构甲级资格过程中，提供的专职人员社保证明材料与事实不符。

三、处理结果

经审查，我部决定：根据《中华人民共和国行政许可法》第六十九条第二款和《政府采购代理机构资格认定办法》（财政部令第 61 号）第四十二条的规定，撤销广西生聚招标有限责任公司政府采购甲级代理机构的资格，并收回《政府采购代理机构甲级资格证书》。

2013 年 9 月 18 日

中华人民共和国财政部政府采购信息公告（第一百二十八号）

根据《政府采购信息公告管理办法》（财政部令第 19 号）的相关规定，现将我部对辽宁政兴国际招标代理有限公司作出的《财政部关于撤销政府采购甲级代理机构资格的决定书》（财库〔2013〕158 号）公告如下：

一、相关当事人名称

被撤销人：辽宁政兴国际招标代理有限公司

二、基本情况

根据《中华人民共和国政府采购法》、《政府采购代理机构资格认定办法》（财政部令第 61 号）的规定，我部联合监察部、审计署、国家预防腐败局于 2012 年 12 月至 2013 年 5 月完成了对政府采购甲级代理机构的专项检查工作。经检查发现，辽宁政兴国际招标代理有限公司在 2011 年向我部申请政府采购代理机构甲级资格过程中，提供的专职人员社保证明材料与事实不符。

三、处理结果

经审查，我部决定：根据《中华人民共和国行政许可法》第六十九条第二款和《政府采购代理机构资格认定办法》（财政部令第61号）第四十二条的规定，撤销辽宁政兴国际招标代理有限公司政府采购甲级代理机构的资格，并收回《政府采购代理机构甲级资格证书》。

2013年9月18日

中华人民共和国财政部政府采购信息公告（第一百二十九号）

根据《政府采购信息公告管理办法》（财政部令第19号）的相关规定，现将我部对辽宁光华招标有限公司作出的《财政部关于撤销政府采购甲级代理机构资格的决定书》（财库〔2013〕159号）公告如下：

一、相关当事人名称

被撤销人：辽宁光华招标有限公司

二、基本情况

根据《中华人民共和国政府采购法》、《政府采购代理机构资格认定办法》（财政部令第61号）的规定，我部联合监察部、审计署、国家预防腐败局于2012年12月至2013年5月完成了对政府采购甲级代理机构的专项检查工作。经检查发现，辽宁光华招标有限公司在2011年向我部申请政府采购代理机构甲级资格过程中，提供的专职人员社保证明材料与事实不符。

三、处理结果

经审查，我部决定：根据《中华人民共和国行政许可法》第六十九条第二款和《政府采购代理机构资格认定办法》（财政部令第61号）第四十二条的规定，撤销辽宁光华招标有限公司政府采购甲级代理机构的资格，并收回《政府采购代理机构甲级资格证书》。

2013年9月18日

中华人民共和国财政部政府采购信息公告（第一百三十号）

根据《政府采购信息公告管理办法》（财政部令第19号）的相关规定，现将我部对

黑龙江泓森建设工程招标投标代理有限公司作出的《财政部关于撤销政府采购甲级代理机构资格的决定书》（财库〔2013〕160 号）公告如下：

一、相关当事人名称

被撤销人：黑龙江泓森建设工程招标投标代理有限公司

二、基本情况

根据《中华人民共和国政府采购法》、《政府采购代理机构资格认定办法》（财政部令第 61 号）的规定，我部联合监察部、审计署、国家预防腐败局于 2012 年 12 月至 2013 年 5 月完成了对政府采购甲级代理机构的专项检查工作。经检查发现，黑龙江泓森建设工程招标投标代理有限公司在 2011 年向我部申请政府采购代理机构甲级资格过程中，提供的专职人员社保证明材料与事实不符。

三、处理结果

经审查，我部决定：根据《中华人民共和国行政许可法》第六十九条第二款和《政府采购代理机构资格认定办法》（财政部令第 61 号）第四十二条的规定，撤销黑龙江泓森建设工程招标投标代理有限公司政府采购甲级代理机构的资格，并收回《政府采购代理机构甲级资格证书》。

2013 年 9 月 18 日

中华人民共和国财政部政府采购信息公告（第一百三十一号）

根据《政府采购信息公告管理办法》（财政部令第 19 号）的相关规定，现将我部对长春市万力工程咨询有限公司作出的《财政部关于撤销政府采购甲级代理机构资格的决定书》（财库〔2013〕161 号）公告如下：

一、相关当事人名称

被撤销人：长春市万力工程咨询有限公司

二、基本情况

根据《中华人民共和国政府采购法》、《政府采购代理机构资格认定办法》（财政部令第 61 号）的规定，我部联合监察部、审计署、国家预防腐败局于 2012 年 12 月至 2013 年 5 月完成了对政府采购甲级代理机构的专项检查工作。经检查发现，长春市万力工程咨询有限公司在 2011 年向我部申请政府采购代理机构甲级资格过程中，提供的专职人员社保证明材料与事实不符。

三、处理结果

经审查，我部决定：根据《中华人民共和国行政许可法》第六十九条第二款和《政府采购代理机构资格认定办法》（财政部令第 61 号）第四十二条的规定，撤销长春市万力工程咨询有限公司政府采购甲级代理机构的资格，并收回《政府采购代理机构甲级资格证书》。

2013 年 9 月 18 日

中华人民共和国财政部政府采购信息公告（第一百三十二号）

根据《政府采购信息公告管理办法》（财政部令第 19 号）的相关规定，现将我部对四川省建设工程设备招标中心作出的《财政部关于撤销政府采购甲级代理机构资格的决定书》（财库〔2013〕162 号）公告如下：

一、相关当事人名称

被撤销人：四川省建设工程设备招标中心

二、基本情况

根据《中华人民共和国政府采购法》、《政府采购代理机构资格认定办法》（财政部令第 61 号）的规定，我部联合监察部、审计署、国家预防腐败局于 2012 年 12 月至 2013 年 5 月完成了对政府采购甲级代理机构的专项检查工作。经检查发现，四川省建设工程设备招标中心在 2011 年向我部申请政府采购代理机构甲级资格过程中，提供的专职人员社保证明材料与事实不符。

三、处理结果

经审查，我部决定：根据《中华人民共和国行政许可法》第六十九条第二款和《政府采购代理机构资格认定办法》（财政部令第 61 号）第四十二条的规定，撤销四川省建设工程设备招标中心政府采购甲级代理机构的资格，并收回《政府采购代理机构甲级资格证书》。

2013 年 9 月 18 日

中华人民共和国财政部政府采购信息公告（第一百三十三号）

根据《政府采购信息公告管理办法》（财政部令第 19 号）的相关规定，现将我部对

宁夏圣泽招标有限公司作出的《财政部关于撤销政府采购甲级代理机构资格的决定书》（财库〔2013〕163号）公告如下：

一、相关当事人名称

被撤销人：宁夏圣泽招标有限公司

二、基本情况

根据《中华人民共和国政府采购法》、《政府采购代理机构资格认定办法》（财政部令第61号）的规定，我部联合监察部、审计署、国家预防腐败局于2012年12月至2013年5月完成了对政府采购甲级代理机构的专项检查工作。经检查发现，宁夏圣泽招标有限公司在2011年向我部申请政府采购代理机构甲级资格过程中，提供的专职人员社保证明材料与事实不符。

三、处理结果

经审查，我部决定：根据《中华人民共和国行政许可法》第六十九条第二款和《政府采购代理机构资格认定办法》（财政部令第61号）第四十二条的规定，撤销宁夏圣泽招标有限公司政府采购甲级代理机构的资格，并收回《政府采购代理机构甲级资格证书》。

2013年9月18日

中华人民共和国财政部政府采购信息公告（第一百三十四号）

根据《政府采购信息公告管理办法》（财政部令第19号）的相关规定，现将我部对辽宁正大建投招投标代理有限公司作出的《财政部关于撤销政府采购甲级代理机构资格的决定书》（财库〔2013〕164号）公告如下：

一、相关当事人名称

被撤销人：辽宁正大建投招投标代理有限公司

二、基本情况

根据《中华人民共和国政府采购法》、《政府采购代理机构资格认定办法》（财政部令第61号）的规定，我部联合监察部、审计署、国家预防腐败局于2012年12月至2013年5月完成了对政府采购甲级代理机构的专项检查工作。经检查发现，辽宁正大建投招投标代理有限公司在2011年向我部申请政府采购代理机构甲级资格过程中，提供的专职人员社保证明材料与事实不符。

三、处理结果

经审查，我部决定：根据《中华人民共和国行政许可法》第六十九条第二款和《政府采购代理机构资格认定办法》（财政部令第 61 号）第四十二条的规定，撤销辽宁正大建投招投标代理有限公司政府采购甲级代理机构的资格，并收回《政府采购代理机构甲级资格证书》。

2013 年 9 月 18 日

中华人民共和国财政部政府采购信息公告（第一百三十五号）

根据《政府采购信息公告管理办法》（财政部令第 19 号）的相关规定，现将我部对哈尔滨市建设工程招标投标代理有限公司作出的《财政部关于撤销政府采购甲级代理机构资格的决定书》（财库〔2013〕165 号）公告如下：

一、相关当事人名称

被撤销人：哈尔滨市建设工程招标投标代理有限公司

二、基本情况

根据《中华人民共和国政府采购法》、《政府采购代理机构资格认定办法》（财政部令第 61 号）的规定，我部联合监察部、审计署、国家预防腐败局于 2012 年 12 月至 2013 年 5 月完成了对政府采购甲级代理机构的专项检查工作。经检查发现，哈尔滨市建设工程招标投标代理有限公司在 2011 年向我部申请政府采购代理机构甲级资格过程中，提供的专职人员社保证明材料与事实不符。

三、处理结果

经审查，我部决定：根据《中华人民共和国行政许可法》第六十九条第二款和《政府采购代理机构资格认定办法》（财政部令第 61 号）第四十二条的规定，撤销哈尔滨市建设工程招标投标代理有限公司政府采购甲级代理机构的资格，并收回《政府采购代理机构甲级资格证书》。

2013 年 9 月 18 日

中华人民共和国财政部政府采购信息公告（第一百三十六号）

根据《政府采购信息公告管理办法》（财政部令第 19 号）的规定，现将本机关就国家质检总局2012年第一批120万元以上质检专用仪器设备采购项目第1包、第2包（编号：CMEETC－127AP115EQ03）举报案作出的行政处罚决定公告如下：

一、相关当事人名称

当事人：中国机电工程招标有限公司

地址：北京市海淀区车公庄西路乙19号华通大厦B座14层

二、基本情况

本机关在举报案调查中，发现在中国机电工程招标有限公司组织评标过程中，多次出现不同品目采购人代表同时出现在某一品目评标现场、与评审工作无关的人员进入评审现场及采购人代表使用手机与外界通讯的情况，评标现场混乱，影响了评审的公平、公正。2013年9月30日，本机关依法作出行政处罚决定书（财库〔2013〕182号）。

三、处理结果

根据《政府采购货物和服务招标投标管理办法》（财政部第18号令）第58条、《政府采购代理机构资格认定办法》（财政部第61号令）第43条的规定，本机关决定对中国机电工程招标有限公司给予警告的行政处罚。

2013年12月17日

中华人民共和国财政部政府采购信息公告（第一百三十七号）

根据《政府采购信息公告管理办法》（财政部令第19号）的规定，现将本机关对中国民航大学信息化网络建设项目（编号GC－HG130026）举报案作出的监督检查处理决定公告如下：

一、相关当事人名称

采购人：中国民航大学

地址：天津市东丽区津北公路2898号

被举报人：北京华胜天成科技股份有限公司

地址：北京市海淀区学清路8号科技财富中心A座11层

二、基本情况

采购人反映，被举报人作为中标供应商，无正当理由不签订合同，同时存在虚假投标问题。经审查，本机关依法受理并调查取证，听取了相关当事人意见，于2013年9月30日作出监督检查处理决定书（财库〔2013〕183号）。

三、处理结果

经审查，举报事项不成立，采购人采购组织工作不够严谨，被举报人不具备法律法规规定的资格性条件。为此，本机关作出决定如下：（一）举报事项不成立；（二）责令采购人进行整改，进一步完善相关采购工作机制；（三）认定中标结果无效。

2013 年 12 月 17 日

中华人民共和国财政部政府采购信息公告（第一百三十八号）

根据《政府采购信息公告管理办法》（财政部令第 19 号）的规定，现将本机关对“中科院研究生院雁栖湖新校区空调采购及安装项目（编号 GC－HG120472）”作出的监督检查处理决定公告如下：

一、相关当事人名称

供应商：京安汇通机电设备安装工程（北京）有限公司
地址：北京市丰台区右安门开阳里八区 1 号楼底商
代理机构：中央国家机关政府采购中心
地址：北京市西城区西安门大街 22 号

二、基本情况

在“中科院研究生院雁栖湖新校区空调采购及安装项目（编号 GC－HG120472）”投诉案处理过程中，本机关发现中标供应商及代理机构存在其他违法违规行为，决定进一步调查取证后另行处理。本机关依法进行了调查取证，于 2013 年 11 月 13 日依法作出监督检查处理决定书（财库〔2013〕195 号）。

三、处理结果

经审查，供应商京安汇通机电设备安装工程（北京）有限公司提供虚假材料谋取中标，中央国家机关政府采购中心在质疑复核中超出质疑事项发表意见，并未能提供评审录音录像。为此，本机关作出决定如下：认定项目中标无效，对供应商京安汇通机电设备安装工程（北京）有限公司另行处罚，责令中央国家机关政府采购中心进行整改。

2013 年 12 月 17 日

中华人民共和国财政部政府采购信息公告（第一百三十九号）

根据《政府采购信息公告管理办法》（财政部令第19号）的规定，现将本机关对“广西壮族自治区国家税务局附属用房家具采购项目（编号：GXGC2G2013032）”举报案作出的监督检查处理决定公告如下：

一、相关当事人名称

被举报人：广西桂诚工程造价咨询事务有限责任公司
地址：广西壮族自治区南宁市金浦路16号汇东国际E座8层

二、基本情况

举报人认为，中标供应商不符合投标资格，被举报人作为代理机构偏袒中标供应商，招标存在不公平现象。经审查，本机关依法受理，并进行了调查取证，征求了相关当事人意见，于2013年11月13日依法作出监督检查处理决定书（财库〔2013〕196号）。

三、处理结果

经审查，举报事项缺乏相应证据予以证实。为此，本机关作出决定如下：根据《中华人民共和国政府采购法》及相关法律法规的规定，对举报事项不予支持。

2013年12月17日

中华人民共和国财政部政府采购信息公告（第一百四十号）

根据《政府采购信息公告管理办法》（财政部令第19号）的规定，现将本机关对“中央国家机关政府集中采购2013年信息类产品协议供货软件采购项目（总第二十期）”举报案作出的监督检查处理决定公告如下：

一、相关当事人名称

被举报人：中央国家机关政府采购中心
地址：北京市西城区西安门大街22号

二、基本情况

举报人反映，被举报人答复质疑称，举报人因实质性不响应采购文件中星号条款没有入围，举报人对质疑处理结果不满意。经审查，本机关依法受理，并进行了调查取证，征求了相关当事人意见，于 2013 年 11 月 19 日依法作出监督检查处理决定书（财库〔2013〕197 号）。

三、处理结果

经审查，举报事项缺乏依据。为此，本机关作出决定如下：根据《中华人民共和国政府采购法》第七十条，对举报事项不予支持。

2013 年 12 月 17 日

中华人民共和国财政部政府采购信息公告（第一百四十一号）

根据《政府采购信息公告管理办法》（财政部令第 19 号）的规定，现将本机关对“中国国家博物馆消防系统维护保养项目（编号 13CNIC03173617）”投诉案作出的处理决定公告如下：

一、相关当事人名称

投诉人：北京城建天宁消防有限责任公司
住所：北京市丰台区科学城恒富街 2 号院 3 号楼
被投诉人：中国国家博物馆
住所：北京市东城区东长安街 16 号
代理机构：中国仪器进出口（集团）公司
住所：北京市西城区西直门外大街 6 号

二、基本情况

投诉人因对被投诉人作出的质疑答复不满，认为被投诉人未在规定时间内进行中选公示，向本机关提起投诉。本机关依法审查处理，于 2013 年 11 月 19 日依法作出投诉处理决定书（财库〔2013〕198 号）。

三、处理结果

经审查，项目采用竞争性谈判采购方式，《中华人民共和国政府采购法》和《谈判文件》并无关于中选公示期限的规定或约定，投诉缺乏依据，被投诉人复审的程序和结果与评审相关规定不符，依据招标采购方式的相关规定对项目进行废标，适用法律错误。为此，本机关作出决定如下：1. 驳回投诉；2. 决定废标行为违法，责令继续开展采购活动；3. 针对项目采购活动中存在的违法违规情形，责令被投诉人及代理机构进行整改。

2013 年 12 月 17 日

中华人民共和国财政部政府采购信息公告（第一百四十二号）

根据《政府采购信息公告管理办法》（财政部令第 19 号）的相关规定，现将本机关对“大连海事大学 UPS 主机采购项目（GDC－20130826154183389）”举报案作出的监督检查处理决定公告如下：

一、相关当事人名称

被举报人：大连海事大学、中央国家机关政府采购中心

二、基本情况

2013 年 9 月 30 日，本机关收到大连宝士达电源股份有限公司的投诉书，10 月 8 日，又收到该公司的举报信。经审查，投诉书与举报信所反映的项目相同，内容基本一致，且本项目属于我部政府采购监督检查受理范围，本机关于 10 月 10 日正式受理。举报人反映：被举报人在《大连海事大学 UPS 主机采购项目（GDC－20130826154183389）网上竞价成交公告》资质要求中要求“为了保证产品的服务和质量，竞价时必须提供艾默生厂商对产品的售后服务”，此内容有涉嫌指定品牌之嫌。本机关依法对举报事项进行了调查取证，征求了相关当事人的意见。现本案已审查终结，本机关于 2013 年 11 月 28 日依法作出了监督检查处理决定书（财库〔2013〕201 号）。

三、处理结果

经审查，本机关作出如下决定：1. 本次竞价活动无效，重新组织采购。2. 责令采购人大连海事大学进行整改，进一步完善相关工作，严格执行相关规定。大连海事大学在收到本决定书之日起 15 日内将整改意见报送本机关。

2013 年 12 月 17 日

中华人民共和国财政部政府采购信息公告（第一百四十三号）

根据《政府采购信息公告管理办法》（财政部令第 19 号）的规定，现将本机关对宁波市国家税务局“普通发票定点印制项目（编号 NBGSZFCG2013002）”投诉案作出的处理决定公告如下：

一、相关当事人名称

投诉人：余姚港舜现代印务有限公司

住所：浙江省余姚市长新路68 号
被投诉人：浙江省宁波市国家税务局
住所：浙江省宁波市江东区百丈路8 号

二、基本情况

投诉人因对被投诉人作出的质疑答复不满，认为被投诉人未对供应商报价低于成本价问题做正面答复，向本机关提起投诉。本机关依法审查处理，于 2013 年 12 月 9 日依法作出投诉处理决定书（财库〔2013〕208 号）。

三、处理结果

经审查，项目评标采用综合评分法，关于政府采购活动中货物和服务的成本判断标准，现行法律法规并无明确规定。招标文件未提及投标人低于成本报价事项，评标方法和标准中也没有如何判断投标人报价是否低于其成本的具体标准，且投诉人未能提供有效证据证明供应商投标报价低于其成本，经调查，本机关也未发现存在供应商投标报价低于其成本的证据。为此，根据《政府采购供应商投诉处理办法》第 17 条第（一）项，本机关作出处理决定如下：投诉缺乏依据，驳回投诉。

2013 年 12 月 31 日

中华人民共和国财政部政府采购信息公告（第一百四十四号）

根据《政府采购信息公告管理办法》（财政部令第 19 号）的相关规定，现将本机关对青岛中型溢油应急设备库维护与运行项目投诉案作出的处理决定公告如下：

一、相关当事人名称

投诉人名称：青岛欧森海事技术服务有限公司
地址：青岛市东海西路 43 号凯旋大大厦东塔 9 层 A 室
被投诉人名称：山东中钢招标有限公司
地址：青岛市山东路 177 号鲁邦广场 A 座 3 楼

二、基本情况

投诉人青岛欧森海事技术服务有限公司（以下简称投诉人）因对被投诉人山东中钢招标有限公司（以下简称被投诉人）就“青岛中型溢油应急设备库维护与运行项目”作出的质疑答复不满，认为评标委员会在标书评审过程中未按照招标文件规定的评标方法和评标标准进行评标，于 2013 年 11 月 11 日向本机关提起投诉。经审查，本机关正式受理，并依法对投诉事项进行了调查取证，征求了相关当事人的意见，现本案已审查终结，本机关于 2013 年 12 月 16 日依法作出投诉处理决定（财库〔2013〕215 号）。

三、处理结果

经审查，评标时未安排答辩环节即对“现场答辩及综合评价、标书制作情况”项进行了评分，属于未按照招标文件的要求进行评标。为此，本机关做出决定如下：1. 根据《政府采购供应商投诉处理办法》（财政部令第20号）第19条的规定，责令重新开展采购活动。2. 对代理机构和评标委员会的行为进行进一步调查，明确责任后另行处理。

2013年12月31日

中华人民共和国财政部政府采购信息公告（第一百四十五号）

根据《政府采购信息公告管理办法》（财政部令第19号）的相关规定，现将本机关对山东省气象局人影楼九楼业务大平面显示系统设备采购及安装项目投诉案作出的处理决定公告如下：

一、相关当事人名称

投诉人名称：济南海景科技有限公司
地址：济南市解放路112号
被投诉人1名称：山东新世纪招标有限公司
地址：济南市奥体中路与工业南路交汇处向南150米路西三楼
被投诉人2名称：山东省气候中心
地址：济南市无影山东路11号6楼

二、基本情况

投诉人对“山东省气象局人影楼九楼业务大平面显示系统设备采购及安装项目”的质疑答复不满，认为其产品满足投标文件实质性要求且为价格最低的基础上，被投诉人取消其中标资格，于2013年11月4日向本机关投诉。经审查，本机关正式受理，并依法对投诉事项进行了调查取证，征求了相关当事人的意见，现本案已审查终结，本机关于2013年12月16日依法作出投诉处理决定（财库〔2013〕216号）。

三、处理结果

经审查，谈判文件关于单个液晶显示单元对角线尺寸要求的条款并未在谈判文件中列为实质性条款。采购人和代理机构以投诉人不满足此项条款的要求而取消成交结果的行为错误。为此，本机关做出处理决定如下：根据《政府采购供应商投诉处理办法》（财政部令第20号）第19条的规定，投诉事项成立，此次中标无效，责令重新开展采购活动。

2013年12月31日

中华人民共和国财政部政府采购信息公告（第一百四十六号）

根据《政府采购信息公告管理办法》（财政部令第19号）的规定，现将本机关对“中科院研究生院雁栖湖新校区空调采购及安装项目”作出的行政处罚决定公告如下：

一、相关当事人名称

当事人：京安汇通机电设备安装工程（北京）有限公司
住所：北京市丰台区右安门开阳里八区1号楼底商

二、基本情况

2013年5月30日，本机关在依法对“中科院研究生院雁栖湖新校区空调采购及安装项目”投诉案的调查中，发现京安汇通机电设备安装工程（北京）有限公司投标文件中提供的银行资信证明为虚假材料。上述违法事实，有投标文件、评审报告、银行的书面证明等材料在案佐证。上述行为违反了《中华人民共和国政府采购法》第77条和《政府采购货物和服务招标投标管理办法》第74条的规定。2014年1月8日，本机关作出《财政部行政处罚决定书》（财库〔2014〕4号）。

三、处理结果

根据《中华人民共和国政府采购法》第77条和《政府采购货物和服务招标投标管理办法》第74条的规定，本机关决定对京安汇通机电设备安装工程（北京）有限公司处以96396.05元罚款，并列入不良行为记录名单，一年内禁止参加政府采购活动。

2014年3月21日

中华人民共和国财政部政府采购信息公告（第一百四十七号）

根据《政府采购信息公告管理办法》（财政部令第19号）的规定，现将本机关对“国际关系学院学术交流中心第一放映厅舞台设备系统改造升级项目”（编号1341STC40262）举报案作出的监督检查处理决定公告如下：

一、相关当事人名称

被举报人：国际关系学院
住所：北京市海淀区坡上村12号

被举报人：中钢招标有限责任公司
住所：北京市海淀区海淀大街8号16层

二、基本情况

举报人反映：第一次招标中，代理机构及评标委员会评定中标供应商中标，不符合招标文件规定的招标要求和评标标准，在中标结果公告后决定废标，剥夺了其他供应商的合法权益。第二次招标中，代理机构将第一次招标公告及招标文件中中标供应商不符合的商务及技术要求删掉，偏袒第一次中标供应商，第二次中标供应商怀疑是第一次中标供应商的同伙围标人。本机关依法受理，并进行了调查取证，于2014年1月20日作出《财政部监督检查处理决定书》（财库〔2014〕9号）。

三、处理结果

经审查，举报缺乏依据。为此，本机关作出决定如下：根据《中华人民共和国政府采购法》第70条，对举报不予支持。

2014年3月21日

中华人民共和国财政部政府采购信息公告（第一百四十八号）

根据《政府采购信息公告管理办法》（财政部令第19号）的相关规定，现将本机关对对外经济贸易大学游泳池水下救生监控系统与游泳馆扩声系统购置项目第01包（招标编号：BIECC－ZB0606）投诉案作出的处理决定公告如下：

一、相关当事人名称

投诉人：北京海豚光波科技开发有限公司
地址：北京市东城区天坛东里中区甲14号
被投诉人：对外经济贸易大学
地址：北京市朝阳区惠新东街10号
被投诉人：北京国际工程咨询公司
地址：北京市海淀区学院路30号科大天工大厦A座512室

二、基本情况

投诉人对被投诉人的质疑答复不满，认为投标人北京泰和中怡技术发展有限公司（以下简称泰和公司）提供“北京奥运会水立方救生系统虚假业绩”；评标办法、程序和过程不合法；发布招标结果公示违法；两次招标文件中技术规格违法。本机关依法受理，并进行了调查取证，于2014年1月27日作出《财政部投诉处理决定书》（财库〔2014〕11号）。

三、处理结果

经审查，投标人泰和公司在投标文件中“业绩证明文件”部分并未提供“北京奥运水立方救生系统”业绩；评标委员会在评审过程中发现一家投标人不满足招标文件的要求，合格投标人不足三家，决定废标的行为符合《政府采购法》第 36 条的规定；关于投诉人反映的发布招标结果公示违法问题，经查招标结果公示，已说明废标理由，投诉人的要求缺乏法律依据；关于第一次招标的技术规格问题，投诉人未能在澄清函发布之日起七个工作日内，以书面形式就该问题提出质疑，该项投诉不符合投诉条件，不属于此次投诉处理范围；关于第二次招标的技术规格问题，海豚光波公司未曾就该投诉事项进行质疑，不符合投诉条件，不属于此次投诉处理范围。

为此，本机关作出处理决定如下：根据《政府采购法》第 36 条、第 52 条、第 55 条、《政府采购供应商投诉处理办法》第 7 条、第 10 条、第 17 条第（二）项的规定，驳回投诉。

2014 年 3 月 21 日

中华人民共和国财政部政府采购信息公告（第一百四十九号）

根据《政府采购信息公告管理办法》（财政部令第 19 号）的相关规定，现将本机关对对外经济贸易大学游泳池水下救生监控系统与游泳馆扩声系统购置项目第 01 包（招标编号：BIECC－ZB0606）投诉案作出的处理决定公告如下：

一、相关当事人名称

投诉人：北京松神翔达体育设备有限公司
地址：北京市东城区天坛东里航馆中心 14 号
被投诉人：对外经济贸易大学
地址：北京市朝阳区惠新东街 10 号
被投诉人：北京国际工程咨询公司
地址：北京市海淀区学院路 30 号科大天工大厦 A 座 512 室

二、基本情况

投诉人对被投诉人的质疑答复不满，认为无正当理由废除其投标资格；招标文件设置不合理。本机关依法受理，并进行了调查取证，于 2014 年 1 月 27 日作出《财政部投诉处理决定书》（财库〔2014〕12 号）。

三、处理结果

经审查，根据《招标文件》规定“1. 投标人在投标文件中必须提供本单位上年度经会计师事务所出具的审计报告复印件并加盖本单位公章。2. 如投标人无法提供上年度审计报告，则需提供银行出具的资信证明”，被投诉人据此废除投诉人的投标资格符合《招标文件》的要求；关于招标文件设置不合理问题，投诉人就该问题提出的质疑已超过法定质疑期，该项投诉不符合投诉条件，不属于此次投诉处理范围。

为此，本机关作出处理决定如下：根据《政府采购法》第 52 条、第 55 条、《政府采购供应商投诉处理办法》第 7 条、第 10 条、第 17 条第（二）项的规定，驳回投诉。

2014 年 3 月 21 日

中华人民共和国财政部政府采购信息公告（第一百五十号）

根据《政府采购信息公告管理办法》（财政部令第 19 号）的规定，现将本机关对“团结报社全媒体建设项目（编号 TC13V901）”投诉案作出的处理决定公告如下：

一、相关当事人名称

投诉人：北京紫荆新锐科技有限公司

住所地：北京市海淀区东北旺西路 8 号 5 号楼一层东侧 142 房间

被投诉人：团结报社

住所地：北京市东城区东皇城根南街 84 号

被投诉人：中招国际招标有限公司

住所地：北京市海淀区皂君庙 14 号院 9 号楼

二、基本情况

投诉人认为采购人在招标要求中故意放低门槛，导致深圳市震有科技有限公司假“代理”之名联合投标，以不具备资质的公司充数，凑成三家公司参与投标，其中北京文鑫伟业商贸有限公司不具备本次投标资格，请求认定中标结果无效。本机关依法受理，并进行了调查取证，于 2014 年 1 月 27 日依法作出《财政部投诉处理决定书》（财库〔2014〕13 号）。

三、处理结果

根据《中华人民共和国政府采购法》第 55 条、《政府采购供应商投诉处理办法》第 7 条规定，投诉人未曾就被投诉人团结报社涉嫌在招标要求中故意放低门槛事项提出质疑，不符合投诉条件，不属于本机关投诉处理范围，予以驳回。

招标文件规定，投标人须出具会计师事务所出具的近一年度财务审计报告。北京文鑫伟业商贸有限公司投标文件中仅提供了 2012 年度资产负债表和利润表，不属于完整有效的财务审计报告。根据《中华人民共和国政府采购法》第 36 条、《政府采购货物和服务招标投标管理办法》第 56 条、《政府采购供应商投诉处理办法》第 19 条规定，北京文鑫伟业商贸有限公司不符合招标文件中规定的资格要求，应按照无效投标处理，符合专业条件的供应商不足三家应予废标，而被投诉人已经支付合同款项，合同已经履行，决定采购活动违法。

2014 年 3 月 21 日

中华人民共和国财政部政府采购信息公告（第一百五十一号）

根据《政府采购信息公告管理办法》（财政部令第 19 号）的规定，现将本机关对“全国高速公路信息通信系统联网工程北京网管中心数据网设备（编号：TC1353J3/01 包）”投诉案作出的处理决定公告如下：

一、相关当事人名称

投诉人：北明软件股份有限公司

住所：北京市朝阳区北四环中路 27 号盘古大观写字楼 A 座 8 层

被投诉人：中国交通通信信息中心

住所：北京市朝阳区安外外馆后身 1 号

被投诉人：中招国际招标有限公司

住所：北京市海淀区皂君庙 14 号院 9 号楼 418 房间

二、基本情况

投诉人称中标供应商福建星网锐捷网络有限公司所投核心路由器产品、防火墙产品通过虚假应标谋求中标，评标委员会没有全面核实中标供应商投标产品的真实性。本机关依法受理，并进行了调查取证，于 2014 年 2 月 14 日依法作出投诉处理决定书（财库〔2014〕15 号）。

三、处理结果

经审查，中标供应商投标产品满足招标文件要求，投诉主张缺乏依据。根据《政府采购供应商投诉处理办法》第 17 条第（二）项规定，投诉缺乏依据，驳回投诉。

2014 年 3 月 21 日

中华人民共和国财政部政府采购信息公告（第一百五十二号）

根据《政府采购信息公告管理办法》（财政部令第 19 号）的规定，现将本机关对

“2013 年农业部国库支付系统二次开发项目（编号 0610－1341BJNF9691）”投诉案作出的处理决定公告如下：

一、相关当事人名称

投诉人：北京久其软件股份有限公司
住所：北京市海淀区大慧寺路 5 号 3 号楼 3 层
被投诉人：北京国际招标有限公司
住所：北京市东城区朝阳门北小街 71 号

二、基本情况

投诉人因对被投诉人作出的质疑答复不满，认为实质性响应的供应商不足 3 家的情况下，被投诉人进行采购并发布中标公告，根据政府采购法相关规定本次招标应予废标，并重新组织招标，向本机关提起投诉。本机关依法审查处理，于 2014 年 3 月 17 日依法作出《财政部投诉处理决定书》（财库〔2014〕21 号）。

三、处理结果

经审查，本采购项目应答截止时，参加谈判的供应商不足三家，不符合《中华人民共和国政府采购法》第 38 条规定，而本项目已经签订采购合同并支付合同款项，政府采购合同已经履行。

为此，根据《中华人民共和国政府采购法》第 38 条、《政府采购供应商投诉处理办法》第 17 条、第 19 条，本机关作出处理决定如下：决定“2013 年农业部国库支付系统二次开发项目”采购活动违法，责令被投诉人北京国际招标有限公司进行整改，并在收到决定书之日起 15 日内将整改情况报送本机关。

2014 年 6 月 6 日

中华人民共和国财政部政府采购信息公告（第一百五十三号）

根据《政府采购信息公告管理办法》（财政部令第 19 号）的规定，现将本机关对中国土地勘测规划院“2013 年度变更调查数据国家级更新入库项目（编号 0701－134150060013）”投诉案作出的处理决定公告如下：

一、相关当事人名称

投诉人：北京中天博地科技有限公司
住所：北京市朝阳区安翔北里甲 11 号院 1 号楼 15 层
被投诉人：中技国际招标公司

住所：北京市丰台区西四环南路 101 号（园区）

二、基本情况

投诉人因对被投诉人作出的质疑答复不满，认为计算分数有误，对被投诉人不予查询投诉人及中标人的各项得分情况进行投诉，申请查询投诉人的综合得分情况。本机关依法审查处理，于 2014 年 3 月 21 日依法作出《财政部投诉处理决定书》（财库〔2014〕22 号）。

三、处理结果

经审查，根据《中华人民共和国政府采购法》第 11 条、《政府采购信息公告管理办法》第 8 条、《政府采购供应商投诉处理办法》第 17 条，投诉人及中标人各项得分情况，不属于依法必须公告的政府采购信息，投诉缺乏依据。此外，被投诉人在答复投诉书时称，“各投标人最终得分为去掉 1 个评委的最高分和 1 个评委的最低分，取其余评委得分的算术平均值”，与《政府采购货物和服务招标投标管理办法》第 49 条、第 52 条规定不符，同时影响了评审结果。

为此，本机关作出决定如下：1. 根据《中华人民共和国政府采购法》第 11 条、《政府采购信息公告管理办法》第 8 条、《政府采购供应商投诉处理办法》第 17 条，投诉缺乏依据，驳回投诉；2. 根据《政府采购货物和服务招标投标管理办法》第 49、52 条、《政府采购供应商投诉处理办法》第 19 条第（一）项，决定采购行为违法，责令采购人中国土地勘测规划院重新开展采购活动，责令采购代理机构中技国际招标公司进行整改，并在收到决定书之日起 15 日内将整改情况报送本机关。

2014 年 6 月 6 日

中华人民共和国财政部政府采购信息公告（第一百五十四号）

根据《政府采购信息公告管理办法》（财政部令第 19 号）的规定，现将本机关对国家体育总局“全国职工体育示范单位体质测试器材（编号 ZB2013/20）”政府采购项目投诉案作出的处理决定公告如下：

一、相关当事人名称

投诉人：同方健康科技（北京）有限公司

住所：北京市海淀区信息路 7 号数字传媒大厦 307 室

被投诉人：国家体育总局体育器材装备中心

住所：北京市东城区体育馆路 3 号

供应商：北京鑫东华腾体育器械有限公司

住所：北京市丰台区丰台科学城恒富中街 2 号院 1 号楼 6408 室（园区）

供应商：北京兴鑫亚华电子科技发展有限公司

住所：北京市通州区中关村科技园区通州园金桥科技产业基地景盛南四街13号25号楼

二、基本情况

投诉人因对被投诉人作出的质疑答复不满，认为项目确认的中标人北京鑫东华腾体育器械有限公司（以下简称鑫东华腾公司）与被投诉人存在重大利害关系，严重影响招标公正性；投标过程中，鑫东华腾公司与北京兴鑫亚华电子科技发展有限公司（以下简称兴鑫亚华公司）相互串通投标；招标文件中唯一指定提供“体育总局研究的国民体质测定标准计算机应用系统体质评介软件”，属于指定特定的产品及品牌的行为，向本机关提起投诉。本机关依法审查处理，于2014年4月14日依法作出《财政部投诉处理决定书》（财库〔2014〕36号）。

三、处理结果

经审查，本机关未发现认定鑫东华腾公司与被投诉人存在利害关系可能影响招标公正性的有效证据，该投诉事项缺乏依据；本机关未发现认定鑫东华腾公司与兴鑫亚华公司存在相互串通投标情形的有效证据，该投诉事项缺乏依据；在市场上存在满足类似功能其他软件的情况下，被投诉人在招标文件中要求，投标产品需包含特定软件，与《政府采购货物和服务招标投标管理办法》第6条、第21条规定不符。

为此，本机关作出处理决定如下：1. 关于中标人鑫东华腾公司与被投诉人涉嫌存在重大利害关系严重影响招标公正问题，投诉事项缺乏依据，驳回投诉；2. 关于投标过程中鑫东华腾公司与兴鑫亚华公司涉嫌相互串通投标问题，投诉事项缺乏依据，驳回投诉；3. 关于招标文件中指定提供“体育总局研究的国民体质测定标准计算机应用系统体质评介软件”，涉嫌指定特定产品及品牌问题。投诉事项经查证属实，根据《政府采购货物和服务招标投标管理办法》第6条、第21条、《政府采购供应商投诉处理办法》第19条第（一）项规定，决定采购行为违法，责令国家体育总局重新开展采购活动，责令国家体育总局体育器材装备中心进行整改，并在收到决定书之日起15日内将整改情况报送本机关。

2014年6月6日

中华人民共和国财政部政府采购信息公告（第一百五十五号）

根据《政府采购信息公告管理办法》（财政部令第19号）的规定，现将本机关对北京红亚华宇科技有限公司在“北京电子科技学院密码编码与分析实验室改造采购项目”采购活动中涉嫌提供虚假材料投标一案作出的行政处罚决定公告如下：

一、相关当事人名称

当事人：北京红亚华宇科技有限公司

住所：北京市海淀区学院南路 15 号院 7 号楼 13 层 1602

二、基本情况

2014 年 1 月 13 日，本机关收到反映北京红亚华宇科技有限公司在“北京电子科技学院密码编码与分析实验室改造采购项目”采购活动中涉嫌提供虚假材料投标的相关材料。经调查，本机关查明，北京红亚华宇科技有限公司投标时提供的《软件企业认定证书》（京 R－2013－1199），为虚假的软件企业资格证书，违反了《中华人民共和国政府采购法》第 77 条和《政府采购货物和服务招标投标管理办法》第 74 条的规定。2014 年 4 月 29 日，本机关作出《财政部行政处罚决定书》（财库〔2014〕44 号）。

三、处理结果

根据《中华人民共和国政府采购法》第 77 条和《政府采购货物和服务招标投标管理办法》第 74 条的规定，本机关对北京红亚华宇科技有限公司处以采购项目中标金额千分之五罚款（5831.50 元）的行政处罚，列入不良行为记录，一年内禁止参加政府采购活动。

2014 年 6 月 6 日

中华人民共和国财政部政府采购信息公告（第一百五十六号）

根据《政府采购信息公告管理办法》（财政部令第 19 号）的规定，现将本机关对“故宫博物院石鼓馆展柜、西玉河库房柜架采购项目（编号 GC－FG130414）”投诉案作出的处理决定公告如下：

一、相关当事人名称

投诉人：宁波邦达实业有限公司
住所：浙江省宁波市高新区木槿路 99 号
被投诉人：中央国家机关政府采购中心
住所：北京市西城区西安门大街 22 号

二、基本情况

投诉人因对被投诉人作出的质疑答复不满，认为中央国家机关政府采购中心（以下简称国采中心）以“重大变故”为理由推翻招标结果，不足为信，第一包和第二包同属一个项目，第一包承认中标结果，而第二包以重大变故为由取消采购任务，国采中心就此质疑未作出答复，国采中心答复质疑称项目经费被财政部投资评审中心核销，难以置信，向本机关提起投诉，请求维持第二包评标结果，并赔偿投诉人作为投标人的一切经济损失。

本机关依法审查处理，于 2014 年 5 月 6 日依法作出《财政部投诉处理决定书》（财库〔2014〕47 号）。

三、处理结果

经审查，本机关认为：1. 关于第一、三项投诉事项，财政部投资评审中心评审结论未涉及西玉河库房柜架项目内容，本项目以预算资金核销属于重大变故为由取消项目采购任务，废标行为依据错误。2. 关于第二项投诉事项，国采中心将两个项目合并为一个项目的两个包进行了公开招标，未在采购文件和采购过程中作出说明，行为明显不当。3. 故宫博物院向国采中心出具说明，称“在招标过程中不予公布采购预算，对中标金额的上下浮动，我院予以认可”，与《中华人民共和国政府采购法》第 6 条等预算和政府采购管理相关规定不符。4. 国采中心按照综合评分法对商务、技术、售后和价格进行评审后，又选出前三名再次进行样品评审，程序上违反了评审相关规定，改变了实际参加招标采购的供应商范围，客观上对用料、设计等技术指标进行了重复打分，导致价格分值占比不足 30% 的最低限额，事实上改变了综合评分法的法定评审结果，导致在综合评分过程中排名第二的投诉人，在样品评审后排名第一并高价中标，与《政府采购货物和服务招标投标管理办法》第 52 条规定不符。5. 国采中心在采购项目评审中没有进行录音录像，行为明显不当。

为此，本机关作出处理决定如下：1. 根据《中华人民共和国政府采购法》第 36 条、《政府采购供应商投诉处理办法》第 19 条第（一）项规定，故宫博物院取消采购任务理由不成立，投诉人投诉事项成立，责令故宫博物院进行整改。2. 关于两包中仅第二包采购任务取消的问题。该问题主要因国采中心将两个政府采购项目不当合为一个项目的两包造成，责令国采中心就相关工作进行整改。3. 根据《中华人民共和国政府采购法》第 6 条、《财政违法行为处罚处分条例》第 7 条第（七）项，责令故宫博物院就书面承诺认可招标结果上下浮动，违反预算和政府采购管理规定的违法问题进行整改。4. 根据《政府采购货物和服务招标投标管理办法》第 52 条、《政府采购供应商投诉处理办法》第 19 条第（一）项规定，决定采购行为违法，责令重新开展采购活动，责令国采中心就评审方法违法问题进行整改。5. 根据《中华人民共和国政府采购法》第 42 条、《财政部关于进一步规范政府采购评审工作有关问题的通知》（财库〔2012〕69 号）规定，责令国采中心就未进行评审录音录像问题进行整改。

2014 年 6 月 6 日

中华人民共和国财政部政府采购信息公告（第一百五十七号）

根据《政府采购信息公告管理办法》（财政部令第 19 号）的规定，现将本机关对海关总署“中国海关现代化采购项目（编号 ICEB－B1110808）”投诉案作出的处理决定公告如下：

一、相关当事人名称

投诉人：北京富通东方科技有限公司
地址：北京市海淀区知春路128号泛亚大厦七层793室
被投诉人：中国国际经济技术交流中心
地址：北京市东城区安定门大街28号雍和大厦C座11层

二、基本情况

投诉人因对被投诉人做出的质疑答复不满，认为中标公告中未公布评标委员会成员，中标产品品牌、型号；被投诉人未按招标文件要求评分；项目资金由财政拨款和联合国开发计划署资金组成，最终使用方为海关总署，应属于政府采购项目，向本机关提起投诉。本机关依法审查处理，于2014年5月6日作出《财政部投诉处理决定书》（财库〔2014〕48号）。

三、处理结果

经审查，被投诉项目属于政府采购项目，应依照《中华人民共和国政府采购法》等相关法律法规执行，而被投诉项目未依照上述规定执行。为此，本机关做出处理决定如下：根据《中华人民共和国政府采购法》第二条第一款、第三十六条、第六十四条第一款、《政府采购供应商投诉处理办法》（财政部令第20号）第十九条的规定，决定被投诉项目采购活动违法，责令中国国际经济技术交流中心、海关总署进行整改。

2014年6月6日

中华人民共和国财政部政府采购信息公告（第一百五十八号）

根据《政府采购信息公告管理办法》（财政部令第19号）的规定，现将本机关对"上海民航职业技术学院A320动态撤离训练舱采购项目（编号0613－136136014557）"投诉案作出的处理决定公告如下：

一、相关当事人名称

投诉人：西安飞鹰亚太航空模拟设备有限公司
住所：陕西省西安市阎良国家航空高技术产业基地航空五路20号
被投诉人：上海民航职业技术学院
住所地：上海市徐汇区龙华西路1号
被投诉人：上海机电设备招标有限公司
住所地：上海市长寿路285号

二、基本情况

投诉人因对被投诉人作出的质疑答复不满，认为被投诉人在本次政府采购项目中采购了进口货物，没有获得财政部门的核准，招标文件限定了运动平台的类型，评审标准违反法律规定，向本机关提起投诉，请求取消中标单位的中标资格。本机关依法审查处理，于2014年5月9日依法作出《财政部投诉处理决定书》（财库〔2014〕51号）。

三、处理结果

经审查，本机关认为；运动平台属于可以独立采购的产品，被投诉人未经财政部门核准采购进口货物，与《政府采购进口产品管理办法》第7条等相关规定不符。投诉人认为招标文件损害自身权益，未经书面质疑，不属于此次投诉处理范围。

为此，本机关作出决定如下：1. 关于第一、二项投诉事项，根据《政府采购进口产品管理办法》（财库〔2007〕119号）第7条、《政府采购供应商投诉处理办法》第19条第（一）项规定，被投诉人未经财政部门核准采购进口货物，责令重新开展采购活动。2. 关于第三项投诉事项，根据《中华人民共和国政府采购法》第52条、55条、《政府采购供应商投诉处理办法》第10条第（二）项规定，投诉事项未经质疑程序不符合投诉条件，不予支持。

2014年6月6日

中华人民共和国财政部政府采购信息公告（第一百五十九号）

根据《政府采购信息公告管理办法》（财政部令第19号）的规定，现将本机关对“国家医疗救治体系项目D包－血气分析仪”采购项目（编号GXTC－0404038）投诉案作出的处理决定公告如下：

一、相关当事人名称

投诉人：北京现代沃尔经贸有限责任公司

住所：北京市东城区广渠门内大街80号511室

被投诉人：中华人民共和国国家卫生和计划生育委员会

住所：北京市西城区西直门外南路1号

二、基本情况

投诉人因对被投诉人作出的质疑答复不满，认为投诉人所投产品是当今最好品牌之一，另外投标价格最低，得不到不中标的合理理由，招标文件中没有写明具体评标方法、打分标准、计算公式，中标结果公示未包括评标委员会成员名单，中标人所投产品在其他投标中比本次报价低，向本机关提起投诉。本机关依法审查处理，于 2014 年 5 月 9 日依法作出《财政部投诉处理决定书》（财库〔2014〕52 号）。

三、处理结果

经审查，本机关认为：招标文件中规定采用综合打分法，规定了商务、技术和价格三部分的分值，但未规定具体评分因素及其分值比重，评标委员会专家由多家采购代理机构提供的专家库汇总后随机抽取，中标公告中未包括评标委员会成员名单，采购代理机构国信招标集团股份有限公司称项目遵照《招标投标法》相关规定执行。被投诉项目属于货物采购，其采购方式和采购程序均应依照《中华人民共和国政府采购法》、《政府采购货物和服务招标投标管理办法》规定执行，而被投诉项目未依照相关规定执行，违反了《中华人民共和国政府采购法》第 2 条第一款和第 64 条第一款规定。鉴于被投诉项目适用法律和采购程序错误，本机关不再对投诉事项逐一审查。

为此，本机关作出处理决定如下：根据《中华人民共和国政府采购法》第 2 条、第 64 条，《政府采购供应商投诉处理办法》第 19 条第（三）项规定，决定“国家医疗救治体系项目 D 包 - 血气分析仪”采购项目（编号 GXTC - 0404038）采购活动违法。

2014 年 6 月 6 日

中华人民共和国财政部政府采购信息公告（第一百六十号）

根据《政府采购信息公告管理办法》（财政部令第 19 号）的规定，现将本机关对“哈尔滨工业大学原子层沉积系统采购项目（编号 GDC - 20131022153597833）”投诉案作出的处理决定公告如下：

一、相关当事人名称

投诉人：英作纳米科技（北京）有限公司
住所地：北京市海淀区上地东路 25 号一层 6 单元
被投诉人：哈尔滨工业大学
住所地：黑龙江省哈尔滨市南岗区西大直街 92 号
被投诉人：中央国家机关政府采购中心
住所地：北京市西城区西安门大街 22 号
供应商：嘉兴科民电子设备技术有限公司
住所地：浙江省嘉兴市南湖区凌公塘路 3339 号（嘉兴科技城）综合楼 A 座 213 室

二、基本情况

投诉人因对被投诉人作出的质疑答复不满，认为本项目预成交供应商嘉兴科民电子设备技术有限公司（以下简称嘉兴科民公司）没有实质性响应采购文件关于“产品通过CE认证或其他权威安全机构认证”的要求，向本机关提起投诉，请求取消嘉兴科民公司成交供应商资格，同时对其弄虚作假行为给予处罚。本机关依法审查处理，于2014年5月15日依法作出《财政部投诉处理决定书》（财库〔2014〕54号）。

三、处理结果

经审查，竞价公告“备注”部分载明“产品须通过CE认证或其他权威安全机构认证”，嘉兴科民公司的应答为“产品通过安全机构认证”。嘉兴科民公司实际取得了欧盟EC认证机构英国赛孚耐有限公司授权上海盛百欧设备检测技术有限公司签发的认证书，同时取得了嘉兴中科检测技术服务有限公司（浙江中科院应用技术研究院分析测试中心）出具的检测合格分析报告，符合竞价文件的要求。

为此，本机关作出处理决定如下：根据《政府采购供应商投诉处理办法》第17条，投诉缺乏依据，驳回投诉。

2014年6月6日

中华人民共和国财政部政府采购信息公告（第一百六十一号）

根据《政府采购信息公告管理办法》（财政部令第19号）的规定，现将本机关对“中国地震局工程力学研究所西部预警信息发布软件系统采购项目（编号GLTC－137DR112C331）”投诉案作出的处理决定公告如下：

一、相关当事人名称

投诉人：成都市美幻科技有限公司

住所：四川省成都市高新技术开发区天府大道北段1480号高新孵化园6号楼109室

被投诉人：黑龙江省国律招标有限责任公司

住所：黑龙江省哈尔滨市香坊区衡山路18号A区10层

二、基本情况

投诉人因对被投诉人作出的质疑答复不满，向本机关提起投诉。投诉人认为本项目招标补遗－1删除了招标文件第二册第六章投标资料表中＊13.3“资格要求”中的“3.投标人应提供类似产品成功运行两年以上的用户证明原件”条款，招标补遗删除了招标文件第二册评分标准“3.企业实力信誉及投标响应情况”中“为地震局社会服务工程做过同类项目”评分条款，降低了招标文件第二册评分标准“3.企业实力信誉及投标响应情况”中“投标人项目实施情况”评分条款要求，以不合理的条件限制了包括投诉人在内的潜在投标人。请求保留招标文件原条款，并废除招标补遗中的相应条款。本机关依法审查处理，于2014年5月16日依法作出《财政部投诉处理决定书》（财库〔2014〕58号）。

三、处理结果

经审查，被投诉人取消原招标文件中设定的供应商特定条件，删除和修改招标文件中规定的评分因素，并未对供应商设定新的特定条件，不构成设定不合理条件，投诉事项缺乏依据。

为此，根据《政府采购供应商投诉处理办法》第17条，本机关作出处理决定如下：投诉缺乏依据，驳回投诉。

2014年6月20日

中华人民共和国财政部政府采购信息公告（第一百六十二号）

根据《政府采购信息公告管理办法》（财政部令第19号）的规定，现将本机关对“国家旅游局旅游宣传品设计项目（编号XHTC－FW－2014－1001）”投诉案作出的处理决定公告如下：

一、相关当事人

投诉人：北京兴旅国际传媒有限公司
住所：北京市东城区建国门内大街甲9号1351室
被投诉人：国家旅游局
住所：北京市东城区建国门内大街甲9号
被投诉人：新华招标有限公司（原新华国际招标有限公司）
住所：北京市海淀区莲花池东路39号8层810

二、基本情况

投诉人称，投诉人对中标结果公告提出质疑，被投诉人口头说明因投诉人投标文件中未提供编辑、编审资格证书复印件，被作为无效投标处理，但是书面回函中未对投诉人的质疑给予回复，请求责令被投诉人废标，并重新组织招标。本机关依法调查处理，于2014年6月6日作出投诉处理决定。

三、处理结果

经审查，招标文件规定，“无论投标结果如何，招标方均无向投标方解释其中标或未中标原因的义务”，与《政府采购法》第53条、第54条、《政府采购货物和服务招标投标管理办法》第63条规定不符；招标文件“投标人须知前附表”规定，“资格标准：7. 承担宣传品后期编审的编辑人员，应有持续5年从事旅游类图书出版编辑工作经验；承担编辑初审人员应有新闻出版署核发的编辑资格证书，承担终审的人员应有新闻出版署核发的副编审以上资格证书”，但“投标文件格式”部分“8. 资格证明文件格式”规定的必要条件中，未要求投标人提交编辑人员资格证书作为合格性证明文件。招标文件规定的投标人应提交资格证明文件，与投标文件编制要求不一致，可能影响中标结果，与法律规定不符。

为此，本机关作出处理决定如下：根据《政府采购法》第 53 条、第 54 条、《政府采购货物和服务招标投标管理办法》第 63 条规定，招标文件规定“无向投标方解释其中标或未中标原因的义务”，与法律规定不符，责令新华招标有限公司进行整改；根据《政府采购供应商投诉处理办法》第 19 条第（二）项规定，招标文件规定的投标人应提交资格证明文件，与投标文件编制要求不一致，可能影响中标结果，与法律规定不符，鉴于政府采购合同已经签订但尚未履行，决定撤销合同，责令重新开展采购活动。

2014 年 7 月 29 日

中华人民共和国财政部政府采购信息公告（第一百六十三号）

根据《政府采购信息公告管理办法》（财政部令第 19 号）的相关规定，现将本机关对“中国城市规划设计研究院信息管理系统建设项目”举报案作出的监督检查处理决定公告如下：

一、相关当事人名称

被举报人：中国城市规划设计研究院（以下简称采购人）、新华招标有限公司（以下简称新华招标）

二、基本情况

2014 年 4 月 30 日，本机关收到关于中国城市规划设计研究院信息管理系统建设项目的举报。经审查，本项目属于本机关政府采购监管范围。举报人反映：本项目早已内定，涉嫌滥用财政专项资金，请求我部彻查。本机关依法审查处理，于 2014 年 6 月 19 日作出了监督检查处理决定。

三、处理结果

本机关查明：新华招标在代理本项目采购过程中，没有从同级或上一级政府采购专家库中抽取评标专家。此外，还存在以下问题：招标文件的实际发售期只有 3 天；技术规范部分描述过于简单；本项目为通用办公软件建设，涉及专业技术较少，而评标标准中做过设计院类似项目的业绩分值累计 19 分。对此，本机关做出如下处理决定：1. 根据《政府采购货物和服务招标投标管理办法》（财政部令第 18 号）第 48 条、《中华人民共和国政府采购法》第36条的规定，责令采购人对本项目作废标处理；2. 针对本案调查中发现的其他问题，责令采购人、新华招标进行整改；3. 关于新华招标未按规定抽取评标专家的行为，本机关另行处理。

2014年7月29日

中华人民共和国财政部政府采购信息公告（第一百六十四号）

根据《政府采购信息公告管理办法》（财政部令第19号）的规定，现将本机关对中国儿童少年基金会“中央专项彩票公益金支持婴幼儿营养补助项目——消除婴幼儿贫血行动”项目（编号0722－1461FE287WWH）投诉案作出的处理决定公告如下：

一、相关当事人

投诉人：亨氏联合有限公司
住所：广东省广州市天河区燕岭路133号
被投诉人：中国儿童少年基金会
住所：北京市西城区平安里西大街43号
被投诉人：中国远东国际招标公司
住所：北京市朝阳区和平街东土城路甲9号
相关供应商：天添爱（青岛）生物科技有限公司
住所：山东省青岛市红岛经济区河套街道安和路1号

二、基本情况

投诉人因对被投诉人作出的质疑答复不满，向本机关提起投诉。投诉事项如下：1. 被投诉人未依法答复综合评分的过程和各投标企业的分数，侵犯了投诉人的合法权益。2. 中标企业天添爱（青岛）生物科技有限公司的微小企业声明涉嫌虚假，严重侵犯了投诉人及其他投标企业的合法权益。本机关依法调查处理，于2014年7月1日作出投诉处理决定。

三、处理结果

经审查，关于投诉事项1，根据《政府采购信息公告管理办法》第8条规定，综合评分过程及投标人的分数，不属于依法必须公告的政府采购信息。关于投诉事项2，天添爱（青岛）生物科技有限公司提交的《中小企业声明函》、青岛高新技术产业开发区管理委员会经济发展局《青岛市中小微型企业认定表》表明，中标企业2013年营业收入4901.87万元、从业人员180人，已由所在地中小企业主管部门认定为小型企业，不违反法律规定。同时，本机关投诉处理中发现，评审录像显示，儿基会、远东招标公司未对评标委员会成员的手机等通讯工具进行统一保管，评标委员会成员多次查看使用手机，部分评标委员会成员多次用手机接听电话并进出评标现场。

为此，本机关作出处理决定如下：关于投诉事项1，根据《政府采购法》第11条、《政府采购信息公告管理办法》第8条规定，综合评分过程及投标人的分数，不属于依法必须公告的政府采购信息。投诉事项缺乏依据，驳回投诉。关于投诉事项2，根据《中小企业促进法》第2条、《中小企业划型标准规定》（工信部联企业〔2011〕300号）第4条、《政府采购促进中小企业发展暂行办法》（财库〔2011〕181号）第15条规定，天添爱公司2013年营业收入4901.87万元、从业人员180人，已由所在地中小企业主管部门认定为小型企业，不违反法律规定。投诉事项缺乏依据，驳回投诉。关于本机关投诉处理中发现的评标工作违反评审工作纪律问题，根据《政府采购货物和服务招标投标管理办法》第44条、《财政部关于进一步规范政府采购评审工作有关问题的通知》（财库〔2012〕69号）、《政府采购供应商投诉处理办法》第19条第（一）项规定，被投诉人未依法组织评标工作，评审活动违反评审工作纪律，可能影响中标结果，鉴于政府采购合同尚未签订，决定采购行为违法，责令重新开展采购活动。

2014年7月29日

中华人民共和国财政部政府采购信息公告（第一百六十五号）

根据《政府采购信息公告管理办法》（财政部令第19号）的规定，现将本机关对“中国地震局工程力学研究所西部预警信息发布软件系统采购项目（编号GLTC-137DR112C331）”投诉案作出的处理决定公告如下：

一、相关当事人

投诉人：成都市美幻科技有限公司

住所：四川省成都市高新技术开发区天府大道北段1480号高新孵化园6号楼109室

被投诉人：黑龙江省国律招标有限责任公司

住所：黑龙江省哈尔滨市香坊区衡山路18号A区10层

二、基本情况

投诉人因对被投诉人作出的质疑答复不满，向本机关提起投诉。投诉事项如下：1. 中标人没有类似采购项目的核心技术产品，没有建设且公开成功运行过类似项目，既不能实质性满足招标要求，又无支撑国家重大项目的技术能力，损害了包括投诉人在内的投标人的利益；2. 投诉人投标文件合法且完全实质性响应招标要求，却被评标委员会判为资格性、符合性检查结论不合格，让无技术无产品无应用无成功案例的公司中标，拥有国内领先、世界先进技术的公司落榜，评标委员会没有做到公平公正；3. 中标公告信息不完整，至少缺少评标委员会成员名单，违反《政府采购信息公告管理办法》规定。请求取消中标人中标资格，重新评审确定中标人或重新组织招标。本机关依法调查处理，于 2014 年 7 月 1 日作出投诉处理决定。

三、处理结果

经审查，关于投诉事项 1，具有类似采购项目的核心技术产品、建设且公开成功运行过类似项目，不属于招标文件规定的条件要求，投诉事项缺乏依据。关于投诉事项 2，招标文件“投标人须知”部分规定，投标人应提交“开户银行在开标日前三个月内开具的资信证明原件或该原件的复印件”，“投标资料表”部分规定，投标人应提供“开户银行在开标日前三个月内开具的资信证明原件”，关于投标人应提交资格证明文件的规定前后不一致，可能影响中标结果，与法律规定不符。关于投诉事项 3，被投诉人发布的中标公告遗漏评标委员会成员名单，与法律规定不符。

为此，本机关作出处理决定如下：关于投诉事项 1，根据《政府采购法》第 23 条、《政府采购货物和服务招标投标管理办法》第 18 条，具有类似采购项目的核心技术产品、建设且公开成功运行过类似项目，不属于招标文件规定的条件要求，投诉事项缺乏依据，驳回投诉。关于投诉事项 2，根据《政府采购供应商投诉处理办法》第 19 条第（一）项规定，招标文件关于投标人应提交资格证明文件的规定前后不一致，可能影响中标结果，鉴于政府采购合同尚未签订，决定采购行为违法，责令重新开展采购活动，并责令黑龙江省国律招标有限责任公司整改。关于投诉事项 3，根据《政府采购法》第 63 条，《政府采购货物和服务招标投标管理办法》第 62 条、《政府采购信息公告管理办法》第 16 条、第 30 条第（三）项规定，中标公告遗漏评标委员会成员名单，与法律规定不符，责令黑龙江省国律招标有限责任公司整改。

2014 年 7 月 29 日

中华人民共和国财政部政府采购信息公告（第一百六十六号）

根据《政府采购信息公告管理办法》（财政部令第 19 号）的规定，现将本机关对“国务院发展研究中心经济社会政策研究信息化支撑系统项目（编号 GC－FC130553）”投诉案作出的处理决定公告如下：

一、相关当事人

投诉人：北京国研数通软件技术有限公司
住所：北京市海淀区上地十街 1 号院 4 号楼 20 层 2012
被投诉人：国务院发展研究中心
住所：北京市东城区朝阳门内大街 225 号
被投诉人：中央国家机关政府采购中心

住所：北京市西城区西安门大街22号院1号楼
相关供应商：上海万达信息系统有限公司
住所：上海市闵行区联航路1518号1幢2层

二、基本情况

投诉人称，中标人上海万达信息系统有限公司（以下称“上海万达公司”）冒用万达信息股份有限公司（以下称“万达股份公司”）的本地化服务机构和人员的资质，违反涉密资质要求，被投诉人在投标组织过程中没有严格审查，造成评分有误影响评标结果。请求责令终止被投诉人与上海万达公司的合同谈判，废除上海万达公司的中标资格，并重新组织专家评审。本机关依法调查处理，于2014年7月11日作出投诉处理决定。

三、处理结果

经审查，招标文件评分标准中规定，投标人须提供在北京本地化服务机构、项目组人员资质证书及社保证明材料。上海万达公司实际拥有招标文件规定的本地化服务机构北京分公司，但在投标文件中提交了万达股份公司的北京分公司材料。评标委员会成员打分时，未发现上海万达公司相关证明材料不符合要求，相关分值应不予认定。

为此，本机关作出处理决定如下：根据《政府采购货物和服务招标投标管理办法》第49条、第77条、第82条、《政府采购供应商投诉处理办法》第17条规定，评标委员会成员未按招标文件规定的评标标准进行评标，影响了中标结果，认定中标结果无效。

2014年8月26日

中华人民共和国财政部政府采购信息公告（第一百六十七号）

根据《政府采购信息公告管理办法》（财政部令第19号）的规定，现将本机关对“中国城市规划设计研究院信息管理系统建设项目”举报案的行政处罚决定公告如下：

一、相关当事人

当事人：新华招标有限公司
住所：北京市海淀区莲花池东路39号西金大厦810室

二、基本情况

2014年4月30日，本机关收到关于中国城市规划设计研究院信息管理系统建设项目的举报。本机关依法调查处理，于2014年8月5日作出《财政部行政处罚决定书》（财库〔2014〕98号）。

三、处理结果

经审查，新华招标有限公司在代理被举报项目采购过程中，没有从财政部政府采购评审专家库抽取评审专家，违反了《政府采购货物和服务招标投标管理办法》第48条第一款的规定。

为此，本机关作出处理决定如下：依据《政府采购货物和服务招标投标管理办法》第68条第五项规定，对新华招标有限公司作出警告的行政处罚。

2014年8月26日

中华人民共和国财政部政府采购信息公告（第一百六十八号）

根据《政府采购信息公告管理办法》（财政部令第19号）的规定，现将本机关对"国家海洋局第一海洋研究所实验室仪器及海洋仪器设备等"采购项目（编号QCZ2014－010103148）第九包投诉案作出的处理决定公告如下：

一、相关当事人

投诉人：卡迪诺科技贸易（北京）有限公司

住所：北京市东城区北三环东路36号北京环球贸易中心B栋8层10房间

被投诉人：国家海洋局第一海洋研究所

住所：山东省青岛市高科技工业园仙霞岭路

被投诉人：青岛采购招标中心有限公司

住所：山东省青岛市市南区延安三路220号16层

二、基本情况

投诉人称，被投诉人针对投诉人的质疑事项未作出正面答复，未尽到其法律规定义务，损害了投诉人的合法权益。请求对被投诉人的违规违法行为进行调查处理。本机关依法调查处理，于2014年8月8日作出投诉处理决定。

三、处理结果

经审查，被投诉人针对投诉人的质疑事项已经作出答复。另外，本机关在投诉处理中发现，被投诉人未依法从财政部或青岛市、山东省财政部门专家库中抽取评审专家，评标委员会组成不符合规定。

为此，本机关作出处理决定如下：1. 根据《政府采购货物和服务招标投标管理办法》第63条、《政府采购供应商投诉处理办法》第17条规定，被投诉人就质疑内容作出了答复，投诉缺乏依据，驳回投诉。2. 根据《政府采购货物和服务招标投标管理办法》第48

条、第 68 条、《财政部办公厅关于使用政府采购评审专家监管系统有关事宜的通知》（财办库〔2013〕375 号）、《政府采购供应商投诉处理办法》第 19 条第（一）项规定，被投诉项目评标委员会组成不符合规定，中标结果的产生过程存在违法行为，鉴于政府采购合同尚未签订，决定采购行为违法，责令重新开展采购活动，责令青岛采购招标中心有限公司进行整改，并另行处罚。

2014 年 8 月 26 日

中华人民共和国财政部政府采购信息公告（第一百六十九号）

根据《政府采购信息公告管理办法》（财政部令第 19 号）的规定，现将本机关对“青岛海事局溢油应急设备库”采购项目（编号 0627 – QB140409）投诉案作出的处理决定公告如下：

一、相关当事人

投诉人：永康市农药厂

住所：浙江省永康市西城街道兴达 4 路 8 号

被投诉人：青岛海事局

住所：山东省青岛市宁波路 1 号

被投诉人：山东招标股份有限公司

住所：山东省济南市历下区文化西路 13 号

二、基本情况

投诉人因对被投诉人作出的质疑答复不满，向本机关提起投诉。投诉事项如下：1. 中标人和其他投标人串通投标报价，违反法律规定；2. 被投诉人招标文件中没有对产品标准作出明确规定；3. 被投诉项目采购产品应当经海事局备案，但中标人未经海事局备案。请求依法对被投诉人和相关供应商的串标行为作出处罚。本机关依法调查处理，于 2014 年 9 月 5 日作出投诉处理决定。

三、处理结果

经审查，被投诉项目属于货物采购，应依照《中华人民共和国政府采购法》及《政府采购货物和服务招标投标管理办法》等相关法律法规执行。被投诉项目在招标文件中明确载明依据《中华人民共和国招标投标法》，评标委员会成员由被投诉人自行抽取，以投标人报价算术平均值作为基准价进行价格打分，中标公告中未包括评标委员会成员名单，被投诉人上述行为违反了相关法律规定。鉴于被投诉项目适用法律和采购过程与法律规定不符，本机关不再对投诉事项逐一进行审查。

为此，本机关作出处理决定如下：1. 根据《中华人民共和国政府采购法》第2条第一款、第64条第一款、《政府采购供应商投诉处理办法》第19条第（二）项规定，鉴于政府采购合同已经签订但尚未履行，决定撤销合同，责令青岛海事局重新开展采购活动。2. 根据《政府采购代理机构资格认定办法》第43条第（七）项、《政府采购供应商投诉处理办法》第19条第（二）项规定，责令青岛海事局、山东招标股份有限公司进行整改，在收到本决定书之日起15日内将整改情况报送本机关，并对山东招标股份有限公司另行处罚。

2014年10月17日

中华人民共和国财政部政府采购信息公告（第一百七十号）

根据《政府采购信息公告管理办法》（财政部令第19号）的规定，现将本机关对“国家海洋技术中心便携式频谱分析仪采购项目”举报案的监督检查处理决定公告如下：

一、相关当事人

当事人：国家海洋技术中心
住所：天津市南开区芥园西道219号增1号

二、基本情况

2014年7月1日，本机关收到关于国家海洋技术中心便携式频谱分析仪项目的举报。本机关依法调查处理，于2014年9月5日作出行政处罚决定。

三、处理结果

经审查，被举报项目属于政府采购项目，采购产品属于政府集中采购目录之内的产品。被举报项目竞价公告中对产品的配置要求表明所需产品产地为中国，但是，成交供应商提供的产品原产地为日本，采购人国家海洋技术中心擅自采购进口产品，违反了相关法律规定。

为此，本机关作出处理决定如下：根据《中华人民共和国政府采购法》第10条、《政府采购进口产品管理办法》（财库〔2007〕119号）第4条、第21条第一款、财政部办公厅《关于政府采购进口产品管理有关问题的通知》（财办库〔2008〕248号）第5条的规定，采购人擅自采购进口产品，违反法律规定。鉴于采购合同已经履行，决定采购活动违法，责令国家海洋技术中心进行整改，并在收到本决定书之日起15日内将整改情况报送本机关。

2014年10月17日

中华人民共和国财政部政府采购信息公告（第一百七十一号）

根据《政府采购信息公告管理办法》（财政部令第 19 号）的规定，现将本机关对“国家海洋局第一海洋研究所实验室仪器及海洋仪器设备等项目”（编号 QCZ2014 - 010103148）投诉案作出的行政处罚决定公告如下：

一、相关当事人

当事人：青岛采购招标中心有限公司

住所：山东省青岛市市南区延安三路 220 号 16 层

二、基本情况

投诉人称，被投诉人青岛采购招标中心有限公司针对投诉人的质疑事项未作出正面答复，未尽到其法律规定义务，损害了投诉人的合法权益。请求对被投诉人的违规违法行为进行调查处理。本机关依法调查处理，于 2014 年 9 月 10 日作出行政处罚决定。

三、处理结果

经审查，青岛采购招标中心有限公司依法应当从财政部或青岛市、山东省财政部门专家库中抽取评审专家，而实际从青岛采购招标中心有限公司专家库抽取评审专家，违反了《政府采购货物和服务招标投标管理办法》第 48 条第一款和《财政部办公厅关于使用政府采购评审专家监管系统有关事宜的通知》第二条的规定。

为此，本机关作出处理决定如下：依据《政府采购货物和服务招标投标管理办法》第 68 条第五项的规定，对青岛采购招标中心有限公司作出警告的行政处罚。

2014 年 10 月 17 日

中华人民共和国财政部政府采购信息公告（第一百七十二号）

根据《政府采购信息公告管理办法》（财政部令第 19 号）的规定，现将本机关对“宁波出入境检验检疫局专用设备”项目（编号 NBITC - 20141158G）投诉案作出的处理决定公告如下：

一、相关当事人

投诉人：北京华方神火科技有限公司

住所：北京市海淀区上地信息路 1 号国际科技创业园 B 座 409 室
被投诉人：宁波出入境检验检疫局
住所：浙江省宁波市马园路 9 号
被投诉人：宁波市国际招标有限公司
住所：浙江省宁波市江北区正大巷 32 号

二、基本情况

投诉人因对被投诉人作出的质疑答复不满，向本机关提起投诉。投诉事项如下：1. 子包 1 中标人所投产品为进口医疗器械，但没有进口医疗器械注册证书，损害了投诉人利益；2. 被投诉人在子包 1 的公开招标过程中存在排斥国货行为；3. 子包 1 中标价格虚高；4. 子包 2 中标人在投标文件应答中提供虚假应标材料，损害了投诉人利益。本机关依法调查处理，于 2014 年 9 月 12 日作出投诉处理决定。

三、处理结果

经审查，关于投诉事项 1，根据《医疗器械监督管理条例（2014 修订）》第 76 条规定，子包 1 采购设备并非直接或者间接用于人体，不属于上述规定调整范围。投诉事项缺乏依据。关于投诉事项 2，根据《政府采购进口产品管理办法》第 4 条规定，子包 1 采购进口产品已取得财政部办公厅审核同意，同时也接受国内产品投标。投诉事项缺乏依据。关于投诉事项 3，本项目采用综合评分法产生最终评标结果。投诉事项缺乏依据。关于投诉事项 4，子包 2 中标人投标文件与招标文件对子包 2 要求相符合，评标委员会评审专家也认定该中标人投标文件满足招标文件要求。投诉事项缺乏依据。

为此，本机关作出处理决定如下：关于投诉事项 1，根据《医疗器械监督管理条例》第 76 条规定，子包 1 采购设备并非直接或者间接用于人体，不属于上述规定调整范围。投诉事项缺乏依据，驳回投诉。关于投诉事项 2，根据《政府采购进口产品管理办法》第 4 条规定，被投诉人子包 1 采购进口产品已经取得财政部办公厅审核同意，同时，子包 1 接受国内产品投标，不存在排斥国货行为。投诉事项缺乏依据，驳回投诉。关于投诉事项 3，本项目采用综合评分法产生最终评标结果。投诉事项缺乏依据，驳回投诉。关于投诉事项 4，子包 2 中标人投标文件与招标文件要求相符合，评标委员会评审专家也认定该中标人投标文件满足招标文件要求。投诉事项缺乏依据，驳回投诉。

2014 年 10 月 17 日

中华人民共和国财政部政府采购信息公告（第一百七十三号）

根据《政府采购信息公告管理办法》（财政部令第 19 号）的相关规定，现将本机关对北京市京发招标有限公司作出的监督检查处理决定公告如下：

一、相关当事人名称

当事人：北京市京发招标有限公司

地址：北京市东城区崇文门外大街90号

二、基本情况

2014年3月至8月，本机关依法实施了“2014年度政府采购甲级代理机构专项检查”。检查发现，北京市京发招标有限公司代理的政府采购项目，存在评标专家组成员数量不合法、评分标准不具体、政府采购信息公告内容不完整、未发布采购信息更正公告、逾期退还投标保证金等问题。

三、处理结果

本机关作出处理决定如下：根据《政府采购货物和服务招标投标管理办法》（财政部令第18号）第37条、第45条，《政府采购信息公告管理办法》（财政部令第19号）第8条、第16条，以及《财政部关于加强政府采购货物和服务项目价格评审管理的通知》（财库〔2007〕2号）第四部分的规定，对北京市京发招标有限公司作出责令整改的处理。本机关对北京市京发招标有限公司的违法行为另行处罚。

2014年12月5日

中华人民共和国财政部政府采购信息公告（第一百七十四号）

根据《政府采购信息公告管理办法》（财政部令第19号）的相关规定，现将本机关对中技国际招标公司作出的监督检查处理决定公告如下：

一、相关当事人名称

当事人：中技国际招标公司

地址：北京市丰台区西四环南路101号（园区）

二、基本情况

2014年3月至8月，本机关依法实施了“2014年度政府采购甲级代理机构专项检查”。检查发现，中技国际招标公司代理的政府采购项目，存在政府采购信息公告内容不完整、招标公告与招标文件内容不一致等问题。

三、处理结果

本机关作出处理决定如下：根据《政府采购信息公告管理办法》（财政部令第19号）

第16条的规定，对中技国际招标公司作出责令整改的处理。

2014年12月5日

中华人民共和国财政部政府采购信息公告（第一百七十五号）

根据《政府采购信息公告管理办法》（财政部令第19号）的相关规定，现将本机关对中化国际招标有限责任公司作出的监督检查处理决定公告如下：

一、相关当事人名称

当事人：中化国际招标有限责任公司
地址：北京市复兴门外大街A2号中化大厦21层

二、基本情况

2014年3月至8月，本机关依法实施了“2014年度政府采购甲级代理机构专项检查”。检查发现，中化国际招标有限责任公司代理的政府采购项目，存在政府采购信息公告内容不完整等问题。

三、处理结果

本机关作出处理决定如下：根据《政府采购信息公告管理办法》（财政部令第19号）第16条的规定，对中化国际招标有限责任公司作出责令整改的处理。

2014年12月5日

中华人民共和国财政部政府采购信息公告（第一百七十六号）

根据《政府采购信息公告管理办法》（财政部令第19号）的相关规定，现将本机关对中国技术进出口总公司作出的监督检查处理决定公告如下：

一、相关当事人名称

当事人：中国技术进出口总公司
地址：北京市丰台区西三环中路90号通用技术大厦

二、基本情况

2014年3月至8月，本机关依法实施了“2014年度政府采购甲级代理机构专项检

查”。检查发现，中国技术进出口总公司代理的政府采购项目，存在评标专家组成员数量不合法、逾期退还投标保证金、招标文件设置地域限制或者规模限制条款等问题。

三、处理结果

本机关作出处理决定如下：根据《政府采购货物和服务招标投标管理办法》（财政部令第 18 号）第 21 条、第 37 条、第 45 条的规定，对中国技术进出口总公司作出责令整改的处理。本机关对中国技术进出口总公司的违法行为另行处罚。

2014 年 12 月 5 日

中华人民共和国财政部政府采购信息公告（第一百七十七号）

根据《政府采购信息公告管理办法》（财政部令第 19 号）的相关规定，现将本机关对五矿国际招标有限责任公司作出的监督检查处理决定公告如下：

一、相关当事人名称

当事人：五矿国际招标有限责任公司

地址：北京市海淀区三里河路 5 号 D 座 2 层

二、基本情况

2014 年 3 月至 8 月，本机关依法实施了“2014 年度政府采购甲级代理机构专项检查”。检查发现，五矿国际招标有限责任公司代理的政府采购项目，存在无评审专家抽取记录、评分标准不具体、招标文件设置地域限制或者规模限制条款等问题。

三、处理结果

本机关作出处理决定如下：根据《政府采购货物和服务招标投标管理办法》（财政部令第 18 号）第 21 条、《政府采购评审专家管理办法》（财库〔2003〕119 号）第 20 条、以及《财政部关于加强政府采购货物和服务项目价格评审管理的通知》（财库〔2007〕2 号）第四部分的规定，对五矿国际招标有限责任公司作出责令整改的处理。本机关对五矿国际招标有限责任公司的违法行为另行处罚。

2014 年 12 月 5 日

中华人民共和国财政部政府采购信息公告（第一百七十八号）

根据《政府采购信息公告管理办法》（财政部令第 19 号）的相关规定，现将本机关对北京中教仪国际招标代理有限公司作出的监督检查处理决定公告如下：

一、相关当事人名称

当事人：北京中教仪国际招标代理有限公司
地址：北京市西城区大木仓北一巷一号 304 室

二、基本情况

2014 年 3 月至 8 月，本机关依法实施了“2014 年度政府采购甲级代理机构专项检查”。检查发现，北京中教仪国际招标代理有限公司代理的政府采购项目，存在招标文件指定品牌、评标委员会成员数量不合法、逾期退还投标保证金、评分标准不具体、政府采购信息公告内容不完整、参与竞争性谈判的供应商不足 3 家仍确定成交结果、投标人的资格条件列为评分因素等问题。

三、处理结果

本机关作出处理决定如下：根据《中华人民共和国政府采购法》第 38 条，《政府采购货物和服务招标投标管理办法》（财政部令第 18 号）第 21 条、第 37 条、第 45 条，《政府采购信息公告管理办法》（财政部令第 19 号）第 16 条，以及《财政部关于加强政府采购货物和服务项目价格评审管理的通知》（财库〔2007〕2 号）第四部分的规定，对北京中教仪国际招标代理有限公司作出责令整改的处理。本机关对北京中教仪国际招标代理有限公司的违法行为另行处罚。

2014 年 12 月 5 日

中华人民共和国财政部政府采购信息公告（第一百七十九号）

根据《政府采购信息公告管理办法》（财政部令第 19 号）的相关规定，现将本机关对中天信远国际招投标咨询（北京）有限公司作出的监督检查处理决定公告如下：

一、相关当事人名称

当事人：中天信远国际招投标咨询（北京）有限公司

地址：北京市平谷区兴谷经济开发区6区303－81号

二、基本情况

2014年3月至8月，本机关依法实施了“2014年度政府采购甲级代理机构专项检查”。检查发现，中天信远国际招投标咨询（北京）有限公司代理的政府采购项目，存在招标文件指定品牌、评分标准不具体、逾期退还投标保证金、评标报告内容不完整等问题。

三、处理结果

本机关作出处理决定如下：根据《政府采购货物和服务招标投标管理办法》（财政部令第18号）第21条、第37条和第54条，以及《财政部关于加强政府采购货物和服务项目价格评审管理的通知》（财库〔2007〕2号）第四部分的规定，对中天信远国际招投标咨询（北京）有限公司作出责令整改的处理。

2014年12月5日

中华人民共和国财政部政府采购信息公告（第一百八十号）

根据《政府采购信息公告管理办法》（财政部令第19号）的相关规定，现将本机关对中机国际招标公司作出的监督检查处理决定公告如下：

一、相关当事人名称

当事人：中机国际招标公司
地址：北京市丰台区西三环中路90号通用技术大厦

二、基本情况

2014年3月至8月，本机关依法实施了“2014年度政府采购甲级代理机构专项检查”。检查发现，中机国际招标公司代理的政府采购项目，存在信息公告内容不完整、投标人的资格条件列为评分因素、逾期或未退还投标保证金等问题。

三、处理结果

本机关作出处理决定如下：根据《政府采购货物和服务招标投标管理办法》（财政部令第18号）第37条，《政府采购信息公告管理办法》（财政部令第19号）第16条，以及《财政部关于政府采购货物和服务项目价格评审管理的通知》（财库〔2007〕2号）第四部分的规定，对中机国际招标公司作出责令整改的处理。

2014年12月5日

中华人民共和国财政部政府采购信息公告（第一百八十一号）

根据《政府采购信息公告管理办法》（财政部令第19号）的相关规定，现将本机关对中国仪器进出口（集团）公司作出的监督检查处理决定公告如下：

一、相关当事人名称

当事人：中国仪器进出口（集团）公司
地址：北京市西直门外大街6号中仪大厦

二、基本情况

2014年3月至8月，本机关依法实施了“2014年度政府采购甲级代理机构专项检查”。检查发现，中国仪器进出口（集团）公司代理的政府采购项目，存在信息公告内容不完整、评分标准不具体、投标人的资格条件列为评分因素、逾期退还投标保证金、招标文件售价过高等问题。

三、处理结果

本机关作出处理决定如下：根据《政府采购货物和服务招标投标管理办法》（财政部令第18号）第23条和第37条，《政府采购信息公告管理办法》（财政部令第19号）第16条，以及《财政部关于政府采购货物和服务项目价格评审管理的通知》（财库〔2007〕2号）第四部分的规定，对中国仪器进出口（集团）公司作出责令整改的处理。

2014年12月5日

中华人民共和国财政部政府采购信息公告（第一百八十二号）

根据《政府采购信息公告管理办法》（财政部令第19号）的相关规定，现将本机关对中仪国际招标公司作出的监督检查处理决定公告如下：

一、相关当事人名称

当事人：中仪国际招标公司
地址：北京市丰台区西四环南路101号（园区）

二、基本情况

2014年3月至8月，本机关依法实施了“2014年度政府采购甲级代理机构专项检

查”。检查发现，中仪国际招标公司代理的政府采购项目，存在招标文件指定品牌、招标文件未标明实质性要求和条件、投标保证金的收取数额超过采购项目概算的1%、信息公告用语不规范等问题。

三、处理结果

本机关作出处理决定如下：根据《政府采购货物和服务招标投标管理办法》（财政部令第18号）第18条、第21条和第36条，以及《政府采购信息公告管理办法》（财政部令第19号）第8条的规定，对中仪国际招标公司作出责令整改的处理。

2014年12月5日

中华人民共和国财政部政府采购信息公告（第一百八十三号）

根据《政府采购信息公告管理办法》（财政部令第19号）的相关规定，现将本机关对中金招标有限责任公司作出的监督检查处理决定公告如下：

一、相关当事人名称

当事人：中金招标有限责任公司

地址：北京市海淀区西三环北路21号久凌大厦15层

二、基本情况

2014年3月至8月，本机关依法实施了“2014年度政府采购甲级代理机构专项检查”。检查发现，中金招标有限责任公司代理的政府采购项目，存在招标文件未标明实质性要求和条件、评分标准不具体等问题。

三、处理结果

本机关作出处理决定如下：根据《政府采购货物和服务招标投标管理办法》（财政部令第18号）第18条和《财政部关于加强政府采购货物和服务项目价格评审管理的通知》（财库〔2007〕2号）第四部分的规定，对中金招标有限责任公司作出责令整改的处理。

2014年12月5日

中华人民共和国财政部政府采购信息公告（第一百八十四号）

根据《政府采购信息公告管理办法》（财政部令第19号）的相关规定，现将本机关

对黑龙江欣伟招投标代理有限公司作出的监督检查处理决定公告如下：

一、相关当事人名称

当事人：黑龙江欣伟招投标代理有限公司
地址：哈尔滨市道里区共乐西头道街 50 号 101 室

二、基本情况

2014 年 3 月至 8 月，本机关依法实施了“2014 年度政府采购甲级代理机构专项检查”。检查发现，黑龙江欣伟招投标代理有限公司代理的政府采购项目，存在招标文件指定品牌、招标文件设置地域限制或规模限制等条款、评审专家未回避等问题。

三、处理结果

本机关作出处理决定如下：根据《中华人民共和国政府采购法》第 12 条、《政府采购货物和服务招标投标管理办法》（财政部令第 18 号）第 21 条的规定，对黑龙江欣伟招投标代理有限公司作出责令整改的处理。本机关对黑龙江欣伟招投标代理有限公司的违法行为另行处罚。

2014 年 12 月 5 日

中华人民共和国财政部政府采购信息公告（第一百八十五号）

根据《政府采购信息公告管理办法》（财政部令第 19 号）的相关规定，现将本机关对黑龙江正信伟业招标有限公司作出的监督检查处理决定公告如下：

一、相关当事人名称

当事人：黑龙江正信伟业招标有限公司
地址：黑龙江省哈尔滨市香坊区红旗大街 235 号天洋华府小区 1 栋 17 层 A 号

二、基本情况

2014 年 3 月至 8 月，本机关依法实施了“2014 年度政府采购甲级代理机构专项检查”。检查发现，黑龙江正信伟业招标有限公司代理的政府采购项目，存在招标文件未标明实质性要求和条件、政府采购信息公告内容不完整等问题。

三、处理结果

本机关作出处理决定如下：根据《政府采购货物和服务招标投标管理办法》（财政部令第 18 号）第 18 条和《政府采购信息公告管理办法》（财政部令第 19 号）第 16 条的规

定，对黑龙江正信伟业招标有限公司作出责令整改的处理。

2014 年 12 月 5 日

中华人民共和国财政部政府采购信息公告（第一百八十六号）

根据《政府采购信息公告管理办法》（财政部令第 19 号）的相关规定，现将本机关对黑龙江省国律招标有限责任公司作出的监督检查处理决定公告如下：

一、相关当事人名称

当事人：黑龙江省国律招标有限责任公司

地址：黑龙江省哈尔滨市香坊区衡山路 18 号远东大厦 A 区 10 层

二、基本情况

2014 年 3 月至 8 月，本机关依法实施了“2014 年度政府采购甲级代理机构专项检查”。检查发现，黑龙江省国律招标有限责任公司代理的政府采购项目，存在招标文件设置地域限制或者规模限制等条款、招标文件指定品牌、政府采购信息公告内容不完整、无原始评标记录、逾期退还投标保证金等问题。

三、处理结果

本机关作出处理决定如下：根据《中华人民共和国政府采购法》第 42 条，《政府采购货物和服务招标投标管理办法》（财政部令第 18 号）第 21 条、第 37 条、第 54 条，《政府采购信息公告管理办法》（财政部令第 19 号）第 16 条的规定，对黑龙江省国律招标有限责任公司作出责令整改的处理。本机关对黑龙江省国律招标有限责任公司的违法行为另行处罚。

2014 年 12 月 5 日

中华人民共和国财政部政府采购信息公告（第一百八十七号）

根据《政府采购信息公告管理办法》（财政部令第 19 号）的相关规定，现将本机关对黑龙江省成达招投标代理有限公司作出的监督检查处理决定公告如下：

一、相关当事人名称

当事人：黑龙江省成达招投标代理有限公司

地址：哈尔滨开发区南岗集中区汉水路389号金桂大厦13层3号

二、基本情况

2014年3月至8月，本机关依法实施了“2014年度政府采购甲级代理机构专项检查”。检查发现，黑龙江省成达招投标代理有限公司代理的政府采购项目，存在未从财政部门设立的政府采购评审专家库中抽取专家、无评审专家抽取记录、评标未采用低价优先法计算价格分、招标文件设置地域限制或者规模限制等条款、政府采购信息公告内容不完整、未发布采购信息更正公告等问题。

三、处理结果

本机关作出处理决定如下：根据《政府采购货物和服务招标投标管理办法》（财政部令第18号）第21条、第48条，《政府采购信息公告管理办法》（财政部令第19号）第8条、第16条，《政府采购评审专家管理办法》（财库〔2003〕119号）第20条第二款，以及《财政部关于加强政府采购货物和服务项目价格评审管理的通知》（财库〔2007〕2号）第二部分的规定，对黑龙江省成达招投标代理有限公司作出责令整改的处理。本机关对黑龙江省成达招投标代理有限公司的违法行为另行处罚。

2014年12月5日

中华人民共和国财政部政府采购信息公告（第一百八十八号）

根据《政府采购信息公告管理办法》（财政部令第19号）的相关规定，现将本机关对黑龙江融信招投标有限公司作出的监督检查处理决定公告如下：

一、相关当事人名称

当事人：黑龙江融信招投标有限公司
地址：黑龙江省哈尔滨市动力区中山路146号

二、基本情况

2014年3月至8月，本机关依法实施了“2014年度政府采购甲级代理机构专项检查”。检查发现，黑龙江融信招投标有限公司代理的政府采购项目，存在未从财政部门设立的政府采购评审专家库中抽取专家、评标未采用低价优先法计算价格分、政府采购信息公告内容不完整、未发布采购信息更正公告、未按规定期限发布采购信息更正公告、逾期退还投标保证金等问题。

三、处理结果

本机关作出处理决定如下：根据《政府采购货物和服务招标投标管理办法》（财政部

令第18号）第27条、第28条、第37条、第48条，《政府采购信息公告管理办法》（财政部令第19号）第8条、第16条，以及《财政部关于加强政府采购货物和服务项目价格评审管理的通知》（财库〔2007〕2号）第二部分的规定，对黑龙江融信招投标有限公司作出责令整改的处理。本机关对黑龙江融信招投标有限公司的违法行为另行处罚。

2014年12月5日

中华人民共和国财政部政府采购信息公告（第一百八十九号）

根据《政府采购信息公告管理办法》（财政部令第19号）的相关规定，现将本机关对天津城投建设工程管理咨询有限公司作出的监督检查处理决定公告如下：

一、相关当事人名称

当事人：天津城投建设工程管理咨询有限公司

地址：天津市和平区贵州路45号一至二层

二、基本情况

2014年3月至8月，本机关依法实施了“2014年度政府采购甲级代理机构专项检查”。检查发现，天津城投建设工程管理咨询有限公司代理的政府采购项目，存在逾期退还投标保证金、招标文件售价过高、招标公告与招标文件内容不一致等问题。

三、处理结果

本机关作出处理决定如下：根据《政府采购货物和服务招标投标管理办法》（财政部令第18号）第23条、第37条，《政府采购信息公告管理办法》（财政部令第19号）第16条的规定，对天津城投建设工程管理咨询有限公司作出责令整改的处理。

2014年12月5日

中华人民共和国财政部政府采购信息公告（第一百九十号）

根据《政府采购信息公告管理办法》（财政部令第19号）的相关规定，现将本机关对天津国际招标有限公司作出的监督检查处理决定公告如下：

一、相关当事人名称

当事人：天津国际招标有限公司

地址：天津市河西区卫津南路 19 号

二、基本情况

2014 年 3 月至 8 月，本机关依法实施了“2014 年度政府采购甲级代理机构专项检查”。检查发现，天津国际招标有限公司代理的政府采购项目，存在政府采购信息公告内容不完整、评标专家成员数量不符合规定、逾期退还投标保证金、招标文件售价过高、录音录像材料缺失等问题。

三、处理结果

本机关作出处理决定如下：根据《政府采购货物和服务招标投标管理办法》（财政部令第 18 号）第 23 条、第 37 条和第 45 条，《政府采购信息公告管理办法》（财政部令第 19 号）第 16 条，以及《财政部关于进一步规范政府采购评审工作有关问题的通知》（财库〔2012〕69 号）第二部分的规定，对天津国际招标有限公司作出责令整改的处理。本机关对天津国际招标有限公司的违法行为另行处罚。

2014 年 12 月 5 日

中华人民共和国财政部政府采购信息公告（第一百九十一号）

根据《政府采购信息公告管理办法》（财政部令第 19 号）的相关规定，现将本机关对天津市兴业工程造价咨询有限责任公司作出的监督检查处理决定公告如下：

一、相关当事人名称

当事人：天津市兴业工程造价咨询有限责任公司
地址：华苑产业区物华道 2 号海泰火炬创业园 A 座 4 - 19 室

二、基本情况

2014 年 3 月至 8 月，本机关依法实施了“2014 年度政府采购甲级代理机构专项检查”。检查发现，天津市兴业工程造价咨询有限责任公司代理的政府采购项目，存在政府采购信息公告内容不完整、评标专家成员数量不合法、价格权值设置违规、未保留每位评委有效得分、逾期退还投标保证金、招标文件售价过高、录音录像材料缺失、招标文件设置地域限制或者规模限制等条款等问题。

三、处理结果

本机关做出处理决定如下：根据《政府采购货物和服务招标投标管理办法》（财政部令第 18 号）第 21 条、第 23 条、第 37 条、第 45 条和第 52 条，《政府采购信息公告管理办法》

（财政部令第 19 号）第 16 条，《财政部关于进一步规范政府采购评审工作有关问题的通知》（财库〔2012〕69 号），以及《财政部关于政府采购货物和服务项目价格评审管理的通知》（财库〔2007〕2 号）第二部分的规定，对天津市兴业工程造价咨询有限责任公司作出责令整改的处理。本机关对天津市兴业工程造价咨询有限责任公司的违法行为另行处罚。

2014 年 12 月 5 日

中华人民共和国财政部政府采购信息公告（第一百九十二号）

根据《政府采购信息公告管理办法》（财政部令第 19 号）的相关规定，现将本机关对天津市泛亚工程机电设备咨询有限公司作出的监督检查处理决定公告如下：

一、相关当事人名称

当事人：天津市泛亚工程机电设备咨询有限公司
地址：河西区广顺道 2 号

二、基本情况

2014 年 3 月至 8 月，本机关依法实施了“2014 年度政府采购甲级代理机构专项检查”。检查发现，天津市泛亚工程机电设备咨询有限公司代理的政府采购项目，存在政府采购信息公告内容不完整、对招标文件的澄清或者修改时间不符合规定期限、无评审专家抽取记录、未保留每位评委有效得分、投标保证金的收取数额超过采购概算的 1%、逾期退还投标保证金等问题。

三、处理结果

本机关做出处理决定如下：根据《政府采购货物和服务招标投标管理办法》（财政部令第 18 号）第 27 条、第 36 条、第 37 条、第 52 条，《政府采购信息公告管理办法》（财政部令第 19 号）第 12 条、第 16 条，《政府采购评审专家管理办法》（财库〔2003〕119 号）第 20 条的规定，对天津市泛亚工程机电设备咨询有限公司作出责令整改的处理。本机关对天津市泛亚工程机电设备咨询有限公司的违法行为另行处罚。

2014 年 12 月 5 日

中华人民共和国财政部政府采购信息公告（第一百九十三号）

根据《政府采购信息公告管理办法》（财政部令第 19 号）的相关规定，现将本机关对天津泰达工程管理咨询有限公司作出的监督检查处理决定公告如下：

一、相关当事人名称

当事人：天津泰达工程管理咨询有限公司
地址：天津开发区第六大街 67 号 B1 及连接体

二、基本情况

2014 年 3 月至 8 月，本机关依法实施了“2014 年度政府采购甲级代理机构专项检查”。检查发现，天津泰达工程管理咨询有限公司代理的政府采购项目，存在政府采购信息公告内容不完整、逾期或未退还投标保证金等问题。

三、处理结果

本机关做出处理决定如下：根据《政府采购货物和服务招标投标管理办法》（财政部令第 18 号）第 37 条和《政府采购信息公告管理办法》（财政部令第 19 号）第 16 条的规定，对天津泰达工程管理咨询有限公司作出责令整改的处理。

2014 年 12 月 5 日

中华人民共和国财政部政府采购信息公告（第一百九十四号）

根据《政府采购信息公告管理办法》（财政部令第 19 号）的相关规定，现将本机关对河北博鳌招标代理有限公司作出的监督检查处理决定公告如下：

一、相关当事人名称

当事人：河北博鳌招标代理有限公司
地址：石家庄市桥西区友谊南大街 122 号振头大厦

二、基本情况

2014 年 3 月至 8 月，本机关依法实施了“2014 年度政府采购甲级代理机构专项检查”。检查发现，河北博鳌招标代理有限公司代理的政府采购项目，存在评分标准不具体、未采用低价优先法计算价格分、未妥善保存投标文件、招标文件设置地域限制或者规模限制条款等问题。

三、处理结果

本机关做出处理决定如下：根据《中华人民共和国政府采购法》第 42 条，《政府采购货物和服务招标投标管理办法》（财政部令第 18 号）第 21 条、第 67 条，以及《财政部关于加强政府采购货物和服务项目价格评审管理的通知》（财库〔2007〕2 号）第二部分和第四部分的规定，对河北博鳌招标代理有限公司作出责令整改的处理。本机关对河北博鳌招标代理有限公司的违法行为另行处罚。

2014 年 12 月 5 日

中华人民共和国财政部政府采购信息公告（第一百九十五号）

根据《政府采购信息公告管理办法》（财政部令第 19 号）的相关规定，现将本机关对河北筑城工程招标咨询有限公司作出的监督检查处理决定公告如下：

一、相关当事人名称

当事人：河北筑城工程招标咨询有限公司

地址：石家庄市桥西区红旗大街 88 号翰林观天下 23 号楼 20 层

二、基本情况

2014 年 3 月至 8 月，本机关依法实施了“2014 年度政府采购甲级代理机构专项检查”。检查发现，河北筑城工程招标咨询有限公司代理的政府采购项目，存在评分标准不具体、未采用低价优先法计算价格分、竞争性谈判采用综合评分法进行评审、投标保证金收取数额超采购项目概算的 1%、招标文件设置地域限制或者规模限制条款等问题。

三、处理结果

本机关做出处理决定如下：根据《中华人民共和国政府采购法》第 38 条，《政府采购货物和服务招标投标管理办法》（财政部令第 18 号）第 18 条、第 21 条、第 36 条，以及《财政部关于政府采购货物和服务项目价格评审管理的通知》（财库〔2007〕2 号）第二部分、第四部分的规定，对河北筑城工程招标咨询有限公司作出责令整改的处理。本机关对河北筑城工程招标咨询有限公司的违法行为另行处罚。

2014 年 12 月 5 日

中华人民共和国财政部政府采购信息公告（第一百九十六号）

根据《政府采购信息公告管理办法》（财政部令第 19 号）的相关规定，现将本机关对河北省招标公司作出的监督检查处理决定公告如下：

一、相关当事人名称

当事人：河北省招标公司

地址：石家庄市桥西区工农路486号

二、基本情况

2014年3月至8月，本机关依法实施了“2014年度政府采购甲级代理机构专项检查”。检查发现，河北省招标公司代理的政府采购项目，存在无评审专家抽取记录、投标人的资格条件列为评分因素、未采用低价优先法计算价格分、未保留每一位评委有效得分、竞争性谈判采用综合评分法进行评审、招标公告与招标文件内容不一致、招标文件设置地域限制或者规模限制条款等问题。

三、处理结果

本机关做出处理决定如下：根据《中华人民共和国政府采购法》第38条，《政府采购货物和服务招标投标管理办法》（财政部令第18号）第21条、第52条，《政府采购信息公告管理办法》（财政部令第19号）第16条，《政府采购评审专家管理办法》（财库〔2003〕119号）第20条，以及《财政部关于加强政府采购货物和服务项目价格评审管理的通知》（财库〔2007〕2号）第二部分、第四部分的规定，对河北省招标公司作出责令整改的处理。本机关对河北省招标公司的违法行为另行处罚。

2014年12月5日

中华人民共和国财政部政府采购信息公告（第一百九十七号）

根据《政府采购信息公告管理办法》（财政部令第19号）的相关规定，现将本机关对大连中招招投标代理有限公司作出的监督检查处理决定公告如下：

一、相关当事人名称

当事人：大连中招招投标代理有限公司
地址：大连市西岗区唐山街自学巷14号1－2

二、基本情况

2014年3月至8月，本机关依法实施了“2014年度政府采购甲级代理机构专项检查”。检查发现，大连中招招投标代理有限公司代理的政府采购项目，存在逾期退还投标保证金、未发布成交结果公告、评分标准不具体等问题。

三、处理结果

本机关做出处理决定如下：根据《政府采购货物和服务招标投标管理办法》（财政部令第18号）第37条，《政府采购信息公告管理办法》（财政部令第19号）第8条，以及

《财政部关于加强政府采购货物和服务项目价格评审管理的通知》（财库〔2007〕2 号）第四部分的规定，对大连中招招投标代理有限公司作出责令整改的处理。

2014 年 12 月 5 日

中华人民共和国财政部政府采购信息公告（第一百九十八号）

根据《政府采购信息公告管理办法》（财政部令第 19 号）的相关规定，现将本机关对大连理工招标代理有限公司作出的监督检查处理决定公告如下：

一、相关当事人名称

当事人：大连理工招标代理有限公司

地址：大连高新技术产业园区凌工路 2 号

二、基本情况

2014 年 3 月至 8 月，本机关依法实施了“2014 年度政府采购甲级代理机构专项检查”。检查发现，大连理工招标代理有限公司代理的政府采购项目，存在评标委员会成员数量不合法、逾期退还投标保证金、评分标准不具体等问题。

三、处理结果

本机关做出处理决定如下：根据《政府采购货物和服务招标投标管理办法》（财政部令第 18 号）第 37 条、第 45 条，以及《财政部关于政府采购货物和服务项目价格评审管理的通知》（财库〔2007〕2 号）第四部分的规定，对大连理工招标代理有限公司作出责令整改的处理。本机关对大连理工招标代理有限公司的违法行为另行处罚。

2014 年 12 月 5 日

中华人民共和国财政部政府采购信息公告（第一百九十九号）

根据《政府采购信息公告管理办法》（财政部令第 19 号）的相关规定，现将本机关对辽宁信达招投标代理有限公司作出的监督检查处理决定公告如下：

一、相关当事人名称

当事人：辽宁信达招投标代理有限公司

地址：辽宁省沈阳市沈河区市府大路 262 号甲（501 室）

二、基本情况

2014 年 3 月至 8 月，本机关依法实施了“2014 年度政府采购甲级代理机构专项检查”。检查发现，辽宁信达招投标代理有限公司代理的政府采购项目，存在招标文件中设置地域限制或规模限制等条款、评分标准不具体、投标保证金的收取数额超过采购项目概算的 1%、逾期退还投标保证金、政府采购信息公告内容不完整等问题。

三、处理结果

本机关做出处理决定如下：根据《政府采购货物和服务招标投标管理办法》（财政部令第 18 号）第 21 条、第 36 条、第 37 条，《政府采购信息公告管理办法》（财政部令第 19 号）第 16 条，以及《财政部关于加强政府采购货物和服务项目价格评审管理的通知》（财库〔2007〕2 号）第四部分的规定，对辽宁信达招投标代理有限公司作出责令整改的处理。本机关对辽宁信达招投标代理有限公司的违法行为另行处罚。

2014 年 12 月 5 日

中华人民共和国财政部政府采购信息公告（第二百号）

根据《政府采购信息公告管理办法》（财政部令第 19 号）的相关规定，现将本机关对辽宁汇诚招投标代理有限公司作出的监督检查处理决定公告如下：

一、相关当事人名称

当事人：辽宁汇诚招投标代理有限公司
地址：沈阳市铁西区南七东路 32 号

二、基本情况

2014 年 3 月至 8 月，本机关依法实施了“2014 年度政府采购甲级代理机构专项检查”。检查发现，辽宁汇诚招投标代理有限公司代理的政府采购项目，存在延长开标时间的变更公告发布时间不符合规定期限、逾期退还投标保证金、政府采购信息公告内容不完整等问题。

三、处理结果

本机关做出处理决定如下：根据《政府采购货物和服务招标投标管理办法》（财政部令第 18 号）第 28 条和第 37 条，以及《政府采购信息公告管理办法》（财政部令第 19 号）第 16 条的规定，对辽宁汇诚招投标代理有限公司作出责令整改的处理。本机关对辽宁汇诚招投标代理有限公司的违法行为另行处罚。

2014 年 12 月 5 日

中华人民共和国财政部政府采购信息公告（第二百零一号）

根据《政府采购信息公告管理办法》（财政部令第19号）的相关规定，现将本机关对辽宁诚发招标有限公司作出的监督检查处理决定公告如下：

一、相关当事人名称

当事人：辽宁诚发招标有限公司

地址：辽宁省沈阳市铁西区兴工北街106号

二、基本情况

2014年3月至8月，本机关依法实施了“2014年度政府采购甲级代理机构专项检查”。检查发现，辽宁诚发招标有限公司代理的政府采购项目，存在招标文件设置地域限制或者规模限制等条款、政府采购信息公告内容不完整、评分标准不具体、投标人的资格条件列为评分因素、录音录像材料缺失、投标保证金的收取数额超过采购项目概算的1%、逾期退还投标保证金、评标报告不完整等问题。

三、处理结果

本机关做出处理决定如下：根据《政府采购货物和服务招标投标管理办法》（财政部令第18号）第21条、第36条、第37条、第54条，《政府采购信息公告管理办法》（财政部令第19号）第16条，《财政部关于加强政府采购货物和服务项目价格评审管理的通知》（财库〔2007〕2号）第四部分，以及《财政部关于进一步规范政府采购评审工作有关问题的通知》（财库〔2012〕69号）第二部分的规定，对辽宁诚发招标有限公司作出责令整改的处理。本机关对辽宁诚发招标有限公司的违法行为另行处罚。

2014年12月5日

中华人民共和国财政部政府采购信息公告（第二百零二号）

根据《政府采购信息公告管理办法》（财政部令第19号）的相关规定，现将本机关对吉林省恒一项目管理工程咨询有限公司作出的监督检查处理决定公告如下：

一、相关当事人名称

当事人：吉林省恒一项目管理工程咨询有限公司

地址：长春市绿园区皓月大路739号标记大厦

二、基本情况

2014年3月至8月，本机关依法实施了“2014年度政府采购甲级代理机构专项检查”。检查发现，吉林省恒一项目管理工程咨询有限公司代理的政府采购项目，存在招标文件设置地域限制或者规模限制等条款、评分标准不具体、政府采购信息公告内容不完整、投标保证金的收取数额超过项目概算的1%、逾期退还投标保证金、招标公告与招标文件内容不一致等问题。

三、处理结果

本机关做出处理决定如下：根据《政府采购货物和服务招标投标管理办法》（财政部令第18号）第21条、第36条、第37条，《政府采购信息公告管理办法》（财政部令第19号）第16条，以及《财政部关于政府采购货物和服务项目价格评审管理的通知》（财库〔2007〕2号）第四部分的规定，对吉林省恒一项目管理工程咨询有限公司作出责令整改的处理。本机关对吉林省恒一项目管理工程咨询有限公司的违法行为另行处罚。

2014年12月5日

中华人民共和国财政部政府采购信息公告（第二百零三号）

根据《政府采购信息公告管理办法》（财政部令第19号）的相关规定，现将本机关对吉林省晟裕工程咨询有限公司作出的监督检查处理决定公告如下：

一、相关当事人名称

当事人：吉林省晟裕工程咨询有限公司
地址：长春市春城大街789号

二、基本情况

2014年3月至8月，本机关依法实施了“2014年度政府采购甲级代理机构专项检查”。检查发现，吉林省晟裕工程咨询有限公司代理的政府采购项目，存在未发布采购信息更正公告、政府采购信息公告内容不完整、投标保证金收取数额超过采购项目概算的1%、逾期退还投标保证金、招标文件售价过高等问题。

三、处理结果

本机关做出处理决定如下：根据《政府采购货物和服务招标投标管理办法》（财政部令第18号）第23条、第36条、第37条，《政府采购信息公告管理办法》（财政部令第

19号）第8条、第16条的规定，对吉林省晟裕工程咨询有限公司作出责令整改的处理。本机关对吉林省晟裕工程咨询有限公司的违法行为另行处罚。

2014年12月5日

中华人民共和国财政部政府采购信息公告（第二百零四号）

根据《政府采购信息公告管理办法》（财政部令第19号）的相关规定，现将本机关对吉林省汇通招标投标代理有限公司作出的监督检查处理决定公告如下：

一、相关当事人名称

当事人：吉林省汇通招标投标代理有限公司
地址：长春市西安大路2553号民航大厦

二、基本情况

2014年3月至8月，本机关依法实施了“2014年度政府采购甲级代理机构专项检查”。检查发现，吉林省汇通招标投标代理有限公司代理的政府采购项目，存在信息公告内容不完整、投标保证金的收取数额超过项目概算的1%、逾期退还投标保证金等问题。

三、处理结果

本机关做出处理决定如下：根据《政府采购货物和服务招标投标管理办法》（财政部令第18号）第36条和第37条，《政府采购信息公告管理办法》（财政部令第19号）第16条的规定，对吉林省汇通招标投标代理有限公司作出责令整改的处理。

2014年12月5日

中华人民共和国财政部政府采购信息公告（第二百零五号）

根据《政府采购信息公告管理办法》（财政部令第19号）的相关规定，现将本机关对吉林省机械设备成套招标公司作出的监督检查处理决定公告如下：

一、相关当事人名称

当事人：吉林省机械设备成套招标公司
地址：长春市人民大街副54号（省政府4号办公楼）

二、基本情况

2014 年 3 月至 8 月，本机关依法实施了“2014 年度政府采购甲级代理机构专项检查”。检查发现，吉林省机械设备成套招标公司代理的政府采购项目，存在信息公告内容不完整、投标保证金的收取数额超过项目概算的 1%、逾期退还投标保证金、招标文件售价过高等问题。

三、处理结果

本机关做出处理决定如下：根据《政府采购货物和服务招标投标管理办法》（财政部令第 18 号）第 23 条、第 36 条和第 37 条，《政府采购信息公告管理办法》（财政部令第 19 号）第 16 条的规定，对吉林省机械设备成套招标公司作出责令整改的处理。

2014 年 12 月 5 日

中华人民共和国财政部政府采购信息公告（第二百零六号）

根据《政府采购信息公告管理办法》（财政部令第 19 号）的相关规定，现将本机关对山东鲁润招标代理有限公司作出的监督检查处理决定公告如下：

一、相关当事人名称

当事人：山东鲁润招标代理有限公司
地址：济南市历城区二环东路 3966 号东环国际广场 1 幢 4－2401 室

二、基本情况

2014 年 3 月至 8 月，本机关依法实施了“2014 年度政府采购甲级代理机构专项检查”。检查发现，山东鲁润招标代理有限公司代理的政府采购项目，存在招标文件无实质性条款、政府采购信息公告内容不完整、未保留每位评委的有效得分、竞争性谈判项目和询价项目采用综合评分法进行评审、未按规定退还投标保证金、招标文件设置地域限制或者规模限制等条款、招标文件指定品牌、未发布中标和成交公告、评分标准不具体等问题。

三、处理结果

本机关做出处理决定如下：根据《中华人民共和国政府采购法》第 38 条，《政府采购货物和服务招标投标管理办法》（财政部令第 18 号）第 18 条、第 21 条、第 36 条、第 37 条和第 52 条、《政府采购信息公告管理办法》（财政部令第 19 号）第 8 条、第 16 条，以及《财政部关于加强政府采购货物和服务项目价格评审管理的通知》（财库〔2007〕2

号）第四部分的规定，对山东鲁润招标代理有限公司作出责令整改的处理。本机关对山东鲁润招标代理有限公司的违法行为另行处罚。

2014 年 12 月 5 日

中华人民共和国财政部政府采购信息公告（第二百零七号）

根据《政府采购信息公告管理办法》（财政部令第 19 号）的相关规定，现将本机关对山东正信招标有限责任公司作出的监督检查处理决定公告如下：

一、相关当事人名称

当事人：山东正信招标有限责任公司
地址：聊城市开发区东昌路 159 号

二、基本情况

2014 年 3 月至 8 月，本机关依法实施了“2014 年度政府采购甲级代理机构专项检查”。检查发现，山东正信招标有限责任公司代理的政府采购项目，存在招标文件设置供应商资格条件限制条款、评分标准不具体、竞争性谈判项目采用综合评分法进行评审、投标人的资格条件列为评分因素、未保留每一位评委的有效得分、招标文件指定品牌、投标保证金的收取数额超过采购项目概算的 1%、采购进口产品未经审核等问题。

三、处理结果

本机关做出处理决定如下：根据《中华人民共和国政府采购法》第 38 条、《政府采购货物和服务招标投标管理办法》（财政部令第 18 号）第 21 条、第 36 条和第 52 条、《财政部关于加强政府采购货物和服务项目价格评审管理的通知》（财库〔2007〕2 号）第四部分，以及《政府采购进口产品管理办法》（财库〔2007〕119 号）第 4 条的规定，对山东正信招标有限责任公司作出责令整改的处理。本机关对山东正信招标有限责任公司的违法行为另行处罚。

2014 年 12 月 5 日

中华人民共和国财政部政府采购信息公告（第二百零八号）

根据《政府采购信息公告管理办法》（财政部令第 19 号）的相关规定，现将本机关

对山东鲁正招标有限公司作出的监督检查处理决定公告如下：

一、相关当事人名称

当事人：山东鲁正招标有限公司

地址：济南市历城区山大路126号1303室

二、基本情况

2014年3月至8月，本机关依法实施了“2014年度政府采购甲级代理机构专项检查”。检查发现，山东鲁正招标有限公司代理的政府采购项目，存在竞争性谈判项目采用综合评分法进行评审、评分标准不具体、招标文件指定品牌、未采用低价优先法计算价格分、对供应商设置注册资本金限制、招标文件对供应商资格条件进行限制、未依法确定成交供应商、信息公告用语不规范等问题。

三、处理结果

本机关做出处理决定如下：根据《中华人民共和国政府采购法》第38条、《政府采购货物和服务招标投标管理办法》（财政部令第18号）第18条、第21条、《政府采购信息公告管理办法》（财政部令第19号）第8条、第10条，以及《财政部关于加强政府采购货物和服务项目价格评审管理的通知》（财库〔2007〕2号）第四部分的规定，对山东鲁正招标有限公司作出责令整改的处理。本机关对山东鲁正招标有限公司的违法行为另行处罚。

2014年12月5日

中华人民共和国财政部政府采购信息公告（第二百零九号）

根据《政府采购信息公告管理办法》（财政部令第19号）的相关规定，现将本机关对山东中技招标拍卖有限公司作出的监督检查处理决定公告如下：

一、相关当事人名称

当事人：山东中技招标拍卖有限公司

地址：济南市高新区新泺大街786号生产装配车间501室

二、基本情况

2014年3月至8月，本机关依法实施了“2014年度政府采购甲级代理机构专项检查”。检查发现，山东中技招标拍卖有限公司代理的政府采购项目，存在竞争性谈判采用综合评分法、竞争性谈判项目采用投票方式进行评审、竞谈项目采用报价最低且综合得分最高的方式进行评审、投标保证金的收取数额超过项目概算的1%、招标文件设置保证金退还条件、评分标准不具体、政府采购信息公告内容不完整、招标文件及招标公告用语不规范等问题。

三、处理结果

本机关做出处理决定如下：根据《中华人民共和国政府采购法》第38条，《政府采购货物和服务招标投标管理办法》（财政部令第18号）第36条、第37条，《政府采购信息公告管理办法》（财政部令第19号）第16条，以及《财政部关于加强政府采购货物和服务项目价格评审管理的通知》（财库〔2007〕2号）第四部分的规定，对山东中技招标拍卖有限公司作出责令整改的处理。

2014年12月5日

中华人民共和国财政部政府采购信息公告（第二百一十号）

根据《政府采购信息公告管理办法》（财政部令第19号）的相关规定，现将本机关对“中国科学院大学大气环境观测仪器等科学仪器及图书馆家具采购项目（编号：OITC－G14023295）”投诉案作出的处理决定公告如下：

一、相关当事人名称

投诉人：广州市本原纳米仪器有限公司
地址：广东省广州市越秀区先烈中路100号大院34号之一2A02－A08房
被投诉人：中国科学院大学
地址：北京市石景山区玉泉路19号（甲）
被投诉人：东方国际招标有限责任公司
地址：北京市海淀区阜成路67号银都大厦1506、1507室
相关供应商：上海赢智机电设备工程有限公司
地址：上海市松江区永丰街道玉树路269号5号楼3909室

二、基本情况

投诉人因对被投诉人作出的质疑答复不满，认为被投诉人在评标过程中没有严格执行招标文件的评分标准，侵犯了投诉人的合法权益，向本机关提起投诉。本机关依法受理，于2014年10月20日作出了投诉处理决定。

三、处理结果

经审查，本机关作出处理决定如下：关于投诉人反映被投诉人在评标过程中没有严格

执行招标文件评分标准，侵犯了投诉人合法权益的问题，缺乏事实依据。本机关根据《政府采购货物和服务招标投标管理办法》（财政部令第 18 号）第 49 条第二款和《政府采购供应商投诉处理办法》（财政部令第 20 号）第 17 条的规定，驳回投诉。

2014 年 12 月 5 日

中华人民共和国财政部政府采购信息公告（第二百一十一号）

根据《政府采购信息公告管理办法》（财政部令第 19 号）的相关规定，现将本机关对“中国地质大学（北京）准分子激光器、等离子体质谱仪设备购置项目（编号 BIECC - ZB1049）”投诉案作出的处理决定公告如下：

一、相关当事人名称

投诉人：北京莱伯泰科仪器股份有限公司
地址：北京市顺义区天竺空港工业区
被投诉人：中国地质大学（北京）
地址：北京市海淀区学院路 29 号
被投诉人：北京国际工程咨询公司
地址：北京市西城区广安门外大街甲 275 号
相关供应商：镭富电子设备（上海）有限公司
地址：上海市外高桥保税区泰谷路 213 号第二层 B2 部位

二、基本情况

投诉人因对被投诉人作出的质疑答复不满，认为本项目 01 包的中标人镭富公司所投产品有诸多参数与事实不符，镭富公司虚假应标，违反招标公平公正法则，损害投诉人的合法利益，向本机关提起投诉。本机关依法受理，于 2014 年 10 月 20 日作出了投诉处理决定。

三、处理结果

经审查，本机关作出处理决定如下：1. 关于投诉事项，“中标人镭富公司所投产品诸多参数与事实不符，镭富公司虚假应标，违反招标公平公正法则，损害投诉人的合法利益的问题”，缺乏事实依据。本机关根据《政府采购供应商投诉处理办法》（财政部令第 20 号）第 17 条第 2 项的规定，驳回投诉。2. 本案中被投诉人中国地质大学（北京）未获得采购进口产品核准，擅自采购进口产品，采购过程影响中标结果，中标结果的产生过程存在违法行为，鉴于政府采购合同尚未签订，本机关根据《政府采购供应商投诉处理办法》（财政部令第 20 号）第 19 条第 1 项的规定，决定本项目 01 包的采购行为违法，责令中国地质大学（北京）重新开展采购活动。3. 被投诉人中国地质大学（北京）未获得采购进口产品审核，擅自采购进口产品，根据《政府采购进口产品管理办法》（财库〔2007〕119 号）第 21 条第一项和《关于政府采购进口产品管理有关问题的通知》（财办库〔2008〕248 号）第 5 条的规定，责令中国地质大学（北京）进行整改。

2014 年 12 月 5 日

中华人民共和国财政部政府采购信息公告（第二百一十二号）

根据《政府采购信息公告管理办法》（财政部令第 19 号）的相关规定，现将本机关对山东招标股份有限公司作出的处罚决定公告如下：

一、相关当事人名称

当事人：山东招标股份有限公司
地址：山东省济南市历下区文化西路 13 号

二、基本情况

本机关在依法对“青岛海事局溢油应急设备库采购项目（编号 0627 - QB140409）”投诉案调查处理中，发现山东招标股份有限公司存在未按照《中华人民共和国政府采购法》等相关规定进行采购的情形，包括招标文件未依据《中华人民共和国政府采购法》编制、自行抽取专家组成评标委员会、中标公告未包括评标委员会成员名单、以投标人报价算术平均值作为基准价进行价格打分等。本机关于 2014 年 10 月 21 日依法作出了行政处罚决定。

三、处理结果

经审查，山东招标股份有限公司的上述行为违反了《中华人民共和国政府采购法》第 2 条第一款和第 64 条第一款、《政府采购货物和服务招标投标管理办法》（财政部令第 18 号）第 48 条第一款、《政府采购信息公告管理办法》第 12 条第六项、财政部办公厅《关于使用政府采购评审专家监管系统有关事宜的通知》（财办库〔2013〕375 号）第 2 条、《财政部关于加强政府采购货物和服务项目价格评审管理的通知》（财库〔2007〕2 号）第 2 条的规定。根据《政府采购货物和服务招标投标管理办法》（财政部令第 18 号）第 68 条第五项、《政府采购代理机构资格认定办法》第 43 条第一款第七项的规定，本机关决定对山东招标股份有限公司作出警告的行政处罚。

2014 年 12 月 5 日

中华人民共和国财政部政府采购信息公告（第二百一十三号）

根据《政府采购信息公告管理办法》（财政部令第 19 号）的相关规定，现将本机关对“暨南大学新校区景观雕塑项目（编号 0851 – 1461GZ02CL72）”投诉案作出的处理决定公告如下：

一、相关当事人名称

投诉人：厦门城市之光艺术工程有限公司
地址：厦门市思明区曾厝垵上李社南闽第 2678A（栋号 4）
被投诉人：暨南大学
地址：广东省广州市黄埔大道西 601 号
被投诉人：广东采联采购招标有限公司
地址：广州市越秀区环市东路 472 号 23 楼南面房屋
相关供应商：广州金钢道雕塑工程有限公司
地址：广州市黄浦区沙步保沙路 268 号 101 房

二、基本情况

投诉人对被投诉人作出的质疑答复不满，向本机关提起投诉。主要投诉事项为：1. 被投诉人在评审过程中让不具备投标资格的人通过资格审核并让其中标；2. 被投诉人让经营范围、经营实力、专业能力明显较低的投标人中标，此次的评分严重不公平。本机关依法受理，于 2014 年 10 月 22 日作出了投诉处理决定。

三、处理结果

经审查，本机关作出处理决定如下：关于投诉事项 1 和 2，均缺乏事实依据，根据《政府采购供应商投诉处理办法》（财政部令第 20 号）第 17 条第 2 项的规定，驳回投诉。关于本案调查中发现的被投诉人在公开招标采购过程中，未采用低价优先法计算价格分的问题。根据《中华人民共和国政府采购法》第 36 条第 2 项规定，应予废标处理，但鉴于政府采购合同已经履行，根据《政府采购货物和服务招标投标管理办法》第 52 条、《政府采购供应商投诉处理办法》第 19 条第 3 项规定，决定采购活动违法，责令采购人暨南大学、代理机构广东采联采购招标有限公司进行整改。

2014 年 12 月 5 日

中华人民共和国财政部政府采购信息公告（第二百一十四号）

根据《政府采购信息公告管理办法》（财政部令第19号）的相关规定，现将本机关对“中央民族大学信息工程类专业实验教学平台建设采购项目（二次招标）”采购项目（编号：CEIECZB01－14LW068）投诉案作出的处理决定公告如下：

一、相关当事人名称

投诉人：北京先明乐施科技发展有限公司
地址：北京市延庆县康庄镇起步区
被投诉人一：中央民族大学
地址：北京市海淀区中关村南大街27号
被投诉人二：北京中教仪国际招标代理有限公司
地址：北京市西城区大木仓北一巷一号304室
相关供应商：北京清大数电科教仪器中心
地址：北京市海淀区海淀路68号中关村科技贸易中心4B82室
相关供应商：北京中数电工程技术有限公司
地址：北京市海淀区清河嘉园东区甲1号13层1321

二、基本情况

投诉人对被投诉人作出的质疑答复不满，向本机关提起投诉。主要投诉事项为：1. 本项目第1包中标人北京清大数电科教仪器中心和北京中数电工程技术有限公司同时参加同一项目投标，属于“围标”行为，扰乱公平竞争，损害了其他投标人的合法权益。2. 北京中教仪国际招标代理有限公司未就质疑事项做出正面答复，违反相关法律规定。本机关依法受理，于2014年11月2日作出了投诉处理决定。

三、处理结果

经审查，本机关作出处理决定如下：关于投诉事项1，根据《中华人民共和国招标投标法实施条例》第34条、《中华人民共和国公司法》第216条规定，北京清大数电科教仪器中心和北京中数电工程技术有限公司为存在控股关系的不同单位，其同时参加同一项目投标，中标结果的产生违反法律规定，根据《中华人民共和国政府采购法》第36条第2项规定，应予废标，但鉴于采购合同已经履行，根据《政府采购供应商投诉处理办法》第19条第3款规定，决定采购活动违法。关于投诉事项2，根据《中华人民共和国政府采购法》第53条、《政府采购供应商投诉处理办法》第17条规定，被投诉人对质疑事项作出的答复，不违反相关法律规定。投诉事项缺乏依据，驳回投诉。

关于调查中发现第1包中标人清大数电中心与中数电公司的投标文件异常一致问题，本机关另行处理。

2015年1月9日

中华人民共和国财政部政府采购信息公告（第二百一十五号）

根据《政府采购信息公告管理办法》（财政部令第19号）的相关规定，现将本机关对“中国科学技术协会科普中国微视频管理与传播服务”采购项目（编号：HSZT2014FG/136）投诉案作出处理决定公告如下：

一、相关当事人名称

投诉人：北京金尊影视文化艺术有限公司

地址：北京市西城区太平街6号5层D-622

被投诉人一：中国科学技术协会

地址：北京市海淀区复兴路3号

被投诉人二：北京华盛中天咨询有限责任公司

地址：北京市海淀区西直门北大街甲43号B座1103室

二、基本情况

投诉人对被投诉人作出的质疑答复不满，向本机关提起投诉。主要投诉事项为：1. 被投诉人在发布中标公告的同时没给投诉人方发中标通知书，违反了国家法律规定。2. 被投诉人以“对招标文件做出实质性响应的不足三家”为由废标，与事实不符。本机关依法受理，于2014年11月14日作出了投诉处理决定。

三、处理结果

经审查，本机关作出处理决定如下：关于投诉事项1，根据《政府采购货物和服务招标投标管理办法》（财政部令第18号）第62条规定，投诉事项成立。关于投诉事项2，根据《政府采购货物和服务招标投标管理办法》（财政部令第18号）第82条、《政府采购供应商投诉处理办法》（财政部令第20号）第17条、第19条和《财政部关于进一步规范政府采购评审工作有关问题的通知》（财库〔2012〕69号）第4部分的规定，招标采购单位适用法律法规错误，废标行为无效。

2015年1月9日

中华人民共和国财政部政府采购信息公告（第二百一十六号）

根据《政府采购信息公告管理办法》（财政部令第 19 号）的相关规定，现将本机关对“气象远程教育培训及教育共享平台二期——远程培训二级站建设”采购项目（编号 ZQC－H14087）投诉案作出处理决定公告如下：

一、相关当事人名称

投诉人：北京翰博尔信息技术有限公司
地址：北京市海淀区马甸东路 17 号 513 室
被投诉人一：中国气象局气象干部培训学院
地址：北京市中关村南大街 46 号
被投诉人二：中国气象局政府采购中心
地址：北京市海淀区中关村南大街 46 号中国气象局南区 19 号楼 211 室

二、基本情况

投诉人对被投诉人作出的质疑答复不满，向本机关提起投诉。主要投诉事项为：中标人北京新学道教育科技有限公司单独密封的开标一览表没有授权代表签字，不具备投标资格，更不能成为中标人。本机关依法受理，于 2014 年 11 月 21 日作出了投诉处理决定。

三、处理结果

经审查，本机关作出处理决定如下：中标人单独密封的开标一览表加盖了投标人单位公章，只是没有授权代表的签字，其他投标人名称、投标价格等内容与其投标文件中开标一览表的内容完全一致，而且其正本投标文件中的开标一览表既加盖了公章，也有授权代表签字，评标委员会认为新学道公司为有效投标人的意见不违反相关法律法规和招标文件的规定。根据《政府采购供应商投诉处理办法》（财政部令第 20 号）第 17 条第 2 项的规定，投诉事项缺乏依据，驳回投诉。

2015 年 1 月 9 日

中华人民共和国财政部政府采购信息公告（第二百一十七号）

根据《政府采购信息公告管理办法》（财政部令第 19 号）的相关规定，现将本机关对“普通发票定点印刷服务招标”采购项目（编号：KWAD5G2014109）投诉案作出处理决定公告如下：

一、相关当事人名称

投诉人：桂林鑫源票证印刷有限公司

地址：广西桂林市桂磨大道桂林国家高新区英才科技园 A 区 24 号

被投诉人一：广西壮族自治区国家税务局

地址：广西南宁市原湖南路 22 号

被投诉人二：广西科文招标有限公司

地址：广西南宁市民族大道 141 号中鼎万象东方 D 区五层

二、基本情况

投诉人对被投诉人作出的质疑答复不满，向本机关提起投诉。主要投诉事项为：1. 中标供应商柳州市瑞务印刷厂在招标文件中故意隐瞒正在被税务机关税务稽查重大事实，违反了《政府采购法》第 22 条的规定，不具备投标人资格。2. 广西科文招标公司未履行“告知质疑人投诉权利”的义务，代理服务欠缺专业性，其编制的招标文件具有明显倾向性和歧视性。本机关依法受理，于 2014 年 12 月 1 日作出了投诉处理决定。

三、处理结果

经审查，本机关作出处理决定如下：关于投诉事项 1，经稽查单位柳州市国税局和稽查上级单位广西国税来函证实，到开标截止时间，稽查没有结束，也没有发现重大违法行为，投诉没有事实依据。关于投诉事项 2，本案为中央预算项目，《政府采购法》和财政部对中央预算政府采购活动的各项规定中，已经明确质疑人有对采购人、采购代理机构的答复不满可以向同级政府采购监督管理部门投诉的权利，但没有明确规定代理机构有“告知质疑人投诉权利”的义务。此外，经审查广西国税和科文招标公司对评分细则的情况说明及评标报告中评标委员会的打分情况，不存在招标文件具有明显的倾向性和歧视性的情形。根据《政府采购供应商投诉处理办法》（财政部令第 20 号）第 17 条第 2 项的规定，投诉事项缺乏依据，驳回投诉。

2015 年 1 月 10 日

中华人民共和国财政部政府采购信息公告（第二百一十八号）

根据《政府采购信息公告管理办法》（财政部令第 19 号）的相关规定，现将本机关对“农业部重点实验室建设项目仪器设备统一招标采购 – 农田观测和实验室分析仪器第 6 包”采购项目（编号：ZSB – 2014 – 002（FXYQ））投诉案作出处理决定公告如下：

一、相关当事人名称

投诉人：北京懿德嘉业科技发展有限公司
住所地：北京市海淀区三里河路1号西苑饭店5号楼5506室
被投诉人：农业部工程建设服务中心
住所地：北京市海淀区学院南路59号
被投诉人：北京方正联工程咨询有限公司
住所地：北京市海淀区学院南路59号
相关供应商：中国科学器材公司
住所地：北京市朝阳区太阳宫路19号院1号楼

二、基本情况

投诉人对被投诉人作出的质疑答复不满，向本机关提起投诉。主要投诉事项为：1. 招标文件投标人须知第12项："为维护招标人利益，招标代理单位具有接受和拒绝任何或所有投标的权力"，违反了《政府采购货物和服务招标投标管理办法》（财政部令第18号）第6条的规定；2. 招标文件将注册资本金作为评分标准违反相关法律规定；3. 招标文件价格评分采用中间价得分最高的原则不合理；4. 中标结果公示中未包括评标委员会成员名单。本机关依法受理，于2014年12月15日作出了投诉处理决定。

三、处理结果

经审查，本机关作出处理决定如下：1. 根据《中华人民共和国政府采购法》第64条、第36条的规定，被投诉项目适用法律和采购程序错误，责令采购人废标。2. 根据《政府采购供应商投诉处理办法》（财政部令第20号）第19条的规定，政府采购合同已经签订但尚未履行的，撤销合同，同时，责令采购人农业部工程建设服务中心按照《中华人民共和国政府采购法》重新开展采购活动。3. 责令采购人农业部工程建设服务中心对不按照《中华人民共和国政府采购法》规定的方式和程序进行政府货物采购的行为进行整改。对北京方正联工程咨询有限公司另行处罚。

2015年1月9日

中华人民共和国财政部政府采购信息公告（第二百一十九号）

根据《政府采购信息公告管理办法》（财政部令第19号）的相关规定，现将本机关对"中国劳动关系学院北京校区监控系统改造项目"问题作出处理决定公告如下：

一、相关当事人名称

当事人：中国劳动关系学院

地址：北京市海淀区增光路45号

二、基本情况

近期，本机关收到关于“中国劳动关系学院北京校区监控系统改造项目”采购结果举报函。经审查，本项目属于本机关政府采购监管范围。举报人反映中标供应商北京世纪先锋科技有限公司存在投标文件所列设备技术参数与设备本身技术参数不符的情形，涉嫌虚假投标。本机关依法审查处理，于2014年12月15日作出了监督检查处理决定。

三、处理结果

经审查，本机关作出处理决定如下：关于北京世纪先锋科技有限公司存在投标文件所列设备技术参数，与设备本身技术参数不符的情形属实；评标委员会未按照招标文件规定的评标办法和评标标准进行评标，违反了《政府采购货物和服务招标投标管理办法》（财政部令第18号）第49条的规定，根据《政府采购法》第36条第二项的规定，责令采购人对本项目作废标处理。关于世纪先锋公司涉嫌虚假投标的问题，缺乏事实依据，不能认定世纪先锋公司虚假投标。

2015年1月9日

中华人民共和国财政部政府采购信息公告（第二百二十号）

根据《政府采购信息公告管理办法》（财政部令第19号）的相关规定，现将本机关对“国家工商行政管理总局商标公告印刷”采购项目（编号：GC－FG140311）举报案作出的理决定公告如下：

一、相关当事人名称

当事人：国家工商行政管理总局
地址：北京市西城区三里河东路八号
当事人：中央国家机关政府采购中心
地址：北京市西城区西安门大街22号国管局

二、基本情况

近期，本机关收到关于“国家工商行政管理总局商标公告印刷”采购项目的举报函。举报函反映本项目评标过程存在如下问题：现场评标打分不够认真；北京邮票厂不该得分项得分；北京邮票厂主观分得满分不合理；北京邮票厂样品重量不符合招标文件规定，评标委员会所有成员未扣北京邮票厂此项分等。本机关依法受理，于2014年12月15日作出了监督检查处理决定。

三、处理结果

经审查，本机关作出处理决定如下：北京邮票厂投标文件未提供获得2014～2015年度中央国家机关书刊类－B类入围资格的证明文件，不符合招标文件要求，评标委员会仍判定北京邮票厂获得此项2分，属于《政府采购货物和服务招标投标管理办法》（财政部令第18号）第77条第五项规定的情形；评审时，评委会对商务部分和技术部分的指标进行分工，各个专家评完所分指标后宣读分数，其他专家在没有审阅投标文件的情况下参照打分，这种打分方式违反了《政府采购货物和服务招标投标管理办法》（财政部令第18号）第52条的规定，影响了采购活动的公正性。按照《中华人民共和国政府采购法》第36条的规定，本项目招标采购过程中，出现了影响采购公正的违规行为，责令采购人废标。

2015年1月9日

中华人民共和国财政部政府采购信息公告（第二百二十一号）

根据《政府采购信息公告管理办法》（财政部令第19号）的相关规定，现将本机关对“西部预警信息发布软件系统”采购项目（编号：HTC－143411）投诉案作出处理决定公告如下：

一、相关当事人名称

投诉人：成都市美幻科技有限公司

地址：四川省成都市高新区天府软件园D区6号楼17楼

被投诉人：中国地震局工程力学研究所

地址：黑龙江省哈尔滨市南港区学府路29号

被投诉人：黑龙江省招标公司

地址：黑龙江省哈尔滨市经济技术开发区汉水路180号

相关供应商：黑龙江丽念科技发展有限公司

地址：黑龙江省哈尔滨市道外区北新街123号5栋1－3层

相关供应商：黑龙江省九方科技发展有限公司

地址：黑龙江省哈尔滨市南岗区西大直街431号金洋馨园

相关供应商：哈尔滨汉伯网安科技有限公司

地址：黑龙江省哈尔滨市开发区嵩山路20号306室

二、基本情况

投诉人对被投诉人作出的质疑答复不满，向本机关提起投诉。主要投诉事项为：中标人（黑龙江省丽念科技发展有限公司）没有类似采购项目的核心技术产品，没有建设过类似项目且公开成功运行案例，无法支撑国家地震社会服务工程项目；参加本项目投标的4家企业中至少有两家企业的产品及经营范围与本项目毫不相干，无法实质性满足招标文件要求，因此实质性响应招标文件的供应商不足三家，理应废标而没有废标；评标专家的评审工作没有完全做到公平、公正，损害了投诉人的利益。本机关依法受理，于 2014 年 12 月 15 日作出了投诉处理决定。

三、处理结果

经审查，本机关作出处理决定如下：

根据《政府采购供应商投诉处理办法》（财政部令第 20 号）第 17 条的规定，投诉事项缺乏依据，驳回投诉。

被投诉人中国地震局工程力学研究所、黑龙江省招标公司将注册资本金作为该项目供应商资格条件，违反了《政府采购促进中小企业发展暂行办法》第 3 条的规定，责令中国地震局工程力学研究所和黑龙江省招标公司进行整改。

2015 年 1 月 9 日

中华人民共和国财政部政府采购信息公告（第二百二十二号）

根据《政府采购信息公告管理办法》（财政部令第 19 号）的相关规定，现将本机关对“国家质检总局 2014 年 120 万元以上专用仪器设备采购项目”采购项目（编号：B0708 - CMC14N7116）投诉案作出处理决定公告如下：

一、相关当事人名称

投诉人：青岛立新源仪器有限公司

地址：青岛胶南市人民路 173 号 406 室

被投诉人：国家质量监督检验检疫总局

地址：北京市海淀区马甸东路 9 号

被投诉人：中国机械进出口（集团）有限公司

地址：北京市西城区阜外大街 1 号四川大厦西楼

相关供应商：北京中科华星科贸有限公司

二、基本情况

投诉人对被投诉人作出的质疑答复不满，向本机关提起投诉。主要投诉事项为：1. 中国机械进出口（集团）有限公司（以下称中机公司）未按规定时间对质疑进行答复。2. 本项目第 8 包 8 - 2（X 射线荧光光谱仪 - 山东局）、8 - 3（X 射线荧光光谱仪 - 浙江局）的中标人北京中科华星科贸有限公司（以下称中科华星公司）提供虚假技术参数骗取中标资格，妨碍了评标的公平、公正，违反相关法律规定。本机关依法受理，于 2014 年 12 月 24 日作出了投诉处理决定。

三、处理结果

经审查，本机关作出处理决定如下：

关于投诉事项 1，投诉人在 7 月 22 日提出质疑，中机公司在 7 月 28 日进行了书面答复，符合《中华人民共和国政府采购法》第 54 条的规定，因此，投诉缺乏事实依据。

关于投诉事项 2，中科华星公司投标文件对招标文件要求的技术指标进行了具体的无偏离应答，提供了相应的技术支持材料；中科华星公司提供了其生产厂家日本理学公司对投标产品技术指标满足招标文件要求的陈述和确认函，并经过日本公证机构及中华人民共和国驻日本领事馆认证。投诉人提供的网站资料不足以证明中科华星公司提供虚假技术参数，投诉缺乏事实依据。

根据《政府采购供应商投诉处理办法》（财政部令第 20 号）第 17 条第 2 项规定，投诉事项 1 和 2 缺乏事实依据，驳回投诉。

2015 年 2 月 10 日

中华人民共和国财政部政府采购信息公告（第二百二十三号）

根据《政府采购信息公告管理办法》（财政部令第 19 号）的相关规定，现将本机关对“中央民族大学学生宿舍屋面防水修缮工程”采购项目（编号 GC－GG140152）投诉案作出的处理决定公告如下：

一、相关当事人名称

投诉人：河南省恒昌防水防腐有限公司

地址：河南省项城市交通中路

被投诉人 1：中央民族大学

地址：北京市海淀区中关村南大街 27 号

被投诉人 2：中央国家机关政府采购中心

地址：北京市西城区西直门内大街西章胡同 9 号院

二、基本情况

投诉人对被投诉人作出的质疑答复不满，向本机关提起投诉。主要投诉事项为：在参与本项目投标单位实质响应招标文件少于三家的情况下，被投诉人依然公示中标单位，违反了相关法律规定，致使投诉人合法权益受损。本机关依法受理，于 2014 年 12 月 31 日作出了投诉处理决定。

三、处理结果

经审查，本机关作出处理决定如下：被投诉人在对招标文件作实质响应的投标人不足三家情况下公布中标结果，违反了《中华人民共和国政府采购法》第 36 条的规定。根据《中华人民共和国政府采购法》第 36 条第一项、《政府采购供应商投诉处理办法》（财政部令第 20 号）第 19 条第一项的规定，决定采购行为违法，责令中央民族大学重新开展采购活动。

2015 年 2 月 10 日

中华人民共和国财政部政府采购信息公告（第二百二十四号）

根据《政府采购信息公告管理办法》（财政部令第 19 号）的相关规定，现将本机关对“国家数字复合出版系统工程项目第 7 包媒体协同工作系统”（招标编号：1441STC40519/07）投诉案作出的处理决定公告如下：

一、相关当事人名称

投诉人：北京紫荆新锐科技有限公司
地址：北京市海淀区东北旺西路 8 号 5 号楼 1 层东侧 142 房间
被投诉人：国家新闻出版广电总局
地址：北京市宣武门外大街 40 号
被投诉人：中钢招标有限公司
地址：北京市海淀区海淀大街 8 号中钢国际广场 16 层
相关供应商：潍坊北大青鸟华光照排有限公司
地址：山东省潍坊市健康东街 10179 号潍坊软件园 A 座 24F

二、基本情况

投诉人对“国家数字复合出版系统工程项目第 7 包媒体协同工作系统”（招标编号：1441STC40519/07）的质疑答复不满，依法向本机关提起投诉。投诉事项为：1. 在该项目招标活动中 A 组个别评审专家片面、过分的强调了与本次招标文件公布的评分标准无直接关系且属明显笔误的因素，错误地判断该公司的财务状况/资信证明情况，并严重误导评分专家形成投诉人财务状况不好、负债巨大的负面印象，直接导致了该公司在所投项目第 7 包中的各项评分受到极大的负面影响而被低估的结果，因此在该项目的招标活动中投诉人受到严重的、错误的、不公正的歧视性对待，尤其本次招标评分标准受主观因素影响过大，过于虚泛，给打分留下较大的弹性空间。2. 在该项目 07 包中对该公司的综合实力比较与评分严重不合理，在技术部分、项目实施与服务部分，带有先入之见，未能公正评审打分。经审查合格，本机关依法受理，并对投诉事项进行了调查取证，征求了相关当事人的意见，现本案已审查终结，本机关于 2015 年 1 月 9 日依法作出投诉处理决定。

三、处理结果

经审查，本机关作出如下处理决定：

关于投诉事项1，评标报告中投诉人商务部分“投标人财务状况/资信证明”项，各评审专家均判定投诉人此项得满分1分，不存在对财务状况/资信证明错误判断的情况。此外，投诉人对招标文件评分标准未进行过质疑，属于无效投诉事项。因此，此投诉事项缺乏事实依据。

关于投诉事项2，该项目采用的是综合评分法，评审专家按照招标文件规定的评标办法和标准进行评审，未发现评标委员会未按规定评审问题。因此，此投诉事项缺乏事实依据。

根据《政府采购供应商投诉处理办法》（财政部令第20号）第17条的规定，投诉事项1和2均缺乏事实依据，驳回投诉。

2015年2月10日

中华人民共和国财政部政府采购信息公告（第二百二十五号）

根据《政府采购信息公告管理办法》（财政部令第19号）的相关规定，现将本机关对北京市京发招标有限公司作出的处罚决定公告如下：

一、相关当事人名称

当事人：北京市京发招标有限公司

地址：北京市东城区崇文门外大街90号

二、基本情况

2014年3月至8月，本机关依法实施了“2014年度政府采购甲级代理机构专项检查”。检查发现，北京市京发招标有限公司代理的政府采购项目，存在评标专家组成员数量不合法、未发布采购信息更正公告等情形。本机关于2015年1月4日依法作出了行政处罚决定。

三、处理结果

北京市京发招标有限公司的上述行为违反了《政府采购货物和服务招标投标管理办法》（财政部令第18号）第45条第一款，《政府采购信息公告管理办法》（财政部令第19号）第8条第四项的规定。根据《政府采购货物和服务招标投标管理办法》第68条第五项、《政府采购代理机构资格认定办法》第43条第一款第七项规定，本机关决定对北京市京发招标有限公司作出警告的行政处罚。

2015年2月10日

中华人民共和国财政部政府采购信息公告（第二百二十六号）

根据《政府采购信息公告管理办法》（财政部令第19号）的相关规定，现将本机关对中国技术进出口总公司作出的处罚决定公告如下：

一、相关当事人名称

当事人：中国技术进出口总公司
地址：北京市丰台区西三环中路90号通用技术大厦

二、基本情况

2014年3月至8月，本机关依法实施了“2014年度政府采购甲级代理机构专项检查”。检查发现，中国技术进出口总公司代理的政府采购项目存在评标专家组成员数量不合法、招标文件设置地域限制或者规模限制条款等情形。本机关于2015年1月4日依法作出了行政处罚决定。

三、处理结果

中国技术进出口总公司的上述行为违反了《政府采购货物和服务招标投标管理办法》（财政部令第18号）第21条第二款和第45条第一款的规定。根据《中华人民共和国政府采购法》第71条第四项、《政府采购货物和服务招标投标管理办法》（财政部令第18号）第68条第四项、第五项的规定，本机关决定对中国技术进出口总公司作出警告的行政处罚。

2015年2月10日

中华人民共和国财政部政府采购信息公告（第二百二十七号）

根据《政府采购信息公告管理办法》（财政部令第19号）的相关规定，现将本机关对五矿国际招标有限责任公司作出的处罚决定公告如下：

一、相关当事人名称

当事人：五矿国际招标有限责任公司
地址：北京市海淀区三里河路5号D座2层

二、基本情况

2014 年 3 月至 8 月，本机关依法实施了“2014 年度政府采购甲级代理机构专项检查”。检查发现，五矿国际招标有限责任公司代理的政府采购项目，存在招标文件设置地域限制或者规模限制等条款的情形。本机关于 2015 年 1 月 4 日依法作出了行政处罚决定。

三、处理结果

五矿国际招标有限责任公司的上述行为违反了《政府采购货物和服务招标投标管理办法》（财政部令第 18 号）第 21 条第二款的规定。根据《中华人民共和国政府采购法》第 71 条第四项和《政府采购货物和服务招标投标管理办法》（财政部令第 18 号）第 68 条第四项的规定，本机关决定对五矿国际招标有限责任公司作出警告的行政处罚。

2015 年 2 月 10 日

中华人民共和国财政部政府采购信息公告（第二百二十八号）

根据《政府采购信息公告管理办法》（财政部令第 19 号）的相关规定，现将本机关对北京中教仪国际招标代理有限公司作出的处罚决定公告如下：

一、相关当事人名称

当事人：北京中教仪国际招标代理有限公司

地址：北京市西城区大木仓北一巷一号 304 室

二、基本情况

2014 年 3 月至 8 月，本机关依法实施了“2014 年度政府采购甲级代理机构专项检查”。检查发现，北京中教仪国际招标代理有限公司代理的政府采购项目，存在评标委员会成员数量不合法的情形。本机关于 2015 年 1 月 4 日依法作出了行政处罚决定。

三、处理结果

北京中教仪国际招标代理有限公司的上述行为违反了《政府采购货物和服务招标投标管理办法》（财政部令第 18 号）第 45 条第一款的规定。根据《政府采购货物和服务招标投标管理办法》（财政部令第 18 号）第 68 条第五项的规定，本机关决定对北京中教仪国际招标代理有限公司作出警告的行政处罚。

2015 年 2 月 10 日

中华人民共和国财政部政府采购信息公告（第二百二十九号）

根据《政府采购信息公告管理办法》（财政部令第 19 号）的相关规定，现将本机关对黑龙江欣伟招投标代理有限公司作出的处罚决定公告如下：

一、相关当事人名称

当事人：黑龙江欣伟招投标代理有限公司
地址：哈尔滨市道里区共乐西头道街 50 号 50 号 101 室

二、基本情况

2014 年 3 月至 8 月，本机关依法实施了“2014 年度政府采购甲级代理机构专项检查”。检查发现，黑龙江欣伟招投标代理有限公司代理的政府采购项目，存在招标文件设置地域限制或规模限制等条款的情形。本机关于 2015 年 1 月 4 日依法作出了行政处罚决定。

三、处理结果

黑龙江欣伟招投标代理有限公司的上述行为违反了《政府采购货物和服务招标投标管理办法》（财政部令第 18 号）第 21 条第二款的规定。根据《中华人民共和国政府采购法》第 71 条第四项和《政府采购货物和服务招标投标管理办法》（财政部令第 18 号）第 68 条第四项的规定，本机关决定对黑龙江欣伟招投标代理有限公司作出警告的行政处罚。

2015 年 2 月 10 日

中华人民共和国财政部政府采购信息公告（第二百三十号）

根据《政府采购信息公告管理办法》（财政部令第 19 号）的相关规定，现将本机关对黑龙江省国律招标有限责任公司作出的处罚决定公告如下：

一、相关当事人名称

当事人：黑龙江省国律招标有限责任公司
地址：黑龙江省哈尔滨市香坊区衡山路 18 号远东大厦 A 区 10 层

二、基本情况

2014 年 3 月至 8 月，本机关依法实施了“2014 年度政府采购甲级代理机构专项检查”。检查发现，黑龙江省国律招标有限责任公司代理的政府采购项目，存在招标文件设置地域限制或者规模限制等条款的情形。本机关于2015年1月4日依法作出了行政处罚决定。

三、处理结果

黑龙江省国律招标有限责任公司的上述行为违反了《政府采购货物和服务招标投标管理办法》（财政部令第18号）第21条第二款的规定。根据《中华人民共和国政府采购法》第71条第四项和《政府采购货物和服务招标投标管理办法》（财政部令第18号）第68条第四项的规定，本机关决定对黑龙江省国律招标有限责任公司作出警告的行政处罚。

2015年2月10日

中华人民共和国财政部政府采购信息公告（第二百三十一号）

根据《政府采购信息公告管理办法》（财政部令第19号）的相关规定，现将本机关对黑龙江省成达招投标代理有限公司作出的处罚决定公告如下：

一、相关当事人名称

当事人：黑龙江省成达招投标代理有限公司

地址：哈尔滨开发区南岗集中区汉水路389号金桂大厦13层3号

二、基本情况

2014年3月至8月，本机关依法实施了“2014年度政府采购甲级代理机构专项检查”。检查发现，黑龙江省成达招投标代理有限公司代理的政府采购项目，存在招标文件设置地域限制或者规模限制等条款、未从财政部门设立的政府采购评审专家库中抽取专家、未发布采购信息更正公告等情形。本机关于2015年1月4日依法作出了行政处罚决定。

三、处理结果

黑龙江省成达招投标代理有限公司的上述行为违反了《政府采购货物和服务招标投标管理办法》（财政部令第18号）第21条第二款、第48条第一款，《政府采购信息公告管理办法》（财政部令第19号）第8条第四项的规定。根据《中华人民共和国政府采购法》第71条第四项，《政府采购货物和服务招标投标管理办法》（财政部令第18号）第68条第二项、第四项、第五项，以及《政府采购信息公告管理办法》（财政部令第19号）第30条第一项的规定，本机关决定对黑龙江省成达招投标代理有限公司作出警告的行政处罚。

2015年2月10日

中华人民共和国财政部政府采购信息公告（第二百三十二号）

根据《政府采购信息公告管理办法》（财政部令第19号）的相关规定，现将本机关对黑龙江融信招投标有限公司作出的处罚决定公告如下：

一、相关当事人名称

当事人：黑龙江融信招投标有限公司
地址：黑龙江省哈尔滨市动力区中山路146号

二、基本情况

2014年3月至8月，本机关依法实施了“2014年度政府采购甲级代理机构专项检查”。检查发现，黑龙江融信招投标有限公司代理的政府采购项目，存在未从财政部门设立的政府采购评审专家库中抽取专家、未发布采购信息更正公告等情形。本机关于2015年1月4日依法作出了行政处罚决定。

三、处理结果

黑龙江融信招投标有限公司的上述行为违反了《政府采购货物和服务招标投标管理办法》（财政部令第18号）第48条第一款和《政府采购信息公告管理办法》（财政部令第19号）第8条第四项的规定。根据《政府采购货物和服务招标投标管理办法》（财政部令第18号）第68条第二项、第五项，以及《政府采购信息公告管理办法》（财政部令第19号）第30条第一项的规定，本机关决定对黑龙江融信招投标有限公司作出警告的行政处罚。

2015年2月10日

中华人民共和国财政部政府采购信息公告（第二百三十三号）

根据《政府采购信息公告管理办法》（财政部令第19号）的相关规定，现将本机关对天津国际招标有限公司作出的处罚决定公告如下：

一、相关当事人名称

当事人：天津国际招标有限公司
地址：天津市河西区卫津南路19号

二、基本情况

2014 年 3 月至 8 月，本机关依法实施了“2014 年度政府采购甲级代理机构专项检查”。检查发现，天津国际招标有限公司代理的政府采购项目，存在评标专家成员数量不合法等情形。本机关于 2015 年 1 月 4 日依法作出了行政处罚决定。

三、处理结果

天津国际招标有限公司的上述行为违反了《政府采购货物和服务招标投标管理办法》（财政部令第 18 号）第 45 条第一款的规定。根据《政府采购货物和服务招标投标管理办法》（财政部令第 18 号）第 68 条第五项的规定，本机关决定对天津国际招标有限公司作出警告的行政处罚。

2015 年 2 月 10 日

中华人民共和国财政部政府采购信息公告（第二百三十四号）

根据《政府采购信息公告管理办法》（财政部令第 19 号）的相关规定，现将本机关对天津市兴业工程造价咨询有限责任公司作出的处罚决定公告如下：

一、相关当事人名称

当事人：天津市兴业工程造价咨询有限责任公司

地址：华苑产业区物华道 2 号海泰火炬创业园 A 座 4－19 室

二、基本情况

2014 年 3 月至 8 月，本机关依法实施了“2014 年度政府采购甲级代理机构专项检查”。检查发现，天津市兴业工程造价咨询有限责任公司代理的政府采购项目，存在评标专家成员数量不合法、招标文件设置地域限制或者规模限制等条款等情形。本机关于 2015 年 1 月 4 日依法作出了行政处罚决定。

三、处理结果

天津市兴业工程造价咨询有限责任公司的上述行为违反了《政府采购货物和服务招标投标管理办法》（财政部令第 18 号）第 21 条第二款、第 45 条第一款的规定。根据《中华人民共和国政府采购法》第 71 条第四项，《政府采购货物和服务招标投标管理办法》（财政部令第 18 号）第 68 条第四项、第五项的规定，本机关决定对天津市兴业工程造价咨询有限责任公司作出警告的行政处罚。

2015 年 2 月 10 日

中华人民共和国财政部政府采购信息公告（第二百三十五号）

根据《政府采购信息公告管理办法》（财政部令第19号）的相关规定，现将本机关对天津市泛亚工程机电设备咨询有限公司作出的处罚决定公告如下：

一、相关当事人名称

当事人：天津市泛亚工程机电设备咨询有限公司
地址：河西区广顺道2号

二、基本情况

2014年3月至8月，本机关依法实施了“2014年度政府采购甲级代理机构专项检查”。检查发现，天津市泛亚工程机电设备咨询有限公司代理的政府采购项目，存在对招标文件的澄清或者修改时间不符合规定期限的情形。本机关于2015年1月4日依法作出了行政处罚决定。

三、处理结果

天津市泛亚工程机电设备咨询有限公司的上述行为违反了《政府采购货物和服务招标投标管理办法》（财政部令第18号）第27条的规定。根据《政府采购信息公告管理办法》（财政部令第19号）第30条第五项的规定，本机关决定对天津市泛亚工程机电设备咨询有限公司作出警告的行政处罚。

2015年2月10日

中华人民共和国财政部政府采购信息公告（第二百三十六号）

根据《政府采购信息公告管理办法》（财政部令第19号）的相关规定，现将本机关对河北博鳌招标代理有限公司作出的处罚决定公告如下：

一、相关当事人名称

当事人：河北博鳌招标代理有限公司
地址：石家庄市桥西区友谊南大街122号振头大厦

二、基本情况

2014年3月至8月，本机关依法实施了“2014年度政府采购甲级代理机构专项检

查”。检查发现，河北博鳌招标代理有限公司代理的政府采购项目，存在招标文件设置地域限制或者规模限制条款等情形。本机关于2015年1月4日依法作出了行政处罚决定。

三、处理结果

河北博鳌招标代理有限公司的上述行为违反了《政府采购货物和服务招标投标管理办法》（财政部令第18号）第21条第二款的规定。根据《中华人民共和国政府采购法》第71条第四项和《政府采购货物和服务招标投标管理办法》（财政部令第18号）第68条第四项的规定，本机关决定对河北博鳌招标代理有限公司作出警告的行政处罚。

2015年2月10日

中华人民共和国财政部政府采购信息公告（第二百三十七号）

根据《政府采购信息公告管理办法》（财政部令第19号）的相关规定，现将本机关对河北筑城工程招标咨询有限公司作出的处罚决定公告如下：

一、相关当事人名称

当事人：河北筑城工程招标咨询有限公司

地址：石家庄市桥西区红旗大街88号翰林观天下23号楼20层

二、基本情况

2014年3月至8月，本机关依法实施了“2014年度政府采购甲级代理机构专项检查”。检查发现，河北筑城工程招标咨询有限公司代理的政府采购项目，存在招标文件设置地域限制或者规模限制条款的情形。本机关于2015年1月4日依法作出了行政处罚决定。

三、处理结果

河北筑城工程招标咨询有限公司的上述行为违反了《政府采购货物和服务招标投标管理办法》（财政部令第18号）第21条第二款的规定。根据《中华人民共和国政府采购法》第71条第四项和《政府采购货物和服务招标投标管理办法》（财政部令第18号）第68条第四项的规定，本机关决定对河北筑城工程招标咨询有限公司作出警告的行政处罚。

2015年2月10日

中华人民共和国财政部政府采购信息公告（第二百三十八号）

根据《政府采购信息公告管理办法》（财政部令第 19 号）的相关规定，现将本机关对河北省招标公司作出的处罚决定公告如下：

一、相关当事人名称

当事人：河北省招标公司

地址：石家庄市桥西区工农路 486 号

二、基本情况

2014 年 3 月至 8 月，本机关依法实施了“2014 年度政府采购甲级代理机构专项检查”。检查发现，河北省招标公司代理的政府采购项目，存在招标文件设置地域限制或者规模限制条款的情形。本机关于 2015 年 1 月 4 日依法作出了行政处罚决定。

三、处理结果

河北省招标公司的上述行为违反了《政府采购货物和服务招标投标管理办法》（财政部令第 18 号）第 21 条第二款的规定。根据《中华人民共和国政府采购法》第 71 条第四项、《政府采购货物和服务招标投标管理办法》（财政部令第 18 号）第 68 条第四项的规定，本机关决定对河北省招标公司作出警告的行政处罚。

2015 年 2 月 10 日

中华人民共和国财政部政府采购信息公告（第二百三十九号）

根据《政府采购信息公告管理办法》（财政部令第 19 号）的相关规定，现将本机关对大连中招招标投标代理有限公司作出的处罚决定公告如下：

一、相关当事人名称

当事人：大连中招招标投标代理有限公司

地址：大连市西岗区唐山街自学巷 14 号 1－2

二、基本情况

2014 年 3 月至 8 月，本机关依法实施了“2014 年度政府采购甲级代理机构专项检查”。检查发现，大连中招招标投标代理有限公司代理的政府采购项目，存在未发布成交结果公告的情形。本机关于2015年1月4日依法作出了行政处罚决定。

三、处理结果

大连中招招标投标代理有限公司的上述行为违反了《政府采购信息公告管理办法》（财政部令第19号）第8条第四项的规定。根据《政府采购信息公告管理办法》（财政部令第19号）第30条第一项的规定，本机关决定对大连中招招标投标代理有限公司作出警告的行政处罚。

2015年2月10日

中华人民共和国财政部政府采购信息公告（第二百四十号）

根据《政府采购信息公告管理办法》（财政部令第19号）的相关规定，现将本机关对大连理工招标代理有限公司作出的处罚决定公告如下：

一、相关当事人名称

当事人：大连理工招标代理有限公司

地址：大连高新技术产业园区凌工路2号

二、基本情况

2014年3月至8月，本机关依法实施了“2014年度政府采购甲级代理机构专项检查”。检查发现，大连理工招标代理有限公司代理的政府采购项目，存在评标委员会成员数量不合法的情形。本机关于2015年1月4日依法作出了行政处罚决定。

三、处理结果

大连理工招标代理有限公司的上述行为违反了《政府采购货物和服务招标投标管理办法》（财政部令第18号）第45条第一款的规定。根据《政府采购货物和服务招标投标管理办法》（财政部令第18号）第68条第五项的规定，本机关决定对大连理工招标代理有限公司作出警告的行政处罚。

2015年2月10日

中华人民共和国财政部政府采购信息公告（第二百四十一号）

根据《政府采购信息公告管理办法》（财政部令第19号）的相关规定，现将本机关

对辽宁信达招投标代理有限公司作出的处罚决定公告如下：

一、相关当事人名称

当事人：辽宁信达招投标代理有限公司
地址：辽宁省沈阳市沈河区市府大路262号甲（501室）

二、基本情况

2014年3月至8月，本机关依法实施了“2014年度政府采购甲级代理机构专项检查”。检查发现，辽宁信达招投标代理有限公司代理的政府采购项目，存在招标文件中设置地域限制或规模限制等条款的情形。本机关于2015年1月4日依法作出了行政处罚决定。

三、处理结果

辽宁信达招投标代理有限公司的上述行为违反了《政府采购货物和服务招标投标管理办法》（财政部令第18号）第21条第二款的规定。根据《中华人民共和国政府采购法》第71条第四项、《政府采购货物和服务招标投标管理办法》（财政部令第18号）第68条第四项的规定，本机关决定对辽宁信达招投标代理有限公司作出警告的行政处罚。

2015年2月10日

中华人民共和国财政部政府采购信息公告（第二百四十二号）

根据《政府采购信息公告管理办法》（财政部令第19号）的相关规定，现将本机关对辽宁汇诚招投标代理有限公司作出的处罚决定公告如下：

一、相关当事人名称

当事人：辽宁汇诚招投标代理有限公司
地址：沈阳市铁西区南七东路32号

二、基本情况

2014年3月至8月，本机关依法实施了“2014年度政府采购甲级代理机构专项检查”。检查发现，辽宁汇诚招投标代理有限公司代理的政府采购项目，存在延长开标时间的变更公告发布时间不符合规定期限的情形。本机关于2015年1月4日依法作出了行政处罚决定。

三、处理结果

辽宁汇诚招投标代理有限公司的上述行为违反了《政府采购货物和服务招标投标管理办法

办法》（财政部令第 18 号）第 28 条的规定。根据《政府采购信息公告管理办法》（财政部令第 19 号）第 30 条第五项的规定，本机关决定对辽宁汇诚招投标代理有限公司作出警告的行政处罚。

2015 年 2 月 10 日

中华人民共和国财政部政府采购信息公告（第二百四十三号）

根据《政府采购信息公告管理办法》（财政部令第 19 号）的相关规定，现将本机关对辽宁诚发招标有限公司作出的处罚决定公告如下：

一、相关当事人名称

当事人：辽宁诚发招标有限公司
地址：辽宁省沈阳市铁西区兴工北街 106 号

二、基本情况

2014 年 3 月至 8 月，本机关依法实施了“2014 年度政府采购甲级代理机构专项检查”。检查发现，辽宁诚发招标有限公司代理的政府采购项目，存在招标文件设置地域限制或者规模限制等条款的情形。本机关于 2015 年 1 月 4 日依法作出了行政处罚决定。

三、处理结果

辽宁诚发招标有限公司的上述行为违反了《政府采购货物和服务招标投标管理办法》（财政部令第 18 号）第 21 条第二款的规定。根据《中华人民共和国政府采购法》第 71 条第四项、《政府采购货物和服务招标投标管理办法》（财政部令第 18 号）第 68 条第四项的规定，本机关决定对辽宁诚发招标有限公司作出警告的行政处罚。

2015 年 2 月 10 日

中华人民共和国财政部政府采购信息公告（第二百四十四号）

根据《政府采购信息公告管理办法》（财政部令第 19 号）的相关规定，现将本机关对吉林省恒一项目管理工程咨询有限公司作出的处罚决定公告如下：

一、相关当事人名称

当事人：吉林省恒一项目管理工程咨询有限公司

地址：长春市绿园区皓月大路 739 号标记大厦

二、基本情况

2014 年 3 月至 8 月，本机关依法实施了“2014 年度政府采购甲级代理机构专项检查”。检查发现，吉林省恒一项目管理工程咨询有限公司代理的政府采购项目，存在招标文件设置地域限制或者规模限制等条款的情形。本机关于 2015 年 1 月 4 日依法作出了行政处罚决定。

三、处理结果

吉林省恒一项目管理工程咨询有限公司的上述行为违反了《政府采购货物和服务招标投标管理办法》（财政部令第 18 号）第 21 条第二款的规定。根据《中华人民共和国政府采购法》第 71 条第四项、《政府采购货物和服务招标投标管理办法》（财政部令第 18 号）第 68 条第四项的规定，本机关决定对吉林省恒一项目管理工程咨询有限公司作出警告的行政处罚。

2015 年 2 月 10 日

中华人民共和国财政部政府采购信息公告（第二百四十五号）

根据《政府采购信息公告管理办法》（财政部令第 19 号）的相关规定，现将本机关对吉林省晟裕工程咨询有限公司作出的处罚决定公告如下：

一、相关当事人名称

当事人：吉林省晟裕工程咨询有限公司

地址：长春市春城大街 789 号

二、基本情况

2014 年 3 月至 8 月，本机关依法实施了“2014 年度政府采购甲级代理机构专项检查”。检查发现，吉林省晟裕工程咨询有限公司代理的政府采购项目，存在未发布采购信息更正公告等情形。本机关于 2015 年 1 月 4 日依法作出了行政处罚决定。

三、处理结果

吉林省晟裕工程咨询有限公司的上述行为违反了《政府采购信息公告管理办法》（财政部令第 19 号）第 8 条第四项的规定。根据《政府采购信息公告管理办法》（财政部令第 19 号）第 30 条第一项的规定，本机关决定对吉林省晟裕工程咨询有限公司作出警告的行政处罚。

2015 年 2 月 10 日

中华人民共和国财政部政府采购信息公告（第二百四十六号）

根据《政府采购信息公告管理办法》（财政部令第19号）的相关规定，现将本机关对山东鲁润招标代理有限公司作出的处罚决定公告如下：

一、相关当事人名称

当事人：山东鲁润招标代理有限公司

地址：济南市历城区二环东路3966号东环国际广场1幢4－2401室

二、基本情况

2014年3月至8月，本机关依法实施了“2014年度政府采购甲级代理机构专项检查”。检查发现，山东鲁润招标代理有限公司代理的政府采购项目，存在招标文件设置地域限制或者规模限制、未发布中标和成交公告等情形。本机关于2015年1月4日依法作出了行政处罚决定。

三、处理结果

山东鲁润招标代理有限公司的上述行为违反了《政府采购货物和服务招标投标管理办法》（财政部令第18号）第21条第二款、第62条，以及《政府采购信息公告管理办法》（财政部令第19号）第8条第四项的规定。根据《中华人民共和国采购法》第71条第四项、《政府采购货物和服务招标投标管理办法》（财政部令第18号）第68条第四项和《政府采购信息公告管理办法》（财政部令第19号）第30条第一项的规定，本机关决定对山东鲁润招标代理有限公司作出警告的行政处罚。

2015年2月10日

中华人民共和国财政部政府采购信息公告（第二百四十七号）

根据《政府采购信息公告管理办法》（财政部令第19号）的相关规定，现将本机关对山东正信招标有限责任公司作出的处罚决定公告如下：

一、相关当事人名称

当事人：山东正信招标有限责任公司

地址：聊城市开发区东昌路159号

二、基本情况

2014年3月至8月，本机关依法实施了“2014年度政府采购甲级代理机构专项检查”。检查发现，山东正信招标有限责任公司代理的政府采购项目，存在招标文件设置供应商资格条件限制条款的情形。本机关于2015年1月4日依法作出了行政处罚决定。

三、处理结果

山东正信招标有限责任公司的上述行为违反了《政府采购货物和服务招标投标管理办法》（财政部令18号）第21条第二款的规定。根据《中华人民共和国政府采购法》第71条第四项、《政府采购货物和服务招标投标管理办法》（财政部令18号）第68条第四项的规定，本机关决定对山东正信招标有限责任公司作出警告的行政处罚。

2015年2月10日

中华人民共和国财政部政府采购信息公告（第二百四十八号）

根据《政府采购信息公告管理办法》（财政部令第19号）的相关规定，现将本机关对山东鲁正招标有限公司作出的处罚决定公告如下：

一、相关当事人名称

当事人：山东鲁正招标有限公司
地址：济南市历城区山大路126号1303室

二、基本情况

2014年3月至8月，本机关依法实施了“2014年度政府采购甲级代理机构专项检查”。检查发现，山东鲁正招标有限公司代理的政府采购项目，存在对供应商设置注册资本金限制、招标文件对供应商资格条件进行限制等情形。本机关于2015年1月4日依法作出了行政处罚决定。

三、处理结果

山东鲁正招标有限公司的上述行为违反了《政府采购货物和服务招标投标管理办法》（财政部令第18号）第21条第二款的规定。根据《中华人民共和国政府采购法》第71条第四项和《政府采购货物和服务招标投标管理办法》（财政部令第18号）第68条第四项的规定，本机关决定对山东鲁正招标有限公司作出警告的行政处罚。

2015年2月10日

中华人民共和国财政部政府采购信息公告（第二百四十九号）

根据《政府采购信息公告管理办法》（财政部令第 19 号）的相关规定，现将本机关对“浙江大学中央排气通风笼盒系统”采购项目（编号：ZUPC－JZ－1312024）举报案作出的理决定公告如下：

一、相关当事人名称

当事人：浙江大学

地址：浙江省杭州市西湖区余杭塘路 866 号

当事人：苏州猴皇动物实验设备科技有限公司

地址：江苏省苏州市相城区黄埭镇康阳路鑫发工业坊 16 号

二、基本情况

近期，本机关收到关于“浙江大学中央排气通风笼盒系统”采购项目的举报函。反映浙江大学针对本项目的问题，作出了《投诉处理决定书》，但在项目处理过程中不积极、不作为，一是未将《投诉处理决定书》上报财政部，二是没有依照政府采购法有关规定对供应商作出处罚。本机关依法受理，于 2015 年 1 月 7 日作出了监督检查处理决定。

三、处理结果

经审查，本机关作出处理决定如下：被举报项目应当采用公开招标方式但擅自采用竞争性谈判采购方式进行采购，可能影响采购结果，责令浙江大学终止标项四中央排气通风笼盒系统采购项目采购活动，按照《政府采购法》的相关规定重新组织采购活动。

本项目存在达到公开招标数额标准而未采用公开招标方式，擅自采用竞争性谈判方式采购且未按竞争性谈判程序执行，未将提供进口产品的供应商认定为不符合条件，采购文件将注册资金作为资格要求等问题，违反了《政府采购法》及相关法律法规的规定，责令浙江大学进行整改。对浙江大学和苏州猴皇动物实验设备科技有限公司的违法行为另行处罚。

2015 年 2 月 10 日

中华人民共和国财政部政府采购信息公告（第二百五十号）

根据《政府采购信息公告管理办法》（财政部令第 19 号）的相关规定，现将本机关对

“广东海事局2014年度船舶溢油清除储备物资国内公开招标采购”项目（编号：0701－144110070113）投诉案作出处理决定公告如下：

一、相关当事人名称

投诉人：永康市农药厂

地址：浙江省永康市西城街道兴达路4路8号

被投诉人：中华人民共和国广东海事局

地址：广东省广州市怡乐路47号

被投诉人：中技国际招标公司

地址：北京市丰台区西三环中路90号

相关供应商：广州市泰洋环保设备制造有限公司

地址：广州市番禺区大硐村西路6号

二、基本情况

投诉人对被投诉人作出的质疑答复不满，向本机关提起投诉。主要投诉事项为：1. 本项目评审委员会组成违反法律法规规定，对招标结果有影响。2. 招标文件评分办法没有规定明确客观的评分标准，采购人擅自提高采购标准，倾向性明显。3. 本项目03包中标人广州市泰洋环保设备制造有限公司（以下称广州泰洋公司）提供的化学品吸附材料的制造商深圳百利福公司的营业执照资质是一家建材贸易商，不具备制造商资质和法定生产条件。且开标过程中，招标代理机构工作人员现场未对招标文件规定的资质等必要内容（如符合资质的制造商名称及委托书）当众予以宣读公布，也没有对投标人资质原件验证结果公布。投诉事项4. 本项目03包化学品吸附材料中标人广州泰洋公司委托的制造商深圳百利福公司，共委托了广州市泰洋公司、青岛华海公司、佛山浩普公司3家投标人参与该招标投标活动，招标代理机构对该违规行为不作为，影响招标公平性。本机关依法受理，于2015年1月19日作出了投诉处理决定。

三、处理结果

经审查，本机关作出处理决定如下：

关于投诉事项1，本项目评审委员会组成并不违反《政府采购货物和服务招标投标管理办法》（财政部令第18号）第45条规定。投诉事项缺乏依据。

关于投诉事项2，此项是针对招标文件的投诉事项，投诉人没有在法定期限内进行质疑，不符合投诉条件。另外，未发现招标文件有提高采购标准、提出不合理要求的情况。投诉事项缺乏依据。

关于投诉事项3，根据深圳百利福公司在税务登记证等文件上的经营范围显示，深圳百利福公司可销售化学品吸附材料。另外，根据《政府采购货物和服务招标投标管理办法》（财政部令第18号）第四十条的规定，招标文件规定的资质条件、投标人资格原件验证结果并不是开标时必须宣读的内容。投诉事项缺乏依据。

关于投诉事项4，佛山浩普公司所提供的货物均为其自身制造，并未接受深圳百利福公司的委托。广州泰洋公司、青岛华海公司投标产品中的化学品吸附材料，虽然是深圳百利福公司制造的同一品牌型号产品，但此部分货物只是此包投标产品的一部分，其他货物吸油拖栏、吸油毡是广州泰洋公司、青岛华海公司自身生产的产品，此种情况不属于《关于多家代理商代理一家制造商的产品参加投标如何计算供应商家数的复函》（财办库〔2003〕38号）规定的多家代理商参加同一品牌同一型号产品投标的情形，不宜将两家供应商整体投标货物认定为同一品牌同一型号产品，不宜按照一个供应商计算。投诉事项缺乏依据。

根据《政府采购供应商投诉处理办法》（财政部令第20号）第17条第（二）项规定，投诉事项1、2、3、4缺乏依据，驳回投诉。

2015年2月10日

中华人民共和国财政部政府采购信息公告（第二百五十一号）

根据《政府采购信息公告管理办法》（财政部令第19号）的相关规定，现将本机关对“中国疾病预防控制中心2014年公共卫生服务能力建设”采购项目（编号：0706－14410008N035/YY/01）投诉案作出处理决定公告如下：

一、相关当事人名称

投诉人：北京周天华枫医疗仪器有限公司
地址：北京市东城区东花市北里西区24号楼C单元1405室
被投诉人：中国疾病预防控制中心
地址：北京市昌平区昌百路155号
被投诉人：中国技术进出口总公司
地址：北京市丰台区西三环中路90号通用技术大厦1704室
相关供应商：北京德泉兴业商贸有限公司
地址：北京市丰台区西四环南路46号国润商务大厦2605，2609室

二、基本情况

投诉人对被投诉人作出的质疑答复不满，向本机关提起投诉。主要投诉事项为：中标人德泉兴业商贸有限公司（以下称德泉兴业公司）在该项目中所投产品不满足多项技术参数存在虚假应标的行为，违反了《中华人民共和国政府采购法》。具体包括以下五项参数：#5.2.3控温方式；5.3.5、5.4.9反应时间；#5.1.2系统具备后期扩展、添加、拆解、再组合功能；5.3.1多项目生化分析模块测试速度和#5.4.1高速生化分析模块测试速度。本机关依法受理，于2015年1月19日作出了投诉处理决定。

三、处理结果

经审查，本机关作出处理决定如下：

关于投诉事项，评标委员会评审时没有扣减德泉兴业公司应扣分项得分，属于《政府采购货物和服务招标投标管理办法》（财政部令第 18 号）第 77 条第五项规定的“未按照招标文件规定的评标方法和标准进行评标”的违规情形。同时，德泉兴业公司投标行为虽存在一定瑕疵，但不足以认定为虚假应标。

本项目招标文件技术指标项数设置与分值不能相对应，不符合《财政部关于加强政府采购货物和服务项目价格评审管理的通知》（财库〔2007〕2 号）中第四项的规定，影响采购活动的公正性。

本项目招标采购过程中，出现了违反《政府采购货物和服务招标投标管理办法》（财政部令第 18 号）第 77 条第五项、《财政部关于加强政府采购货物和服务项目价格评审管理的通知》（财库〔2007〕2 号）中第四项规定的情形，根据《中华人民共和国政府采购法》第 36 条、《政府采购供应商投诉处理办法》（财政部令第 20 号）第 19 条的规定，决定采购活动违法，责令采购人废标。

责令中技进出口总公司、疾控中心对招标文件技术部分分值设置不明确合理的问题进行整改。

2015 年 2 月 10 日

中华人民共和国财政部政府采购信息公告（第二百五十二号）

根据《政府采购信息公告管理办法》（财政部令第 19 号）的相关规定，现将本机关对北京方正联工程咨询有限公司的违法违规行为作出的行政处罚决定公告如下：

一、相关当事人

当事人：北京方正联工程咨询有限公司

住所：北京市海淀区学院南路 59 号

二、基本情况

2014 年 12 月 15 日，本机关在依法对“农业部重点实验室建设项目仪器设备统一招标采购 - 农田观测和实验室分析仪器”采购项目第 6 包（编号：ZSB - 2014 - 002（FXYQ））投诉案的调查处理中，发现该公司未按照《中华人民共和国政府采购法》相关规定组织政府采购活动。本机关依法进行了调查取证，现已审查终结，于 2015 年 1 月 21 日作出了行政处罚决定。

三、处罚结果

经调查，该公司未按照《中华人民共和国政府采购法》的相关规定组织政府采购活动，包括招标文件发布、评审专家抽取、中标结果公示等，招标文件是按照《中华人民共和国招标投标法》及其实施条例编制的。上述行为违反了《中华人民共和国政府采购法》第2条"在中华人民共和国境内进行的政府采购适用本法"，第64条"采购人必须按照本法规定的采购方式和采购程序进行采购"的规定。

根据《中华人民共和国政府采购法》第78条的规定，本机关决定对该公司作出三年内禁止代理政府采购业务的行政处罚。

2015年3月27日

中华人民共和国财政部政府采购信息公告（第二百五十三号）

根据《政府采购信息公告管理办法》（财政部令第19号）的相关规定，现将本机关对"中央民族大学医院医疗设备购置（第一包）"采购项目（编号：CEITCL－BJ02－CZHW－140828）投诉案作出处理决定公告如下：

一、相关当事人名称

投诉人：江苏宇力医疗器械有限公司

地址：北京市东城区崇文门外大街兴隆都市馨园6－4－402

被投诉人：中央民族大学

地址：北京市海淀区中关村南大街27号

被投诉人：中经国际招投标有限公司

地址：北京市东城区滨河路1号航天信息大厦七－八层

相关供应商：金本德山（北京）科贸有限公司

地址：北京市西城区南菜园街2号楼446室

二、基本情况

投诉人对被投诉人作出的质疑答复不满，向本机关提起投诉。投诉事项为：中标人金本德山（北京）科贸有限公司（以下简称金本德山公司）在该项目中所投产品全自动化分析仪为AU5800系列的AU5811型，不满足多项技术指标，存在虚假应标的行为。本机关依法受理，于2015年1月29日作出了投诉处理决定。

三、处理结果

经审查，本机关作出处理决定如下：

关于投诉人认为金本德山公司所投产品不满足多项技术指标，存在虚假应标的问题。金本德山公司投标文件对于技术参数#2.9控温方式项应答为"循环恒温水浴"、"响应"，但其所附产品技术说明及售后服务承诺中，关于此项技术参数显示为"内置恒温液循环的干式孵育系统，温度更稳定"，金本德山公司此项技术参数实际不符合招标文件要求。按照招标文件要求，一项#号项负偏离应扣 1.5 分，但评审专家并未扣减金本德山公司的此项得分，属于《政府采购货物和服务招标投标管理办法》（财政部令第 18 号）第 77 条第五项规定的“未按照招标文件规定的评标方法和标准进行评标”的违规情形，且此违规行为影响采购公正。根据现有的案件材料，并未发现金本德山公司被投诉的其他 6 项技术参数有不满足招标要求的情况；同时，金本德山公司技术参数#2.9 控温方式，在投标文件技术规格偏离表中响应招标文件要求，但所附证明材料与响应内容实质不一致，因而使得其应扣分项未扣分，其投标行为存在一定瑕疵，但不足以构成虚假应标。

根据《政府采购供应商投诉处理办法》（财政部令第 20 号）第 19 条第三项的规定，决定采购活动违法。同时，责令金本德山公司就投标文件技术参数响应内容与所附证明材料实质不一致问题进行整改。

2015 年 3 月 27 日

中华人民共和国财政部政府采购信息公告（第二百五十四号）

根据《政府采购信息公告管理办法》（财政部令第 19 号）的相关规定，现将本机关对“城乡建设用地规划数据分析项目”投诉案作出的处理决定公告如下：

一、相关当事人名称

投诉人：北京华夏合众土地科学技术有限公司
地址：北京市海淀区花园北路 44 号 1 号楼 B506、B508 室
被投诉人：中国土地勘测规划院
地址：北京市西城区冠英园西区 37 号
被投诉人：五矿国际招标有限责任公司
地址：北京市海淀区三里河路 5 号五矿大厦 D 座 206 室

二、基本情况

投诉人对被投诉人的质疑答复不满，向本机关提起投诉。投诉事项为：1. 商务部分评分标准存在混淆不清之处，致使评审时给其打低分。2. 采购代理机构干扰投诉人正常的质疑活动。经审查合格，本机关依法受理，并对投诉事项进行了调查取证。2015 年 1 月 30 日，本机关依法作出投诉处理决定。

三、处理结果

经审查，本机关作出如下处理决定：

关于投诉事项 1，从调取的案件材料来看，评标报告中商务部分“合同执行能力、投标人业绩说明”项，评标委员会成员均给投诉人此项打满分 20 分，不存在因评分标准混

淆不清而错误判断的情况。因此，此投诉事项缺乏事实依据。

关于投诉事项 2，从调取的案件材料来看，不能认定采购代理机构干扰投诉人正常质疑。因此，此投诉事项缺乏事实依据。

根据《政府采购供应商投诉处理办法》（财政部令第 20 号）第 17 条的规定，投诉事项 1 和 2 均缺乏事实依据，驳回投诉。

2015 年 3 月 27 日

中华人民共和国财政部政府采购信息公告（第二百五十五号）

根据《政府采购信息公告管理办法》（财政部令第 19 号）的相关规定，现将本机关对“国家海洋局第一海洋研究所 2014 年度海洋设备（三次）招标（第一包）”采购项目（编号：SDFZQ20140430 - 009 - 3）投诉案作出处理决定公告如下：

一、相关当事人名称

投诉人：卡迪诺科技贸易（北京）有限公司

地址：北京市东城区北三环东路 36 号环球贸易中心 B - 810

被投诉人：国家海洋局第一海洋研究所

地址：青岛市崂山区仙霞岭路 6 号

被投诉人：山东法正招标代理有限公司

地址：青岛市崂山区苗岭路 17 号金岭花园 A 区 21 号楼 2 单元 101 室

二、基本情况

投诉人对被投诉人作出的质疑答复不满，向本机关提起投诉。投诉事项为：1. 本项目评标委员会在评标环节，评审打分严重违反评标规定。2. 山东法正招标代理有限公司的质疑回复避实就虚，损害了投诉人作为供应商在政府采购质疑中享有的知情权。本机关依法受理，于 2015 年 2 月 3 日作出了投诉处理决定。

三、处理结果

经审查，本机关作出处理决定如下：

关于投诉事项 1，经审查调取的案件材料，没有发现评标委员会评审打分违反评标规定的情形。因此，此投诉事项缺乏事实依据。

关于投诉事项 2，山东法正招标代理有限公司在 2014 年 12 月 2 日对质疑进行了答复，未发现违反《中华人民共和国政府采购法》第 54 条规定的情形。因此，此投诉事项缺乏事实依据。

根据《政府采购供应商投诉处理办法》（财政部令第 20 号）第 17 条的规定，投诉事项1和2均缺乏事实依据，驳回投诉。

另查明，项目招标文件规定技术汇总得分，去掉最高分和最低分的计算方法，违反了《政府采购货物和服务招标投标管理办法》（财政部令第18号）第52条的规定。责令法正招标公司就违规设置招标文件评标办法的行为进行整改。

2015年3月27日

中华人民共和国财政部政府采购信息公告（第二百五十六号）

根据《政府采购信息公告管理办法》（财政部令第19号）的相关规定，现将本机关对“中央电视台新台址包装制作岛外场系统更新－定格动画拍摄设备项目”投诉案作出的处理决定公告如下：

一、相关当事人名称

投诉人：北京欧雷新宇动画科技有限公司
地址：北京市海淀区金庄一号院1号楼420
被投诉人：中央电视台
地址：北京市复兴路11号
被投诉人：五矿国际招标有限责任公司
地址：北京市海淀区三里河路5号五矿大厦D座
相关供应商：北京迪生动画科技有限公司
地址：北京市石景山区八角西街40号石景山科技馆3号楼4层

二、基本情况

投诉人对被投诉人的质疑答复不满，向本机关提起投诉。投诉事项为：北京迪生动画科技有限公司（以下简称迪生动画公司）用美国ARC公司生产的VOLO大摇臂假冒是自己研发的MOCO进行投标。经审查合格，本机关依法受理，并对投诉事项进行了调查取证。2015年2月15日，本机关依法作出投诉处理决定。

三、处理结果

经审查，本机关作出如下处理决定：

根据《政府采购供应商投诉处理办法》（财政部令第20号）第17条的规定，投诉事项缺乏事实依据，驳回投诉。

2015年3月27日

中华人民共和国财政部政府采购信息公告（第二百五十七号）

根据《政府采购信息公告管理办法》（财政部令第19号）的相关规定，现将本机关对北京清大数电科教仪器中心的违法违规行为作出的行政处罚决定公告如下：

一、相关当事人

当事人：北京清大数电科教仪器中心

住所：北京市海淀区海淀路68号中关村科技贸易中心4B82室

二、基本情况

2014年9月1日，本机关在依法对“中央民族大学信息工程类专业实验教学平台建设采购项目（二次招标）”采购项目第1包（编号CEIECZB01－14LW068）投诉案的调查处理中，发现该公司存在与北京中数电工程技术有限公司投标文件编排异常一致情形，具体如下：1. 投标文件附件3《投标分项报价表》中12项分项内容响应的型号、规格、产地、制造商完全一致，投标货物选配方案完全相同；2投标文件附件4《货物说明一览表》主要规格表述均为“见下页介绍”，且均存在招标编号缺失“招”字的相同错误；3. 投标文件附件5《技术规格偏离表》投标规格描述大体一致，后附选取的制造厂商技术资料内容和编排顺序大体一致；4. 投标文件附件6《商务条款偏离表》，选取说明的10条招标文件商务条款完全一致，其中，序号9和序号10两项编写字号均明显大于前8项，编排形式完全一致。本机关依法进行了调查取证，现已审查终结，于2015年2月15日作出了行政处罚决定。

三、处罚结果

经调查，本机关作出如下处理决定：

两家公司投标文件编排异常一致，属于《中华人民共和国招标投标法实施条例》（国务院令第613号）第40条第四款规定的投标人相互串通投标的情形。

根据《中华人民共和国政府采购法》第77条、《政府采购货物和服务招标投标管理办法》（财政部令第18号）第74条的规定，本机关对该公司处以采购项目中标金额千分之五罚款（4937.50元）的行政处罚，列入不良行为记录，三年内禁止参加政府采购活动。

2015年3月27日

中华人民共和国财政部政府采购信息公告（第二百五十八号）

根据《政府采购信息公告管理办法》（财政部令第19号）的相关规定，现将本机关

对北京中数电工程技术有限公司的违法违规行为作出的行政处罚决定公告如下：

一、相关当事人

当事人：北京中数电工程技术有限公司

住所：北京市海淀区清河嘉园东区甲 1 号 13 层 1321

二、基本情况

2014 年 9 月 1 日，本机关在依法对“中央民族大学信息工程类专业实验教学平台建设采购项目（二次招标）”采购项目第 1 包（编号 CEIECZB01 - 14LW068）投诉案的调查处理中，发现该公司与北京清大数电科教仪器中心的投标文件编排存在异常一致。具体如下：1. 投标文件附件 3《投标分项报价表》中 12 项分项内容响应的型号、规格、产地、制造商完全一致，投标货物选配方案完全相同；2 投标文件附件 4《货物说明一览表》主要规格表述均为“见下页介绍”，且均存在招标编号缺失“招”字的相同错误；3. 投标文件附件 5《技术规格偏离表》投标规格描述大体一致，后附选取的制造厂商技术资料内容和编排顺序大体一致；4. 投标文件附件 6《商务条款偏离表》，选取说明的 10 条招标文件商务条款完全一致，其中，序号 9 和序号 10 两项编写字号均明显大于前 8 项，编排形式完全一致。本机关依法进行了调查取证，现已审查终结，于 2015 年 2 月 15 日作出了行政处罚决定。

三、处罚结果

经调查，本机关作出如下处理决定：

两家公司投标文件编排异常一致，属于《中华人民共和国招标投标法实施条例》（国务院令第 613 号）第 40 条第四款规定的投标人相互串通投标的情形。

根据《中华人民共和国政府采购法》第 77 条、《政府采购货物和服务招标投标管理办法》（财政部令第 18 号）第 74 条的规定，本机关对该公司处以采购项目中标金额千分之五罚款（4937.50 元）的行政处罚，列入不良行为记录，三年内禁止参加政府采购活动。

2015 年 3 月 27 日

中华人民共和国财政部政府采购信息公告（第二百五十九号）

根据《政府采购信息公告管理办法》（财政部令第 19 号）的相关规定，现将本机关对“北京科技大学高性能计算机服务器机群项目”（编号：CEIECZB03 - 14YS160）投诉案做出的处理决定公告如下：

一、相关当事人名称

投诉人：浪潮（北京）电子信息产业有限公司

地址：北京市海淀区上地信息路2号2－1号C栋1层
被投诉人1：北京科技大学
地址：北京市海淀区学院路30号
被投诉人2：北京中教仪国际招标代理有限公司
地址：北京市西城区大木仓北一巷一号304室
相关供应商：曙光信息产业（北京）有限公司
地址：北京市海淀区东北旺西路8号院36号楼

二、基本情况

投诉人因对被投诉人作出的质疑答复不满，向本机关提起投诉。投诉事项为：中标人曙光信息产业（北京）有限公司投标的2×Intel Xeon E5－2630V3系列CPU，没有按照招标文件实质响应，导致投标产品严重偏离，和招标要求产品不符，评标专家没有做废标处理。本机关依法受理，于2015年2月28日作出了投诉处理决定。

三、处理结果

经审查，本机关作出处理决定如下：曙光公司所投产品属于正偏离，不违反本项目招标文件规定。根据《政府采购供应商投诉处理办法》（财政部令第20号）第17条第二项规定，投诉缺乏依据，驳回投诉。

2015年4月24日

中华人民共和国财政部政府采购信息公告（第二百六十号）

根据《政府采购信息公告管理办法》（财政部令第19号）的相关规定，现将本机关对“威海海事局海巡0592船艇维修及备件采购项目”（编号：WHHSJ2014－004）投诉案做出的处理决定公告如下：

一、相关当事人名称

投诉人：青岛霍克动力机械有限公司
地址：山东省青岛市市北区同安二路6号乙302室
被投诉人1：威海海事局
地址：山东省威海市环翠区海滨南路2号海事局
被投诉人2：山东省鲁成招标有限公司
地址：山东省济南市经十东路10567号
相关供应商：青岛碧海海事咨询有限公司威海分公司
地址：山东省威海市环翠区海滨北路39号

二、基本情况

投诉人因对被投诉人作出的质疑答复不满，向本机关提起投诉。投诉事项为：1. 山东省鲁成招标有限公司（以下简称鲁成招标）违法限制报价人的行政归属地，阻止外地企业参与报价；2. 鲁成招标违法规定交纳报价保证金的时间期限，超限收取报价保证金；3. 鲁成招标违法让采购人下属公司参与报价并最终将其评审为成交供应商。本机关依法受理，于 2015 年 2 月 28 日作出了投诉处理决定。

三、处理结果

经审查，本机关作出处理决定如下：

关于投诉事项 1，本项目询价文件中对外地企业服务点的设置及形式并没有歧视性要求，属于根据采购项目特殊要求规定的合理条件。因此，投诉人的主张缺乏依据。

关于投诉事项 2，本项目要求交纳保证金的时间和数额没有违反《政府采购非招标采购方式管理办法》（财政部令第 74 号）第 14 条规定。因此，投诉缺乏事实依据。

关于投诉事项 3，本案中，采购人为威海海事局，成交供应商碧海公司威海分公司，系山东海事局后勤管理中心独资设立的青岛碧海海事咨询有限公司的分公司，未构成法定利害关系的情形。因此，投诉缺乏事实依据。

此外，本案中，鲁成招标在中国采购与招标网发布询价公告和成交结果公告，第一次询价采购活动终止后鲁成招标未发布项目终止公告，违反了《中华人民共和国政府采购法》第 11 条，《政府采购非招标采购方式管理办法》（财政部令第 74 号）第 18 条、第 50 条的规定。

综上，关于投诉事项 1、2、3，根据《政府采购供应商投诉处理办法》（财政部令第 20 号）第 17 条第二项规定，投诉缺乏事实依据，驳回投诉。关于本案调查中发现的未按规定发布政府采购信息问题，根据《中华人民共和国政府采购法》第 11 条，《政府采购非招标采购方式管理办法》（财政部令第 74 号）第 18 条、第 50 条的规定，责令鲁成招标进行整改。对鲁成招标的违法行为，本机关另行处理。

2015 年 4 月 24 日

中华人民共和国财政部政府采购信息公告（第二百六十一号）

根据《政府采购信息公告管理办法》（财政部令第 19 号）的相关规定，现将本机关对“国家知识产权局专利局更新局锅炉房溴化锂制冷机组”采购项目（招标编号：GC－HG140732）投诉案作出处理决定公告如下：

一、相关当事人名称

投诉人：北京君腾达制冷技术有限公司

地址：北京市丰台区和义西里一区 10 号楼底商 06
被投诉人：国家知识产权局专利局
地址：北京市海淀区蓟门桥西土城路 6 号
被投诉人：中央国家机关政府采购中心
地址：北京市西城区西直门内大街西章胡同 9 号院
相关供应商：天津市万方化工有限公司
地址：天津市河北区胜利路北岸华庭 8 号楼 16 门 601 号

二、基本情况

投诉人对被投诉人作出的质疑答复不满，向本机关提起投诉。投诉事项为：

本项目应属于工程招标，不属于货物招标。本机关依法受理，于 2015 年 3 月 11 日作出了投诉处理决定。

三、处理结果

经审查，本机关作出处理决定如下：

关于投诉事项，根据《中华人民共和国招标投标法实施条例》第 2 条的规定，工程建设货物是指构成工程不可分割的组成部分；《中华人民共和国政府采购法实施条例》第 7 条对工程建设货物作了相同的规定。本项目的采购需求是两台直燃式溴化锂吸收方式制冷机组，虽有部分安装成本安排，但不是构成工程不可分割的组成部分。因此，本项目不属于工程招标，属于货物招标，应适用货物招标的相关规定。

根据《政府采购供应商投诉处理办法》（财政部令第 20 号）第 17 条第 2 项的规定，投诉事项缺乏事实依据，驳回投诉。

2015 年 4 月 24 日

中华人民共和国财政部政府采购信息公告（第二百六十二号）

根据《政府采购信息公告管理办法》（财政部令第 19 号）的相关规定，现将本机关对“中国地震应急搜救中心综合楼物业管理”采购项目（招标编号：GC－FG140545）作出的监督检查处理决定公告如下：

一、相关当事人名称

当事人：中国地震应急搜救中心
地址：北京市石景山区玉泉西街 1 号
当事人：中央国家机关政府采购中心
地址：北京市西城区西直门内大街西章胡同 9 号院 1 号楼

当事人：北京信科联物业管理有限公司
地址：北京市朝阳区北辰西路1号院

二、基本情况

中国地震应急搜救中心（以下称地震搜救中心）认为“中国地震应急搜救中心综合楼物业管理项目”中标单位北京信科联物业管理有限公司（以下称信科联物业公司）的诚信与履约能力，向我部提请监督检查，申请不与信科联物业公司签订合同。具体为：依据政府采购法第二十三条赋予的权利，地震搜救中心向信科联物业公司发函，要求提交相关财务资料，信科联物业公司对绝大部分资料不予提供。本机关依法受理，于2015年3月13日作出了监督检查处理决定。

三、处理结果

经审查，本机关作出处理决定如下：

1. 地震搜救中心在招标前已对《采购公告及采购文件审批表》进行了盖章确认，表明其对本项目采购文件中关于财务审计要求的内容予以认可；同时，地震搜救中心在评标后又对《评标结果确认书》进行了盖章确认，表明其已对本项目的评审结果予以认可。

2. 《中华人民共和国政府采购法》第23条中规定的对供应商资格进行审查的内容，主要是针对政府采购评审阶段，而本项目已经进入合同签订阶段，采购人不得再以本条款为依据要求供应商提供有关材料。因此，地震搜救中心在合同签订阶段要求信科联物业公司提供相关材料没有法律依据。

3. 根据《中华人民共和国政府采购法》第46条的规定，采购人与中标、成交供应商应当在中标、成交通知书发出之日起30日内，按照采购文件确定的事项签订政府采购合同。地震搜救中心未在法定期限内与中标人签订采购合同，属于《中华人民共和国政府采购法》第71条第6项规定的违法情形。

根据《中华人民共和国政府采购法》第71条的规定，责令地震搜救中心就未在法定期限内与中标人签订采购合同的行为进行整改。

2015年4月24日

中华人民共和国财政部政府采购信息公告（第二百六十三号）

根据《政府采购信息公告管理办法》（财政部令第19号）的相关规定，现将本机关对“国家知识产权局专利局更新局锅炉房溴化锂制冷机组”采购项目（招标编号：GC－HG140732）投诉案作出处理决定公告如下：

一、相关当事人名称

投投诉人：北京市必克机电设备有限责任公司

地址：北京市海淀区广源闸 5 号广源大厦 5021 室
被投诉人：国家知识产权局专利局
地址：北京市海淀区蓟门桥西土城路 6 号
被投诉人：中央国家机关政府采购中心
地址：北京市西城区西直门内大街西章胡同 9 号院
相关供应商：天津市万方化工有限公司
地址：天津市河北区胜利路北岸华庭 8 号楼 16 门 601 号

二、基本情况

投诉人对被投诉人作出的质疑答复不满，向本机关提起投诉。投诉事项为：本项目中标供应商天津市万方化工有限公司（以下称万方化工公司）在投标前四处串通，组织围标。本机关依法受理，于 2015 年 3 月 18 日作出了投诉处理决定。

三、处理结果

经审查，本机关作出处理决定如下：

关于投诉事项，投诉人认为本项目供应商万方化工公司组织围标的问题。投诉人提供的电话录音材料不足以证明万方化工公司在投标过程中实施了围标的行为；同时，经审查本项目投标文件、评标文件等材料并未发现本项目有足以构成围、串标的情形。

根据《政府采购供应商投诉处理办法》（财政部令第 20 号）第 17 条第 2 项的规定，投诉事项缺乏事实依据，驳回投诉。

2015 年 4 月 24 日

中华人民共和国财政部政府采购信息公告（第二百六十四号）

根据《政府采购信息公告管理办法》（财政部令第 19 号）的相关规定，现将本机关对浙江大学的违法违规行为作出的行政处罚决定公告如下：

一、相关当事人

当事人：浙江大学
地址：浙江省杭州市西湖区余杭塘路 866 号

二、基本情况

本机关在依法对“浙江大学中央排气通风笼盒系统采购项目”（招标编号：ZUPC－JZ－1312024）监督检查处理过程中，发现该单位存在应当采用公开招标方式而擅自采用其他方式采购，将注册资金作为资格要求对供应商实行歧视待遇的违法情形。本机关于2015年3月23日作出了行政处罚决定。

三、处罚结果

浙江大学的上述行为违反了《中华人民共和国政府采购法》第27条、28条、71条，以及《中央预算单位2013～2014年政府集中采购目录及标准》（国办发〔2012〕56号）中“政府采购货物或服务的项目，单项采购金额达到120万元以上的，必须采用公开招标方式”的规定。根据《中华人民共和国政府采购法》第71条的规定，本机关决定对浙江大学作出警告的行政处罚。

2015年4月24日

中华人民共和国财政部政府采购信息公告（第二百六十五号）

根据《政府采购信息公告管理办法》（财政部令第19号）的相关规定，现将本机关对山东省鲁成招标有限公司作出的处罚决定公告如下：

一、相关当事人名称

当事人：山东省鲁成招标有限公司

地址：山东省济南市经十东路10567号

二、基本情况

2015年2月，本机关在依法对“威海海事局海巡0592船艇维修及备件采购项目”（编号：WHHSJ2014－004）投诉案的调查处理中，发现你公司存在未在省级以上财政部门指定的媒体上发布政府采购信息的违法情形。本机关于2015年4月2日依法作出了行政处罚决定。

三、处罚结果

山东省鲁成招标有限公司的上述行为违反了《中华人民共和国政府采购法》第11条，《政府采购非招标采购方式管理办法》（财政部令第74号）第18条的规定。根据《政府采购非招标采购方式管理办法》（财政部令第74号）第51条第一款第一项的规定，本机关决定对山东省鲁成招标有限公司做出警告的行政处罚。

2015年5月19日

中华人民共和国财政部政府采购信息公告（第二百六十六号）

根据《政府采购信息公告管理办法》（财政部令第 19 号）的相关规定，现将本机关对苏州猴皇动物实验设备科技有限公司的违法违规行为作出的行政处罚决定公告如下：

一、相关当事人

当事人：苏州猴皇动物实验设备科技有限公司
地址：苏州市相城区皇埭镇康阳路鑫发工业坊 16 号

二、基本情况

本机关在依法对“浙江大学中央排气通风笼盒系统采购项目”（招标编号：ZUPC－JZ－1312024）监督检查处理过程中，发现该单位存在提供虚假业绩谋取成交的违法情形。本机关于 2015 年 4 月 2 日作出了行政处罚决定。

三、处罚结果

苏州猴皇动物实验设备科技有限公司的上述行为违反了《中华人民共和国政府采购法》第 77 条第一项的规定。根据《中华人民共和国政府采购法》第 77 条的规定，本机关决定对苏州猴皇动物实验设备科技有限公司处以采购金额千分之五（人民币 2000 元）罚款的行政处罚。

2015 年 5 月 19 日

中华人民共和国财政部政府采购信息公告（第二百六十七号）

根据《政府采购信息公告管理办法》（财政部令第 19 号）的相关规定，现将本机关对“中央国家机关 2015 年台式计算机批量集中采购项目－第一期（1 月）第一包”采购项目（招标编号：GC－HG140862）投诉案作出处理决定公告如下：

一、相关当事人名称

投诉人：联想（北京）有限公司
地址：北京市海淀区上地信息产业基地创业路 6 号
被投诉人：中央国家机关政府采购中心
地址：北京市西城区西直门内大街西章胡同 9 号院

相关供应商：同方股份有限公司

地址：北京市海淀区王庄路1号清华同方科技大厦A座30层

二、基本情况

投诉人对被投诉人作出的质疑答复不满，向本机关提起投诉。投诉事项为：本项目中标供应商同方股份有限公司使用与《第十六期节能产品政府采购清单台式计算机性能参数》不一致的产品投标，所投产品不具有参与政府采购活动的资格。经审查合格，本机关依法受理，并对投诉事项进行了调查取证。2015年4月2日，本机关依法作出投诉处理决定。

三、处理结果

经审查，本机关作出处理决定如下：

本项目采购文件编制违反了《国务院办公厅关于建立政府强制采购节能产品制度的通知》（国办发〔2007〕51号）第二项和《关于调整公布第十六期节能产品政府采购清单的通知》（财库〔2014〕90号）第八项的规定，影响中标结果。

根据《政府采购供应商投诉处理办法》（财政部令第20号）第19条第（一）项的规定，责令中央国家机关政府采购中心重新开展本项目第一包采购活动。

2015年5月19日

中华人民共和国财政部政府采购信息公告（第二百六十八号）

根据《政府采购信息公告管理办法》（财政部令第19号）的相关规定，现将本机关对“中央和国家机关餐厨垃圾就地资源化处理采购项目”投诉案作出的处理决定公告如下：

一、相关当事人名称

投诉人1：北京金鸿时代投资有限公司

地址：北京市海淀区羊坊店路18号光耀东方广场S座1242室

投诉人2：宜兴国豪生物环保有限公司

地址：中国宜兴环保科技工业园茶泉路28号

投诉人3：北京施高洁废料科技有限公司

地址：北京市昌平区科技园区白浮泉路10号2号楼410A

投诉人4：法夫曼达因堆肥技术（北京）有限公司

地址：北京市丰台区西四环南路56号望园大厦912

投诉人5：北京绿色空间生物科技有限公司

地址：北京市海淀区远大路39号1号楼409A

投诉人6：北京大漠创业科技发展有限公司

地址：北京市朝阳区北四环东路甲9号方舟苑7号704

投诉人7：瑞昊（北京）环境工程集团有限公司

地址：北京市石景山区古城西街19号古城基地D座北楼五层

投诉人8：北京绿博伟业环保科技有限责任公司

地址：北京市朝阳区安立路56号九台2000家园3号楼2203室

投诉人9：阳光盛景（北京）生态科技股份有限公司

地址：北京市通州区宋庄镇北寺庄村委会西北2000米

被投诉人1：国家机关事务管理局

地址：北京市西城区西安门大街22号

被投诉人2：中共中央直属机关事务管理局

地址：北京市西城区西黄城根北街9号

被投诉人3：中央国家机关政府采购中心

地址：北京市西城区西直门内大街西章胡同9号院

二、基本情况

投诉人因对被投诉人作出的质疑答复不满，向本机关提起投诉。投诉事项为：1. 招标分两阶段进行，其中附加技术要求部分（30分）参数设定大大超越北京市地方标准，且附加技术部分在第一阶段评审时允许投标人自行申报，在此基础上确定入围中标人，入围中标人在第二阶段实测后再将实测分值据实更替第一阶段的自行申报分值，该招标规则违法、违规，有失公平公正，损害诚实守信的投标人利益。2. 招标文件未明确招采污水处理设备，用于处理从餐厨垃圾中分离出来的高浓度有机污水并使其达标排放，违法违规。经审查合格，本机关依法受理，鉴于上述投诉人就同一项目投诉，且投诉事项相同，本机关决定并案调查处理。2015年4月16日，本机关依法作出投诉处理决定。

三、处理结果

经审查，本机关作出如下处理决定：

1. 关于招标文件附加技术要求部分参数设定超越北京市地方标准和招标文件未明确招采污水处理设备用于处理从餐厨垃圾中分离出来的高浓度有机污水，并使其达标排放违法、违规的问题。根据《政府采购供应商投诉处理办法》（财政部令第20号）第17条第2项的规定，投诉事项缺乏事实依据，驳回投诉。

2. 关于两阶段评审规则有失公平公正，损害诚实守信的投标人利益的问题。根据《政府采购货物和服务招标投标管理办法》第52条、《政府采购供应商投诉处理办法》第19条第（一）项规定，决定采购行为违法，责令重新开展采购活动，责令国采中心就评审方法违法问题进行整改，并在收到本决定书之日起15日内将整改情况报送本机关。

2015年5月19日

中华人民共和国财政部政府采购信息公告（第二百六十九号）

根据《政府采购信息公告管理办法》（财政部令第19号）的相关规定，现将本机关对“中央国家机关节能电开水器采购项目”投诉案作出的处理决定公告如下：

一、相关当事人名称

投诉人：山西迪森能源科技有限公司

地址：山西省太原市不锈钢产业园区A区4号

被投诉人1：国家机关事务管理局

地址：北京市西城区西安门大街22号

被投诉人2：中央国家机关政府采购中心

地址：北京市西城区西直门内大街西章胡同9号院

二、基本情况

投诉人因对被投诉人作出的质疑答复不满，向本机关提起投诉。主要投诉事项为：1. 国采中心故意纵容无投标资格供应商参加投标属违法行为，应予废标。2. 国采中心无视投标供应商串标，属违法行为，中标结果应无效。3. 项目采购节能型电开水器，招标文件未将“节能”因素作为评定的否决项或评分项。经审查合格，本机关依法受理，并对投诉事项进行了调查处理。2015年5月4日，本机关依法作出投诉处理决定。

三、处理结果

经审查，本机关作出如下处理决定：

根据《政府采购供应商投诉处理办法》（财政部令第20号）第17条第2项的规定，投诉事项1、2和3均缺乏事实依据，驳回投诉。

2015年6月16日

中华人民共和国财政部政府采购信息公告（第二百七十号）

根据《政府采购信息公告管理办法》（财政部令第19号）的相关规定，现将本机关对“中国科学院武汉物理与数学研究所多联式空调安装及采购项目”投诉案作出的处理决定公告如下：

一、相关当事人名称

投诉人：四川展佳空调工程有限公司

地址：成都市青羊区通惠门街25号1－2楼
被投诉人1：中国科学院武汉物理与数学研究所
地址：武汉市武昌小洪山西30号
被投诉人2：中央国家机关政府采购中心
地址：北京市西城区西直门内大街西章胡同9号院

二、基本情况

投诉人因对被投诉人作出的质疑答复不满，向本机关提起投诉。主要投诉事项为：1. 被投诉项目属于工程招标。2. 在技术部分评分标准中有明显的排他性，技术指标完全按照美的空调量身定制，所有的技术分值均为美的样本照搬。经审查合格，本机关依法受理，并对投诉事项进行了调查处理。2015年5月11日，本机关依法作出投诉处理决定。

三、处理结果

经审查，本机关作出如下处理决定：
根据《政府采购供应商投诉处理办法》（财政部令第20号）第17条第2项的规定，投诉事项1和2均缺乏事实依据，驳回投诉。

2015年6月16日

中华人民共和国财政部政府采购信息公告（第二百七十一号）

根据《政府采购信息公告管理办法》（财政部令第19号）的相关规定，现将本机关对"中国科学院空间科学与应用研究中心等离子体传感器电磁场仿真软件"采购项目（招标编号：OITC－G14031328）投诉案作出处理决定公告如下：

一、相关当事人名称

投诉人：Red Alder International Limited
地址：上海市黄浦区复兴东路733号1201室
被投诉人：中国科学院空间科学与应用研究中心
地址：北京市海淀区中关村南二条1号
被投诉人：东方国际招标有限责任公司
地址：北京市海淀区阜成路67号银都大厦15层
相关供应商：奇皇国际贸易有限公司
地址：北京市昌平区天通苑一区2号楼5门

二、基本情况

投诉人对被投诉人作出的质疑答复不满，向本机关提起投诉。投诉事项1为：奇皇国际贸易有限公司投标书有弄虚作假的行为，体现在技术偏离表和用户案例清单。投诉事项2为：不排除本次招标过程中有暗箱操纵和串标的行为。经审查合格，本机关依法受理，并对投诉事项进行了调查取证。2015年5月21日，本机关依法作出投诉处理决定。

三、处理结果

经审查，本机关作出处理决定如下：

未发现本项目奇皇国际贸易有限公司存在弄虚作假行为，也未发现本项目招标过程中有暗箱操纵和串标行为。根据《政府采购供应商投诉处理办法》（财政部令第20号）第17条第2项规定，投诉事项1和2缺乏事实依据，驳回投诉。

本项目采购人未获得财政部门采购进口产品核准，擅自采购进口产品，根据《政府采购供应商投诉处理办法》（财政部令第20号）第19条第1项的规定，中标结果的产生过程存在违法行为，决定采购行为违法，责令空间中心重新开展采购活动，并进行整改。

根据《政府采购货物和服务招标投标管理办法》（财政部令第18号）第82条的规定，东方国际招标有限责任公司废标程序违法，责令东方国际招标有限责任公司整改。

2015年6月16日

中华人民共和国财政部政府采购信息公告（第二百七十二号）

根据《政府采购信息公告管理办法》（财政部令第19号）的相关规定，现将本机关对“国库支付系统国产化项目”（招标编号：B0708－CMC15N7520）投诉案作出处理决定公告如下：

一、相关当事人名称

投诉人：北京用友政务软件有限公司

地址：北京市海淀区北清路68号用友软件园

被投诉人：中国机械进出口（集团）有限公司

地址：北京市西城区阜成门外大街1号四川大厦西楼21层2102B室

相关供应商：北京市太极华青信息系统有限公司

地址：北京市西城区北三环中路23号燕莎盛世大厦五层

二、基本情况

投诉人对被投诉人作出的质疑答复不满，向本机关提起投诉。投诉事项为：1. 北京市太极华青信息系统有限公司（以下称太极华青公司）提交的有关业绩证明材料涉嫌造假。2. 太极华青公司提供的技术方案在国产化方面涉嫌不符合相关设计的合理性和完整性。3. 太极华青公司投标文件涉嫌提供了超过一年的免费技术支持和服务，不符合招标文件与相关法律的规定。4. 太极华青公司涉嫌不满足招标文件关于分项报价表中涉及人员费用的最终报价的规定。

经审查合格，本机关依法受理，并对投诉事项进行了调查取证。2015 年 6 月 6 日，本机关依法作出投诉处理决定。

三、处理结果

经审查，本机关作出处理决定如下：

根据《政府采购供应商投诉处理办法》（财政部令第 20 号）第 17 条第 2 项规定，投诉事项均缺乏事实依据，驳回投诉。

2015 年 7 月 10 日

中华人民共和国财政部政府采购信息公告（第二百七十三号）

根据《政府采购信息公告管理办法》（财政部令第 19 号）的相关规定，现将本机关对“中国流动科技馆‘充气式移动球幕影院’制作及相关服务”（招标编号：CSTM－2015－128）投诉案作出的处理决定公告如下：

一、相关当事人名称

投诉人：北京天王星科教育有限责任公司

地址：北京市海淀区中关村路北一条 15 号

被投诉人：广州宏达工程顾问有限公司

地址：广东省广州市广州经济技术开发区宝石路 11 号 411A 房

二、基本情况

投诉人对被投诉人作出的质疑答复不满，向本机关提起投诉。投诉事项为：1. 招标文件中要求，充气式移动球幕影院蓬体适用于各种场地，而采购方购买了仅仅适用于室内场地的产品，二者价格相差 3 倍以上，给国家造成了巨大资金损失。2. 标书密封袋没有盖章签字是细微偏差，被投诉人以此为由将投诉人的投标文件作为无效投标处理，不符合《评标委员会和评标方法暂行规定》（七部委令第 12 号）第 26 条规定。

经审查合格，本机关依法受理，并对投诉事项进行了调查取证。2015 年 7 月 8 日，本机关依法作出投诉处理决定。

三、处理结果

经审查，本机关作出处理决定如下：

根据《政府采购供应商投诉处理办法》（财政部令第 20 号）第 17 条第 2 项规定，投诉事项均缺乏事实依据，驳回投诉。

2015 年 9 月 8 日

中华人民共和国财政部政府采购信息公告（第二百七十四号）

根据《政府采购信息公告管理办法》（财政部令第 19 号）的相关规定，现将本机关对“中国地质大学（北京）高性能地物光谱仪、网络虚拟仿真平台、沉浸式虚拟现实系统等设备购置项目”（招标编号：CEIECZB01－15CS058）投诉案作出的处理决定公告如下：

一、相关当事人名称

投诉人：北京理加联合科技有限公司

地址：北京市海淀区建材城西路 50 号 2 号楼三层 318 室

被投诉人：中国地质大学（北京）

地址：北京市海淀区学院路 29 号

被投诉人：北京中教仪国际招标代理有限公司

地址：北京市海淀区文慧园北路 10 号

相关供应商：北京双成立丰信息技术有限公司

地址：北京市海淀区安宁庄西路 9 号院 25 号楼 5 层 3－521

二、基本情况

投诉人对被投诉人作出的质疑答复不满，向本机关提起投诉。投诉事项为：北京中教仪国际招标代理有限公司在评标过程中未遵循公开透明原则、公平竞争原则、公正原则和诚实信用原则，使投诉人合法权益受到了损害。具体为投诉人所投产品技术指标响应性、技术水平整体评价、产品成熟性、稳定性不低于中标产品，投诉人售后服务方案，投标产品业绩不低于中标商，且投诉人投标价格远低于中标供应商价格，因此，投诉人综合评分应高于中标人，投诉人应被确定为中标候选人。

经审查合格，本机关依法受理，并对投诉事项进行了调查取证。2015 年 7 月 28 日，本机关依法作出投诉处理决定。

三、处理结果

经审查，本机关作出处理决定如下：

根据《政府采购供应商投诉处理办法》（财政部令第 20 号）第 17 条第 2 项规定，投诉事项缺乏事实依据，驳回投诉。

2015 年 9 月 8 日

中华人民共和国财政部政府采购信息公告（第二百七十五号）

根据《政府采购信息公告管理办法》（财政部令第19号）的相关规定，现将本机关对“2015年中央广播电视节目无线数字化覆盖工程项目地面数字电视广播发射系统”（招标编号：0701－154150150055）投诉案作出的处理决定公告如下：

一、相关当事人名称

投诉人：杭州杭淳广播电视设备有限公司
地址：浙江省杭州市下城区沈家巷37号4楼
被投诉人：国家新闻出版广电总局
地址：北京市西城区复兴门外大街2号
被投诉人：中技国际招标公司
地址：北京西三环中路90号通用技术大厦（100055）
相关供应商：海华电子企业（中国）有限公司
地址：广州市高新技术产业开发区科学城南翔二路23号
相关供应商：成都凯腾四方数字广播电视设备有限公司
地址：成都市青羊区青羊工业集中发展区文光路321号
相关供应商：成都德芯数字科技有限公司
地址：成都市武侯区武兴四路10号、12号（武侯新城管委会内）
相关供应商：成都新光微波工程有限责任公司
地址：成都市高新区科韵路368号
相关供应商：苏州全波通信技术有限公司
地址：常熟市东南经济开发区金都路8号
相关供应商：成都康特数字广播电视设备有限公司
地址：成都市武侯区武科东三路9号（武侯新城管委会内）
相关供应商：南京熊猫电子股份有限公司
地址：南京市高新技术开发区05幢北侧1－2层
相关供应商：北京同方吉兆科技有限公司
地址：北京市海淀区王庄路1号清华同方科技大厦A座26层
相关供应商：高斯贝尔数码科技股份有限公司
地址：深圳市宝安中心区宝源路F518时尚创意园F10－13栋

二、基本情况

投诉人对被投诉人作出的质疑答复不满，向本机关提起投诉。投诉事项为：1. 海华电子企业（中国）有限公司不具备投标资格和中标资格。2. 高斯贝尔数码科技股份有限公司在投标中业绩造假。3. 成都凯腾四方数字广播电视设备有限公司、成都德芯数字科技有限公司不具备 P1－2、P2－2 包的中标资格，此两包应当废标。4. 本项目评标过程没有按照招标文件的规定实施价格评审的程序。5. 高斯贝尔数码科技股份有限公司、成都德芯数字科技有限公司、成都新光微波工程有限责任公司、苏州全波通信技术有限公司、成都康特数字广播电视设备有限公司、北京同方吉兆科技有限公司等拟中标人存在假冒“小、微”企业以骗取加分的行为。6. 南京熊猫电子股份有限公司、北京同方吉兆科技有限公司在近三年的经营中存在违法经营的行为。

经审查合格，本机关依法受理，并对投诉事项进行了调查取证。2015 年 7 月 30 日，本机关依法作出投诉处理决定。

三、处理结果

经审查，本机关作出处理决定如下：

根据《政府采购供应商投诉处理办法》（财政部令第 20 号）第 17 条第 2 项规定，投诉事项均缺乏事实依据，驳回投诉。

2015 年 9 月 8 日

中华人民共和国财政部政府采购信息公告（第二百七十六号）

根据《政府采购信息公告管理办法》（财政部令第 19 号）的相关规定，现将本机关对“2015 年中央广播电视节目无线数字化覆盖工程项目地面数字电视广播发射系统”（招标编号：0701－154150150055）投诉案作出的处理决定公告如下：

一、相关当事人名称

投诉人：北京北广科技股份有限公司
地址：北京市顺义区天竺空港工业区 A 区天柱路 26 号
被投诉人：国家新闻出版广电总局
地址：北京市西城区复兴门外大街 2 号
被投诉人：中技国际招标公司
地址：北京西三环中路 90 号通用技术大厦（100055）
相关供应商：海华电子企业（中国）有限公司
地址：广州市高新技术产业开发区科学城南翔二路 23 号
相关供应商：成都凯腾四方数字广播电视设备有限公司
地址：成都市青羊区青羊工业集中发展区文光路 321 号
相关供应商：成都德芯数字科技有限公司
地址：成都市武侯区武兴四路 10 号、12 号（武侯新城管委会内）

相关供应商：成都新光微波工程有限责任公司
地址：成都市高新区科韵路368号
相关供应商：苏州全波通信技术有限公司
地址：常熟市东南经济开发区金都路8号
相关供应商：成都康特数字广播电视设备有限公司
地址：成都市武侯区武科东三路9号（武侯新城管委会内）
相关供应商：南京熊猫电子股份有限公司
地址：南京市高新技术开发区05幢北侧1－2层
相关供应商：北京同方吉兆科技有限公司
地址：北京市海淀区王庄路1号清华同方科技大厦A座26层
相关供应商：高斯贝尔数码科技股份有限公司
地址：深圳市宝安中心区宝源路F518时尚创意园F10－13栋

二、基本情况

投诉人对被投诉人作出的质疑答复不满，向本机关提起投诉。投诉事项为：1. 海华电子企业（中国）有限公司不具备投标资格和中标资格。2. 高斯贝尔数码科技股份有限公司在投标中业绩造假。3. 成都凯腾四方数字广播电视设备有限公司、成都德芯数字科技有限公司不具备P1－2、P2－2包的中标资格，此两包应当废标。4. 本项目评标过程没有按照招标文件的规定实施价格评审的程序。5. 高斯贝尔数码科技股份有限公司、成都德芯数字科技有限公司、成都新光微波工程有限责任公司、苏州全波通信技术有限公司、成都康特数字广播电视设备有限公司、北京同方吉兆科技有限公司等拟中标人存在假冒"小、微"企业以骗取加分的行为。6. 南京熊猫电子股份有限公司、北京同方吉兆科技有限公司在近三年的经营中存在违法经营的行为。

经审查合格，本机关依法受理，并对投诉事项进行了调查取证。2015年7月30日，本机关依法作出投诉处理决定。

三、处理结果

经审查，本机关作出处理决定如下：

根据《政府采购供应商投诉处理办法》（财政部令第20号）第17条第2项规定，投诉事项均缺乏事实依据，驳回投诉。

2015年9月8日

中华人民共和国财政部政府采购信息公告（第二百七十七号）

根据《政府采购信息公告管理办法》（财政部令第19号）的相关规定，现将本机关

对“2015年中央广播电视节目无线数字化覆盖工程项目地面数字电视广播发射系统”（招标编号：0701－154150150055）投诉案作出的处理决定公告如下：

一、相关当事人名称

投诉人：福建新大陆通信科技股份有限公司
地址：福州市鼓楼区铜盘路软件大道软件园B区1－3号
被投诉人：国家新闻出版广电总局
地址：北京市西城区复兴门外大街2号
被投诉人：中技国际招标公司
地址：北京西三环中路90号通用技术大厦（100055）
相关供应商：海华电子企业（中国）有限公司
地址：广州市高新技术产业开发区科学城南翔二路23号
相关供应商：成都凯腾四方数字广播电视设备有限公司
地址：成都市青羊区青羊工业集中发展区文光路321号
相关供应商：成都德芯数字科技有限公司
地址：成都市武侯区武兴四路10号、12号（武侯新城管委会内）
相关供应商：成都新光微波工程有限责任公司
地址：成都市高新区科韵路368号
相关供应商：苏州全波通信技术有限公司
地址：常熟市东南经济开发区金都路8号
相关供应商：成都康特数字广播电视设备有限公司
地址：成都市武侯区武科东三路9号（武侯新城管委会内）
相关供应商：南京熊猫电子股份有限公司
地址：南京市高新技术开发区05幢北侧1－2层
相关供应商：北京同方吉兆科技有限公司
地址：北京市海淀区王庄路1号清华同方科技大厦A座26层
相关供应商：高斯贝尔数码科技股份有限公司
地址：深圳市宝安中心区宝源路F518时尚创意园F10－13栋

二、基本情况

投诉人对被投诉人作出的质疑答复不满，向本机关提起投诉。投诉事项为：1. 海华电子企业（中国）有限公司不具备投标资格和中标资格。2. 高斯贝尔数码科技股份有限公司在投标中业绩造假。3. 成都凯腾四方数字广播电视设备有限公司、成都德芯数字科技有限公司不具备P1－2、P2－2包的中标资格，此两包应当废标。4. 本项目评标过程没有按照招标文件的规定实施价格评审的程序。5. 高斯贝尔数码科技股份有限公司、成都德芯数字科技有限公司、成都新光微波工程有限责任公司、苏州全波通信技术有限公司、成都康特数字广播电视设备有限公司、北京同方吉兆科技有限公司等拟中标人存在假冒“小、微”企业以骗取加分的行为。6. 南京熊猫电子股份有限公司、北京同方吉兆科技有限公司在近三年的经营中存在违法经营的行为。

经审查合格，本机关依法受理，并对投诉事项进行了调查取证。2015 年 7 月 30 日，本机关依法作出投诉处理决定。

三、处理结果

经审查，本机关作出处理决定如下：

根据《政府采购供应商投诉处理办法》（财政部令第 20 号）第 17 条第 2 项规定，投诉事项均缺乏事实依据，驳回投诉。

2015 年 9 月 8 日

中华人民共和国财政部政府采购信息公告（第二百七十八号）

根据《政府采购信息公告管理办法》（财政部令第 19 号）的相关规定，现将本机关对“2015 年中央广播电视节目无线数字化覆盖工程项目地面数字电视广播发射系统”（招标编号：0701－154150150055）投诉案作出的处理决定公告如下：

一、相关当事人名称

投诉人：星辰先创通信系统（厦门）有限公司
地址：厦门市湖里区湖里大道 41－43 号 IA 单元东侧
被投诉人：国家新闻出版广电总局
地址：北京市西城区复兴门外大街 2 号
被投诉人：中技国际招标公司
地址：北京西三环中路 90 号通用技术大厦（100055）
相关供应商：海华电子企业（中国）有限公司
地址：广州市高新技术产业开发区科学城南翔二路 23 号
相关供应商：成都凯腾四方数字广播电视设备有限公司
地址：成都市青羊区青羊工业集中发展区文光路 321 号
相关供应商：成都德芯数字科技有限公司
地址：成都市武侯区武兴四路 10 号、12 号（武侯新城管委会内）
相关供应商：成都新光微波工程有限责任公司
地址：成都市高新区科韵路 368 号
相关供应商：苏州全波通信技术有限公司
地址：常熟市东南经济开发区金都路 8 号
相关供应商：成都康特数字广播电视设备有限公司
地址：成都市武侯区武科东三路 9 号（武侯新城管委会内）

相关供应商：南京熊猫电子股份有限公司
地址：南京市高新技术开发区 05 幢北侧 1 –2 层
相关供应商：北京同方吉兆科技有限公司
地址：北京市海淀区王庄路 1 号清华同方科技大厦 A 座 26 层
相关供应商：高斯贝尔数码科技股份有限公司
地址：深圳市宝安中心区宝源路 F518 时尚创意园 F10 –13 栋

二、基本情况

投诉人对被投诉人作出的质疑答复不满，向本机关提起投诉。投诉事项为：1. 海华电子企业（中国）有限公司不具备投标资格和中标资格。2. 高斯贝尔数码科技股份有限公司在投标中业绩造假。3. 成都凯腾四方数字广播电视设备有限公司、成都德芯数字科技有限公司不具备 P1 –2、P2 –2 包的中标资格，此两包应当废标。4. 本项目评标过程没有按照招标文件的规定实施价格评审的程序。5. 高斯贝尔数码科技股份有限公司、成都德芯数字科技有限公司、成都新光微波工程有限责任公司、苏州全波通信技术有限公司、成都康特数字广播电视设备有限公司、北京同方吉兆科技有限公司等拟中标人存在假冒“小、微”企业以骗取加分的行为。6. 南京熊猫电子股份有限公司、北京同方吉兆科技有限公司在近三年的经营中存在违法经营的行为。

经审查合格，本机关依法受理，并对投诉事项进行了调查取证。2015 年 7 月 30 日，本机关依法作出投诉处理决定。

三、处理结果

经审查，本机关作出处理决定如下：

根据《政府采购供应商投诉处理办法》（财政部令第 20 号）第 17 条第 2 项规定，投诉事项均缺乏事实依据，驳回投诉。

2015 年 9 月 8 日

中华人民共和国财政部政府采购信息公告（第二百七十九号）

根据《政府采购信息公告管理办法》（财政部令第 19 号）的相关规定，现将本机关对“中国地震台网中心 2015 年度地震前兆台网仪器设备更新升级项目及片区前兆维修中心试点建设项目（第 9 包）”（招标编号：TC15014FA/9）投诉案作出的处理决定公告如下：

一、相关当事人名称

投诉人：北京中科光大自动化技术有限公司
地址：北京市朝阳区汤立路 216 号 5 层 3 单元 603

被投诉人：中国地震台网中心（以下称台网中心）
地址：北京市西城区三里河路56号
被投诉人：中招国际招标有限公司（以下称中招国际）
地址：北京市海淀区皂君庙14号院9号楼
相关供应商：中国地震局地壳应力研究所（以下称地壳应力所）
地址：北京市海淀区西三旗

二、基本情况

投诉人对被投诉人作出的质疑答复不满，向本机关提起投诉。投诉事项为：1. 中国地震局地壳应力研究所不能从事营利性经营活动，其没有事业单位所应有的《营业执照》。2. 本次招标的水位仪、水温仪，是被录入《全国工业产品生产许可证目录》中的产品，生产这两种设备必须取得许可证，而中国地震局地壳应力研究所不具有相应的《全国工业产品生产许可证》。3. 中国地震局地壳应力研究所投标价格存在恶性竞争，其投标价严重偏离预算价格和市场价格。4. 中国地震局地壳应力研究所和采购人中国地震台网中心存在利害关系。

经审查合格，本机关依法受理，并对投诉事项进行了调查取证。2015年8月20日，本机关依法作出投诉处理决定。

三、处理结果

经审查，本机关作出处理决定如下：

根据《政府采购供应商投诉处理办法》（财政部令第20号）第17条第2项规定，投诉事项均缺乏事实依据，驳回投诉。

2015年9月8日

中华人民共和国财政部政府采购信息公告（第二百八十号）

根据《政府采购信息公告管理办法》（财政部令第19号）的相关规定，现将本机关对“中国民航飞行品质监控基站工程应用软件及工具系统集成采购项目（重新招标）”（招标编号：0748－1541CA1054GQ/01）投诉案作出的处理决定公告如下：

一、相关当事人名称

投诉人：北京北大千方科技有限公司
地址：北京市海淀区学院路39号唯实大厦8层802室
被投诉人：中航材国际招标有限公司
地址：北京市朝阳区霄云里2号楼

采购人：中国民航科学技术研究院
地址：北京市朝阳区西坝河北里甲24号

二、基本情况

投诉人对被投诉人作出的质疑答复不满，向本机关提起投诉。投诉事项为：本项目评标过程显失公正。投诉人在商务上不弱于中标供应商，在专业技术、业务、价格上均优于中标供应商。

经审查合格，本机关依法受理，并对投诉事项进行了调查取证。2015年8月27日，本机关依法作出投诉处理决定。

三、处理结果

经审查，本机关作出处理决定如下：

投诉人投标文件法定代表人授权委托书符合招标文件要求，评标委员会评审时认定投诉人法定代表人授权委托书不符合招标文件要求，投诉人符合性审查不通过缺乏事实根据。采购过程可能影响中标结果。根据《政府采购供应商投诉处理办法》（财政部令第20号）第19条第1项规定，责令采购人重新开展采购活动。

2015年9月11日

中华人民共和国财政部政府采购信息公告（第二百八十一号）

根据《政府采购信息公告管理办法》（财政部令第19号）的相关规定，现将本机关对“体育总局自行车击剑运动管理中心物业服务采购项目”（招标编号：GC－FG150358）投诉案作出的处理决定公告如下：

一、相关当事人名称

投诉人：北京天鸿宝地物业管理经营有限公司
地址：北京市海淀区恩济花园13号楼五层
被投诉人：中央国家机关政府采购中心
地址：北京市西城区西直门内大街西章胡同9号院
相关供应商：北京国基伟业物业管理有限公司（以下称国基伟业物业公司）
地址：北京市西城区阜成门外大街1号东楼1208室
采购人：国家体育总局自行车击剑运动管理中心
地址：北京市石景山老山西街6号

二、基本情况

投诉人对被投诉人作出的质疑答复不满，向本机关提起投诉。投诉事项为：1. 国基伟业物业公司在参加此项目前三年内，在经营活动中有重大违法记录，投标资格应被取消。具体为国基伟业物业公司下属的河南国基物业管理有限公司郑州第一分公司于2012年12月31日被吊销营业执照。2. 国基伟业物业公司未按北京市物业行业相关政策进行物业服务合同备案，其标书中提供的未备案物业项目不应被承认。

经审查合格，本机关依法受理，并对投诉事项进行了调查取证。2015年8月27日，本机关依法作出投诉处理决定。

三、处理结果

经审查，本机关作出处理决定如下：

根据《政府采购供应商投诉处理办法》（财政部令第20号）第17条第2项规定，投诉事项均缺乏事实依据，驳回投诉。

2015年9月11日

中华人民共和国财政部政府采购信息公告（第二百八十二号）

根据《政府采购信息公告管理办法》（财政部令第19号）的相关规定，现将本机关对“中国刑事警察学院公安情报大数据分析系统项目”第6包举报案作出的监督检查处理决定公告如下：

一、相关当事人名称

当事人：鑫长德科技技术有限公司
地址：辽宁省沈阳市浑南新区世纪路5-3号17A10室
当事人：中国刑事警察学院
地址：辽宁省沈阳市皇姑区塔湾街83号
当事人：辽宁工程招标公司
地址：辽宁省沈阳市和平区南九马路47号

二、基本情况

本机关收到关于“中国刑事警察学院公安情报大数据分析系统项目”第6包的实名举报信。举报事项为：1. 该项目第6包中标供应商在项目开标时，未按照招标文件要求提交投标保证金，其投标应被拒绝。2. 项目招标文件未明确第6包的评分标准和评分细则，第6包的评审缺乏评审依据，评审结果不公正。经审查合格，本机关依法受理，并进行了调查处理。2015年9月6日，本机关依法作出监督检查处理决定。

三、处理结果

经审查，本机关作出处理决定如下：

根据《政府采购法》第 36 条和第 37 条的规定，责令项目第 6 包重新开展采购活动。同时，对本项目采购代理机构的违法违规问题另行处理。

2015 年 9 月 25 日

中华人民共和国财政部政府采购信息公告（第二百八十三号）

根据《政府采购信息公告管理办法》（财政部令第 19 号）的相关规定，现将本机关对“贵州出入境检验检疫局医用设备采购项目”（招标编号：0637－151001020166）投诉案作出的处理决定公告如下：

一、相关当事人名称

投诉人：深圳市爱康生物科技有限公司
地址：深圳市龙华新区民治街道民康路樟坑工业园 B 栋
被投诉人：贵州出入境检验检疫局
地址：贵州省贵阳市观山湖区黔灵山路中段
被投诉人：贵州鹏业国际机电设备招标有限公司（以下称贵州鹏业招标公司）
地址：贵州省贵阳市云岩区北京路 27 号鑫都财富大厦 16 楼

二、基本情况

投诉人因被投诉人未就质疑作出答复，向本机关提起投诉。投诉事项为：贵州鹏业招标公司在招标过程中招标文件提供期限不符合法律规定。本项目报名时间为 2015 年 7 月 28 日起至 2015 年 8 月 2 日止，少于 5 个工作日，不符合《政府采购法实施条例》第 31 条的规定，“招标文件的提供期限自招标文件开始发出之日起不得少于 5 个工作日。”

经审查合格，本机关依法受理，并对投诉事项进行了调查取证。2015 年 9 月 17 日，本机关依法作出投诉处理决定。

三、处理结果

经审查，本机关作出处理决定如下：

投诉事项成立，根据《政府采购供应商投诉处理办法》（财政部令第 20 号）第 19 条第（一）项的规定，决定采购行为违法，责令采购人重新开展采购活动。责令贵州鹏业招标公司就招标文件提供期限少于 5 个工作日的行为进行整改。

2015 年 9 月 29 日

中华人民共和国财政部政府采购信息公告（第二百八十四号）

根据《政府采购信息公告管理办法》（财政部令第19号）的相关规定，现将本机关对“中华骨髓库2015年度入库数据分型检测服务采购项目”（招标编号：GC－FG150200）投诉案作出的处理决定公告如下：

一、相关当事人名称

投诉人：北京诺诗康瀛医学科技有限公司

地址：北京市昌平区科技园区星火街6号北京昌科晨宇科技企业孵化器有限公司大楼内3层西

被投诉人：中国红十字会总会机关服务中心

地址：北京市东城区干面胡同53号

被投诉人：中央国家机关政府采购中心

地址：北京市西城区西直门内大街西章胡同9号院

二、基本情况

投诉人对被投诉人作出的质疑答复不满，向本机关提起投诉。投诉事项为：1. 招标文件第二部分投标人须知前附表投标人应提交的商务文件第5条为不公平条款。2. 招标文件第四部分评标标准和评标办法中有关“投标单位实力”，投标单位具有的相关持证情况第1条为不公平条款。3. 招标文件第四部分评标标准和评标办法中有关“投标单位实力”，投标单位具有的相关持证情况第3条为不公平条款。4. 招标文件第四部分评标标准和评标办法中“同类业绩”第1条为不公平条款。5. 采购人将原招标文件有关条款部分分值赋予招标文件第四部分评标标准和评标办法中有关“投标单位实力”，投标单位具有的相关持证情况第1条的做法不合理。

经审查合格，本机关依法受理，并对投诉事项进行了调查取证。2015年9月14日，本机关依法作出投诉处理决定。

三、处理结果

经审查，本机关作出处理决定如下：

根据《政府采购供应商投诉处理办法》（财政部令第20号）第17条第2项规定，投诉事项1、3、5缺乏事实依据，驳回投诉。

关于投诉事项2，招标文件第四部分评标标准和评标办法中有关“投标单位实力”，投标单位具有的相关持证情况第1条表述有歧义，责令采购人进行修改。

关于投诉事项4，招标文件第四部分评标标准和评标办法中“同类业绩”第1条的评分标准未明确业绩优、良、一般的具体评判标准，不符合《政府采购法实施条例》第34

条第4款的规定，责令采购人按规定修改。

2015年9月29日

中华人民共和国财政部政府采购信息公告（第二百八十五号）

根据《政府采购信息公告管理办法》（财政部令第19号）的相关规定，现将本机关对“农业部重点实验室建设项目仪器设备统一招标采购－农田观测和实验室分析仪器”第1包做出的投诉及监督检查处理决定公告如下：

一、相关当事人名称

投诉人：中国教学仪器设备有限公司
住所地：北京市西城区大木仓胡同一巷1号
被投诉人：农业部工程建设服务中心
住所地：北京市海淀区学院南路59号

二、基本情况

投诉人中国教学仪器设备有限公司（以下简称投诉人）因对被投诉人农业部工程建设服务中心（以下简称采购代理机构）作出的质疑答复不满，向本机关提起投诉。投诉事项为：中标供应商就第1包品目3所投产品不能满足招标文件“＊4.2.1.1”的要求。本机关依法受理调查，并作出了投诉及监督检查处理决定。

三、处理结果

经审查，本机关作出处理决定如下：

1. 根据《政府采购供应商投诉处理办法》（财政部令第20号）第17条第2项的规定，投诉事项缺乏事实依据，驳回投诉。

2. 本机关在本案调查处理中发现以下问题：一是本项目招标文件未落实《政府采购促进中小企业发展暂行办法》的相关政策规定，违反了《政府采购法实施条例》第15条的规定。二是本项目招标文件未依法公布项目预算，违反了《政府采购法实施条例》第30条的规定。根据《政府采购法》第36条和《政府采购货物和服务招标投标管理办法》第57条的规定，责令本项目第1包废标并重新开展采购活动。同时，对本项目采购代理机构的违法违规问题另行处理。

2015年11月3日

中华人民共和国财政部政府采购信息公告（第二百八十六号）

根据《政府采购信息公告管理办法》（财政部令第19号）的相关规定，现将本机关对“农业部重点实验室建设项目仪器设备统一招标采购－农田观测和实验室分析仪器”第2包做出的投诉及监督检查处理决定公告如下：

一、相关当事人名称

投诉人：北京中润汇宝科技有限公司
住所地：北京市海淀区羊坊店路6号天洋大厦B603－604室
被投诉人：农业部工程建设服务中心
住所地：北京市海淀区学院南路59号

二、基本情况

投诉人北京中润汇宝科技有限公司（以下简称投诉人）因对被投诉人农业部工程建设服务中心（以下简称采购代理机构）就“农业部重点实验室建设项目仪器设备统一招标采购－农田观测和实验室分析仪器”第2包作出的质疑答复不满，向本机关提起投诉。投诉事项为：中标供应商就第2包品目1所投产品不能满足招标文件“＊4.2.1.1”的要求。本机关依法受理调查，并作出了投诉及监督检查处理决定。

三、处理结果

经审查，本机关作出处理决定如下：

1. 根据《政府采购供应商投诉处理办法》（财政部令第20号）第17条第2项的规定，投诉事项缺乏事实依据，驳回投诉。

2. 本机关在本案调查处理中发现以下问题：一是本项目招标文件未落实《政府采购促进中小企业发展暂行办法》的相关政策规定，违反了《政府采购法实施条例》第15条的规定。二是本项目招标文件未依法公布项目预算，违反了《政府采购法实施条例》第30条的规定。根据《政府采购法》第36条和《政府采购货物和服务招标投标管理办法》第57条的规定，责令本项目第2包废标并重新开展采购活动。同时，对本项目采购代理机构的违法违规问题另行处理。

2015年11月3日

中华人民共和国财政部政府采购信息公告（第二百八十七号）

根据《政府采购信息公告管理办法》（财政部令第19号）的相关规定，现将本机关对“农业部重点实验室建设项目仪器设备统一招标采购－农田观测和实验室分析仪器”第19包做出的投诉及监督检查处理决定公告如下：

一、相关当事人名称

投诉人：百徕普惠（北京）科技有限公司
住所地：北京市朝阳区锦芳路1号院9号楼411室
被投诉人：农业部工程建设服务中心
住所地：北京市海淀区学院南路59号

二、基本情况

投诉人百徕普惠（北京）科技有限公司（以下简称投诉人）因对被投诉人农业部工程建设服务中心（以下简称采购代理机构）就“农业部重点实验室建设项目仪器设备统一招标采购－农田观测和实验室分析仪器”第19包作出的质疑答复不满，向本机关提起投诉。投诉事项为：中标供应商就19包品目2所投产品不满足招标文件“＊4.1原理”的要求。本机关依法受理调查，并作出了投诉及监督检查处理决定。

三、处理结果

经审查，本机关作出处理决定如下：

1. 根据《政府采购供应商投诉处理办法》（财政部令第20号）第17条第2项的规定，投诉事项缺乏事实依据，驳回投诉。

2. 本机关在本案调查处理中发现以下问题：一是本项目招标文件未落实《政府采购促进中小企业发展暂行办法》的相关政策规定，违反了《政府采购法实施条例》第15条的规定。二是本项目招标文件未依法公布项目预算，违反了《政府采购法实施条例》第30条的规定。根据《政府采购法》第36条和《政府采购货物和服务招标投标管理办法》第57条的规定，责令本项目第19包废标并重新开展采购活动。同时，对本项目采购代理机构的违法违规问题另行处理。

2015年11月3日

中华人民共和国财政部政府采购信息公告（第二百八十八号）

根据《政府采购信息公告管理办法》（财政部令第19号）的相关规定，现将本机关对“中国医学科学院血液病医院（血液学研究所）箱式柴油发电机组采购及相关服务项目”（项目编号：FZK2015－3－343）做出的投诉及监督检查处理决定公告如下：

一、相关当事人名称

投诉人：天津银鹏机电设备有限公司
地址：天津市南开区南京路349号－1209
被投诉人：中国医学科学院血液病医院（血液学研究所）
地址：天津市和平区南京路288号
被投诉人：天津市泛亚工程机电设备咨询有限公司
地址：天津市河西区广顺道2号
相关供应商：天津百发电机有限公司
地址：天津市河西区隆昌路19号309

二、基本情况

投诉人因对被投诉人作出的质疑答复不满，向本机关提起投诉。投诉事项为：1. 中标人提供的产品常用功率不满足招标文件要求；2. 中标人投标产品的发电机组油耗数据与生产厂家数据不符。本机关依法受理，并作出了投诉处理决定。

三、处理结果

经审查，本机关作出处理决定如下：

根据《政府采购供应商投诉处理办法》（财政部令第20号）第17条第2项规定，投诉事项均缺乏事实依据，驳回投诉。

2015年11月3日

中华人民共和国财政部政府采购信息公告（第二百八十九号）

根据《政府采购信息公告管理办法》（财政部令第19号）的相关规定，现将本机关对“北京科技大学昌平创新园主楼B区多联式空调采购及安装项目”（项目编号：GC－HG150416）作出的投诉处理决定公告如下：

一、相关当事人名称

投诉人：北京君腾达制冷技术有限公司
地址：北京市丰台区和义西里一区10号楼底商06
被投诉人：北京科技大学
地址：北京市海淀区学院路30号
被投诉人：中央国家机关政府采购中心
地址：北京市西城区西直门内大街西章胡同9号院
相关供应商：北京融和创科技有限公司
地址：北京市海淀区上地信息产业基地三街1号楼2层A段202号

二、基本情况

投诉人因对被投诉人作出的质疑答复不满，向本机关提起投诉。投诉事项为：1. 中标供应商没有明显的技术优势，却以高价中标。2. 本项目中属于工程采购的部分，应当按照招标投标法进行招投标。本机关依法受理，并作出了投诉处理决定。

三、处理结果

经审查，本机关作出处理决定如下：
根据《政府采购供应商投诉处理办法》（财政部令第20号）第17条第2项规定，投诉事项均缺乏事实依据，驳回投诉。

2015年11月3日

中华人民共和国财政部政府采购信息公告（第二百九十号）

根据《政府采购信息公告管理办法》（财政部令第19号）的相关规定，现将本机关对“农业部重点实验室建设项目仪器设备统一招标采购－农田观测和实验室分析仪器”第18包作出的投诉及监督检查处理决定公告如下：

一、相关当事人名称

投诉人：中国科学器材公司
地址：北京市朝阳区太阳宫中路19号院1号楼
被投诉人：农业部发展计划司
地址：北京市朝阳区农展馆南里11号
被投诉人：农业部工程建设服务中心
地址：北京市海淀区学院南路59号

相关供应商：北京创新思成科技有限公司
地址：北京市海淀区舒至嘉园4号楼612室（住宅）

二、基本情况

投诉人中国科学器材公司因对被投诉人农业部工程建设服务中心作出的质疑答复不满，向本机关提起投诉。投诉事项为：1. 北京创新思成科技有限公司在其投标文件中未提供第18包品目18－1高精度冠层测温仪的真正国外制造商美国 Everest Interscience 公司的制造商授权。2. 北京创新思成科技有限公司中标产品第18包品目18－5植物荧光成像仪在重要技术指标上没有响应招标文件的实质性要求。本机关依法受理调查，并作出了投诉及监督检查处理决定。

三、处理结果

经审查，本机关作出处理决定如下：

根据《政府采购法》第36条、《政府采购货物和服务招标投标管理办法》第57条、《政府采购供应商投诉处理办法》（财政部令第20号）第19条第2项的规定，撤销本项目第18包采购合同，责令采购人重新开展采购活动。对代理机构的违法违规问题本机关已经另案处罚，不再重复处罚。

2015年12月1日

中华人民共和国财政部政府采购信息公告（第二百九十一号）

根据《政府采购信息公告管理办法》（财政部令第19号）的相关规定，现将本机关对“北京体育大学训练馆地板更换及运动场人工草坪项目”做出的投诉处理决定公告如下：

一、相关当事人名称

投诉人1：北京火炬生地人造草坪有限公司
地址：北京市怀柔区北房镇恒利街68号
投诉人2：北京鑫业永华体育设施有限责任公司
地址：北京市顺义区李桥镇国门商务区国翼中心5号1005室
被投诉人1：北京体育大学
地址：北京市海淀区上地信息路48号
被投诉人2：中央国家机关政府采购中心
地址：北京市西城区西直门内大街西章胡同9号院1号楼
相关供应商：广东金辉华集团有限公司
地址：长沙区幕桥西路金都南区1号

二、基本情况

投诉人北京火炬生地人造草坪有限公司、北京鑫业永华体育设施有限责任公司，因对被投诉人北京体育大学、中央国家机关政府采购中心作出的质疑答复不满，向本机关提起投诉。投诉事项为：广东金辉华集团有限公司投标的 MIE 人造草坪耐磨性能检测报告、环保性能检测报告、静电性能检测报告，以及提供近两年检测报告的数量，不响应招标文件规定的技术标准和要求。本机关依法受理调查，并作出了投诉处理决定。

三、处理结果

经审查，本机关作出处理决定如下：

根据《政府采购供应商投诉处理办法》（财政部令第 20 号）第 17 条第二项的规定，投诉事项缺乏事实依据，驳回投诉。

2015 年 12 月 1 日

中华人民共和国财政部政府采购信息公告（第二百九十二号）

根据《政府采购信息公告管理办法》（财政部令第 19 号）的相关规定，现将本机关对新华招标有限公司做出的监督检查处理决定公告如下：

一、相关当事人名称

当事人：新华招标有限公司

地址：北京市海淀区莲花池东路 39 号 8 层 810

二、基本情况

2015 年 3 月至 8 月，本机关依法实施了“2015 年政府采购代理机构监督检查工作”。检查中，发现新华招标有限公司代理的政府采购项目，存在政府采购信息公告内容不完整、投标人的资格条件列为评分因素的问题。

三、处理结果

本机关作出处理决定如下：根据《政府采购信息公告管理办法》（财政部令第 19 号）第 10 条、第 12 条、第 16 条，《财政部关于加强政府采购货物和服务项目价格评审管理的通知》（财库〔2007〕2 号）第四部分的规定，本机关决定对新华招标有限公司作出责令整改的处理。

2015 年 12 月 29 日

中华人民共和国财政部政府采购信息公告（第二百九十三号）

根据《政府采购信息公告管理办法》（财政部令第 19 号）的相关规定，现将本机关对中国远东国际招标公司做出的监督检查处理决定公告如下：

一、相关当事人名称

当事人：中国远东国际招标公司
地址：北京市朝阳区和平街东土城路甲 9 号

二、基本情况

2015 年 3 月至 8 月，本机关依法实施了“2015 年政府采购代理机构监督检查工作”。检查中，发现中国远东国际招标公司代理的政府采购项目，存在中标公告发布日期与中标通知书发出日期不一致、政府采购信息公告内容不完整的问题。

三、处理结果

本机关作出处理决定如下：根据《政府采购货物和服务招标投标管理办法》（财政部令第 18 号）第 62 条，《政府采购信息公告管理办法》（财政部令第 19 号）第 10 条、第 12 条、第 16 条的规定，本机关决定对中国远东国际招标公司作出责令整改的处理。

2015 年 12 月 29 日

中华人民共和国财政部政府采购信息公告（第二百九十四号）

根据《政府采购信息公告管理办法》（财政部令第 19 号）的相关规定，现将本机关对中招国际招标有限公司做出的监督检查处理决定公告如下：

一、相关当事人名称

当事人：中招国际招标有限公司
地址：北京市海淀区皂君庙 14 号院 9 号楼

二、基本情况

2015 年 3 月至 8 月，本机关依法实施了“2015 年政府采购代理机构监督检查工作”。检查中，发现中招国际招标有限公司代理的政府采购项目，存在政府采购信息公告内容不完整、评分标准不具体的问题。

三、处理结果

本机关作出处理决定如下：根据《政府采购信息公告管理办法》（财政部令第 19 号）第 10 条、第 12 条、第 16 条，《财政部关于加强政府采购货物和服务项目价格评审管理的通知》（财库〔2007〕2 号）第四部分的规定，本机关决定对中招国际招标有限公司作出责令整改的处理。

2015 年 12 月 29 日

中华人民共和国财政部政府采购信息公告（第二百九十五号）

根据《政府采购信息公告管理办法》（财政部令第 19 号）的相关规定，现将本机关对国信招标集团股份有限公司做出的监督检查处理决定公告如下：

一、相关当事人名称

当事人：国信招标集团股份有限公司

地址：北京市海淀区首体南路 22 号楼 10 层

二、基本情况

2015 年 3 月至 8 月，本机关依法实施了“2015 年政府采购代理机构监督检查工作”。检查中，发现国信招标集团股份有限公司代理的政府采购项目，存在中标公告的发布日期与中标通知书发出日期不一致、评分标准不具体、投标人的资格条件列为评分因素的问题。

三、处理结果

本机关作出处理决定如下：根据《政府采购货物和服务招标投标管理办法》（财政部令第 18 号）第 62 条、《财政部关于加强政府采购货物和服务项目价格评审管理的通知》（财库〔2007〕2 号）第四部分的规定，本机关决定对国信招标集团股份有限公司作出责令整改的处理。

2015 年 12 月 29 日

中华人民共和国财政部政府采购信息公告（第二百九十六号）

根据《政府采购信息公告管理办法》（财政部令第 19 号）的相关规定，现将本机关

对中国电子进出口总公司做出的监督检查处理决定公告如下：

一、相关当事人名称

当事人：中国电子进出口总公司
地址：北京市海淀区复兴路17号A座（6－23层）

二、基本情况

2015年3月至8月，本机关依法实施了“2015年政府采购代理机构监督检查工作”。检查中，发现中国电子进出口总公司代理的政府采购项目，存在中标和成交公告内容不完整、投标人的资格条件列为评分因素、评分标准不具体的问题。

三、处理结果

本机关作出处理决定如下：根据《政府采购信息公告管理办法》（财政部令第19号）第12条、第16条，《政府采购非招标采购方式管理办法》（财政部令第74号）第18条，《财政部关于加强政府采购货物和服务项目价格评审管理的通知》（财库〔2007〕2号）第四部分的规定，本机关决定对中国电子进出口总公司作出责令整改的处理。

2015年12月29日

中华人民共和国财政部政府采购信息公告（第二百九十七号）

根据《政府采购信息公告管理办法》（财政部令第19号）的相关规定，现将本机关对宁波市国际招标有限公司做出的监督检查处理决定公告如下：

一、相关当事人名称

当事人：宁波市国际招标有限公司
地址：浙江省宁波市江北区正大巷32号

二、基本情况

2015年3月至8月，本机关依法实施了“2015年政府采购代理机构监督检查工作”。检查中，发现宁波市国际招标有限公司代理的政府采购项目，存在逾期退还投标保证金、中标公告的发布日期与中标通知书发出日期不一致、中标和成交公告内容不完整的问题。

三、处理结果

本机关作出处理决定如下：根据《政府采购货物和服务招标投标管理办法》（财政部令第18号）第37条、第62条，《政府采购信息公告管理办法》（财政部令第19号）第

12 条、第 16 条，《政府采购非招标采购方式管理办法》（财政部令第 74 号）第 18 条的规定，本机关决定对宁波市国际招标有限公司作出责令整改的处理。

2015 年 12 月 29 日

中华人民共和国财政部政府采购信息公告（第二百九十八号）

根据《政府采购信息公告管理办法》（财政部令第 19 号）的相关规定，现将本机关对江苏海外集团国际工程咨询有限公司做出的监督检查处理决定公告如下：

一、相关当事人名称

当事人：江苏海外集团国际工程咨询有限公司
地址：南京市中山路 55 号 A22 层

二、基本情况

2015 年 3 月至 8 月，本机关依法实施了“2015 年政府采购代理机构监督检查工作”。检查中，发现江苏海外集团国际工程咨询有限公司代理的政府采购项目，存在逾期退还保证金、中标公告的发布日期与中标通知书发出日期不一致、政府采购信息公告内容不完整、评分标准不具体的的问题。

三、处理结果

本机关作出处理决定如下：根据《政府采购货物和服务招标投标管理办法》（财政部令第 18 号）第 37 条、第 62 条，《政府采购非招标采购方式管理办法》（财政部令第 74 号）第 20 条，《政府采购信息公告管理办法》（财政部令第 19 号）第 10 条、第 12 条、第 13 条、第 16 条，《财政部关于加强政府采购货物和服务项目价格评审管理的通知》（财库〔2007〕2 号）第四部分的规定，本机关决定对江苏海外集团国际工程咨询有限公司作出责令整改的处理。本机关对江苏海外集团国际工程咨询有限公司的违法行为另行处罚。

2015 年 12 月 29 日

中华人民共和国财政部政府采购信息公告（第二百九十九号）

根据《政府采购信息公告管理办法》（财政部令第 19 号）的相关规定，现将本机关对江西银信工程造价咨询有限公司做出的监督检查处理决定公告如下：

一、相关当事人名称

当事人：江西银信工程造价咨询有限公司

地址：江西省南昌市西湖区二七南路495号海林大厦1306、1307室

二、基本情况

2015年3月至8月，本机关依法实施了“2015年政府采购代理机构监督检查工作”。检查中，发现江西银信工程造价咨询有限公司代理的政府采购项目，存在未妥善保存响应文件、政府采购信息公告内容不完整、成交公告的发布日期与成交通知书发出日期不一致、评分标准不具体的问题。

三、处理结果

本机关作出处理决定如下：根据《中华人民共和国政府采购法》第42条，《政府采购信息公告管理办法》（财政部令第19号）第10条、第12条、第16条，《政府采购非招标采购方式管理办法》（财政部令第74号）第18条、第26条，《财政部关于加强政府采购货物和服务项目价格评审管理的通知》（财库〔2007〕2号）第四部分的规定，本机关决定对江西银信工程造价咨询有限公司作出责令整改的处理。本机关对江西银信工程造价咨询有限公司的违法行为另行处罚。

2015年12月29日

中华人民共和国财政部政府采购信息公告（第三百号）

根据《政府采购信息公告管理办法》（财政部令第19号）的相关规定，现将本机关对上海浦成机电设备招标有限公司做出的监督检查处理决定公告如下：

一、相关当事人名称

当事人：上海浦成机电设备招标有限公司

地址：中国（上海）自由贸易试验区商城路518号1507室

二、基本情况

2015年3月至8月，本机关依法实施了“2015年政府采购代理机构监督检查工作”。检查中，发现上海浦成机电设备招标有限公司代理的政府采购项目，存在政府采购信息公告内容不完整、评分标准不具体、招标文件中综合评分法的价格分未采用低价优先法计算的问题。

三、处理结果

本机关作出处理决定如下：根据《政府采购信息公告管理办法》（财政部令第19号）第10条、第12条、第13条、第16条，《政府采购非招标采购方式管理办法》（财政部令第74号）第18条，《财政部关于加强政府采购货物和服务项目价格评审管理的通知》（财库〔2007〕2号）第二部分、第四部分的规定，本机关决定对上海浦成机电设备招标有限公司作出责令整改的处理。本机关对上海浦成机电设备招标有限公司的违法行为另行处罚。

2015年12月29日

中华人民共和国财政部政府采购信息公告（第三百零一号）

根据《政府采购信息公告管理办法》（财政部令第19号）的相关规定，现将本机关对江西纪元工程管理顾问有限公司做出的监督检查处理决定公告如下：

一、相关当事人名称

当事人：江西纪元工程管理顾问有限公司

地址：江西省南昌市东湖区北京东路南洋花园别墅B3－1

二、基本情况

2015年3月至8月，本机关依法实施了“2015年政府采购代理机构监督检查工作”。检查中，发现江西纪元工程管理顾问有限公司代理的政府采购项目，存在逾期退还保证金、中标公告的发布日期与中标通知书发出日期不一致、评分标准不具体、投标人的资格条件列为评分因素的问题。

三、处理结果

本机关作出处理决定如下：根据《政府采购货物和服务招标投标管理办法》（财政部令第18号）第37条、第62条，《政府采购非招标采购方式管理办法》（财政部令第74号）第20条，《财政部关于加强政府采购货物和服务项目价格评审管理的通知》（财库〔2007〕2号）第四部分的规定，本机关决定对江西纪元工程管理顾问有限公司作出责令整改的处理。本机关对江西纪元工程管理顾问有限公司的违法行为另行处罚。

2015年12月29日

中华人民共和国财政部政府采购信息公告（第三百零二号）

根据《政府采购信息公告管理办法》（财政部令第19号）的相关规定，现将本机关对江苏舜天机械进口有限责任公司做出的监督检查处理决定公告如下：

一、相关当事人名称

当事人：江苏舜天机械进口有限责任公司
地址：南京市雨花台区软件大道21号

二、基本情况

2015年3月至8月，本机关依法实施了“2015年政府采购代理机构监督检查工作”。检查中，发现江苏舜天机械进口有限责任公司代理的政府采购项目，存在逾期退还投标保证金、中标公告的发布日期与中标通知书发出日期不一致、政府采购信息公告内容不完整、招标文件中综合评分法的价格分未采用低价优先法计算的问题。

三、处理结果

本机关作出处理决定如下：根据《政府采购货物和服务招标投标管理办法》（财政部令第18号）第37条、第62条，《政府采购信息公告管理办法》（财政部令第19号）第10条、第12条、第13条、第16条，《财政部关于加强政府采购货物和服务项目价格评审管理的通知》（财库〔2007〕2号）第二部分的规定，本机关决定对江苏舜天机械进口有限责任公司作出责令整改的处理。本机关对江苏舜天机械进口有限责任公司的违法行为另行处罚。

2015年12月29日

中华人民共和国财政部政府采购信息公告（第三百零三号）

根据《政府采购信息公告管理办法》（财政部令第19号）的相关规定，现将本机关对江苏舜天机械进口有限责任公司做出的监督检查处理决定公告如下：

一、相关当事人名称

当事人：江苏舜天机械进口有限责任公司
地址：南京市雨花台区软件大道21号

二、基本情况

2015年3月至8月，本机关依法实施了“2015年政府采购代理机构监督检查工作”。检查中，发现江苏舜天机械进口有限责任公司代理的政府采购项目，存在逾期退还投标保证金、中标公告的发布日期与中标通知书发出日期不一致、政府采购信息公告内容不完整、招标文件中综合评分法的价格分未采用低价优先法计算的问题。

三、处理结果

本机关作出处理决定如下：根据《政府采购货物和服务招标投标管理办法》（财政部令第18号）第37条、第62条，《政府采购信息公告管理办法》（财政部令第19号）第10条、第12条、第13条、第16条，《财政部关于加强政府采购货物和服务项目价格评审管理的通知》（财库〔2007〕2号）第二部分的规定，本机关决定对江苏舜天机械进口有限责任公司作出责令整改的处理。本机关对江苏舜天机械进口有限责任公司的违法行为另行处罚。

2015年12月29日

中华人民共和国财政部政府采购信息公告（第三百零四号）

根据《政府采购信息公告管理办法》（财政部令第19号）的相关规定，现将本机关对上海上投招标有限公司做出的监督检查处理决定公告如下：

一、相关当事人名称

当事人：上海上投招标有限公司
地址：上海市静安区威海路511号3层A区

二、基本情况

2015年3月至8月，本机关依法实施了“2015年政府采购代理机构监督检查工作”。检查中，发现上海上投招标有限公司代理的政府采购项目，存在未妥善保存投标文件、中标（成交）公告的发布日期与中标（成交）通知书发出日期不一致、中标和成交公告内容不完整、评分标准不具体、招标文件中综合评分法的价格分未采用低价优先法计算、投标人的资格条件列为评分因素的问题。

三、处理结果

本机关作出处理决定如下：根据《中华人民共和国政府采购法》第42条，《政府采购货物和服务招标投标管理办法》（财政部令第18号）第62条，《政府采购信息公告管理办法》（财政部令第 19 号）第 12 条、第 16 条，《政府采购非招标采购方式管理办法》（财政部令第 74 号）第 18 条，《财政部关于加强政府采购货物和服务项目价格评审管理的通知》（财库〔2007〕2 号）第二部分、第四部分的规定，本机关决定对上海上投招标有限公司作出责令整改的处理。本机关对上海上投招标有限公司的违法行为另行处罚。

2015 年 12 月 29 日

中华人民共和国财政部政府采购信息公告（第三百零五号）

根据《政府采购信息公告管理办法》（财政部令第 19 号）的相关规定，现将本机关对宁波光大建设工程招标有限公司做出的监督检查处理决定公告如下：

一、相关当事人名称

当事人：宁波光大建设工程招标有限公司
地址：浙江省宁波市江北区正大巷 32 号

二、基本情况

2015 年 3 月至 8 月，本机关依法实施了“2015 年政府采购代理机构监督检查工作”。检查中，发现宁波光大建设工程招标有限公司代理的政府采购项目，存在逾期退还投标保证金、未按规定的时间和地点开标、中标公告的发布日期与中标通知书发出日期不一致、中标公告内容不完整、招标文件中综合评分法的价格分未采用低价优先法计算、价格权值设置违规的问题。

三、处理结果

本机关作出处理决定如下：根据《政府采购货物和服务招标投标管理办法》（财政部令第 18 号）第 37 条、第 38 条、第 52 条、第 62 条，《政府采购信息公告管理办法》（财政部令第 19 号）第 12 条、第 16 条，《财政部关于加强政府采购货物和服务项目价格评审管理的通知》（财库〔2007〕2 号）第二部分的规定，本机关决定对宁波光大建设工程招标有限公司作出责令整改的处理。本机关对宁波光大建设工程招标有限公司的违法行为另行处罚。

2015 年 12 月 29 日

中华人民共和国财政部政府采购信息公告（第三百零六号）

根据《政府采购信息公告管理办法》（财政部令第 19 号）的相关规定，现将本机关

对杭州求是招标代理有限公司做出的监督检查处理决定公告如下：

一、相关当事人名称

当事人：杭州求是招标代理有限公司
地址：浙江省杭州市西湖区浙大路 38 号

二、基本情况

2015 年 3 月至 8 月，本机关依法实施了"2015 年政府采购代理机构监督检查工作"。检查中，发现杭州求是招标代理有限公司代理的政府采购项目，存在逾期退还投标保证金、中标公告内容不完整、招标文件中综合评分法的价格分未采用低价优先法计算的问题。

三、处理结果

本机关作出处理决定如下：根据《政府采购货物和服务招标投标管理办法》（财政部令第 18 号）第 37 条，《政府采购信息公告管理办法》（财政部令第 19 号）第 12 条、第 16 条，《财政部关于加强政府采购货物和服务项目价格评审管理的通知》（财库〔2007〕2 号）第二部分的规定，本机关决定对杭州求是招标代理有限公司作出责令整改的处理。

2015 年 12 月 29 日

中华人民共和国财政部政府采购信息公告（第三百零七号）

根据《政府采购信息公告管理办法》（财政部令第 19 号）的相关规定，现将本机关对上海机电设备招标有限公司做出的监督检查处理决定公告如下：

一、相关当事人名称

当事人：上海机电设备招标有限公司
地址：上海市长寿路 285 号

二、基本情况

2015 年 3 月至 8 月，本机关依法实施了"2015 年政府采购代理机构监督检查工作"。检查中，发现上海机电设备招标有限公司代理的政府采购项目，存在政府采购信息公告内容不完整、投标人的资格条件列为评分因素的问题。

三、处理结果

本机关作出处理决定如下：根据《政府采购信息公告管理办法》（财政部令第 19 号）第 10 条、第 12 条、第 16 条，《财政部关于加强政府采购货物和服务项目价格评审管理的通知》（财库〔2007〕2号）第四部分的规定，本机关决定对上海机电设备招标有限公司作出责令整改的处理。本机关对上海机电设备招标有限公司的违法行为另行处罚。

2015年12月29日

中华人民共和国财政部政府采购信息公告（第三百零八号）

根据《政府采购信息公告管理办法》（财政部令第19号）的相关规定，现将本机关对江苏苏美达集团有限公司做出的监督检查处理决定公告如下：

一、相关当事人名称

当事人：江苏苏美达集团有限公司
地址：南京市长江路198号

二、基本情况

2015年3月至8月，本机关依法实施了“2015年政府采购代理机构监督检查工作”。检查中，发现江苏苏美达集团有限公司代理的政府采购项目，存在逾期退还保证金、政府采购信息公告内容不完整、评分要素设置不合规、评分标准不具体、招标文件中综合评分法的价格分未采用低价优先法计算的问题。

三、处理结果

本机关作出处理决定如下：根据《政府采购货物和服务招标投标管理办法》（财政部令第18号）第37条，《政府采购非招标采购方式管理办法》（财政部令第74号）第20条，《政府采购信息公告管理办法》（财政部令第19号）第10条、第12条、第16条，《财政部关于加强政府采购货物和服务项目价格评审管理的通知》（财库〔2007〕2号）第二部分、第四部分的规定，本机关决定对江苏苏美达集团有限公司作出责令整改的处理。本机关对江苏苏美达集团有限公司的违法行为另行处罚。

2015年12月29日

中华人民共和国财政部政府采购信息公告（第三百零九号）

根据《政府采购信息公告管理办法》（财政部令第19号）的相关规定，现将本机关对安徽合肥公共资源交易中心做出的监督检查处理决定公告如下：

一、相关当事人名称

当事人：安徽合肥公共资源交易中心

地址：安徽省合肥市滨湖新区南京路2588号

二、基本情况

2015年3月至8月，本机关依法实施了“2015年政府采购代理机构监督检查工作”。检查中，发现安徽合肥公共资源交易中心代理的政府采购项目，存在采购活动中未落实政府采购政策功能、将投标人的资格条件列为评分要素、评分标准不具体、未保留每位评委有效得分、逾期退还保证金、中标公告的发布日期与中标通知书发出日期不一致的问题。

三、处理结果

本机关作出处理决定如下：《政府采购货物和服务招标投标管理办法》（财政部令第18号）第37条、第52条、第62条，《政府采购非招标采购方式管理办法》（财政部令第74号）第20条，《财政部关于加强政府采购货物和服务项目价格评审管理的通知》（财库〔2007〕2号），《政府采购促进中小企业发展暂行办法》（财库〔2011〕181号），《国务院办公厅关于建立政府强制采购节能产品制度的通知》（国办发〔2007〕51号），以及《财政部环保总局关于环境标志产品政府采购实施的意见》（财库〔2006〕90号）的规定，本机关决定对安徽合肥公共资源交易中心作出责令整改的处理。本机关对安徽合肥公共资源交易中心的违法行为另行处罚。

2015年12月29日

中华人民共和国财政部政府采购信息公告（第三百一十号）

根据《政府采购信息公告管理办法》（财政部令第19号）的相关规定，现将本机关对上海机电设备招标有限公司做出的行政处罚决定公告如下：

一、相关当事人名称

当事人：上海机电设备招标有限公司

地址：上海市长寿路285号

二、基本情况

2015年3月至8月，本机关在依法实施的“2015年政府采购代理机构监督检查工作”中，发现上海机电设备招标有限公司被抽查的部分政府采购项目，存在单一来源采购活动中项目公示金额、成交通知书金额、实际签订合同金额不一致，且成交通知书金额超过采购预算金额，以及招标文件对供应商设置行业会员资格限制条款的情形。

三、处理结果

上海机电设备招标有限公司的上述行为违反了《中华人民共和国政府采购法》第6条、第22条第二款，《政府采购非招标采购方式管理办法》（财政部令第74号）第18条、第19条、第43条，《政府采购货物和服务招标投标管理办法》（财政部令第18号）第21条第二款的规定。根据《中华人民共和国政府采购法》第71条第三项、第78条的规定，本机关决定对上海机电设备招标有限公司做出警告并一年内禁止代理政府采购业务的行政处罚。

2015年12月29日

中华人民共和国财政部政府采购信息公告（第三百一十一号）

根据《政府采购信息公告管理办法》（财政部令第19号）的相关规定，现将本机关对江苏苏美达集团有限公司做出的行政处罚决定公告如下：

一、相关当事人名称

当事人：江苏苏美达集团有限公司

地址：南京市长江路198号

二、基本情况

2015年3月至8月，本机关在依法实施的"2015年政府采购代理机构监督检查工作"中，发现江苏苏美达集团有限公司被抽查的部分政府采购项目，存在招标文件设置供应商注册资金限制条款、招标文件指定品牌、未从财政部门设立的政府采购评审专家库中抽取专家的情形。

三、处理结果

江苏苏美达集团有限公司的上述行为违反了《中华人民共和国政府采购法》第22条第二款，《政府采购货物和服务招标投标管理办法》（财政部令第18号）第21条第二款和第48条，以及《政府采购促进中小企业发展暂行办法》（财库〔2011〕181号）第3条的规定。根据《中华人民共和国政府采购法》第71条第三项、第78条，《政府采购货物和服务招标投标管理办法》（财政部令第18号）第68条第四项、第五项的规定，本机关决定对江苏苏美达集团有限公司做出警告并一年内禁止代理政府采购业务的行政处罚。

2015年12月29日

中华人民共和国财政部政府采购信息公告（第三百一十二号）

根据《政府采购信息公告管理办法》（财政部令第19号）的相关规定，现将本机关对江西国政招标咨询有限公司做出的行政处罚决定公告如下：

一、相关当事人名称

当事人：江西国政招标咨询有限公司
地址：江西省南昌市高新开发区火炬大街807号泰豪商务大厦A座6楼

二、基本情况

2015年3月至8月，本机关在依法实施的“2015年政府采购代理机构监督检查工作”中，发现江西国政招标咨询有限公司被抽查的部分政府采购项目，存在采购文件设置供应商注册资金限制条款的情形。

三、处理结果

江西国政招标咨询有限公司的上述行为违反了《中华人民共和国政府采购法》第22条第二款，《政府采购货物和服务招标投标管理办法》（财政部令第18号）第21条第二款，以及《政府采购促进中小企业发展暂行办法》（财库〔2011〕181号）第3条的规定。根据《中华人民共和国政府采购法》第71条第三项和《政府采购货物和服务招标投标管理办法》（财政部令第18号）第68条第四项的规定，本机关决定对江西国政招标咨询有限公司做出警告的行政处罚。

2015年12月29日

中华人民共和国财政部政府采购信息公告（第三百一十三号）

根据《政府采购信息公告管理办法》（财政部令第19号）的相关规定，现将本机关对江苏海外集团国际工程咨询有限公司做出的行政处罚决定公告如下：

一、相关当事人名称

当事人：江苏海外集团国际工程咨询有限公司
地址：南京市中山路55号A22层

二、基本情况

2015 年 3 月至 8 月，本机关在依法实施的“2015 年政府采购代理机构监督检查工作”中，发现江苏海外集团国际工程咨询有限公司被抽查的部分政府采购项目，存在未在指定的媒体上发布招标公告、中标公告的情形。

三、处理结果

江苏海外集团国际工程咨询有限公司的上述行为违反了《中华人民共和国政府采购法》第 11 条、《政府采购货物和服务招标投标管理办法》（财政部令第 18 号）第 14 条、第 62 条第一款，《政府采购信息公告管理办法》（财政部令第 19 号）第 7 条的规定。根据《政府采购货物和服务招标投标管理办法》（财政部令第 18 号）第 68 条第二项、《政府采购信息公告管理办法》（财政部令第 19 号）第 30 条第二项的规定，本机关决定对江苏海外集团国际工程咨询有限公司做出警告的行政处罚。

2015 年 12 月 29 日

中华人民共和国财政部政府采购信息公告（第三百一十四号）

根据《政府采购信息公告管理办法》（财政部令第 19 号）的相关规定，现将本机关对江西银信工程造价咨询有限公司做出的行政处罚决定公告如下：

一、相关当事人名称

当事人：江西银信工程造价咨询有限公司

地址：江西省南昌市西湖区二七南路 495 号海林大厦 1306、1307 室

二、基本情况

2015 年 3 月至 8 月，本机关在依法实施的“2015 年政府采购代理机构监督检查工作”中，发现江西银信工程造价咨询有限公司被抽查的部分政府采购项目，存在未发布采购信息更正公告、竞争性谈判实质性响应供应商不足 3 家仍完成采购活动的情形。

三、处理结果

江西银信工程造价咨询有限公司的上述行为违反了《中华人民共和国政府采购法》第 11 条、《政府采购货物和服务招标投标管理办法》（财政部令第 18 号）第 27 条、《政府采购信息公告管理办法》（财政部令第 19 号）第 8 条第四项、《政府采购非招标采购方式管理办法》（财政部令第 74 号）第 37 条第三项的规定。根据《政府采购货物和服务招标投标管理办法》（财政部令第 18 号）第 68 条第二项、《政府采购信息公告管理办法》（财政

部令第19号）第30条第一项、《政府采购非招标采购方式管理办法》（财政部令第74号）第51条第四项的规定，本机关决定对江西银信工程造价咨询有限公司做出警告的行政处罚。

2015年12月29日

中华人民共和国财政部政府采购信息公告（第三百一十五号）

根据《政府采购信息公告管理办法》（财政部令第19号）的相关规定，现将本机关对上海浦成机电设备招标有限公司做出的行政处罚决定公告如下：

一、相关当事人名称

当事人：上海浦成机电设备招标有限公司

地址：中国（上海）自由贸易试验区商城路518号1507室

二、基本情况

2015年3月至8月，本机关在依法实施的"2015年政府采购代理机构监督检查工作"中，发现上海浦成机电设备招标有限公司被抽查的部分政府采购项目，存在延长开标时间的变更公告发布时间不符合规定期限的情形。

三、处理结果

上海浦成机电设备招标有限公司的上述行为违反了《政府采购货物和服务招标投标管理办法》（财政部令第18号）第28条的规定。根据《政府采购信息公告管理办法》（财政部令第19号）第30条第五项的规定，本机关决定对上海浦成机电设备招标有限公司做出警告的行政处罚。

2015年12月29日

中华人民共和国财政部政府采购信息公告（第三百一十六号）

根据《政府采购信息公告管理办法》（财政部令第19号）的相关规定，现将本机关对江西纪元工程管理顾问有限公司做出的行政处罚决定公告如下：

一、相关当事人名称

当事人：江西纪元工程管理顾问有限公司

地址：江西省南昌市东湖区北京东路南洋花园别墅 B3－1

二、基本情况

2015 年 3 月至 8 月，本机关在依法实施的“2015 年政府采购代理机构监督检查工作”中，发现江西纪元工程管理顾问有限公司被抽查的部分政府采购项目，存在招标文件设置供应商注册资金限制条款、未公告成交结果的情形。

三、处理结果

江西纪元工程管理顾问有限公司的上述行为违反了《中华人民共和国政府采购法》第 11 条、第 22 条第二款，《政府采购货物和服务招标投标管理办法》（财政部令第 18 号）第 21 条第二款，《政府采购信息公告管理办法》（财政部令第 19 号）第 8 条第四项，《政府采购非招标采购方式管理办法》（财政部令第 74 号）第 18 条第一款，以及《政府采购促进中小企业发展暂行办法》（财库〔2011〕181 号）第 3 条的规定。根据《中华人民共和国政府采购法》第 71 条第三项、《政府采购货物和服务招标投标管理办法》（财政部令第 18 号）第 68 条第四项、《政府采购信息公告管理办法》（财政部令第 19 号）第 30 条第一项的规定，本机关决定对江西纪元工程管理顾问有限公司做出警告的行政处罚。

2015 年 12 月 29 日

中华人民共和国财政部政府采购信息公告（第三百一十七号）

根据《政府采购信息公告管理办法》（财政部令第 19 号）的相关规定，现将本机关对江苏舜天机械进口有限责任公司做出的行政处罚决定公告如下：

一、相关当事人名称

当事人：江苏舜天机械进口有限责任公司

地址：南京市雨花台区软件大道 21 号

二、基本情况

2015 年 3 月至 8 月，本机关在依法实施的“2015 年政府采购代理机构监督检查工作”中，发现江苏舜天机械进口有限责任公司被抽查的部分政府采购项目，存在未发布中标公告、未在指定媒体上发布招标公告和中标公告、招标文件设置供应商注册资金限制条款、未从财政部门设立的政府采购评审专家库中抽取专家的情形。

三、处理结果

江苏舜天机械进口有限责任公司的上述行为违反了《中华人民共和国政府采购法》第

11条、第22条第二款，《政府采购货物和服务招标投标管理办法》（财政部令第18号）第14条、第21条第二款、第48条、第62条第一款，《政府采购信息公告管理办法》（财政部令第19号）第7条、第8条第四项，以及《政府采购促进中小企业发展暂行办法》（财库〔2011〕181号）第3条的规定。根据《中华人民共和国政府采购法》第71条第三项，《政府采购货物和服务招标投标管理办法》（财政部令第18号）第68条第二项、第四项、第五项，《政府采购信息公告管理办法》（财政部令第19号）第30条第一项、第二项的规定，本机关决定对江苏舜天机械进口有限责任公司做出警告的行政处罚。

2015年12月29日

中华人民共和国财政部政府采购信息公告（第三百一十八号）

根据《政府采购信息公告管理办法》（财政部令第19号）的相关规定，现将本机关对上海上投招标有限公司做出的行政处罚决定公告如下：

一、相关当事人名称

当事人：上海上投招标有限公司

地址：上海市静安区威海路511号3层A区

二、基本情况

2015年3月至8月，本机关在依法实施的“2015年政府采购代理机构监督检查工作”中，发现上海上投招标有限公司被抽查的部分政府采购项目，存在未从财政部门设立的政府采购评审专家库中抽取专家的情形。

三、处理结果

上海上投招标有限公司的上述行为违反了《政府采购货物和服务招标投标管理办法》（财政部令第18号）第48条的规定。根据《政府采购货物和服务招标投标管理办法》（财政部令第18号）第68条第五项的规定，本机关决定对上海上投招标有限公司做出警告的行政处罚。

2015年12月29日

中华人民共和国财政部政府采购信息公告（第三百一十九号）

根据《政府采购信息公告管理办法》（财政部令第19号）的相关规定，现将本机关

对宁波光大建设工程招标有限公司做出的行政处罚决定公告如下：

一、相关当事人名称

当事人：宁波光大建设工程招标有限公司
地址：浙江省宁波市江北区正大巷32号

二、基本情况

2015年3月至8月，本机关在依法实施的“2015年政府采购代理机构监督检查工作”中，发现宁波光大建设工程招标有限公司被抽查的部分政府采购项目，存在招标文件设置供应商经营年限限制条款的情形。

三、处理结果

宁波光大建设工程招标有限公司的上述行为违反了《中华人民共和国政府采购法》第22条第二款、《政府采购货物和服务招标投标管理办法》（财政部令第18号）第21条第二款的规定。根据《中华人民共和国政府采购法》第71条第三项，《政府采购货物和服务招标投标管理办法》（财政部令第18号）第68条第四项的规定，本机关决定对宁波光大建设工程招标有限公司做出警告的行政处罚。

2015年12月29日

中华人民共和国财政部政府采购信息公告（第三百二十号）

根据《政府采购信息公告管理办法》（财政部令第19号）的相关规定，现将本机关对农业部工程建设服务中心作出的行政处罚决定公告如下：

一、相关当事人名称

当事人：农业部工程建设服务中心
住所：北京市海淀区学院南路59号

二、基本情况

在“农业部重点实验室建设项目仪器设备统一招标采购－农田观测和实验室分析仪器”第1包、第2包和第19包（招标编号：ZSB－2015－001（FXYQ））的投诉处理中，本机关发现项目招标文件未落实《政府采购促进中小企业发展暂行办法》第3条和第5条的相关规定。

三、处理结果

根据《政府采购法》第78条和《政府采购法实施条例》第68条的规定，本机关决定对农业部工程建设服务中心作出 1 年内禁止代理政府采购业务的行政处罚。

2016 年 1 月 8 日

中华人民共和国财政部政府采购信息公告（第三百二十一号）

根据《政府采购信息公告管理办法》（财政部令第 19 号）的相关规定，现将本机关对“中国财政杂志社数字化转型升级项目”（编号：0747 -156ISITCN177）问题做出的监督检查处理决定公告如下：

一、相关当事人名称

当事人 1：北京北大方正电子有限公司
地址：北京市海淀区上地五街 9 号方正大厦
当事人 2：中国财政杂志社
地址：北京市海淀区万寿路西街甲 11 号院 3 号楼
当事人 3：中化国际招标有限责任公司
地址：北京市西城区复兴门外大街 A2 号中化大厦
当事人 4：北京汇智高科信息技术有限公司
地址：北京市海淀区悦秀路 99 号 1 单元 822 室

二、基本情况

北京北大方正电子有限公司反映本项目中存在招标文件关于“著作权及文件质量”评分因素指向唯一中标人北京汇智高科信息技术有限公司，中标人在投标文件中提供了不真实的“内容信息采集工具系统著作权证”等问题。本机关依法受理调查，并作出了监督检查处理决定。

三、处理结果

经审查，本项目中“著作权及文件质量”评分因素依据项目特点和需求设置，北京北大方正电子有限公司该项得分为满分；北京汇智公司并未在投标文件中提供“内容信息采集工具系统著作权证”，且该项指标未得分。根据《政府采购法》及相关规定，北大方正公司反映的事项缺乏依据。

2016 年 1 月 8 日

中华人民共和国财政部政府采购信息公告（第三百二十二号）

根据《政府采购信息公告管理办法》（财政部令第 19 号）的相关规定，现将本机关对“水利部水工金属结构质量检验测试中心中央级科学事业单位修缮购置项目”第 3 包做出的投诉处理决定公告如下：

一、相关当事人名称

投诉人：北京富斯德科技有限公司

地址：北京市西城区新街口外大街 28 号 B 座 346－1 号（德胜园区）

被投诉人：河南省国贸招标有限公司

地址：郑州市金水区农业路 72 号 2 号楼 3 层 301 号

相关供应商 1：北京东方捷通科技发展有限公司

地址：北京市门头沟区石龙经济开发区永安路 20 号 3 幢 B1－2083 室

相关供应商 2：北京科巨利技术有限公司

地址：北京市海淀区知春路 108 号 1 号楼 502 室

相关供应商 3：北京博泰克仪器设备有限公司

地址：北京市平谷区中关村科技园区平谷园兴谷 B 区 1 号－081

二、基本情况

投诉人北京富斯德科技有限公司因对被投诉人河南省国贸招标有限公司作出的质疑答复不满，向本机关提起投诉。投诉事项为：目前只有意大利 IDS 和荷兰 Metasensing 两家公司生产微波干涉雷达测量系统，本项目供应商北京东方捷通科技发展有限公司和北京科巨利技术有限公司存在伪造制造商意大利 IDS 授权的行为。本机关依法受理调查，并作出了投诉处理决定。

三、处理结果

经审查，本机关作出处理决定如下：

北京东方捷通科技发展有限公司和北京科巨利技术有限公司所投产品并非由意大利 IDS 公司制造，也未提供意大利 IDS 公司出具的制造商授权书，不存在投诉人所称伪造意大利 IDS 公司授权的行为。根据《政府采购供应商投诉处理办法》（财政部令第 20 号）第 17 条第二项的规定，投诉事项缺乏事实依据，驳回投诉。

2016 年 1 月 8 日

中华人民共和国财政部政府采购信息公告（第三百二十三号）

根据《政府采购信息公告管理办法》（财政部令第 19 号）的相关规定，现将本机关对“国家质检总局 2015 年 120 万元以上专用仪器设备采购项目（第 1 包、第 3 包）”（招标编号：0722－156FE331YNO）做出的投诉处理决定公告如下：

一、相关当事人名称

投诉人：北京倍卓三优科技发展有限公司
地址：北京市海淀区北三环西路 43 号青云当代大厦 908 室
被投诉人：国家质量监督检验检疫总局
地址：北京市海淀区马甸东路 9 号
被投诉人：中国远东国际招标公司
地址：北京市朝阳区和平街东土城路甲 9 号

二、基本情况

投诉人因对被投诉人作出的质疑答复不满，向本机关提起投诉。投诉事项为：本项目评标委员认定投诉人投标文件所附的企业代扣代缴个人所得税凭证无法证明投标人依法纳税，据此取消投诉人投标人资格不符合法律规定。本机关依法受理调查，并作出了投诉处理决定。

三、处理结果

经审查，本机关作出处理决定如下：
根据《政府采购供应商投诉处理办法》（财政部令第 20 号）第 19 条第 1 项的规定，责令采购人重新开展本项目第 1 包、第 3 包的采购活动。

2016 年 1 月 8 日

中华人民共和国财政部政府采购信息公告（第三百二十四号）

根据《政府采购信息公告管理办法》（财政部令第 19 号）的相关规定，现将本机关对“华北科技学院安防系统新建及改造项目”（项目编号：B0708－CMC15N7257）作出的投诉处理决定公告如下：

一、相关当事人名称

投诉人：北京亚洲卫星通信技术有限公司
地址：北京市海淀区中关村北一条15号
被投诉人：中国机械进出口（集团）有限公司
地址：北京市西城区阜成门外大街一号
采购人：华北科技学院
地址：河北省三河市燕郊经济技术开发区学院街806号
相关供应商：银江股份有限公司
地址：杭州市益乐路223号1幢1层

二、基本情况

投诉人因对被投诉人作出的质疑答复不满，向本机关提起投诉。投诉事项为：投诉人投标报价、业绩、售后服务、技术方案等优于中标人，价格分高出近4.99分，却未能中标，因此，对评标的公平、公正性产生质疑。本机关依法受理，并作出了投诉处理决定。

三、处理结果

经审查，本机关作出处理决定如下：
根据《政府采购供应商投诉处理办法》（财政部令第20号）第17条第（二）项规定，投诉事项缺乏事实依据，驳回投诉。

2016年1月8日

中华人民共和国财政部政府采购信息公告（第三百二十五号）

根据《政府采购信息公告管理办法》（财政部令第19号）的相关规定，现将本机关对“广东出入境检验检疫局检测仪器设备采购项目（第34包）”（招标编号：GD-KAD15GZ0720－9X）作出的投诉及监督检查处理决定公告如下：

一、相关当事人名称

投诉人：广州市持长贸易有限公司
地址：广州市天河区中山大道268号商场第三层C316房
被投诉人：广东出入境检验检疫局
地址：广州市天河区珠江新城花城大道66号
被投诉人：广东科安达招标有限公司
地址：广州市越秀区中山六路232号910房

相关供应商：广州盟欧仪器有限公司
地址：广州市越秀区环市东路 475 号之三 611 －622 自编 D06 房

二、基本情况

投诉人广州市持长贸易有限公司因对被投诉人广东科安达招标有限公司作出的质疑答复不满，向本机关提起投诉。投诉事项为：1. 中标供应商投标产品不符合招标文件技术参数▲5. 3. 3 条样本量 20ul 全血的要求，为虚假应标。2. 中标供应商投标产品不符合招标文件技术参数▲5. 3. 5 条数据输入的要求，为虚假应标。3. 中标供应商投标产品不符合招标文件技术参数 5. 4 条检测方法的要求，为虚假应标。本机关依法受理调查，并作出了投诉及监督检查处理决定。

三、处理结果

经审查，本机关作出处理决定如下：
根据《政府采购供应商投诉处理办法》（财政部令第 20 号）第 17 条第 2 项规定，投诉事项均缺乏事实依据，驳回投诉。

2016 年 1 月 8 日

中华人民共和国财政部政府采购信息公告（第三百二十六号）

根据《政府采购信息公告管理办法》（财政部令第 19 号）的相关规定，现将本机关对“清华附小虚拟桌面云系统设备采购项目”（项目编号：BIECC －ZB1933/清设招第 2015162 号）作出的投诉及监督检查处理决定公告如下：

一、相关当事人名称

投诉人：北京易好智通信息技术有限责任公司
地址：北京市海淀区天秀路 10 号中国农大国际创业园 1 号楼 B421 室
被投诉人：清华大学
地址：北京市海淀区清华大学
被投诉人：北京国际工程咨询公司
地址：北京市海淀区学院路 30 号科大天工大厦 A 座 611 室
相关供应商：北京康邦科技股份有限公司
地址：北京市海淀区学院路 30 号科大天工大厦 A 座 10 层

二、基本情况

投诉人因对被投诉人作出的质疑答复不满，向本机关提起投诉。投诉事项为：1. 中标人的相关业绩未实质性响应招标文件要求。2. 中标人未实质响应招标文件机房工程技术参数要求，投标文件无相应应答内容。3. 招标产品中涉及政府强制节能产品（如机房空调、UPS 等），中标人所投相应产品无品牌、无型号，不在节能产品政府采购清单内。4. 中标人未实质响应招标文件对厂商售后服务承诺的要求。5. 中标人投标文件中法定代表人签字由他人代签或有伪造嫌疑。本机关依法受理，并作出了投诉处理决定。

三、处理结果

经审查，本机关作出处理决定如下：

根据《政府采购法实施条例》第 57 条第一款、《政府采购供应商投诉处理办法》（财政部令第 20 号）第 17 条第 2 项规定，投诉人以非法手段取得证明材料进行投诉，投诉事项也均缺乏事实依据，驳回投诉。

责令采购人就未妥善保管采购文件的行为进行整改，并在收到投诉处理决定书后 15 个工作日内将整改情况报送本机关。

对投诉人以非法手段取得证明材料进行投诉的行为另行处罚。

2016 年 1 月 8 日

中华人民共和国财政部政府采购信息公告（第三百二十七号）

根据《政府采购信息公告管理办法》（财政部令第 19 号）的相关规定，现将本机关对中央国家机关政府采购中心做出的监督检查处理决定公告如下：

一、相关当事人

当事人：中央国家机关政府采购中心

地址：北京市西城区西直门内大街西章胡同 9 号院 1 号楼

二、基本情况

本机关依法对“中央国家机关节能型电开水器采购项目”（编号：GC－HC140688）进行了监督检查。调查中，中央国家机关政府采购中心未能提供广东顺德爱隆节能设备有限公司的纸质投标文件原件，并称相关材料在本项目评标结束至移交档案馆前丢失。

三、处理结果

本机关做出处理决定如下：根据《中华人民共和国政府采购法》第 42 条的规定，本机关对中央国家机关政府采购中心做出责令整改的行政处理。关于本项目的调查情况另行处理。

2016 年 2 月 23 日

中华人民共和国财政部政府采购信息公告（第三百二十八号）

根据《政府采购信息公告管理办法》（财政部令第 19 号）的相关规定，现将本机关对“北京大学第一医院物业及中央运送服务外包项目（第 3 包）”（项目编号：GC-FG151124）作出的投诉处理决定公告如下：

一、相关当事人名称

投诉人：北京康健阿福物业管理有限公司

地址：北京市朝阳区西坝河 168 号恒川酒店内 H05 室

被投诉人 1：北京大学第一医院

地址：北京市西城区西什库大街 8 号

被投诉人 2：中央国家机关政府采购中心

地址：北京市西城区西直门内大街西章胡同 9 号院

相关供应商：北京利尔国际医院管理有限公司

地址：北京市顺义区仁和地区顺通路 38 号

二、基本情况

投诉人因对被投诉人作出的质疑答复不满，向本机关提起投诉。投诉事项为：中标人北京利尔国际医院管理有限公司投标文件所提供的中央运送服务项目业绩，没有超过 60 人的中央运送服务项目。根据招标文件要求，投标人应具备三级医院 60 人以上规模的中央运送项目，才能获得有效得分。本机关依法受理，并作出了投诉处理决定。

三、处理结果

经审查，本机关作出处理决定如下：

根据《政府采购供应商投诉处理办法》（财政部令第 20 号）第 17 条第（二）项规定，投诉事项缺乏事实依据，驳回投诉。

2016 年 2 月 23 日

中华人民共和国财政部政府采购信息公告（第三百二十九号）

根据《政府采购信息公告管理办法》（财政部令第 19 号）的相关规定，现将本机关对“海关金关工程二期上海青浦核心应用处理节点机房建设采购项目”（编号：PCMET-

15109G595）作出的投诉及监督检查处理决定公告如下：

一、相关当事人名称

投诉人：上海壹杰信息技术有限公司
地址：上海市浦东南路 2250 号 B 座 6 楼
被投诉人：上海海关
地址：上海市中山东一路 13 号
被投诉人：上海浦成机电设备招标有限公司
地址：上海市浦东新区商城路 618 号良友大厦 8 楼

二、基本情况

投诉人因对被投诉人上海浦成机电设备招标有限公司就“海关金关工程二期上海青浦核心应用处理节点机房建设采购项目”（编号：PCMET－15109G595）作出的质疑答复不满，向本机关提起投诉。投诉事项为：投诉人认为采购人代表在评标现场发表倾向性言论，非法干预、影响评标过程和结果。本机关依法受理调查，并作出了投诉及监督检查处理决定。

三、处理结果

经审查，本机关作出处理决定如下：

根据《政府采购供应商投诉处理办法》（财政部令第 20 号）第 17 条第二项规定，投诉事项缺乏事实依据，驳回投诉。

根据《中华人民共和国政府采购法》第 36 条第二项和《政府采购供应商投诉处理办法》（财政部第 20 号令）第 19 条第一项规定，中标结果的产生过程存在违法行为，决定采购行为违法，责令采购人重新开展采购活动。

责令代理机构对未按规定组织评标活动的行为进行整改。

对本项目评标专家的违法行为另行处理。

2016 年 2 月 23 日

中华人民共和国财政部政府采购信息公告（第三百三十号）

根据《政府采购信息公告管理办法》（财政部令第 19 号）的相关规定，现将本机关对安徽合肥公共资源交易中心做出的行政处罚决定公告如下：

一、相关当事人名称

当事人：安徽合肥公共资源交易中心

地址：安徽省合肥市滨湖新区南京路 2588 号

二、基本情况

2015 年 3 月至 8 月，本机关依法实施了“2015 年政府采购代理机构监督检查工作”。检查中，发现安徽合肥公共资源交易中心代理的政府采购项目，存在采购文件设置供应商注册资金限制条款、未在指定媒体上发布政府采购信息公告、未按规定期限发布政府采购信息更正公告、在实质响应的竞争性谈判供应商不足 3 家的情况下仍继续产生成交结果的情形。

三、处理结果

安徽合肥公共资源交易中心的上述行为违反了《中华人民共和国政府采购法》第 11 条、第 22 条第二款，《政府采购货物和服务招标投标管理办法》（财政部令第 18 号）第 14 条、第 21 条第二款、第 27 条，《政府采购非招标采购方式管理办法》（财政部令第 74 号）第 18 条、第 33 条、第 35 条、第 37 条，《政府采购信息公告管理办法》（财政部令第 19 号）第 7 条，以及《政府采购促进中小企业发展暂行办法》（财库〔2011〕181 号）第 3 条的规定。根据《中华人民共和国政府采购法》第 71 条第三项，《政府采购信息公告管理办法》（财政部令第 19 号）第 30 条第二项和第五项，以及《政府采购非招标采购方式管理办法》（财政部令第 74 号）第 51 条第一项和第四项的规定，本机关决定对安徽合肥公共资源交易中心作出警告的行政处罚。

2016 年 2 月 23 日

中华人民共和国财政部政府采购信息公告（第三百三十一号）

根据《政府采购信息公告管理办法》（财政部令第 19 号）的相关规定，现将本机关对“中国环境监测总站国家环境空气监测网城市环境空气自动监测站运行维护项目”第 2 包、第 4 包做出的投诉处理决定公告如下：

一、相关当事人名称

投诉人：广州市科迪隆科学仪器设备有限公司

地址：广州市秀区东风中路 268 号广州交易广场第三楼东半层 3C03

被投诉人：中机国际招标公司

地址：北京市丰台区西四环南路 101 号（园区）

二、基本情况

投诉人广州市科迪隆科学仪器设备有限公司（以下称投诉人）因对被投诉人中机国际

招标公司（以下简称中机招标公司）作出的质疑答复不满，向本机关提起投诉。投诉事项为：在本项目招标过程中，中机招标公司以投诉人在过去五年中的环境监测活动中存在数据弄虚作假行为为由，取消了投诉人在第2包、第4包的中标资格，严重侵犯了投诉人的合法权益。本机关依法受理调查，并作出了投诉处理决定。

三、处理结果

经审查，本机关作出处理决定如下：

经查，《环境违法行为限期改正通知书》（南环限改字〔2014〕40号）不仅认定了投诉人弄虚作假的违法行为，而且载明了违法行为的具体内容。据此，评标委员会在质疑复核中确认投诉人存在数据弄虚作假行为，取消其中标资格，代理机构发布中标结果变更公告，相关行为并无不当。根据《政府采购供应商投诉处理办法》（财政部令第20号）第17条第二项的规定，投诉事项缺乏事实依据，驳回投诉。

2016年3月4日

中华人民共和国财政部政府采购信息公告（第三百三十二号）

根据《政府采购信息公告管理办法》（财政部令第19号）的相关规定，现将本机关对北京易好智通信息技术有限责任公司作出的行政处罚决定公告如下：

一、相关当事人名称

当事人：北京易好智通信息技术有限责任公司

住所：北京市海淀区天秀路10号中国农大国际创业园1号楼B421室

二、基本情况

在“清华附小虚拟桌面云系统设备采购项目”（招标编号：BIECC－ZB1933/清设招第2015162号）投诉及监督检查处理中，本机关发现北京易好智通信息技术有限责任公司存在以非法手段取得证明材料进行投诉的情形。

三、处理结果

根据《中华人民共和国政府采购法实施条例》第73条的规定，本机关决定对北京易好智通信息技术有限责任公司作出列入不良行为记录名单，1年内禁止参加政府采购活动的行政处罚。

2016年3月4日

中华人民共和国财政部政府采购信息公告（第三百三十三号）

根据《政府采购信息公告管理办法》（财政部令第19号）的相关规定，现将本机关对“哈尔滨工程大学学生食堂燃气节能设备供货及安装项目”（招标编号：HGCZB2015－17）作出的投诉及监督检查处理决定公告如下：

一、相关当事人名称

投诉人：哈尔滨金龙海商贸有限公司
地址：哈尔滨市道外区桦树小区C区12号楼5单元4层401
被投诉人：哈尔滨工程大学
地址：黑龙江省哈尔滨市南岗区南通大街145号

二、基本情况

投诉人哈尔滨金龙海商贸有限公司因被投诉人哈尔滨工程大学未就质疑作出答复，向本机关提起投诉。投诉事项为哈尔滨工程大学在报名阶段认定投诉人提供的相关产品中国节能/环保产品认证试验报告不合格没有根据。本机关依法受理调查，并作出了投诉及监督检查处理决定。

三、处理结果

经审查，本机关作出处理决定如下：

根据《政府采购供应商投诉处理办法》（财政部令第20号）第19条第（一）项规定，采购过程影响中标结果，责令哈尔滨工程大学重新开展采购活动。

责令哈尔滨工程大学就以注册资本金作为投标人资格条件、以投标人报价算术平均值作为基准价进行价格打分的行为进行整改。

2016年3月4日

中华人民共和国财政部政府采购信息公告（第三百三十四号）

根据《政府采购信息公告管理办法》（财政部令第19号）的相关规定，现将本机关对“2015年中央人民广播电台直播机房调音台等设备项目”（招标编号：0701－154150100347）作出的投诉处理决定公告如下：

一、相关当事人名称

投诉人：北京杰西艺电子设备有限公司
地址：北京市丰台区莲花池西里 11 号 4 号楼 506 室
被投诉人：中央人民广播电台
地址：北京市西城区复兴门外大街 2 号
被投诉人：中技国际招标公司
地址：北京市丰台区西四环南路 101 号（园区）
相关供应商：北京北方安恒利数码技术有限公司
地址：北京市海淀区中关村东路 66 号 2 号楼 1008 室

二、基本情况

投诉人北京杰西艺电子设备有限公司因对被投诉人中技国际招标公司作出的质疑答复不满，向本机关提起投诉。投诉事项为：中标人北京北方安恒利数码技术有限公司就“ACCESS 2USB Portable”、“MLM42S”、“HC6S”、“AE－6100、AT8613”、“AE－6100”等五项产品的分项报价均明显低于成本价。本机关依法受理调查，并作出了投诉处理决定。

三、处理结果

经审查，本机关作出处理决定如下：

根据《政府采购供应商投诉处理办法》（财政部令第 20 号）第 17 条第（二）项规定，投诉事项缺乏事实依据，驳回投诉。

2016 年 3 月 4 日

中华人民共和国财政部政府采购信息公告（第三百三十五号）

根据《政府采购信息公告管理办法》（财政部令第 19 号）的相关规定，现将本机关对“湖南大学 HNZB－2015009 设备采购及服务项目（第 14 包）”（招标编号：0623－1571N1110C13）作出的投诉处理决定公告如下：

一、相关当事人名称

投诉人：北京普瑞赛司仪器有限公司
地址：北京市东城区夕照寺中街 4 号 A 座 604 室
被投诉人：湖南大学
地址：湖南省长沙市岳麓区麓山南路麓山门

被投诉人：湖南省招标有限责任公司

地址：湖南省长沙市开福区东风路 123 号

相关供应商：重庆永长科技有限公司

地址：重庆市九龙坡区科园一路 210 号 D－14－18 号

二、基本情况

投诉人北京普瑞赛司仪器有限公司因对被投诉人湖南省招标有限责任公司作出的质疑答复不满，向本机关提起投诉。投诉事项为：1. 重庆永长科技有限公司未按照招标文件要求提供★偏光旋转载物台技术参数的相应技术支持资料。2. 重庆永长科技有限公司未按照招标文件要求提供★物镜转盘技术参数的相应技术支持资料。

本机关依法受理调查，并作出了投诉处理决定。

三、处理结果

经审查，本机关作出处理决定如下：

根据《政府采购法》第 36 条第一款第（一）项规定、《政府采购供应商投诉处理办法》（财政部令第 20 号）第 19 条第（一）项规定，本项目对招标文件作实质响应的供应商不足三家，予以废标，责令采购人重新开展采购活动。

2016 年 3 月 4 日

中华人民共和国财政部政府采购信息公告（第三百三十六号）

根据《政府采购信息公告管理办法》（财政部令第 19 号）的相关规定，现将本机关对“十三五”期间国家科技计划资金审计会计师事务所入围项目（招标编号：ZC15100U）监督检查案作出的处理决定公告如下：

一、相关当事人名称

当事人：中招政采招标咨询（北京）有限公司

地址：北京市海淀区什坊院 6 号京都信苑饭店 7001 室

当事人：科学技术部科技经费监管服务中心

地址：北京市海淀区玉渊潭南路 3 号 C 座 7 层

二、基本情况

举报人反映“十三五”期间国家科技计划资金审计会计师事务所入围项目，招标文件有以特定行政区域作为中标条件、（入围）供应商应向采购代理机构缴纳中标服务费的规定，上述规定是以不合理条件限制、排斥举报人。本机关依法受理，对举报事项进行了调查取证，并依法作出了监督检查处理决定。

三、处理结果

经审查，本机关作出处理决定如下：

根据《政府采购法》第36条第一款第（二）项规定，被举报项目招标文件以不合理的条件对供应商实行差别待遇或者歧视待遇，影响采购公正，责令采购人予以废标并通知相关投标人。

责令科学技术部科技经费监管服务中心、中招政采招标咨询（北京）有限公司就招标文件以不合理的条件对供应商实行差别待遇或者歧视待遇的行为进行整改。

2016年4月8日

中华人民共和国财政部政府采购信息公告（第三百三十七号）

根据《政府采购信息公告管理办法》（财政部令第19号）的相关规定，现将本机关对“中国红十字救援队服装、帐篷、棉被采购项目（第1包）”（招标编号：GC－HG151459）作出的投诉处理决定公告如下：

一、相关当事人名称

投诉人：佛山市嘉峻制衣有限公司

地址：佛山市顺德区陈村镇南涌居委会白陈公路南涌段38号

被投诉人：中央国家机关政府采购中心

地址：北京市西城区西直门内大街西章胡同9号院

采购人：中国红十字会总会备灾救灾中心

地址：北京市顺义区昌金路牛栏山段30号

相关供应商：杭州名特服饰有限公司

地址：杭州市下城区华丰路2号1幢附楼601－607室

二、基本情况

投诉人佛山市嘉峻制衣有限公司因对被投诉人中央国家机关政府采购中心作出的质疑答复不满，向本机关提起投诉。投诉事项为：中央国家机关政府采购中心质疑答复通知书内容过于简单，没有逐一回答质疑，也没有写明维持原评审结果的法律依据。本机关依法受理调查，并作出了投诉处理决定。

三、处理结果

经审查，本机关作出处理决定如下：

根据《政府采购供应商投诉处理办法》（财政部令第20号）第17条第（二）项规定，投诉事项缺乏事实依据，驳回投诉。

2016年4月15日

中华人民共和国财政部政府采购信息公告（第三百三十八号）

根据《政府采购信息公告管理办法》《中央集中采购机构监督考核暂行办法》《财政部对中央集中采购机构监督考核暂行办法的补充通知》和《关于做好政府采购信息公开工作的通知》的规定，现将财政部对中共中央直属机关采购中心、中央国家机关政府采购中心、全国人大机关采购中心、国家税务总局集中采购中心、海关总署物资装备采购中心、中国人民银行集中采购中心2013～2104年集中采购工作的考核情况公告如下：

本次考核是对中央集中和部门集中采购机构进行的年度例行考核，旨在进一步完善集中采购监管和运行机制，推进和深化中央单位政府采购制度改革。考核分为项目考核和综合考核两部分，其中项目考核包括政府采购范围和方式、采购文件编制、落实政府采购政策功能、采购程序、评审组织、信息公告发布等内容；综合考核包括政府采购法律法规执行、文件归档及备案、采购人和供应商满意度调查、内部监管机制、从业人员培训、廉洁自律、投诉等内容。

本次考核采取定性与定量、自查和核查相结合的方式。考核小组综合运用项目审查、问卷调查、现场核查等方式，并随机抽取了被考核单位共110个采购项目。经综合评价，中共中央直属机关采购中心和国家税务总局集中采购中心考核等次为优秀；中央国家机关政府采购中心、海关总署物资装备采购中心、全国人大机关采购中心、中国人民银行集中采购中心考核等次均为良好。考核结果表明，被考核单位均认真贯彻执行政府采购有关法律制度规定，在推进制度建设和业务创新、规范采购行为、发挥政策功能、提高采购工作质量等方面做了大量工作，较好地完成了中央单位集中采购工作。

考核发现，在取得较好工作成效的同时，被考核单位在执行政府采购政策规定方面还存在以下几个方面的问题：一是部分项目采购文件编制不严谨。二是部分项目未按规定发布信息公告。三是部分项目评审报告不完整、评审数据未经核对校对、评审专家抽取违规。四是部分项目采购档案资料不全。五是集中采购机构内部操作规程有待完善。六是集中采购机构的工作效率有待提高。

2016年4月22日

中华人民共和国财政部政府采购信息公告（第三百三十九号）

根据《政府采购信息公告管理办法》（财政部令第19号）的相关规定，现将本机关

对“中国环境监测总站国家环境空气监测网城市环境空气自动监测站运行维护项目”（招标编号：0702－1541CITC2115）作出的投诉处理决定公告如下：

一、相关当事人名称

投诉人：北京中晟泰科环境科技发展有限责任公司

地址：北京市海淀区闵庄路3号玉泉慧谷2号楼

被投诉人1：中机国际招标公司

地址：北京市丰台区西四环南路101号（园区）

被投诉人2：中国环境监测总站

地址：北京市朝阳区安外大羊坊8号院乙

相关供应商1：河北先河环保科技股份有限公司

地址：河北省石家庄市裕华区湘江道251号

相关供应商2：安徽蓝盾光电子股份有限公司

地址：安徽省铜陵市石城路电子工业区

二、基本情况

投诉人北京中晟泰科环境科技发展有限责任公司（以下称投诉人）因对被投诉人中机国际招标公司、中国环境监测总站就“中国环境监测总站国家环境空气监测网城市环境空气自动监测站运行维护项目”（招标编号：0702－1541CITC2115）作出的质疑答复不满，向本机关提起投诉。投诉事项为：1. 河北先河公司环保科技股份有限公司在本项目开标前五年内，环境监测服务活动中发生过数据弄虚作假行为，应取消其中标资格。2. 本项目中标结果变更公告违反招标文件规定，应重新组织招标。本机关依法受理调查，并作出了投诉处理决定。

三、处理结果

经审查，本机关作出处理决定如下：

关于投诉事项1，即河北先河公司存在数据弄虚作假行为，应取消其中标资格的问题。环境保护部、华北环境督查中心、河北省环境保护厅、石家庄市环境保护等相关部门均未认定河北先河公司存在弄虚作假行为，也没有对其实施过行政处罚。因此，投诉事项1缺乏事实依据。

关于投诉事项2，即本项目中标结果变更违反法规及招标文件规定的问题。本项目中因质疑答复导致了中标结果改变，相关情形符合《财政部关于进一步规范政府采购评审工作有关问题的通知》（财库〔2012〕69号）的规定。此外，根据招标文件第七章《评标方法和标准》的规定，本项目12包之间在评审结果上存在关联性，并非完全独立的分包，被投诉人变更中标结果是基于招标文件评审规则作出的，并无违反招标文件之处。因此，投诉人的主张缺乏依据。

综上，根据《政府采购供应商投诉处理办法》（财政部令第20号）第17条第二项规定，投诉缺乏事实依据，驳回投诉。

2016年4月29日

中华人民共和国财政部政府采购信息公告（第三百四十号）

根据《政府采购信息公告管理办法》（财政部令第19号）的相关规定，现将本机关对“新华社移动卫星通信车集成平台（动中通）项目”（招标编号：TC1403C99）作出的投诉处理决定公告如下：

一、相关当事人名称

投诉人：南京莱斯信息技术股份有限公司
地址：南京市秦淮区永智路8号
被投诉人：中招国际招标有限公司
地址：北京市海淀区皂君庙14号院9号楼
相关供应商：电信科学技术第一研究所
地址：上海市平江路48号

二、基本情况

投诉人南京莱斯信息技术股份有限公司（以下称投诉人）因对被投诉人中招国际招标有限公司就本项目作出的质疑答复不满，向本机关提起投诉。投诉事项为：中标人电信科学技术第一研究所提供不出针对本项目TD－LTE传输系统的有效授权书，不能实质响应招标文件要求，属于不合格投标人。本机关依法受理调查，并作出了投诉处理决定。

三、处理结果

经审查，本机关作出处理决定如下：

关于投诉事项，即中标人提供的授权书不能实质响应招标文件要求的问题。本案中，中标人提供了北京中兴高达通信技术有限公司以制造商名义出具的授权书，而北京中兴高达通信技术有限公司在本案投诉处理过程中无法提供其作为原厂商生产TD－LTE传输系统的证明材料，故中标人提交的授权书不能实质响应招标文件要求。因此，投诉事项成立。在此情况下，本项目对招标文件作实质响应的供应商不足三家。

根据《中华人民共和国政府采购法》第36条第一项、《政府采购供应商投诉处理办法》（财政部令第20号）第19条第一项的规定，决定本项目采购活动违法，责令重新开展采购活动。

2016年4月29日

中华人民共和国财政部政府采购信息公告（第三百四十一号）

根据《政府采购信息公告管理办法》（财政部令第19号）的相关规定，现将本机关对“全国文化市场技术监管与服务平台设备采购项目”（招标编号：GC－HG150521）作出的监督检查处理决定公告如下：

一、相关当事人名称

当事人：中央国家机关政府采购中心
地址：北京市西城区西直门内大街西章胡同9号院
当事人：文化部文化市场司
地址：北京市东城区朝阳门北大街10号
当事人：北京中科金财科技股份有限公司
地址：北京市海淀区学院路39号唯实大厦1006室

二、基本情况

北京鑫健伟业科贸有限公司因对中央国家机关政府采购中心作出的质疑答复不满，向本机关提起投诉。投诉事项为：北京中科金财科技股份有限公司所投货物链路负载均衡（深信服AD－2000－L）和应用负载均衡（深信服AD－2000－Y）关键指标不满足招标文件要求。经审查，北京鑫健伟业科贸有限公司不是参与被投诉项目的供应商，不符合投诉条件。本机关依法进行了监督检查，并作出了监督检查处理决定。

三、处理结果

经审查，本机关作出处理决定如下：
北京鑫健伟业科贸有限公司反映的相关事项缺乏事实依据。

2016年4月29日

中华人民共和国财政部政府采购信息公告（第三百四十二号）

根据《政府采购信息公告管理办法》（财政部令第19号）的相关规定，现将本机关对四川大学望江东区、望江西区和华西校区学生宿舍空气源热泵热水供应工程（第三标段：计费系统、监理）项目（项目编号：ZY20160115ZC（2））监督检查案作出的处理决定公告如下：

一、相关当事人名称

当事人：四川大学
地址：成都市一环路南一段24号
当事人：四川中意招标有限公司（以下称中意招标）
地址：四川省成都市高新区天府大道1700号新世纪环球中心E3门栋2-1-611-615号

二、基本情况

举报人反映四川大学望江东区、望江西区和华西校区学生宿舍空气源热泵热水供应工程（第三标段：计费系统、监理）项目属于工程采购，不应适用竞争性磋商采购方式，法律适用错误。本机关依法受理，对举报事项进行了调查取证，并依法作出了监督检查处理决定。

三、处理结果

经审查，本机关作出处理决定如下：
举报事项缺乏事实依据，举报事项不成立。

2016年5月17日

中华人民共和国财政部政府采购信息公告（第三百四十三号）

根据《政府采购信息公告管理办法》（财政部令第19号）的相关规定，现将本机关对“全国信访数据中心机房精密空调采购项目”（招标编号：GC-HG151164）作出的投诉处理决定公告如下：

一、相关当事人名称

投诉人：北京通建泰利特智能系统工程技术有限公司
地址：北京市海淀区中关村南大街甲56号方圆大厦B座3层301室
被投诉人1：国家信访局
地址：北京市西城区月坛南街8号
被投诉人2：中央国家机关政府采购中心
地址：北京市西城区西直门内大街西章胡同9号院
相关供应商：南京佳力图环境工程有限公司
地址：北京市朝阳区东三环北路辛二号迪阳大厦907A

二、基本情况

投诉人北京通建泰利特智能系统工程技术有限公司（以下称投诉人）因对被投诉人国

家信访局、中央国家机关政府采购中心就本项目作出的质疑答复不满，向本机关提起投诉。投诉事项为：中标产品的氟泵尺寸不满足招标文件要求，南京佳力图环境工程有限公司提供虚假材料谋取中标。本机关依法受理调查，并作出了投诉处理决定。

三、处理结果

经审查，本机关作出如下处理：

关于投诉事项，即中标产品的氟泵尺寸不满足招标文件要求，中标人提供虚假材料谋取中标的问题。经查，南京佳力图环境工程有限公司在投标文件中没有提交符合招标文件“泵柜尺寸”要求的检验报告、认证或公开宣传印刷资料等，其投标文件不能实质响应招标文件要求。但是该公司提交的材料并非虚假材料，不构成提供虚假材料谋取中标的情形。本项目对招标文件作实质响应的供应商不足三家，尚未签订政府采购合同。

根据《中华人民共和国政府采购法》第 36 条第一项、《政府采购供应商投诉处理办法》（财政部令第 20 号）第 19 条第一项的规定，决定本项目采购行为违法，责令重新开展采购活动。本项目中评标委员会未尽职评审的问题另行处理。

2016 年 5 月 27 日

中华人民共和国财政部政府采购信息公告（第三百四十四号）

根据《政府采购信息公告管理办法》（财政部令第 19 号）的相关规定，现将本机关对“2016 年第一季度国税系统打印机复印机批量集中采购项目（第Ⅱ包复印机）”监督检查案作出的处理决定公告如下：

一、相关当事人名称

当事人：北京颐和讯通科技有限公司

地址：北京市丰台区贾家花园 15 号院 7 号楼 F1B－23 室

当事人：国家税务总局

地址：北京市海淀区羊坊店西路 5 号

当事人：国家税务总局集中采购中心

地址：北京市海淀区羊坊店西路 5 号

二、基本情况

举报人反映“2016 年第一季度国税系统打印机复印机批量集中采购项目（第Ⅱ包复印机）”中标人北京颐和讯通科技有限公司提供虚假材料谋取中标、成交，请求对中标无效情形进行认定。本机关依法受理，对举报事项进行了调查取证，并依法作出了监督检查处理决定。

三、处理结果

经审查，本机关作出处理决定如下：

根据《中华人民共和国政府采购法》第三十六条第一款第（二）项之规定，认定本项目废标，重新组织采购活动。

对中标人以虚假材料谋取中标的行为另行处罚。

2016年6月21日

中华人民共和国财政部政府采购信息公告（第三百四十五号）

根据《政府采购信息公告管理办法》（财政部令第19号）的相关规定，现将本机关对“中科院上海生命科学研究院大小鼠EVC笼架项目”（招标编号：1639－164111610046）作出的投诉处理决定公告如下：

一、相关当事人名称

投诉人：上海悉嘉实业有限公司

地址：上海市闵行区春申路2768弄18号601

被投诉人：中科院上海生命科学研究院

地址：上海市徐汇区岳阳路320号实验楼A楼319

被投诉人：上海市机械设备成套（集团）有限公司

地址：上海普陀区长寿路285号恒达大厦20楼

二、基本情况

上海悉嘉实业有限公司因对被投诉人上海机械作出的质疑答复不满，向本机关提起投诉。投诉事项为：招标文件存在多处不明确、违背科学的规定，存在限制性和排他性的条款。本机关依法受理调查，并作出了投诉处理决定。

三、处理结果

经审查，本机关作出处理决定如下：

根据《政府采购供应商投诉处理办法》（财政部令第20号）第17条第（二）项规定，不存在因权利受到损害而提起投诉的事实依据，驳回投诉。

2016年7月12日

中华人民共和国财政部政府采购信息公告（第三百四十六号）

根据《政府采购信息公告管理办法》（财政部令第19号）的相关规定，现将本机关对“北京大学第一医院临床护理信息系统采购项目”（招标编号：B0708－CMC16N7812）作出的投诉处理决定公告如下：

一、相关当事人名称

投诉人：北京远卓科技有限责任公司
地址：北京市丰台区广安路9号院3号楼12
被投诉人：中国机械进出口（集团）有限公司
地址：北京市西城区阜成门外大街一号
相关供应商：医惠科技有限公司
地址：浙江省杭州市滨江区东信大道66号D座A201－A208室

二、基本情况

投诉人北京远卓科技有限责任公司（以下称投诉人）因对被投诉人中国机械进出口（集团）有限公司就本项目作出的质疑答复不满，向本机关提起投诉。投诉事项为：本项目采用综合评分法且招标文件列明了评分细则，评审中没有对其采用统一的公平评判标准。投诉人请求给出中标供应商医惠科技有限公司的具体扣分情况。本机关依法受理调查，并作出了投诉处理决定。

三、处理结果

经审查，本机关作出处理决定如下：

关于投诉事项，即投诉人认为评审中未对其采用统一的公平评判标准的问题。经查，各评委在评分表格上独立打分，未发现评标委员会成员违反招标文件规定的评审程序、评审方法和评审标准进行打分的情形。同时，中标供应商的具体扣分情况不属于依法公开的内容。因此，投诉事项缺乏事实依据。

综上，根据《政府采购供应商投诉处理办法》（财政部令第20号）第17条第（二）项规定，投诉缺乏事实依据，驳回投诉。

2016年8月2日

中华人民共和国财政部政府采购信息公告（第三百四十七号）

根据《政府采购信息公告管理办法》（财政部令第19号）的相关规定，现将本机关

对海关总署2016年金关工程二期网络设备（第四批）采购项目（招标编号：HG16GK－A0103－D017）投诉案作出的处理决定公告如下：

一、相关当事人名称

投诉人：北京中科金财科技股份有限公司
地址：北京市海淀区学院路39号唯实大厦1006室
被投诉人：海关总署物资装备采购中心
地址：北京市建国门内6号
采购人：海关总署科技发展司（以下简称科技司）
地址：北京市建国门内6号
相关供应商：北京同天科技有限公司（以下简称同天科技）
地址：北京市海淀区首体南路22号国兴大厦17层

二、基本情况

投诉人北京中科金财科技股份有限公司因对被投诉人海关总署物资装备采购中心作出的质疑答复不满，向本机关提起投诉。投诉事项为：1. 招标文件要求交换机的风道类型是前进后出，中标产品的风道类型是后进前出，不符合招标文件要求；2. 招标文件要求实配24个万兆光口，中标产品实配16个万兆光口，另外8个通过2个40GF口分接实现，投标人这种拼凑方式是偷换概念。本机关依法受理调查，并作出了投诉处理决定。

三、处理结果

经审查，本机关作出处理决定如下：
根据《政府采购供应商投诉处理办法》（财政部令第20号）第十七条第（二）项规定，投诉事项1缺乏事实依据，驳回投诉。
根据《政府采购货物和服务招标投标管理办法》（财政部18号令）第三十条、第八十二条的规定，认定同天科技投标文件未对招标文件关键指标项作出实质性响应，中标无效。

2016年8月16日

中华人民共和国财政部政府采购信息公告（第三百四十八号）

根据《政府采购信息公告管理办法》（财政部令第19号）的相关规定，现将本机关对中国矿业大学实验设备采购项目（项目编号：1214－164103043YSY）投诉案作出的处理决定公告如下：

一、相关当事人名称

投诉人：天津三英精密仪器股份有限公司

地址：天津市东丽经济开发区二纬路22号帝达东谷国际7号楼
被投诉人：江苏舜天机械进出口有限责任公司
地址：江苏省南京市雨花台区软件大道21号舜天集团C座602室
采购人：中国矿业大学
地址：江苏省徐州市大学路1号
相关供应商：江苏苏美达仪器设备有限公司（以下简称苏美达）
地址：中国南京长江路198号

二、基本情况

投诉人天津三英精密仪器股份有限公司因对被投诉人江苏舜天机械进出口有限责任公司（以下简称舜天机械）作出的质疑答复不满，向本机关提起投诉。投诉事项为：1. 评分阶段没有按照本项目规定的评标办法评分，尤其是对其产品性能、品质和销售业绩方面的评分不公；2. 中标人苏美达提供的售后及业绩证明是生产制造商提供的，其不具有承担本项目的能力；3. 采购代理机构未依据《政府采购促进中小企业发展暂行办法》相关条例进行招标评标工作；4. 评审委员会的部分评审专家与中标人之前有过多次合作关系，在本项目中不具有评审资格。本机关依法受理调查，并作出了投诉处理决定。

三、处理结果

经审查，本机关作出处理决定如下：

根据《政府采购供应商投诉处理办法》（财政部令第20号）第十七条第（二）项规定，投诉事项1，2，4缺乏事实依据，驳回投诉。

根据《政府采购促进中小企业发展暂行办法》第五条、《政府采购法》第三十六条第一款第（二）项、《政府采购供应商投诉处理办法》（财政部令第20号）第19条第（一）项规定，本项目出现影响采购公正的违法、违规行为，责令中国矿业大学予以废标并重新开展采购活动。

根据《政府采购促进中小企业发展暂行办法》第十六条、《政府采购法》第七十一条、《政府采购法实施条例》第六十八条规定，责令舜天机械就未执行促进中小企业发展政府采购政策的问题进行整改，在收到处理决定之日起15日内将整改情况报送本机关。

对舜天机械的违法行为另行处罚。

2016年8月16日

中华人民共和国财政部政府采购信息公告（第三百四十九号）

根据《政府采购信息公告管理办法》（财政部令第19号）的相关规定，现将本机关对数字奶业信息服务云平台试点项目（项目编号：ZJJC－2016－NYB01）投诉案作出的处理决定公告如下：

一、相关当事人名称

投诉人：浙江天铄信息科技有限公司
地址：杭州市西湖区天目山路217号
被投诉人：中建精诚工程咨询有限公司
地址：北京市西城区车公庄大街9号院五栋大楼B1座三层/C座502
相关供应商：北京国科诚泰农牧设备有限公司
地址：北京市朝阳区曙光西里甲1号第三置业大厦A座1502室

二、基本情况

投诉人浙江天铄信息科技有限公司（以下称投诉人）因对被投诉人中建精诚工程咨询有限公司作出的质疑答复不满，向本机关提起投诉。投诉事项为：1. 招标单位确定北京国科诚泰农牧设备有限公司为中标人，没有体现“上述项目的投标软件应优先选择具有自主知识产权的软件”。2. 评审专家严重低估了投诉人在畜牧业信息系统集成方面，解决国家数字奶业生产诸多环节的监管难题以及项目PPP运营模式的巨大优势，评标结果不公。3. 投诉人报价低、技术高，与本项目至关重要的运营商有良好合作关系，国科诚泰在开标前两天在经营范围内加入“软件开发”经营项目，没有能力实现本项目。本机关依法受理调查，并作出了投诉处理决定。

三、处理结果

经审查，本机关作出处理决定如下：

根据《政府采购供应商投诉处理办法》（财政部令第20号）第十七条第二项规定，投诉事项1，2，3缺乏事实依据，驳回投诉。

对投诉人以非法手段取得证明材料进行投诉的行为另行处罚。

2016年8月16日

中华人民共和国财政部政府采购信息公告（第三百五十号）

根据《政府采购信息公告管理办法》（财政部令第19号）的相关规定，现将本机关对金税三期数据中心（北京）采购项目第3包（招标编号：GC－HG151715）投诉案作出的处理决定公告如下：

一、相关当事人名称

投诉人：北京彤来酒店设备有限公司

地址：北京市大兴区长子营镇工业区1幢平房
被投诉人：中央国家机关政府采购中心
地址：北京市西城区西直门内大街西章胡同9号院
相关供应商：北京中威宏酒店设备有限公司（以下简称中威宏公司）
地址：北京市大兴区黄村镇兴创地标4号楼410室
采购人：国家税务总局
地址：北京市海淀区羊坊店西路5号

二、基本情况

投诉人北京彤来酒店设备有限公司（以下称投诉人）因对被投诉人国采中心就“金税三期数据中心（北京）采购项目”第3包（招标编号：GC－HG151715）作出的质疑答复不满，向本机关提起投诉。投诉事项为：投诉人认为中威宏公司未取得《燃气燃烧器具安装维修》资质、冷库安装项目经理叁级（含）以上监理资质、商用燃气用具产品节能环保证明文件等材料，不具备中标资格的问题。本机关依法受理调查，并作出了投诉处理决定。

三、处理结果

经审查，本机关作出处理决定如下：
根据《政府采购供应商投诉处理办法》（财政部令第20号）第17条第（二）项规定，投诉事项缺乏事实依据，驳回投诉。

2016年9月6日

中华人民共和国财政部政府采购信息公告（第三百五十一号）

根据《政府采购信息公告管理办法》（财政部令第19号）的相关规定，现将本机关对“北京体育大学校园防雷防护系统改造项目”（项目编号：GC－GG150267）作出的监督检查处理决定公告如下：

一、相关当事人名称

当事人1：华云科雷（北京）技术发展有限公司
地址：北京市海淀区中关村南大街46号北区49号楼
当事人2：北京体育大学
地址：北京市海淀区上地信息路48号
当事人3：中央国家机关政府采购中心
地址：北京市西城区西直门内大街西章胡同9号院1号楼

二、基本情况

举报人来函反映中标人华云科雷（北京）技术发展有限公司（以下简称华云科雷）拟派项目经理的二级建造师证书注册的聘用企业不是华云科雷，华云科雷涉嫌提供虚假材料谋取中标，请求认定本项目中标结果无效。本机关依法受理调查，并作出了监督检查处理决定。

三、处理结果

经审查，本机关作出处理决定如下：

关于举报事项，华云科雷拟派项目经理的二级建造师证书注册的聘用企业不是华云科雷，华云科雷涉嫌提供虚假材料谋取中标，请求认定本项目中标结果无效的问题。经审查，华云科雷拟派项目经理为孙志兵，其二级建造师注册证书显示聘用企业为“北京日月星电气设备安装有限公司”，与华云科雷提交的投标文件中孙志兵注册证书聘用企业为“华云科雷（北京）技术发展有限公司”信息不一致，华云科雷自认是标书制作人利用原有的电子版证书修改而来。华云科雷修改孙志兵二级建造师注册证书的行为构成提供虚假材料谋取中标的情形。根据《中华人民共和国政府采购法》第七十七条第二款的规定，本项目中标无效。

本项目招标文件中 3. 1. 2（2）明确规定，投标人有弄虚作假行为的按无效投标处理，在此情况下，本项目对招标文件作实质响应的供应商不足三家，根据《中华人民共和国政府采购法》第三十六条第一项规定，本项目应予废标。

根据《中华人民共和国政府采购法》第三十六条第一项、第七十七条第二款的规定，决定本项目中标无效，责令北京体育大学重新开展采购活动。

对华云科雷提供虚假材料谋取中标的违法行为另行处罚。

2016 年 9 月 6 日

中华人民共和国财政部政府采购信息公告（第三百五十二号）

根据《政府采购信息公告管理办法》（财政部令第 19 号）的相关规定，现将本机关对“文印室印刷设备采购项目”（招标编号：GC－HG151676）作出的投诉处理决定公告如下：

一、相关当事人名称

投诉人：众联易通（北京）科技有限公司

地址：北京市东城区安定门外大街 2 号安贞大厦 2705 室

被投诉人：中央国家机关政府采购中心

地址：北京市西城区西直门内大街西章胡同9号院

采购人：国家卫生计生委机关服务局

地址：北京市西城区西直门外南路1号

相关供应商：北京泰克正通科贸有限公司

地址：北京房山区房山街道顾八路1区1号－Y354

二、基本情况

投诉人众联易通（北京）科技有限公司因对被投诉人中央国家机关政府采购中心作出的质疑答复不满，向本机关提起投诉。投诉事项为：中标人北京泰克正通科贸有限公司涉嫌通过虚构、伪造技术参数谋取中标。本机关依法受理调查，并作出了投诉处理决定。

三、处理结果

经审查，本机关作出处理决定如下：

根据《政府采购供应商投诉处理办法》（财政部令第20号）第17条第（二）项规定，投诉事项缺乏事实依据，驳回投诉。

2016年9月6日

中华人民共和国财政部政府采购信息公告（第三百五十三号）

根据《政府采购信息公告管理办法》（财政部令第19号）的相关规定，现将本机关对江苏舜天机械进出口有限责任公司的违法违规行为作出的行政处罚决定公告如下：

一、相关当事人

当事人：江苏舜天机械进出口有限责任公司

地址：江苏省南京市雨花台区软件大道21号舜天集团C座602室

二、基本情况

2016年7月26日，本机关在依法对“中国矿业大学实验设备采购项目”（项目编号：1214－164103043YSY）投诉案调查处理中，发现江苏舜天机械进出口有限责任公司在编制招标文件中未落实促进中小企业发展的政府采购政策。本机关依法进行了调查取证，现已审查终结，于2016年8月22日作出了行政处罚决定。

三、处罚结果

经审查，采购人中国矿业大学虽然申请本项目不专门面向中小企业，但根据《政府采购促进中小企业发展暂行办法》第五条规定“对于非专门面向中小企业的项目，采购人或者采购代理机构应当在招标文件或者谈判文件、询价文件中作出规定，对小型和微型企业产品的价格给予 6% ~10% 的扣除，用扣除后的价格参与评审”。江苏舜天机械进出口有限责任公司在招标公告中规定执行促进中小企业发展的政府采购政策，却未在招标文件编制和评审中规定具体扣除办法，其行为违反了《政府采购促进中小企业发展暂行办法》第五条的规定。

根据《政府采购法》第七十一条、《政府采购法实施条例》第六十八条规定，本机关决定对江苏舜天机械进出口有限责任公司作出警告的行政处罚。

2016 年 9 月 6 日

中华人民共和国财政部政府采购信息公告（第三百五十四号）

根据《政府采购信息公告管理办法》（财政部令第 19 号）的相关规定，现将本机关对“中央财经大学校园网建设采购项目第三包”（招标编号：GC – HG160376）投诉案作出的处理决定公告如下：

一、相关当事人名称

投诉人：北京金钻芯科技有限公司
地址：北京市海淀区东北旺北京中关村软件园孵化器 2 号楼一层 2157 – 2161 室
被投诉人：中央国家机关政府采购中心
地址：北京市西城区西直门内大街西章胡同 9 号院
采购人：中央财经大学
地址：北京市海淀区学院南路 39 号
相关供应商：北京博略顺和科技有限公司
地址：北京市海淀区四季青路 8 号 8 层 810 室

二、基本情况

投诉人北京金钻芯科技有限公司因对被投诉人中央国家机关政府采购中心作出的质疑答复不满，向本机关提起投诉。投诉事项为：中标产品“入侵防御设备”不具备中国国家信息安全产品认证证书资质，不满足招标文件的要求。本机关依法受理调查，并作出了投诉处理决定。

三、处理结果

经审查，本机关作出处理决定如下：

招标文件中对投标人的资质要求为“入侵防御产品需具备中国信息安全认证中心的《中国国家信息安全产品认证证书》”。博略顺和科技有限公司提供了其投标产品的《中国国家信息安全认证证书》，满足招标文件关于投标产品证书的要求，投诉事项缺乏事实依据。

根据《政府采购供应商投诉处理办法》（财政部令第20号）第十七条第（二）项规定，投诉事项缺乏事实依据，驳回投诉。

2016年9月9日

中华人民共和国财政部政府采购信息公告（第三百五十五号）

根据《政府采购信息公告管理办法》（财政部令第19号）的相关规定，现将本机关对“北京体育大学校园屋面防水及维修改造项目”（项目编号：GC－GG150180）作出的监督检查处理决定公告如下：

一、相关当事人名称

当事人1：北京楚海力建筑装饰工程有限公司

地址：北京市大兴区旧宫镇关帝庙路49号

当事人2：北京体育大学

地址：北京市海淀区上地信息路48号

当事人3：中央国家机关政府采购中心

地址：北京市西城区西直门内大街西章胡同9号院1号楼

二、基本情况

举报人来函反映中标人北京楚海力建筑装饰工程有限公司（以下简称楚海力公司）投标时提供的“窦店镇芦村中学学生公寓楼顶防水工程”的业绩证明是伪造的，涉嫌提供虚假材料谋取中标，请求认定本项目中标结果无效。本机关依法受理调查，并作出了监督检查处理决定。

三、处理结果

经审查，本机关作出处理决定如下：

关于举报事项，楚海力公司投标时提供的“窦店镇芦村中学学生公寓楼顶防水工程”的业绩证明是伪造的，涉嫌提供虚假材料谋取中标的问题。经审查，北京市房山区教育委员会和北京市住房和城乡建设委员会、北京市房山区住房和城乡建设委员会的回函均表示，没有芦村中学，也没有芦村中学学生公寓楼顶防水工程。楚海力公司提供的关于“窦店镇芦村中学学生公寓楼顶防水工程”的业绩证明材料是虚假的，其行为属于提供虚假材料谋取中标的情形。

根据《中华人民共和国政府采购法》第七十七条第二款的规定，决定本项目中标无效。

对楚海力公司提供虚假材料谋取中标的违法行为另行处罚。

2016 年 9 月 9 日

中华人民共和国财政部政府采购信息公告（第三百五十六号）

根据《政府采购信息公告管理办法》（财政部令第 19 号）的相关规定，现将本机关对上海壹杰信息技术有限公司的违法违规行为作出的行政处罚决定公告如下：

一、相关当事人

当事人：上海壹杰信息技术有限公司

地址：上海市浦东南路 2250 号 B 座 6 楼

二、基本情况

2016 年 3 月，本机关在依法对“上海海关金关工程二期上海青浦核心应用处理节点机房建设采购项目”（招标编号：PCMET－15109G595）作出监督检查处理中，发现上海壹杰信息技术有限公司存在以非法手段获取证据材料进行投诉的行为。本机关依法进行了调查取证，现已审查终结，于 2016 年 8 月 29 日作出了行政处罚决定。

三、处罚结果

根据《中华人民共和国政府采购法实施条例》第七十三条的规定，本机关决定对上海壹杰信息技术有限公司作出列入不良行为记录名单，1 年内禁止参加政府采购活动的行政处罚。

2016 年 9 月 9 日

中华人民共和国财政部政府采购信息公告（第三百五十七号）

根据《政府采购信息公告管理办法》（财政部令第 19 号）的相关规定，现将本机关对“金税三期工程第二阶段税务总局计算存储资源项目第 1 包虚拟化服务器和交换机设备包”（项目编号：GXTC－1601020）作出的监督检查处理决定公告如下：

一、相关当事人名称

当事人：国家税务总局

地址：北京市海淀区羊坊店西路5号
当事人：国信招标集团股份有限公司（以下简称国信招标）
地址：北京市海淀区首体南路22号国兴大厦11层

二、基本情况

检举人反映，本项目在中国政府采购网发布的中标公告中未查询到招标文件和主要中标标的名称、规格型号、数量、单价及合同履行日期、定标日期。检举人请求依法责令采购人重新发布中标公告，并对违法行为作出处理。本机关依法受理，对检举事项进行了调查取证，并依法作出了监督检查处理决定。

三、处理结果

经审查，本机关作出处理决定如下：
根据《政府采购法实施条例》第四十三条及财政部《关于做好政府采购信息公开工作的通知》的相关规定，本项目的中标公告内容符合法律规定，检举事项不成立。

2016年9月9日

中华人民共和国财政部政府采购信息公告（第三百五十八号）

根据《政府采购信息公告管理办法》（财政部令第19号）的相关规定，现将本机关对“中国民用航空局空中交通管理局老旧设备更新项目”（招标编号：GC－HG160195）作出的投诉处理决定公告如下：

一、相关当事人名称

投诉人：北京长得万众信息技术有限公司
地址：北京市海淀区苏州街12号西屋国际E座S205A室
被投诉人1：中国民用航空局空中交通管理局
地址：北京市朝阳区东三环中路12号
被投诉人2：中央国家机关政府采购中心
地址：北京市西城区西直门内大街西章胡同9号院
相关供应商：北京中科金财科技股份有限公司
地址：北京市海淀区学院路39号唯实大厦1006室

二、基本情况

投诉人北京长得万众信息技术有限公司因对被投诉人中央国家机关政府采购中心作出的质疑答复不满，向本机关提起投诉。投诉事项为：中标人北京中科金财科技股份有限公司涉嫌提供虚假材料谋取中标。本机关依法受理调查，并作出了投诉处理决定。

三、处理结果

经审查，本机关作出处理决定如下：

根据《政府采购供应商投诉处理办法》（财政部令第20号）第17条第（二）项规定，投诉事项缺乏事实依据，驳回投诉。

2016年9月23日

中华人民共和国财政部政府采购信息公告（第三百五十九号）

根据《政府采购信息公告管理办法》（财政部令第19号）的相关规定，现将本机关对“长春海关UPS购置采购项目”（项目编号：HG15JJ－A0103－103）作出的监督检查处理决定公告如下：

一、相关当事人名称

当事人1：长春海关

地址：吉林省长春市自由大路4448号

当事人2：海关总署物资装备采购中心（以下简称海关采购中心）

地址：北京市建国门内大街6号

当事人3：北京梅兰嘉德机房设备有限公司

地址：北京市朝阳区劲松南路1号612

二、基本情况

举报人反映本项目网上竞价中，北京梅兰嘉德机房设备有限公司（以下简称梅兰嘉德）以高价成交，竞价结果有失公平。本机关依法受理调查，并作出了监督检查处理决定。

三、处理结果

经审查，本机关作出处理决定如下：

根据《中华人民共和国政府采购法》第七十七条第二款的规定，决定本项目成交无效。

根据《政府采购非招标采购方式管理办法》（财政部令第74号）第五十一条第一款的规定，责令长春海关、海关采购中心就未按规定组成询价小组的行为进行整改，并在收到处理决定之日起15日内将整改情况报送本机关。

对梅兰嘉德、沈阳嘉和利友电子设备有限公司的违法行为另行处罚。

2016年9月23日

中华人民共和国财政部政府采购信息公告（第三百六十号）

根据《政府采购信息公告管理办法》（财政部令第19号）的相关规定，现将本机关对华云科雷（北京）技术发展有限公司的违法违规行为作出的行政处罚决定公告如下：

一、相关当事人

当事人：华云科雷（北京）技术发展有限公司

地址：北京市海淀区中关村南大街46号北区49号楼

二、基本情况

2016年8月16日，本机关在依法对"北京体育大学校园防雷防护系统改造项目"（项目编号：GC－GG150267）监督检查处理中，发现华云科雷（北京）技术发展有限公司（以下简称华云科雷）存在修改拟派项目经理的二级建造师证书聘用企业信息进行投标的行为。本机关依法进行了调查取证，现已审查终结，于2016年9月9日作出了行政处罚决定。

三、处罚结果

经审查，华云科雷拟派项目经理为孙志兵，其二级建造师证书原件显示聘用企业为"北京日月星电气设备安装有限公司"，与华云科雷提交的投标文件中该证书的聘用企业为"华云科雷（北京）技术发展有限公司"不一致，华云科雷承认是标书制作人员在孙志兵二级建造师证书的电子版上直接修改了聘用企业信息。华云科雷修改拟派项目经理的二级建造师证书聘用企业信息的行为属于《中华人民共和国政府采购法》第七十七条第一款第（一）项规定的提供虚假材料谋取中标的情形。

根据《中华人民共和国政府采购法》第七十七条第一款第（一）项的规定，本机关决定对华云科雷作出罚款7961元，列入不良行为记录名单，1年内禁止参加政府采购活动的行政处罚。

2016年10月11日

中华人民共和国财政部政府采购信息公告（第三百六十一号）

根据《政府采购信息公告管理办法》（财政部令第19号）的相关规定，现将本机关对浙江天铄信息科技有限公司的违法违规行为作出的行政处罚决定公告如下：

一、相关当事人

当事人：浙江天铄信息科技有限公司
地址：杭州市西湖区天目山路217号

二、基本情况

2016年7月26日，本机关在“数字奶业信息服务云平台试点项目”（项目编号：ZJJC－2016－NYB01）投诉案调查处理中，发现浙江天铄信息科技有限公司投诉时提供的证据材料来源于中标人的投标文件，属于以非法手段取得证明材料进行投诉的行为。本机关依法进行了调查取证，现已审查终结，于2016年9月14日作出了行政处罚决定。

三、处罚结果

根据《中华人民共和国政府采购法实施条例》第七十三条规定，本机关决定对浙江天铄信息科技有限公司作出列入不良行为记录名单，1年内禁止参加政府采购活动的行政处罚。

2016年10月11日

中华人民共和国财政部政府采购信息公告（第三百六十二号）

根据《政府采购信息公告管理办法》（财政部令第19号）的相关规定，现将本机关对“国家公共资源交易服务平台一期工程网络及服务器等设备供货项目第四包”（招标编号：GC－HG160571）投诉案作出的处理决定公告如下：

一、相关当事人名称

投诉人：方正国际软件（北京）有限公司
地址：北京市海淀区北四环西路52号19层
被投诉人：中央国家机关政府采购中心
地址：北京市西城区西直门内大街西章胡同9号院
采购人：国家信息中心
地址：北京市西城区三里河路58号
相关供应商：中科软科技股份有限公司
地址：北京市海淀区中关村新科祥园甲6号中科软商务楼

二、基本情况

投诉人方正国际软件（北京）有限公司（以下称投诉人）因对被投诉人中央国家机

关政府采购中心（以下简称采购中心）就“国家公共资源交易服务平台一期工程网络及服务器等设备供货项目第四包”（招标编号：GC－HG160571）（以下称本项目）作出的质疑答复不满，向本机关提起投诉。投诉事项为：1. 互联网区刀箱中标华为 Fusion E9000 产品只支持 4 个网络模块，不满足“支持≥8 个网络模块”的招标要求；投诉事项 2. 互联网区刀箱中标华为 Fusion E9000 产品不支持 LCD 液晶屏，不满足“提供 LCD 液晶屏”的招标要求。投诉事项 3. 公共区刀箱中标华为 Fusion E9000 产品只支持 4 个网络模块，不满足“支持≥8 个网络模块”的招标要求。投诉事项 4. 公共区刀箱中标华为 Fusion E9000 产品不支持 LCD 液晶屏，不满足“提供 LCD 液晶屏”的招标要求。投诉事项 5. 中标产品无法与采购人现有华三产品实现虚拟化环境无缝衔接，中标人本项应该扣除相应分数。本机关依法受理调查，并作出了投诉处理决定。

三、处理结果

经审查，本机关作出处理决定如下：

根据《政府采购供应商投诉处理办法》（财政部令第 20 号）第十七条第（二）项规定，投诉事项 1，2，3，4 缺乏事实依据，驳回投诉。

关于投诉事项 5，投诉人认为中标产品无法与采购人现有华三产品实现虚拟化环境无缝衔接的问题，专家未按评审标准打分，投诉事项成立。同时还存在多处专家未按评审标准打分的情形。此外，本项目招标文件将“计算机信息系统集成一级（含）以上集成资质”列为实质性条款违法。一是国务院在 2014 年 1 月 28 日《国务院关于取消和下放一批行政审批项目的决定》中已经明确将“计算机信息系统集成企业资质认定项目”取消，该资质已经不再是法定资质。二是由中国电子信息行业联合会颁发的“信息系统集成资质”要求申请企业“注册资本和实收资本均不少于 5000 万元，或所有者权益合计不少于 5000 万元”“近三年的系统集成收入总额不少于 5 亿元，或不少于 4 亿元且近三年完成的系统集成项目总额中软件和信息技术服务费总额所占比例不低于 80%”。招标文件将“计算机信息系统集成企业资质”列为实质性条款，违反了《中华人民共和国政府采购法》第二十二条和《中华人民共和国政府采购法实施条例》第二十条的规定。根据《中华人民共和国政府采购法》第二十二条、第三十六条、《中华人民共和国政府采购法实施条例》第二十条、《政府采购货物和服务招标投标管理办法》（财政部 18 号令）第四十九条和《政府采购供应商投诉处理办法》（财政部令第 20 号）第十八条、十九条的规定，认定采购活动违法，责令采购人废标并重新开展采购活动。

根据《政府采购货物和服务招标投标管理办法》（财政部令第 18 号）第六十八条的规定，责令国采中心进行整改，并在收到处理决定书之日起 15 日内将整改情况报送本机关。

根据《政府采购货物和服务招标投标管理办法》（财政部 18 号令）第七十七条第（五）项规定，对评标委员会成员未按招标文件规定的标准进行评标的行为另行处理。

2016 年 10 月 11 日

中华人民共和国财政部政府采购信息公告（第三百六十三号）

根据《政府采购信息公告管理办法》（财政部令第 19 号）的相关规定，现将本机关对“青年之声互动社交平台建设采购项目”（招标编号：ZC－AZB16070）作出的投诉处理决定公告如下：

一、相关当事人名称

投诉人：东华软件股份公司

地址：北京市海淀区知春路紫金数码园东华合创大厦 11 层

被投诉人：中共中央直属机关采购中心

地址：北京市西城区新风街 1 号院甲 6 号楼

采购人：团中央机关服务中心

地址：北京市东城区前门东大街 10 号

相关供应商：博雅软件股份有限公司（以下简称博雅公司）

地址：北京市海淀区北四环西路 66 号 2C－06 室

二、基本情况

投诉人东华软件股份公司（以下称投诉人）因对被投诉人中共中央直属机关采购中心就“青年之声互动社交平台建设采购项目”（招标编号：ZC－AZB16070）作出的质疑答复不满，向本机关提起投诉。投诉事项为：1. 中标产品的中国国家信息安全产品认证证书“深信服防火墙 NGAF V1.0（千兆）”表明其不是 WAF 防火墙、不具备万兆光纤口，不满足招标文件要求。2. 中标公告中没有博雅公司对软件服务作出的承诺。3. 投诉人在投标文件中提供了针对硬件的 3 或 5 年原厂服务承诺，以及其公司自身的 1 年软硬件服务承诺，完全满足招标文件对服务的要求，服务部分应得满分。本机关依法受理调查，并作出了投诉处理决定。

三、处理结果

经审查，本机关作出处理决定如下：

根据《政府采购供应商投诉处理办法》（财政部令第 20 号）第十七条第（二）项规定，投诉事项 1、2 缺乏事实依据，驳回投诉。

根据《政府采购供应商投诉处理办法》（财政部令第 20 号）第十九条第（二）项规定，认定采购过程影响中标结果，决定撤销合同，责令重新开展采购活动。

2016 年 10 月 21 日

中华人民共和国财政部政府采购信息公告（第三百六十四号）

根据《政府采购信息公告管理办法》（财政部令第 19 号）的相关规定，现将本机关对“华北科技学院安全主体专业教研设备建设政府采购项目第 4 包—激光电路刻制机”（招标编号：HCZB－2016－ZB1044）投诉案作出的处理决定公告如下：

一、相关当事人名称

投诉人：德中（天津）技术发展股份有限公司

地址：天津市华苑产业区海泰发展六道 6 号海泰绿色产业基地 K1 座 5 门 102 室

被投诉人：北京华采招标代理有限公司

地址：北京市丰台区广安路 9 号院 6 号楼 1518 室

采购人：华北科技学院

地址：河北省三河市燕郊经济技术开发区学院街 806 号

相关供应商：北京利盛丰科技有限公司（以下简称利盛丰）

地址：北京市通州区新华北街 75 号 1906 室楼

二、基本情况

投诉人德中（天津）技术发展股份有限公司（以下称投诉人）因对被投诉人北京华采招标代理有限公司就“华北科技学院安全主体专业教研设备建设政府采购项目第 4 包—激光电路刻制机”（招标编号：HCZB－2016－ZB1044）作出的质疑答复不满，向本机关提起投诉。投诉事项为：中标候选人投标的产品是进口的，不符合招标文件要求。

三、处理结果

经审查，本机关作出处理决定如下：

《政府采购进口产品管理办法》第三条规定：“本办法所称进口产品是指通过中国海关报关验收进入中国境内且产自关境外的产品。”利盛丰投标的产品是由制造商乐普科（天津）光电有限公司（以下简称乐普科）提供。乐普科提供的日常生产组装设备的工作照片、国内采购部件的增值税专用发票复印件及以往进口部件的报关单复印件可以证明投标产品不是“产自境外的产品”，不属于《政府采购进口产品管理办法》所规定的“进口产品”。

根据《政府采购供应商投诉处理办法》（财政部令第 20 号）第十七条第（二）项规定，投诉事项缺乏事实依据，驳回投诉。

2016 年 10 月 21 日

中华人民共和国财政部政府采购信息公告（第三百六十五号）

根据《政府采购信息公告管理办法》（财政部令第19号）的相关规定，现将本机关对北京楚海力建筑装饰工程有限公司的违法违规行为作出的行政处罚决定公告如下：

一、相关当事人

当事人：北京楚海力建筑装饰工程有限公司
地址：北京市大兴区旧宫镇关帝庙路49号

二、基本情况

2016年8月26日，本机关在依法对举报人来函反映的关于“北京体育大学校园屋面防水及维修改造项目”（项目编号：GC－GG150180）的监督检查处理中，发现北京楚海力建筑装饰工程有限公司在投标文件中提供的关于“窦店镇芦村中学学生公寓楼顶防水工程”的业绩证明是虚假的，存在提供虚假材料谋取中标的行为。本机关依法进行了调查取证，现已审查终结，于2016年10月12日作出了行政处罚决定。

三、处罚结果

经审查，北京市房山区教育委员会和北京市住房和城乡建设委员会、北京市房山区住房和城乡建设委员会的回函均表示，没有芦村中学，也没有芦村中学学生公寓楼顶防水工程项目。北京楚海力建筑装饰工程有限公司提供的关于“窦店镇芦村中学学生公寓楼顶防水工程”的业绩证明材料是虚假的，其行为属于提供虚假材料谋取中标的情形。

根据《中华人民共和国政府采购法》第七十七条第一款第（一）项的规定，本机关决定对北京楚海力建筑装饰工程有限公司作出罚款8709元，列入不良行为记录名单，1年内禁止参加政府采购活动的行政处罚。

2016年11月4日

中华人民共和国财政部政府采购信息公告（第三百六十六号）

根据《政府采购信息公告管理办法》（财政部令第19号）的相关规定，现将本机关对“武汉理工大学高分辨3D X射线显微成像系统采购项目”（招标编号：HBJX－ZB－2016－37）作出的监督检查处理决定公告如下：

一、相关当事人名称

当事人 1：湖北建信建设工程咨询有限公司（以下称建信公司）
地址：湖北省武汉市武昌区才茂街 42 号
当事人 2：武汉理工大学
地址：湖北省武汉市珞狮路 122 号

二、基本情况

举报人来函反映本次招标公告以“投标人近三年在中国市场上业绩不低于 10 台/套”作为投标资格限制了中小企业投标，请求对本次招标项目进行审查。本机关依法受理调查，并作出了监督检查处理决定。

三、处理结果

经审查，本机关作出处理决定如下：

招标文件对供应商的资格要求为“近三年（2013 年以来）有同类设备供货业绩，且投标产品应为成熟产品而非试制品或定制品，在国内有多家科研单位使用同型号产品，同型号产品近三年在中国市场上业绩不低于 10 台/套。”此业绩规定是为了保证投标产品是成熟产品，但只需要对投标产品制造商规定此业绩即可，要求代理商也达到此业绩与保证投标产品是成熟产品无直接关系，且限制了代理商的投标资格，因此，要求所有投标人需达到此业绩的行为构成以不合理条件限制或者排斥潜在供应商，属于《中华人民共和国政府采购法实施条例》第二十条第一款第（二）项规定的“设定的资格、技术、商务条件与采购项目的具体特点和实际需要不相适应或者合同履行无关”的情形，违反了《中华人民共和国政府采购法》第二十二条第二款“不得以不合理的条件对供应商实行差别待遇或者歧视待遇”的规定，举报事项成立。

根据《政府采购供应商投诉处理办法》（财政部令第 20 号）第十八条规定，责令武汉理工大学、建信公司修改采购文件，并按修改后的采购文件开展采购活动。

根据《中华人民共和国政府采购法》第二十二条第二款、第七十一条第（三）项的规定，责令武汉理工大学、建信公司进行整改，并在收到处理决定书之日起 15 日内将整改情况报送本机关。

对武汉理工大学、建信公司以不合理条件限制、排斥潜在供应商的违法行为另行处罚。

2016 年 11 月 4 日

中华人民共和国财政部政府采购信息公告（第三百六十七号）

根据《政府采购信息公告管理办法》（财政部令第 19 号）的相关规定，现将本机关

对“风云四号科研试验卫星地面应用系统工程机房供电系统工程（UPS）项目”（招标编号：GXTC－CZ－1607101）投诉案作出的处理决定公告如下：

一、相关当事人名称

投诉人：宝士达电源（北京）有限公司

地址：北京市朝阳区芍药居北里 101 号世奥国际中心 B 座 901

被投诉人 1：国信招标集团股份有限公司

地址：北京市海淀区首体南路 22 号国兴大厦 11 层

被投诉人 2：国家卫星气象中心

地址：北京市中关村南大街 46 号

相关供应商：北京众创中原科技发展有限公司

地址：北京市海淀区上地五街 7 号昊海大厦 5 层

二、基本情况

投诉事项，投诉人认为采购代理机构未发布公开招标信息就直接发布中标信息的行为不合法。本机关依法受理调查，并作出了投诉处理决定。

三、处理结果

经审查，本机关作出处理决定如下：

根据《政府采购非招标采购方式管理办法》第三条规定，采购人、采购代理机构采购集中采购目录以外、采购限额标准以上，且未达到公开招标数额标准的货物、服务的，可以采用竞争性谈判的采购方式。本项目预算为 110 万，未达到公开招标数额，且在集中采购目录以外，属于依法可以采用竞争性谈判方式采购的项目。根据《政府采购非招标采购方式管理办法》第十二条规定，采购人、采购代理机构邀请竞争性谈判供应商共有三种方式，分别是发布公告、从省级以上财政部门建立的供应商库中随机抽取、采购人和评审专家分别书面推荐。本项目是以书面推荐而不是公告的方式邀请的供应商，因此，不需要发布采购公告。投诉事项缺乏事实依据。

根据《政府采购非招标采购方式管理办法》（财政部令第 74 号）第三条、第十二条、《政府采购供应商投诉处理办法》（财政部第 20 号令）第十七条规定，投诉事项缺乏事实依据，驳回投诉。

2016 年 11 月 25 日

中华人民共和国财政部政府采购信息公告（第三百六十八号）

根据《政府采购信息公告管理办法》（财政部令第 19 号）的相关规定，现将本机关对

"天津出入境检验检疫局协议供货仪器设备采购二次竞谈项目"（招标编号：TC160S5W1）投诉案作出的处理决定公告如下：

一、相关当事人名称

投诉人：北京爱康博瑞电子有限公司
地址：北京市海淀区青云里满庭芳园小区1号楼3层307室
被投诉人1：天津出入境检验检疫局
地址：天津市河西区浦口道6号
被投诉人2：中招国际招标有限公司
地址：北京市海淀区皂君庙14号院9号楼512室
相关供应商：天津新迈科技有限公司
地址：天津市河西区咸水沽镇举兴道7号1号楼502－6

二、基本情况

投诉事项，投诉人认为新迈科技提供虚假设备医疗器械注册证谋取成交，理由是在国家食品药品监督管理局官网无法查到成交产品的医疗器械注册证。本机关依法受理调查，并作出了投诉处理决定。

三、处理结果

经审查，本机关作出处理决定如下：

新迈科技在竞争性谈判文件中提供的医疗器械注册证审批时间是2014年6月30日，有效期4年，属于合法有效证件。在国家食品药品监督管理局官方网站也可查询到新迈科技申请旧证换新证的受理事项公告和新颁发的医疗器械注册证的信息。

根据《政府采购供应商投诉处理办法》（财政部第20号令）第十七条规定，投诉事项缺乏事实依据，驳回投诉。

2016年11月25日

中华人民共和国财政部政府采购信息公告（第三百六十九号）

根据《政府采购信息公告管理办法》（财政部令第19号）的相关规定，现将本机关对"中国人民银行广州分行大楼物业服务项目"（招标编号：CLPSP16GZ04QY22）作出的投诉及监督检查处理决定公告如下：

一、相关当事人名称

投诉人：广东省华侨物业发展有限公司

地址：广州市天河区天河北路84号光华大厦405－406室
被投诉人：广东采联采购招标有限公司
地址：广州市环市东路472号粤海大厦7、23楼
被投诉人：中国人民银行广州分行
地址：广州市沿江西路137号
相关供应商：广东华信物业管理有限公司
地址：广州市越秀区环市东路450号广东华信中心22楼

二、基本情况

投诉人广东省华侨物业发展有限公司（以下称投诉人）因对被投诉人广东采联采购招标有限公司（以下简称采联招标）、中国人民银行广州分行（以下简称广州分行）作出的质疑答复不满，向本机关提起投诉。投诉事项为：1. 本项目未纳入集中采购范围，违反《中国人民银行集中采购管理办法》（以下简称管理办法）。2. 本项目评标委员会应由2名采购人代表和5名以上专家组成，至少7人，但实际评标时评标委员会仅由5人组成，组成人数不合法。3. 评标委员会的专家由采联招标在其公司的专家库中自行抽取，专家来源不合法。本机关依法受理调查，并作出了投诉及监督检查处理决定。

三、处理结果

经审查，本机关作出处理决定如下：

根据《政府采购供应商投诉处理办法》（财政部令第20号）第十七条第（二）项规定，投诉事项1、2缺乏事实依据，驳回投诉。

根据《政府采购供应商投诉处理办法》（财政部令第20号）第十九条第（一）项规定，决定采购行为违法，责令重新开展采购活动。

责令广州分行就以不合理的条件对中小企业实行差别待遇或者歧视待遇、未按规定执行促进中小企业发展政府采购政策的行为进行整改，在收到本决定书之日起15日内将整改情况报送本机关。

责令采联招标就以不合理的条件对中小企业实行差别待遇或者歧视待遇、未依法在指定的媒体上发布政府采购项目信息、未按规定执行促进中小企业发展政府采购政策、未依法从政府采购评审专家库中抽取评审专家的行为进行整改，在收到本决定书之日起15日内将整改情况报送本机关。

对采联招标的违法行为另行处罚。

2016年11月25日

中华人民共和国财政部政府采购信息公告（第三百七十号）

根据《政府采购信息公告管理办法》（财政部令第19号）的相关规定，现将本机关

对“国家质检总局2015年口岸大型查验设备购置专项‘大容量高压灭菌器’采购项目”（招标编号：0701－164150100269）作出的监督检查处理决定公告如下：

一、相关当事人名称

当事人1：中技国际招标有限公司
地址：北京市丰台区西三环中路90号通用技术大厦
当事人2：国家质量技术监督检验检疫总局
地址：北京市海淀区马甸东路9号
当事人3：北京维德维康生物技术有限公司
地址：北京市海淀区北清路156号中关村环保园地锦路9号院3号楼

二、基本情况

举报人来函反映：1. 中标人在承诺满足招标参数及安装调试服务要求的情况下以中标价中标是以低于成本价的恶意低价中标。2. 招标文件要求的“316Ti不锈钢”内胆目前无厂家采用，中标人应答完全满足招标要求属于虚假应标。请求对本次招标项目进行审查。本机关依法受理调查，并作出了监督检查处理决定。

三、处理结果

经审查，本机关作出处理决定如下：

关于举报事项1，举报人认为维德维康在承诺满足招标参数及安装调试服务要求的情况下以中标价中标是以低于成本价的恶意低价中标的问题。经审查，举报人未提供证明维德维康的投标价低于其成本的相关证据，而维德维康提供的成本明细和生产厂家威海威高海盛医用设备有限公司出售单台设备的增值税专用发票均证明其投标价高于成本，举报人认为维德维康低于成本价投标缺乏事实依据。

关于举报事项2，举报人认为招标文件要求的“316Ti不锈钢”内胆目前无厂家采用，维德维康应答完全满足招标要求属于虚假应标的问题。经审查，招标文件规定，“*”号条款响应满足或正偏离的，必须提供产品制造商的技术支持材料。维德维康投标文件对腔体使用“316Ti不锈钢”作出了实质性响应，并提供了生产厂商提供的盖有生产厂商公章的技术彩页等技术支持材料，该材料显示“腔体材料：SUS316Ti不锈钢”，生产厂家给我部的回复函中也承诺其产品使用“316Ti不锈钢”，举报人认为维德维康虚假应标缺乏事实依据。

综上，本机关作出处理决定如下：

举报事项缺乏事实依据。

2016年11月25日

中华人民共和国财政部政府采购信息公告（第三百七十一号）

根据《政府采购信息公告管理办法》（财政部令第 19 号）的相关规定，现将本机关对“山东海事局成山头船舶溢油应急设备库工程溢油应急设备国内公开招标项目（第 03 包重招）”（项目编号：0701－154110070237/03）作出的监督检查处理决定公告如下：

一、相关当事人名称

当事人 1：青岛华海环保工业有限公司

地址：山东省青岛市黄岛区月牙河路 555 号

当事人 2：中技国际招标有限公司

地址：中国北京丰台区西三环中路 90 号通用技术大厦 9、10、11 层

当事人 3：威海海事局

地址：山东省威海市海滨南路 2 号

二、基本情况

举报人来函反映：中标人青岛华海环保工业有限公司（以下简称青岛华海）在中标产品中使用了以永康市农药厂生产的 FG 吸附颗粒为主要材料的吸油材料（吸附垫）和吸油拖栏，FG 吸附颗粒含有有毒物质硫酸钠，违反了招标文件吸油材料项 2. 1. 9 星号条款的规定，应予废标，请求对本次招标项目进行审查。本机关依法受理调查，并作出了监督检查处理决定。

三、处理结果

经审查，本机关作出处理决定如下：

投标文件中“产品无毒无害”为星号条款，并要求提供有效的第三方检测报告。青岛华海投标文件中共提供了 5 份检测报告。根据《检验检测机构资质认定管理办法》（总局令第 163 号）第三条规定：“检验检测机构为社会经济、公益活动出具具有证明作用的数据、结果的，应当取得资质认定。”第十三条规定：“检验检测机构资质认定标志由英文缩写 CMA 形成的图案和资质认定证书编号组成。”第二十八条规定：“检验检测机构向社会出具具有证明作用的检验检测数据、结果的，应当在其检验检测报告上加盖检验检测专用章，并标注资质认定标志。”青岛华海提供的 4 份浙江省永康市农用化学研究所（以下简称农化所）出具的检测报告也均没有“CMA”标志。同时，青岛华海提供的浙江省化工产品质量检验总站有限公司出具的《FG 油类化学品吸附颗粒剂化学品危险性鉴定书》已过有效期。此外，根据《检验检测机构资质认定管理办法》第二十三条规定：“检验检测机构及其成员应当独立于其出具的检验检测数据、结果所涉及的利益相关各方。”经查询“全国企业信用信息公示系统”，中标产品的生产单位永康市农药厂和其检测报告的出具单

位农化所的法定代表人为同一人，违反上述规定。因此，青岛华海提供的5份检测报告均不符合招标文件实质性要求。

根据《政府采购货物和服务招标投标管理办法》（财政部18号令）第三十条、第八十二条的规定及招标文件的要求，决定本项目中标无效。

对其他可能涉嫌违法的线索移交有关部门处理。

2016年11月25日

中华人民共和国财政部政府采购信息公告（第三百七十二号）

根据《政府采购信息公告管理办法》（财政部令第19号）的相关规定，现将本机关对“山东海事局成山头船舶溢油应急设备库工程溢油应急设备国内公开招标项目（第03包重招）”（项目编号：0701－154110070237/03）作出的监督检查处理决定公告如下：

一、相关当事人名称

当事人1：青岛华海环保工业有限公司

地址：山东省青岛市黄岛区月牙河路555号

当事人2：永康市中翼工贸有限公司

地址：浙江省永康市西城街道兴达4路8号

当事人3：中技国际招标有限公司

地址：中国北京丰台区西三环中路90号通用技术大厦9、10、11层

当事人4：威海海事局

地址：山东省威海市海滨南路2号

二、基本情况

举报人来函反映：在本项目招标活动中，青岛华海环保工业有限公司与永康市中翼工贸有限公司（以下简称中翼工贸）存在恶意串通的行为，请求对本次招标项目进行审查。本机关依法受理调查，并作出了监督检查处理决定。

三、处理结果

经审查，本机关作出处理决定如下：

中翼工贸未购买招标文件，未参与本项目的投标活动，举报缺乏事实依据。

2016年11月25日

中华人民共和国财政部政府采购信息公告（第三百七十三号）

根据《政府采购信息公告管理办法》（财政部令第 19 号）的相关规定，现将本机关对“南方森林航空消防航行管制系统建设项目”（招标编号：FDK－D163664）作出的投诉及监督检查处理决定公告如下：

一、相关当事人名称

投诉人：昆明龙慧科技有限公司

地址：昆明市二环西路 625 号云铜科技园工程技术中心五楼

被投诉人：云南菲迪克招标有限公司

地址：昆明市高新区黄土坡立交桥西口金泰国际 9 栋 5 楼 B 区

采购人：国家林业局南方航空护林总站（以下简称护林总站）

地址：昆明市青年路 253 号

相关供应商：北京大陆康腾科技有限公司（以下简称大陆康腾）

二、基本情况

投诉人昆明龙慧科技有限公司（以下称投诉人）因对被投诉人云南菲迪克招标有限公司（以下简称菲迪克）就“南方森林航空消防航行管制系统建设项目”（招标编号：FDK－D163664）（以下称本项目）作出的质疑答复不满，向本机关提起投诉。投诉事项为：1. 招标文件“投标人资格要求”中规定的投标人完成过“省级或省级以上森林防火信息化项目软件开发、系统集成”是特定的林业行业业绩要求，属于歧视性条款。2. 本项目建设内容侧重飞机航行管制、通信指挥、内部办公、网络安全、数据库建设，与现行省级或省级以上森林防火信息化建设内容相似性不足，招标文件“投标人资格要求”中规定项目负责人完成过“省级或省级以上森林防火信息化项目软件开发、系统集成”，属于排他性行为。本机关依法受理调查，并作出了投诉及监督检查处理决定。

三、处理结果

经审查，本机关作出处理决定如下：

根据《政府采购供应商投诉处理办法》（财政部令第 20 号）第十七条第（二）项规定，投诉事项 1、2 缺乏事实依据，驳回投诉。

本项目适用法律错误，采购程序违法，根据《中华人民共和国政府采购法》第三十六条、《政府采购供应商投诉处理办法》（财政部令第 20 号）第十九条的规定，责令南航总站重新开展采购活动。根据《中华人民共和国政府采购法实施条例》第六十八条的规定，责令南航总站对未按政府采购法及实施条例的规定组织采购活动的行为进行整改，并在收到本决定书之日起 15 日内将整改情况报送本机关。

对菲迪克未按政府采购法及实施条例的规定组织采购活动的行为另行处罚。

2016 年 11 月 25 日

中华人民共和国财政部政府采购信息公告（第三百七十四号）

根据《政府采购信息公告管理办法》（财政部令第 19 号）的相关规定，现将本机关对“中国地质调查局计算机机房 UPS 升级改造项目”（采购编号：2016ZB081）作出的投诉及监督检查处理决定公告如下：

一、相关当事人名称

投诉人：宝士达电源（北京）有限公司
地址：北京市朝阳区芍药居北里 101 号 1 幢 8 层 2 座 901
被投诉人 1：北京希地环球建设工程顾问有限公司
地址：北京市海淀区中关村南大街 2 号数码大厦 B 座 602 号
被投诉人 2：中国地质调查局发展研究中心
地址：北京市西城区阜成门外大街 45 号
相关供应商：北京泰阳和政科技发展有限公司
地址：北京市海淀区东冉北街 9 号金园国际中心 B 座四层 B4010 - 1 号

二、基本情况

投诉人宝士达电源（北京）有限公司（以下称投诉人）因对被投诉人北京希地环球建设工程顾问有限公司、中国地质调查局发展研究中心就本项目作出的质疑答复不满，向本机关提起投诉。投诉事项为：投诉人所投产品满足本项目招标文件要求且报价最低，却未能中标，中标结果有失公平。本机关依法受理调查，并作出了投诉及监督检查处理决定。

三、处理结果

关于投诉事项，投诉人认为报价最低未能中标，评审结果有失公平的问题。经查，本项目采用综合评分法，评标委员会各成员在评分表格上独立打分，未发现违反招标文件规定的评审程序、评审方法和评审标准进行打分的情形。因此，投诉事项缺乏事实依据。此外，本项目招标文件关于“低于所有投标报价加权平均值 30% 及以上的投标报价为无效报价，投标文件为无效投标”的表述，违反了《政府采购货物和服务招标投标管理办法》（财政部令第 18 号）第五十二条、《财政部关于加强政府采购货物和服务项目价格评审管理的通知》（财库〔2007〕2 号）第五部分的规定。

综上，本机关作出处理决定如下：

根据《政府采购供应商投诉处理办法》（财政部令第20号）第十七条条第（二）项规定，投诉缺乏事实依据，驳回投诉。关于招标文件编制问题，责令采购人、代理机构进行整改。

2016年11月25日

中华人民共和国财政部政府采购信息公告（第三百七十五号）

根据《政府采购信息公告管理办法》（财政部令第19号）的相关规定，现将本机关对“财政部预算评审中心协作机构资格招标项目”（招标编号：PIIGPMOF2016004）（以下称本项目）投诉案作出的处理决定公告如下：

一、相关当事人名称

投诉人：北京中正天通会计师事务所
地址：北京市海淀区西直门北大街甲43号1号楼13层1316－1326
被投诉人：北京支点国际资讯投资有限公司
地址：北京市朝阳区东三环南路17号京瑞大厦B座26层26B室
采购人：财政部预算评审中心
地址：北京市西城区三里河南五巷4号

二、基本情况

投诉人北京中正天通会计师事务所（以下称投诉人）因对被投诉人北京支点国际资讯投资有限公司（以下简称支点国际）就“财政部预算评审中心协作机构资格招标项目”（招标编号：PIIGPMOF2016004）（以下称本项目）作出的质疑答复不满，向本机关提起投诉。投诉事项为：1. 支点国际开标现场错误宣读投标文件。2. 支点国际未按规定流程回应开标现场异议，开标记录未按采购文件要求由监标人签字。3. 支点国际未向投标人出示现场开标记录，也未向评标委员会如实汇报开标实际情况，影响了评标意见。4. 支点国际未按采购文件要求履行相关密封检查义务。本机关依法受理调查，并作出了投诉处理决定。

三、处理结果

经审查，本机关作出处理决定如下：

根据《政府采购供应商投诉处理办法》（财政部令第20号）第十七条第（二）项规定，投诉事项1，2，3，4缺乏事实依据，驳回投诉。

2016年12月6日

中华人民共和国财政部政府采购信息公告（第三百七十六号）

根据《政府采购信息公告管理办法》（财政部令第 19 号）的相关规定，现将本机关对“财政部预算评审中心协作机构资格招标项目”第二包（招标编号：PIIGPMOF2016004）（以下称本项目）投诉案作出的处理决定公告如下：

一、相关当事人名称

投诉人：中竞发（北京）工程造价咨询有限公司

地址：北京市海淀区西四环中路 16 号院 2 号楼 3 层

被投诉人：北京支点国际资讯投资有限公司

地址：北京市朝阳区东三环南路 17 号京瑞大厦 B 座 26 层 26B 室

采购人：财政部预算评审中心

地址：北京市西城区三里河南五巷 4 号

二、基本情况

投诉人中竞发（北京）工程造价咨询有限公司（以下称投诉人）因对被投诉人北京支点国际资讯投资有限公司（以下简称支点国际）就“财政部预算评审中心协作机构资格招标项目”第二包（招标编号：PIIGPMOF2016004）（以下称本项目）作出的质疑答复不满，向本机关提起投诉。投诉事项为：其在组织机构、执业人员情况、营业收入水平等招标文件要求的各方面均具备竞争力但没有入围，评标不公。本机关依法受理调查，并作出了投诉处理决定。

三、处理结果

经审查，本机关作出处理决定如下：

招标文件评标方法及标准规定：“近三年营业收入情况 5 分，营业收入横向比较，按由高到低评分”。投诉人近三年营业收入（45379.21 万元）高于中大信（北京）工程造价咨询有限公司（39549.6 万元）和建经投资咨询有限公司（24301.94 万元），中大信（北京）工程造价咨询有限公司在该项得 5 分，建经投资咨询有限公司在该项得 4 分，投诉人在该项得 1 分。“行业经验情况”要求提供“近三年来承担过 10 种（含）以上行业的工程项目评审”得 5 分，投诉人投标文件提供了相应业绩且附有证明文件，应得 5 分，实得 1 分。“近三年盈利情况”最高分值为 5 分，北京中逸茂业工程造价咨询有限公司得 15 分，超出评分标准。本项目存在评审专家未按招标文件规定的评审标准评分的情形，影响了采购活动的公正。

根据《中华人民共和国政府采购法》第三十六条第一款第（二）项，认定采购活动中出现影响采购公正的违法、违规行为，责令采购人废标。

对评审专家未按评审标准进行评审的行为另行处罚。

2016 年 12 月 6 日

中华人民共和国财政部政府采购信息公告（第三百七十七号）

根据《政府采购信息公告管理办法》（财政部令第 19 号）的相关规定，现将本机关对“哈尔滨工程大学虚拟化服务器采购项目”（招标编号：GDC－20160624162547166）投诉案作出的处理决定公告如下：

一、相关当事人名称

投诉人：哈尔滨嘉聪科技发展有限公司
地址：哈尔滨市南岗区先锋路先锋领地 A 栋 3 单元 504 室
被投诉人：哈尔滨工程大学
地址：哈尔滨市南岗区南通大街 145 号
采购代理机构：中央国家机关政府采购中心
地址：北京市西城区西直门内大街西章胡同 9 号院
相关供应商：黑龙江盈池科技开发有限公司（以下简称盈池科技）
地址：哈尔滨市南岗区东大直街 146 号上和置地

二、基本情况

投诉事项 1，其产品报价最低应当中标，采购人以其竞价产品厂家网上公布参数与竞价技术参数不符为由拒绝其成交的行为不合理。投诉事项 2，中标人盈池科技的中标设备系联想公司生产的产品，在联想官网上公布的数据显示，其参数与招标要求的参数也不相符，中标没有理由。本机关依法受理调查，并作出了投诉处理决定。

三、处理结果

经审查，本机关作出处理决定如下：

根据《中华人民共和国政府采购法》第四十条第一款第（一）项、《中华人民共和国政府采购法》第六十四条、《政府采购供应商投诉处理办法》（财政部第 20 号令）第十九条、《财政部关于进一步做好中央单位政府集中采购工作有关问题的通知》（财库〔2009〕101 号）的规定，决定采购活动违法，责令哈尔滨工程大学重新开展采购活动。

2016 年 12 月 6 日

中华人民共和国财政部政府采购信息公告（第三百七十八号）

根据《政府采购信息公告管理办法》（财政部令第 19 号）的相关规定，现将本机关对“中国农业科学院北京畜牧兽医研究所‘国家肉牛遗传评估中心建设项目’专业设备购置”监督检查案作出的处理决定公告如下：

一、相关当事人名称

当事人：中国农业科学院北京畜牧兽医研究所
地址：北京市海淀区圆明园西路 2 号
当事人：中经国际招标集团有限公司（以下简称中经国际）
地址：北京市东城区滨河路 1 号
当事人：中央国家机关政府采购中心（以下简称国采中心）
地址：北京市西城区西直门内大街西章胡同 9 号院

二、基本情况

举报人反映采购设备名义上是图形工作站，但实际上采购的主要是服务器类设备，属于政府集中采购目录产品，应由中央国家机关政府采购中心组织采购的问题。本机关依法受理，对举报事项进行了调查取证，并依法作出了监督检查处理决定。

三、处理结果

经审查，本机关作出处理决定如下：

关于举报事项，举报人认为采购设备名义上是图形工作站，但实际上采购的主要是服务器类设备，属于政府集中采购目录内产品，应由国采中心组织采购的问题。本项目采购的产品主要是数据管理服务器、存储设备、入侵防御设备和防火墙等网络设备，属于 2015～2016 年集中采购目录中“服务器、计算机网络设备”货物的范围。《中华人民共和国政府采购法》第七条第三款规定：“纳入集中采购目录的政府采购项目，应当实行集中采购。”第十八条规定：“采购人采购纳入集中采购目录的政府采购项目，必须委托集中采购机构代理采购。”畜牧兽医所将本应集中采购的项目委托社会代理机构采购，违反了上述规定。

根据《中华人民共和国政府采购法》第七条第三款、第十八条、第三十六条第（二）项、第七十四条的规定，责令畜牧兽医所废标，并委托集中采购代理机构重新开展采购活动。

2016 年 12 月 6 日

中华人民共和国财政部政府采购信息公告（第三百七十九号）

根据《政府采购信息公告管理办法》（财政部令第19号）的相关规定，现将本机关对“国家海洋环境监测中心2016年海域使用动态遥感监测卫星数据采购项目”（招标编号：ZZCG2016-HYHJ04）作出的监督检查处理决定公告如下：

一、相关当事人名称

当事人1：北京中科数遥信息技术有限公司（以下简称中科数遥）

地址：北京市朝阳区大屯路科学园南里风林绿洲18号楼202

当事人2：国家海洋环境监测中心

地址：大连市沙河口区凌河街42号

当事人3：大连中招招投标代理有限公司

地址：大连市西岗区胜利路100号槐花大厦518室

二、基本情况

举报人来函反映中标人中科数遥投标的吉林一号卫星没有近红外波段数据，质疑复审委员认为中科数遥提供的数据不符合招标文件要求，中科数遥涉嫌提供虚假材料谋取中标，请求认定本项目中标结果无效。本机关依法受理调查，并作出了监督检查处理决定。

三、处理结果

经审查，本机关作出处理决定如下：

招标文件技术部分要求卫星数据应包括近红外波段，并要求供应商提供服务方案。中科数遥投标文件技术部分和服务方案的响应文件中均称吉林一号卫星的技术参数中包括近红外波段，但吉林一号卫星的运营商长光技术有限公司提供的材料证明该卫星的波段组合不含近红外波段。中科数遥在给我部的回函中也表示：“吉林一号卫星技术参数不包括近红外波段”。因此，中科数遥提供与事实不符的吉林一号卫星参数的行为构成政府采购法第七十七条第一款第（一）项规定的“提供虚假材料谋取中标”。

根据《中华人民共和国政府采购法》第七十七条第二款的规定，决定本项目中标无效。

对中科数遥提供虚假材料谋取中标的违法行为另行处罚。

2016年12月6日

中华人民共和国财政部政府采购信息公告（第三百八十号）

根据《政府采购信息公告管理办法》（财政部令第19号）的相关规定，现将本机关对“财政部预算评审中心协作机构资格招标项目”第一包（招标编号：PIIGPMOF2016004）（以下称本项目）投诉案作出的处理决定公告如下：

一、相关当事人名称

投诉人：瑞华会计师事务所（特殊普通合伙）
地址：北京市东城区西滨河路中海地产广场西塔11层
被投诉人：北京支点国际资讯投资有限公司
地址：北京市朝阳区东三环南路17号京瑞大厦B座26层26B室
采购人：财政部预算评审中心（以下简称评审中心）
地址：北京市西城区三里河南五巷4号

二、基本情况

投诉人瑞华会计师事务所（特殊普通合伙）（以下称投诉人）因对被投诉人北京支点国际资讯投资有限公司（以下简称支点国际）就“财政部预算评审中心协作机构资格招标项目”第一包（招标编号：PIIGPMOF2016004）（以下称本项目）作出的质疑答复不满，向本机关提起投诉。投诉事项为：其为排名第一的本土会计事务所，拥有为采购人连续服务18年的丰富经验未能入围，评标不公。本机关依法受理调查，并作出了投诉处理决定。

三、处理结果

经审查，本机关作出处理决定如下：

根据《政府采购供应商投诉处理办法》（财政部令第20号）第十七条第（二）项规定，投诉事项缺乏事实依据，驳回投诉。

2016年12月6日

中华人民共和国财政部政府采购信息公告（第三百八十一号）

根据《政府采购信息公告管理办法》（财政部令第19号）的相关规定，现将本机关对“国务院扶贫办信息中心指挥监控中心采购项目”（招标编号：GC－HG160174）作出的监督检查处理决定公告如下：

一、相关当事人名称

当事人 1：国务院扶贫办信息中心
地址：朝阳区太阳宫北街 1 号共济大厦 1605 室
当事人 2：中央国家机关政府采购中心
地址：北京市西城区西直门内大街西章胡同 9 号院
当事人 3：方正国际软件（北京）有限公司（以下简称方正国际）
地址：北京市海淀区北四环西路 52 号中芯科技大厦 19 层

二、基本情况

采购人反映：1. 其约见方正国际投标人代表却始终未见到，质疑该代表身份的合法性。2. 通过对方正国际提供的投标设备进行检查，发现部分参数不满足招标文件中的多个星号指标要求，方正国际在投标过程中存在欺诈行为。3. 方正国际没有提供所投设备中多媒体控制平台的强制性产品认证材料。本机关依法受理，对举报事项进行了调查取证，并依法作出了监督检查处理决定。

三、处理结果

经审查，本机关作出处理决定如下：
举报事项缺乏事实依据。

2016 年 12 月 6 日

中华人民共和国财政部政府采购信息公告（第三百八十二号）

根据《政府采购信息公告管理办法》（财政部令第 19 号）的相关规定，现将本机关对沈阳嘉和利友电子设备有限公司的违法违规行为作出的行政处罚决定公告如下：

一、相关当事人名称

当事人：沈阳嘉和利友电子设备有限公司
地址：沈阳市和平区文体路 2－2 号（1101）

二、基本情况

本机关在依法对“长春海关 UPS 购置采购项目”（项目编号：HG15JJ－A0103－103）举报案监督检查中，发现沈阳嘉和利友电子设备有限公司提交的竞价文件中，法人代表授权书、技术指标应答书和报价单上加盖的是北京梅兰嘉德机房设备有限公司的公章，沈阳嘉和利友电子设备有限公司存在与北京梅兰嘉德机房设备有限公司恶意串通的行为。本机关依法进行了调查取证，现已审查终结，于 2016 年 11 月 23 日作出了行政处罚决定。

三、处罚结果

根据《中华人民共和国政府采购法》第七十七条第一款的规定，本机关决定对沈阳嘉和利友电子设备有限公司处以采购金额千分之五（人民币 2790 元）的罚款，并作出列入不良行为记录名单，在一年内禁止参加政府采购活动的行政处罚。

2016 年 12 月 16 日

中华人民共和国财政部政府采购信息公告（第三百八十三号）

根据《政府采购信息公告管理办法》（财政部令第 19 号）的相关规定，现将本机关对北京梅兰嘉德机房设备有限公司的违法违规行为作出的行政处罚决定公告如下：

一、相关当事人名称

当事人：北京梅兰嘉德机房设备有限公司

地址：北京市朝阳区劲松南路 1 号 612

二、基本情况

本机关在依法对“长春海关 UPS 购置采购项目”（项目编号：HG15JJ - A0103 - 103）举报案监督检查中，发现沈阳嘉和利友电子设备有限公司提交的竞价文件中，法人代表授权书、技术指标应答书和报价单上加盖的是北京梅兰嘉德机房设备有限公司的公章，北京梅兰嘉德机房设备有限公司存在与沈阳嘉和利友电子设备有限公司恶意串通的行为。本机关依法进行了调查取证，现已审查终结，于 2016 年 11 月 23 日作出了行政处罚决定。

三、处罚结果

根据《中华人民共和国政府采购法》第七十七条第一款的规定，本机关决定对北京梅兰嘉德机房设备有限公司处以采购金额千分之五（人民币 2790 元）的罚款，并作出列入不良行为记录名单，在一年内禁止参加政府采购活动，没收违法所得（合同已支付金额人民币 167400 元）的行政处罚。

2016 年 12 月 16 日

中华人民共和国财政部政府采购信息公告（第三百八十四号）

根据《政府采购信息公告管理办法》（财政部令第 19 号）的相关规定，现将本机关对“国家地下水监测工程（水利部分）基础硬件设备采购与实施项目”（招标编号：GC－HG160944）作出的投诉处理决定公告如下：

一、相关当事人名称

投诉人：浪潮软件集团有限公司
地址：山东省济南市高新区科航路 2877 号
被投诉人 1：中央国家机关政府采购中心
地址：北京市西城区西直门内大街西章胡同 9 号院
被投诉人 2：水利部水利信息中心
地址：北京市西城区白广路二条二号
相关供应商：中科软科技股份有限公司
地址：北京市海淀区中科祥园甲 6 号楼

二、基本情况

投诉人浪潮软件集团有限公司因对被投诉人中央国家机关政府采购中心作出的质疑答复不满，向本机关提起投诉。投诉事项为：1. 中科软中标产品联想 ThinkCentreM8600T/S 是商用台式计算机，不是招标文件要求的应用工作站，属于虚假应标。2. 中科软没有按照招标文件要求提供台式计算机节能环保清单页，应予废标。3. 中科软中标产品服务器硬盘控制器配置的是低端 SAS 控制器，专家主观分值应降低。本机关依法受理调查，并作出了投诉处理决定。

三、处理结果

经审查，本机关作出处理决定如下：
根据《政府采购供应商投诉处理办法》（财政部令第 20 号）第 17 条第（二）项规定，投诉事项缺乏事实依据，驳回投诉。

2016 年 12 月 16 日

中华人民共和国财政部政府采购信息公告（第三百八十五号）

根据《政府采购信息公告管理办法》（财政部令第 19 号）的相关规定，现将本机关

对“中国科学技术馆投影机采购项目”（采购编号：GC－HG160943）作出的投诉处理决定公告如下：

一、相关当事人名称

投诉人：北方佳诚（北京）科技有限公司
地址：北京市平谷区兴谷经济开发区6区304－78号
被投诉人：中央国家机关政府采购中心
地址：北京市西城区西直门内大街西章胡同9号院
相关供应商：北京众和永业科技发展有限公司
地址：北京市海淀区苏州街1号3层306A

二、基本情况

投诉人北方佳诚（北京）科技有限公司（以下称“投诉人”）因对被投诉人中央国家机关政府采购中心就本项目作出的质疑答复不满，向本机关提起投诉。投诉事项为：中标供应商北京众和永业科技发展有限公司提供的投标产品NEC PH1400U＋投影机的对比度高达2400∶1，与NEC官方网站、官方彩页对比度参数信息以及厂商检验报告中对比度检验结果信息不一致。北京众和永业科技发展有限公司提供虚假信息参与投标，不满足招标文件要求而中标。本机关依法受理调查，并作出了投诉处理决定。

三、处理结果

经查，北京众和永业科技发展有限公司在投标文件中提交的检验报告复印件中显示的“对比度”测试信息与该检验报告原件信息不一致。北京众和永业科技发展有限公司的行为属于《中华人民共和国政府采购法》第七十七条第一款第（一）项规定的“提供虚假材料谋取中标、成交的”情形，投诉事项成立。

综上，本机关作出处理决定如下：

根据《中华人民共和国政府采购法》第七十七条第二款的规定，决定本项目中标无效。对北京众和永业科技发展有限公司的违法行为，本机关另行处罚。

2016年12月30日

中华人民共和国财政部政府采购信息公告（第三百八十六号）

根据《政府采购信息公告管理办法》（财政部令第19号）的相关规定，现将本机关对“中央防汛抗旱物资采购项目”（招标编号：TC16085ZR）投诉案作出的处理决定公告如下：

一、相关当事人名称

投诉人：北京中科源天科技有限公司
地址：北京市朝阳区百子湾路32号院南10号楼A座707号
被投诉人1：中招国际招标有限公司（以下简称中招国际）
地址：北京市海淀区皂君庙14号院9号楼
被投诉人2：国家防汛抗旱总指挥部办公室（以下简称防汛抗旱总指挥办）
地址：北京市西城区白广路二条二号
相关供应商：郑州市神龙泵业有限公司（以下简称神龙泵业）
地址：郑州市高新技术开发区冬青街26号河南省电子商务产业园6号楼1103室

二、基本情况

投诉人北京中科源天科技有限公司（以下称投诉人）因对被投诉人中招国际就“中央防汛抗旱物资采购项目”（招标编号：TC16085ZR）（以下称本项目）作出的质疑答复不满，向本机关提起投诉。投诉事项为：1. 神龙泵业报价明显低于其他供应商投标报价且低于成本价，其投标应作废标处理。2. 神龙泵业并无所投产品的销售业绩和技术能力，对其提供的有关企业业绩、国家级质量检测报告的真实性表示怀疑。3. 神龙泵业所投产品的材质不能满足技术要求中第1条水泵技术要求中第（2）、（3）项的质量要求。

本机关依法受理调查，并作出了投诉处理决定。

三、处理结果

经审查，本机关作出处理决定如下：

根据《政府采购供应商投诉处理办法》（财政部令第20号）第十七条第（二）项规定，投诉事项1、2、3缺乏事实依据，驳回投诉。

2017年1月20日

中华人民共和国财政部政府采购信息公告（第三百八十七号）

根据《政府采购信息公告管理办法》（财政部令第19号）的相关规定，现将本机关对“中国科学院理化技术研究所中关村园区物业服务采购项目”（招标编号：GC－FG160847）作出的投诉及监督检查处理决定公告如下：

一、相关当事人名称

投诉人：北京科住物业管理有限公司
地址：北京市海淀区中关村南三街15号科行大厦9层

被投诉人：中央国家机关政府采购中心
地址：北京市西城区西直门内大街西章胡同 9 号院
被投诉人：中国科学院理化技术研究所（以下简称理化所）
地址：北京市海淀区中关村东路 29 号
相关供应商：北京信科联物业管理有限公司（以下简称信科联）
地址：北京市朝阳区北辰西路一号院

二、基本情况

投诉人北京科住物业管理有限公司（以下称投诉人）因对被投诉人中央国家机关政府采购中心就“中国科学院理化技术研究所中关村园区物业服务采购项目”（招标编号：GC－FG160847）（以下称本项目）作出的质疑答复不满，向本机关提起投诉。投诉事项为：信科联公司在中国科学院理化技术研究所中关村园区物业服务采购项目（项目编号：GC－FG160847）的投标文件中没有提供《特种设备安装改造维修许可证（电梯）》，不符合国家有关强制性规定，不具备合格投标人的基本条件，其未对招标文件提出的要求和条件作出实质性响应，应作无效投标处理。本机关依法受理调查，并作出了投诉及监督检查处理决定。

三、处理结果

经审查，本机关作出处理决定如下：

虽然国采中心表示中标人具备《许可证》不是实质性条款，但是在招标文件中规定中标供应商或其上下级单位电梯维修应具备《许可证》，同时又规定电梯维修不得分包、转包，事实上构成了实质性条款。信科联不符合招标文件的这一要求。

同时，本项目招标文件编制不合理。一是招标文件虽然没有将《许可证》列为实质性条款，但规定电梯运行维修“应当具备特种设备安全监督管理部门核发的相应许可证”且“不得以任何形式分包、转包”，事实上构成了实质性条款。本项目 6 家投标供应商仅有投诉人 1 家具备《许可证》。二是根据《物业管理条例》的规定和《特种设备安全监察条例》第十七条规定，电梯维修业务可以分包、转包且必须由生产厂家或其授权单位负责。也就是说即使具备《许可证》，如果不是生产厂商授权的单位也不能进行电梯维修工作，条款本身设置不合理。三是招标文件规定电梯等单项维修费用低于 500 元的由中标供应商自行维修，经查《特种设备安全监察条例》，并没有规定 500 元以下可以自行维修的例外情形，招标文件有关规定违反了《特种设备安全监察条例》。四是招标文件规定中标人或其上下级单位应具备《承装（修、试）电力设施许可证》与项目内容无关，而且本项目 6 家投标供应商中仅有投诉人 1 家具备。

根据《政府采购供应商投诉处理办法》（财政部令 20 号）第十七条第一款第（三）项规定，投诉事项成立，信科联中标无效。

根据《中华人民共和国政府采购法》第三十六条第一款第（二）项和《政府采购供应商投诉处理办法》（财政部令 20 号）第十八条第一款第（二）项规定，符合条件的投标供应商不足 3 家，责令理化所废标，修改招标文件后重新开展采购活动。

根据《中华人民共和国政府采购法实施条例》第二十条第一款第（二）项规定，责令理化所和国采中心对招标文件编制问题进行整改，并在收到处理决定书之日起 15 日内将整改情况报送本机关。

2017 年 1 月 20 日

中华人民共和国财政部政府采购信息公告（第三百八十八号）

根据《政府采购信息公告管理办法》（财政部令第 19 号）的相关规定，现将本机关对“中国科学院计算机网络信息中心材料基因组计划高通量材料集成及新药发现计算模拟平台采购项目”（招标编号：GC－HG161040）作出的投诉处理决定公告如下：

一、相关当事人名称

投诉人：北京方正数码有限公司
地址：北京市海淀区上地信息路 18 号二层 2002 室
被投诉人：中央国家机关政府采购中心
地址：北京市西城区西直门内大街西章胡同 9 号院
采购人：中国科学院计算机网络信息中心
地址：北京市海淀区中关村南四街 4 号中科院软件园 2 号楼
相关供应商：北京迎福时代数码科技有限公司（以下简称迎福时代）
地址：北京市海淀区厂洼 1 号 1 号楼 4 层 401

二、基本情况

投诉人北京方正数码有限公司因对被投诉人中央国家机关政府采购中心就“中国科学院计算机网络信息中心材料基因组计划高通量材料集成及新药发现计算模拟平台采购项目（招标编号：GC－HG161040）作出的质疑答复不满，向本机关提起投诉。投诉事项为：1. 招标文件要求的 IB 核心交换机品牌是 Mellanox Infiniband，迎福时代所投的 IB 核心交换器品牌型号是浪潮 SB7790－ES2F，不符合招标文件要求。2. 中标刀片服务器机箱截图文件证明其规格为放置半高刀片服务器机箱，招标文件要求机箱只能放置全高刀片服务器，拒绝半高刀片。中标产品不满足招标文件要求。3. 中标刀片服务器的厂商官网截图证明其内存插槽数只有 8 个，招标文件要求刀片服务器内存插槽数为大于或等于 16 个，中标产品不满足招标文件要求。本机关依法受理调查，并作出了投诉处理决定。

三、处理结果

经审查，本机关作出处理决定如下：

关于投诉事项 1，投诉人认为招标文件要求的 IB 核心交换机品牌是 Mellanox Infiniband，迎福时代所投的IB核心交换机品牌型号是浪潮SB7790－ES2F，不符合招标文件要求的问题。招标文件记载的Mellanox Infiniband是指技术协议，投标产品满足该协议即视为满足招标文件要求，投诉人对IB核心交换机指标要求理解有误。评标委员会评审认为中标产品满足招标文件具体技术指标要求。同时，从信息中心答复意见看，迎福时代中标产品满足其采购需求。投诉事项缺乏事实依据。

关于投诉事项2，投诉人认为中标刀片服务器机箱截图文件证明其规格为放置半高刀片服务器机箱，招标文件要求机箱只能放置全高刀片服务器，拒绝半高刀片，中标产品不满足招标文件要求的问题。迎福时代投标文件对刀片服务器机箱指标应答为“无偏差”并提供了相关技术支持材料。投诉事项缺乏事实依据。

关于投诉事项3，投诉人认为中标刀片服务器的厂商官网截图证明其内存插槽数只有8个，招标文件要求刀片服务器内存插槽数为大于或等于16个，中标产品不满足招标文件要求的问题。招标文件并未规定将投标产品厂商官网公布的技术参数作为判断投标产品是否实质响应招标文件需求的依据。同时，中标刀片服务器厂商官网记载“产品图片仅供参考，请以销售实物为准”的免责条款。根据厂商浪潮（北京）电子信息产业有限公司提交的说明材料，中标刀片服务器背板采用两种规格分别支持8个内存插槽和16个内存插槽，中标产品满足招标文件要求。投诉事项缺乏事实依据。

根据《政府采购供应商投诉处理办法》（财政部令第20号）第十七条第（二）项规定，投诉事项缺乏事实依据，驳回投诉。

2017年1月20日

中华人民共和国财政部政府采购信息公告（第三百八十九号）

根据《政府采购信息公告管理办法》（财政部令第19号）的相关规定，现将本机关对“环境保护部信息中心生态环境大数据2016年度建设项目环保云建设—云管理平台（一期）”（项目编号：0702－1641CITC2127）作出的监督检查处理决定公告如下：

一、相关当事人名称

当事人1：环境保护部信息中心（以下简称信息中心）
地址：北京市朝阳区育慧南路1号
当事人2：中机国际招标有限公司（以下简称中机国际）
地址：北京市丰台区西三环中路90号通用技术大厦701
当事人3：浪潮软件集团有限公司（以下简称浪潮集团）
地址：济南市高新区科航路2877号

二、基本情况

举报人来函反映，采购人代表与代理机构工作人员串通，在其他专家评分统计完成后修改自己打分从而改变评审结果，使浪潮集团从第二名变成第一名，请求对本次招标项目进行审查。本机关依法受理调查，并作出了监督检查处理决定。

三、处理结果

经审查，本机关作出处理决定如下：

采购人代表在代理机构工作人员汇总宣读评标结果后仍没有提交评分表并不断进行修改，其评分畸高畸低，影响了评标结果，且不能说明合理理由，违反了《关于进一步规范政府采购评审工作有关问题的通知》关于评审委员会成员“对其他需要借助专业知识评判的主观评分项，应当严格按照评分细则公正评分”的规定，改变了评审结果，影响了采购活动的公正。

根据《中华人民共和国政府采购法》第三十六条第一款第（二）项和《政府采购评审专家管理办法》第二十八条第（二）项的规定，责令信息中心废标并重新开展采购活动。

根据《中华人民共和国政府采购法实施条例》第六十八条第一款第（一）项的规定，责令中机国际对未按规定程序组织评审的行为整改，并在收到本决定书之日起15日内将整改情况报送本机关。

对中机国际未按规定程序组织评审的行为另行处罚。

2017年1月20日

中华人民共和国财政部政府采购信息公告（第三百九十号）

根据《政府采购信息公告管理办法》（财政部令第19号）的相关规定，现将本机关对“中国科学院国家天文台物业服务项目”（项目编号：GC－FG160974）投诉案作出的处理决定公告如下：

一、相关当事人名称

投诉人：北京信科联物业管理有限公司
地址：北京市朝阳区北辰西路一号院
被投诉人1：中央国家机关政府采购中心
地址：北京市西城区西直门内大街西章胡同9号院
被投诉人2：中国科学院国家天文台（以下简称国家天文台）
地址：北京市朝阳区大屯路甲20号
相关供应商：北京科住物业管理有限公司（以下简称科住物业）
地址：北京市海淀区中关村南三街15号

二、基本情况

投诉事项，投诉人认为科住物业中标价低于成本价，属于以不正当价格竞争。本机关依法受理调查，并作出了投诉处理决定。

三、处理结果

经审查，本机关作出处理决定如下：

科住物业在投标时提供了不实的材料且不能合理说明理由，在质疑、投诉答复中仍无法合理说明理由且提供不实信息，情节比较严重，属于《中华人民共和国政府采购法》第七十七条第一款第（一）项“提供虚假材料谋取中标”的情形。

根据《中华人民共和国政府采购法》第七十七条第一款第（一）项、《中华人民共和国政府采购法》第三十六条第一款第（二）项的规定，责令国家天文台废标并重新开展采购活动。

对科住物业以虚假材料谋取中标的行为另行处罚。

2017 年 1 月 20 日

中华人民共和国财政部政府采购信息公告（第三百九十一号）

根据《政府采购信息公告管理办法》（财政部令第 19 号）的相关规定，现将本机关对“中国教育科学研究院教育决策模拟（三期）信息系统工程建设项目”（项目编号 0773－1541GNOA01597）举报案作出的处理决定公告如下：

一、相关当事人名称

当事人 1：神州数码系统集成服务有限公司（以下简称神州数码）

地址：北京市海淀区苏州街 16 号神州数码大厦 6 层

当事人 2：中国教育科学研究院（以下简称教科院）

地址：北京市海淀区北三环中路 46 号

当事人 3：教育部外资贷款事务中心（教育部政府采购中心）

地址：北京市海淀区西直门北大街 32 号枫蓝国际中心 B 座 17 层 1706

二、基本情况

教科院反映神州数码在投标文件中提供的“广西人口和计划生育管理服务与决策信息系统项目”涉嫌虚假业绩材料。本机关依法受理，对举报事项进行了调查取证，并依法作出了监督检查处理决定。

三、处理结果

经审查，本机关作出处理决定如下：

神舟数码的行为不属于《中华人民共和国政府采购法》第七十七条规定的“提供虚假材料谋取中标、成交的”情形。举报事项缺乏事实依据。

2017年2月17日

中华人民共和国财政部政府采购信息公告（第三百九十二号）

根据《政府采购信息公告管理办法》（财政部令第19号）的相关规定，现将本机关对“中国国家博物馆3D打印设备采购项目”（招标编号：HSZT2016HG/243）作出的投诉处理决定公告如下：

一、相关当事人名称

投诉人：泰来兴业信息技术（北京）有限公司
地址：北京市朝阳区天朗园C座3层03商业（丰收孵化器2470号）
被投诉人：北京华盛中天咨询有限责任公司
地址：北京市海淀区西直门北大街甲43号B座1103室
采购人：中国国家博物馆（以下简称国家博物馆）
地址：北京东城区东长安街16号天安门广场东侧
相关供应商：上海震旦办公自动化销售有限公司
地址：上海市嘉定区嘉新公路399号

二、基本情况

投诉人泰来兴业信息技术（北京）有限公司（以下称投诉人）因对被投诉人北京华盛中天咨询有限责任公司就“中国国家博物馆3D打印设备采购项目”（招标编号：HSZT2016HG/243）（以下称本项目）作出的质疑答复不满，向本机关提起投诉。投诉事项为：招标文件没有要求必须提供制造商出具的授权函和售后服务承诺函原件，评标委员会对投诉人提供复印件作无效投标处理，属于未按招标文件规定的评标标准进行评标。本机关依法受理调查，并作出了投诉处理决定。

三、处理结果

经查，招标文件没有明确规定供应商应当提交制造商出具的授权函和售后服务承诺函原件，投诉人提交复印件不违反招标文件的规定。评标委员会仅以未提交原件为由，将投诉人投标作无效处理，属于未按照招标文件规定的评标方法和标准进行评标的情形，投诉事项成立。

本机关作出处理决定如下：

根据《中华人民共和国政府采购法》第三十六条第一款第（二）项、《政府采购供应商投诉处理办法》第十九条第（一）项的规定，决定采购活动违法，责令国家博物馆废标并重新开展采购活动。

2017 年 2 月 17 日

中华人民共和国财政部政府采购信息公告（第三百九十三号）

根据《政府采购信息公告管理办法》（财政部令第 19 号）的相关规定，现将本机关对“国家中药品种保护审评委员会保健食品注册与备案管理系统项目”（项目编号：TXJ－010－2016138）投诉案作出的决定公告如下：

一、相关当事人名称

投诉人：网鼎明天科技有限公司
地址：北京市海淀区知春路 1 号学院国际大厦 1009 室
被投诉人：国家中药品种保护审评委员会（以下简称中药审评委）
地址：北京市丰台区南四环西路 188 号 11 区 15 号楼
代理机构：天行健国际招标（北京）有限公司（以下简称天行健）
地址：北京市海淀区长春路 11 号万柳亿城中心 C1 座 3A03 室
相关供应商：东华软件股份公司（以下简称东华软件）
地址：北京市海淀区紫金数码园 3 号楼 15 层 1501

二、基本情况

投诉事项，投诉人认为其是评标委员会推荐的第一中标候选人，中药审评委未经评标委员会评审直接决定其他候选人作为中标人的行为违法。本机关依法受理调查，并作出了处理决定。

三、处理结果

经审查，本机关作出处理决定如下：
根据《中华人民共和国政府采购法实施条例》第四十三条规定，中药审评委应当自收到评审报告之日起 5 个工作日内在评审报告推荐的中标候选人中按顺序确定中标供应商，中药审委会确定综合评分排名第二的东华软件中标违反了上述规定，投诉事项成立。

招标文件将国务院已经明确取消的“计算机系统集成贰级（含）以上资质”作为资格条件属于歧视性、排他性条款，根据《中华人民共和国政府采购法》第三十六条第一款第（二）项和《政府采购供应商投诉处理办法》（财政部令第 20 号）第十九条第一款第（一）项的规定，决定采购活动违法，责令中药审评委废标，修改招标文件后重新开展采购活动。

责令中药审评委对未在法定期限内在评审报告推荐的中标候选人中按顺序确定中标人的行为进行整改，责令中药审评委和天行健就对供应商实行差别待遇或者歧视待遇的行为进行整改，对中药审评委和天行健的违法行为另行处罚。

2017 年 2 月 17 日

中华人民共和国财政部政府采购信息公告（第三百九十四号）

根据《政府采购信息公告管理办法》（财政部令第 19 号）的相关规定，现将本机关对“中国民用航空飞行校验中心物业消防运行服务项目”（招标编号：0686－1641C288286Z/3）作出的监督检查处理决定公告如下：

一、相关当事人名称

当事人 1：中国民用航空飞行校验中心
地址：北京市朝阳区首都机场货运北路 18 号
当事人 2：北京国际贸易公司
地址：北京市朝阳区建国门外大街甲 3 号

二、基本情况

举报人反映：1. 招标公告要求的质量管理体系认证证书、环境管理体系认证证书、职业健康安全管理体系认证证书不是国家职能部门颁发的行政许可证，以这三个证书作为资格条件属于以不合理的条件对供应商实行差别待遇或歧视待遇。2. 招标公告要求供应商“自 2013 年至 2015 年须具有 1 个（含）以上合同金额在 100 万元（含）以上物业管理服务”的业绩，属于以不合理的条件对供应商实行差别待遇或歧视待遇。本机关依法受理调查，并作出了监督检查处理决定。

三、处理结果

经审查，本机关作出处理决定如下：

关于举报事项 1，经审查，举报人认为招标公告要求的质量管理体系认证证书、环境管理体系认证证书、职业健康安全管理体系认证证书不在国务院取消的职业资格许可和认定事项目录内，其申请条件中并没有对企业的注册资金、营业收入等业绩规模作出限制。本项目服务内容为工作区相关的设施场地维护及消防安防物业管理等，招标文件要求的三个体系认证证书与本项目的特殊要求存在关联性，可以作为供应商报名资格的特定条件。同时，参加投标的 9 家供应商中有 6 家具备这三个证书。因此，以这三个证书作为资格条件不属于以不合理的条件对供应商实行差别待遇或歧视待遇，举报事项缺乏事实依据。

关于举报事项 2，根据《中华人民共和国政府采购法》第二十二条第二款和《政府采购促进中小企业发展暂行办法》（财库〔2011〕181 号）第三条规定，本项目招标文件将供应商具有特定金额的合同业绩作为资格条件，构成对中小企业实行差别待遇或者歧视待遇，违反了上述规定，举报事项成立。

根据《中华人民共和国政府采购法》第二十二条第二款规定，《政府采购促进中小企业发展暂行办法》（财库〔2011〕181 号）第三条规定，《中华人民共和国政府采购法》第三十六条规定，《中华人民共和国政府采购法实施条例》第七十一条第（二）项规定，决定中标无效，责令校验中心重新开展采购活动。对中国民用航空飞行校验中心、北京国际贸易公司的违法行为，本机关另行处罚。

2017 年 2 月 17 日

中华人民共和国财政部政府采购信息公告（第三百九十五号）

根据《政府采购信息公告管理办法》（财政部令第 19 号）的相关规定，现将本机关对“简易烈度计地震预警示范项目－地震预警信息接受终端系统”（项目编号：16CNIC034889－225/3）举报案作出的监督检查处理决定公告如下：

一、相关当事人名称

当事人 1：中国仪器进出口（集团）公司（以下简称中仪公司）
地址：北京市西直门外大街六号
当事人 2：中国地震局工程力学研究所（以下简称工力所）
地址：哈尔滨市学府路 29 号

二、基本情况

举报事项 1，政府采购是政府行为，工力所是事业单位，根据“法无授权不可为”的原则，工力所在开标前对投标产品样机进行测试没有法律依据。举报事项 2，《关于开展 2015 年度地震预警示范区建设的通知》（中震测函〔2015〕11 号，以下称中震测函 11 号文）中没有关于投标产品样机测试的工作要求，招标测试技术方案依据错误。举报事项 3，中仪公司组织测试专家组违法，主要理由是测试专家组代替了评标委员会的部分评审工作。本机关依法受理调查，并作出了监督检查处理决定。

三、处理结果

经审查，本机关作出处理决定如下：

关于举报事项 1，经审查，除政府采购法实施条例第四十四条对以“样品进行检测”的方式改变评审结果作出禁止性规定外，政府采购领域的法律规范均未对投标产品测试作出禁止性规定，本项目对投标产品样机进行测试没有违法。

关于举报事项2，经审查，中震测函11号文对建设地震预警示范项目作了规定，其中明确了工力所参与的工作任务。《关于组织开展简易烈度计地震预警示范项目仪器招标测试工作的通知》（中震测函〔2015〕92号）对仪器招标测试组织作了具体规定。

关于举报事项3，经审查，测试专家组是按照招标文件规定的技术指标参数对样机进行测试，测试结果作为投标文件对应技术指标的证明材料，证明投标文件技术指标应答的真实性。包括举报人在内的各供应商参加并全程跟踪了其样机的测试，认可且签署了相关测试结果。测试专家组并未参与本项目评审，本项目是由依法组成的评标委员会根据招标文件中评分细则和评分方法的规定进行评审的。

举报事项1，2，3均缺乏事实依据。

2017年2月17日

中华人民共和国财政部政府采购信息公告（第三百九十六号）

根据《政府采购信息公告管理办法》（财政部令第19号）的相关规定，现将本机关对“2016年集装箱/车辆检查系统采购项目”（项目编号：HG16GK－A0000－D105）第01、03、06、08包的举报案作出的处理决定公告如下：

一、相关当事人名称

当事人1：同方威视技术股份有限公司（以下简称同方威视）
地址：北京市海淀区双清路清华大学同方大厦A座2层
当事人2：北京永新医疗设备有限公司（以下简称永新医疗）
地址：北京昌平区生命园路20号院1号楼1层

二、基本情况

举报人反映同方威视和永新医疗在股份合作、主要股东等方面存在关联关系，涉嫌串通投标。本机关依法受理，对举报事项进行了调查取证，并依法作出了监督检查处理决定。

三、处理结果

关于举报事项，经审查，同方威视与永新医疗均为辛耕普华的股东，两公司部分主要人员均与工物系存在一定的关联性，但不属于《中华人民共和国政府采购法实施条例》第十八条所规定的禁止参加同一合同项下的政府采购活动的情形。同时，未发现证据证明同方威视和永新医疗存在《中华人民共和国政府采购法实施条例》第七十四条所规定的恶意串通情形。

综上，本机关作出处理决定如下：

根据《中华人民共和国政府采购法实施条例》第十八条、第七十四条的规定，举报事项缺乏事实依据。

2017年2月17日

中华人民共和国财政部政府采购信息公告（第三百九十七号）

根据《政府采购信息公告管理办法》（财政部令第19号）的相关规定，现将本机关对”北京大学人民医院ICU护理车、治疗车采购项目”（招标编号：2016DL163－F003）举报案作出的处理决定公告如下：

一、相关当事人名称

当事人1：北京大学人民医院（以下简称北大人民医院）
地址：北京市西城区西直门南大街11号
当事人2：北京建智达工程管理股份有限公司（以下简称建智达公司）
地址：北京市丰台区海鹰路1号院2号楼五层
当事人3：南京天奥医疗仪器制造有限公司（以下简称天奥医疗）
地址：南京市浦口区桥林工业园金鼎路
当事人4：南京乐普敦医疗仪器制造有限公司（以下简称乐普敦医疗）
地址：南京市浦口区桥林工业园

二、基本情况

举报人反映本项目的投标供应商天奥医疗和乐普敦医疗在本项目投标活动中有串通投标行为。本机关依法受理，对举报事项进行了调查取证，并依法作出了监督检查处理决定。

三、处理结果

关于举报事项，经审查本机关作出处理决定如下，天奥医疗和乐普敦医疗不属于《中华人民共和国采购法实施条例》第十八条和招标文件规定的禁止参加同一合同项下的政府采购活动的情形。同时，未发现天奥医疗和乐普敦医疗存在《中华人民共和国采购法实施条例》第七十四条规定的恶意串通情形。未发现天奥医疗与乐普敦医疗的投标文件有雷同之处。此外发现，本项目属于货物类政府采购，但没有按照《中华人民共和国政府采购法》《中华人民共和国政府采购法实施条例》及相关政府采购政策的规定开展采购活动。

综上，根据《中华人民共和国政府采购法实施条例》第七十四条的规定，举报事项缺乏事实依据。

本项目出现影响采购公正的违法、违规行为，属于《中华人民共和国政府采购法》第三十六条第一款第（二）项规定的情形。根据《中华人民共和国政府采购法》第三十六条第一款第（二）项的规定，决定本项目废标。

根据《中华人民共和国政府采购法》第七十一条第（三）项、《中华人民共和国政府采购法实施条例》第六十八条第（一）项、第（三）项的规定，责令北大人民医院对未按政府采购法及其实施条例的规定组织采购活动的行为进行整改。

根据《中华人民共和国政府采购法》第七十一条第（三）项、《中华人民共和国政府采购法实施条例》第六十八条第（一）项、第（三）项的规定，责令建智达公司对未按政府采购法及其实施条例的规定组织采购活动的行为进行整改。

对建智达公司的违法行为另行处罚。

2017年2月17日

中华人民共和国财政部政府采购信息公告（第三百九十八号）

根据《政府采购信息公告管理办法》（财政部令第19号）的相关规定，现将本机关对“2016中央民族大学大学保安服务项目”（项目编号GC－FG160483）举报案作出的处理决定公告如下：

一、相关当事人名称

当事人1：北京时代科安保安服务有限公司（以下简称时代科安）

地址：北京市昌平区城北街道朝凤庵村北

当事人2：戎威远保安服务（北京）有限公司（以下简称戎威远）

地址：北京市丰台区石榴庄南里2号院

当事人3：中央民族大学

地址：北京市海淀区中关村南大街27号

当事人4：中央国家机关政府采购中心

地址：北京市西城区西直门内大街西章胡同9号院

二、基本情况

举报人反映：1. 时代科安投标文件中提供的两份业绩合同是虚假材料。2. 时代科安提供的部分人员的证书信息是虚假信息。3. 排名第二的戎威远保安服务（北京）有限公司（以下简称戎威远）查询到不良记录。本机关依法受理，对举报事项进行了调查取证，并依法作出了监督检查处理决定。

三、处理结果

关于举报事项1，经审查，时代科安提供的与北京中医药大学、中国劳动关系学院的两份合同在合同服务期限、合同金额、签订日期等方面与两所学校提供的合同不一致，时代科安也承认是其业务人员为争取中标擅自更改了合同日期和合同金额。时代科安的行为属于《中华人民共和国政府采购法》第七十七条规定的“提供虚假材料谋取中标、成交”的情形。

关于举报事项2，经审查，时代科安未提供相关书面证明文件和证书原件用于核查。在中国高等教育学生信息网、国家职业资格证书全国联网查询未查到相关人员学历信息和职业资格证书信息。时代科安的行为属于《中华人民共和国政府采购法》第七十七条规定的“提供虚假材料谋取中标、成交”的情形。

关于举报事项3，经审查，在北京市企业信用信息网查询到戎威远受到行政处罚信息，但不属于《中华人民共和国政府采购法实施条例》第十九条规定的重大违法记录。经查询“信用中国”网站和中国政府采购网，未查到戎威远不良信用记录。

综上，本机关作出处理决定如下：

根据《中华人民共和国政府采购法》第七十七条的规定，举报事项1、2成立；根据《中华人民共和国政府采购法实施条例》第十九条的规定，举报事项3缺乏事实依据。

根据《中华人民共和国政府采购法》第七十七条第二款的规定，决定本项目中标无效。

对时代科安的违法行为另行处罚。

2017年3月3日

中华人民共和国财政部政府采购信息公告（第三百九十九号）

根据《政府采购信息公告管理办法》（财政部令第19号）的相关规定，现将本机关对北京国际贸易公司作出的监督检查处理决定公告如下：

一、相关当事人名称

当事人：北京国际贸易公司

地址：北京市朝阳区建国门外大街甲3号

二、基本情况

本机关在依法实施“2016年政府采购代理机构监督检查工作”中，发现北京国际贸易公司代理的部分政府采购项目中存在采购文件评分标准不具体的问题。

三、处理结果

本机关作出处理决定如下：根据《中华人民共和国政府采购法实施条例》第三十四条、《财政部关于政府采购货物和服务项目价格评审管理的通知》（财库〔2007〕2号）

的规定，本机关决定对北京国际贸易公司作出责令整改的处理。

2017年3月3日

中华人民共和国财政部政府采购信息公告（第四百号）

根据《政府采购信息公告管理办法》（财政部令第19号）的相关规定，现将本机关对中信国际招标有限公司作出的监督检查处理决定公告如下：

一、相关当事人名称

当事人：中信国际招标有限公司

地址：北京市朝阳区新源南路6号2号楼A栋8层801、802、803室

二、基本情况

本机关在依法实施“2016年政府采购代理机构监督检查工作”中，发现中信国际招标有限公司代理的部分政府采购项目中存在政府采购信息公告内容不完整的问题。

三、处理结果

本机关作出处理决定如下：根据《政府采购信息公告管理办法》（财政部令第19号）第十二条的规定，本机关决定对中信国际招标有限公司作出责令整改的处理。

2017年3月3日

中华人民共和国财政部政府采购信息公告（第四百零一号）

根据《政府采购信息公告管理办法》（财政部令第19号）的相关规定，现将本机关对北京国际工程咨询公司作出的监督检查处理决定公告如下：

一、相关当事人名称

当事人：北京国际工程咨询公司

地址：北京市西城区广安门外大街甲275号

二、基本情况

本机关在依法实施“2016年政府采购代理机构监督检查工作”中，发现北京国际工程咨询公司代理的部分政府采购项目中存在政府采购信息公告内容不完整的问题。

三、处理结果

本机关作出处理决定如下：根据《政府采购信息公告管理办法》（财政部令第 19 号）第十条、第十二条、第十三条的规定，本机关决定对北京国际工程咨询公司作出责令整改的处理。本机关对北京国际工程咨询公司的违法行为另行处罚。

2017 年 3 月 3 日

中华人民共和国财政部政府采购信息公告（第四百零二号）

根据《政府采购信息公告管理办法》（财政部令第 19 号）的相关规定，现将本机关对北京华诚永信工程管理有限公司作出的监督检查处理决定公告如下：

一、相关当事人名称

当事人：北京华诚永信工程管理有限公司

地址：北京市昌平区科技园区超前路 6 号四层 402、405 室

二、基本情况

本机关在依法实施“2016 年政府采购代理机构监督检查工作”中，发现北京华诚永信工程管理有限公司代理的部分政府采购项目中存在招标文件的提供期少于 5 个工作日、综合评分法的价格分计算方法不符合规定、政府采购信息公告内容不完整等问题。

三、处理结果

本机关作出处理决定如下：根据《中华人民共和国政府采购法实施条例》第三十一条，《政府采购货物和服务招标投标管理办法》（财政部令第 18 号）第五十二条，《政府采购信息公告管理办法》（财政部令第 19 号）第十条、第十二条，《财政部关于政府采购货物和服务项目价格评审管理的通知》财库〔2007〕2 号的规定，本机关决定对北京华诚永信工程管理有限公司作出责令整改的处理。本机关对北京华诚永信工程管理有限公司的违法行为另行处罚。

2017 年 3 月 3 日

中华人民共和国财政部政府采购信息公告（第四百零三号）

根据《政府采购信息公告管理办法》（财政部令第 19 号）的相关规定，现将本机关

对中煤招标有限责任公司作出的监督检查处理决定公告如下：

一、相关当事人名称

当事人：中煤招标有限责任公司
地址：北京市朝阳区黄寺大街1号

二、基本情况

本机关在依法实施“2016年政府采购代理机构监督检查工作”中，发现中煤招标有限责任公司代理的部分政府采购项目中存在中标公告的发布日期与中标通知书发出日期不一致的问题。

三、处理结果

本机关作出处理决定如下：根据《中华人民共和国政府采购法实施条例》第四十三条、《政府采购货物和服务招标投标管理办法》（财政部令第18号）第六十二条的规定，本机关决定对中煤招标有限责任公司作出责令整改的处理。本机关对中煤招标有限责任公司的违法行为另行处罚。

2017年3月3日

中华人民共和国财政部政府采购信息公告（第四百零四号）

根据《政府采购信息公告管理办法》（财政部令第19号）的相关规定，现将本机关对中盛隆国际招标（北京）有限公司作出的监督检查处理决定公告如下：

一、相关当事人名称

当事人：中盛隆国际招标（北京）有限公司
地址：北京市海淀区紫竹院路81号院3号楼15层1502室

二、基本情况

本机关在依法实施“2016年政府采购代理机构监督检查工作”中，发现中盛隆国际招标（北京）有限公司代理的部分政府采购项目中存在采购文件评分标准不具体、政府采购信息公告内容不完整、综合评分法的价格分计算方法不符合规定、投标人的资格条件列为评分因素等问题。

三、处理结果

本机关作出处理决定如下：根据《中华人民共和国政府采购法实施条例》第三十四

条，《政府采购货物和服务招标投标管理办法》（财政部令第 18 号）第五十二条，《政府采购信息公告管理办法》（财政部令第 19 号）第十条、第十二条、第十三条，《财政部关于政府采购货物和服务项目价格评审管理的通知》（财库〔2007〕2 号）的规定，本机关决定对中盛隆国际招标（北京）有限公司作出责令整改的处理。本机关对中盛隆国际招标（北京）有限公司的违法行为另行处罚。

2017 年 3 月 3 日

中华人民共和国财政部政府采购信息公告（第四百零五号）

根据《政府采购信息公告管理办法》（财政部令第 19 号）的相关规定，现将本机关对河南大河招标有限公司作出的监督检查处理决定公告如下：

一、相关当事人名称

当事人：河南大河招标有限公司

地址：郑州市金水区城东路 112 号

二、基本情况

本机关在依法实施“2016 年政府采购代理机构监督检查工作”中，发现河南大河招标有限公司代理的部分政府采购项目中存在中标公告的发布日期与中标通知书发出日期不一致、综合评分法价格分计算错误等问题。

三、处理结果

本机关作出处理决定如下：根据《中华人民共和国政府采购法实施条例》第四十三条、《政府采购货物和服务招标投标管理办法》（财政部令第 18 号）第六十二条、《财政部关于进一步规范政府采购评审工作有关问题的通知》（财库〔2012〕69 号）的规定，本机关决定对河南大河招标有限公司作出责令整改的处理。本机关对河南大河招标有限公司的违法行为另行处罚。

2017 年 3 月 3 日

中华人民共和国财政部政府采购信息公告（第四百零六号）

根据《政府采购信息公告管理办法》（财政部令第 19 号）的相关规定，现将本机关

对河南省国贸招标有限公司作出的监督检查处理决定公告如下：

一、相关当事人名称

当事人：河南省国贸招标有限公司
地址：郑州市金水区农业路 72 号 2 号楼 3 层 301 号

二、基本情况

本机关在依法实施“2016 年政府采购代理机构监督检查工作”中，发现河南省国贸招标有限公司代理的部分政府采购项目中存在政府采购信息公告内容不完整、中标公告的发布日期与中标通知书发出日期不一致等问题。

三、处理结果

本机关作出处理决定如下：根据《中华人民共和国政府采购法实施条例》第四十三条、《政府采购货物和服务招标投标管理办法》（财政部令第 18 号）第六十二条、《政府采购信息公告管理办法》（财政部令第 19 号）第十条的规定，本机关决定对河南省国贸招标有限公司作出责令整改的处理。本机关对河南省国贸招标有限公司的违法行为另行处罚。

2017 年 3 月 3 日

中华人民共和国财政部政府采购信息公告（第四百零七号）

根据《政府采购信息公告管理办法》（财政部令第 19 号）的相关规定，现将本机关对河南省机电设备国际招标有限公司作出的监督检查处理决定公告如下：

一、相关当事人名称

当事人：河南省机电设备国际招标有限公司
地址：郑州市东明路 187 号

二、基本情况

本机关在依法实施“2016 年政府采购代理机构监督检查工作”中，发现河南省机电设备国际招标有限公司代理的部分政府采购项目中存在政府采购信息公告内容不完整、中标公告的发布日期与中标通知书发出日期不一致、综合评分法的价格分计算方法不符合规定等问题。

三、处理结果

本机关作出处理决定如下：根据《中华人民共和国政府采购法实施条例》第四十三

条，《政府采购货物和服务招标投标管理办法》（财政部令第 18 号）第五十二条、第六十二条，《政府采购信息公告管理办法》（财政部令第 19 号）第十二条，《财政部关于政府采购货物和服务项目价格评审管理的通知》（财库〔2007〕2 号）的规定，本机关决定对河南省机电设备国际招标有限公司作出责令整改的处理。本机关对河南省机电设备国际招标有限公司的违法行为另行处罚。

2017 年 3 月 3 日

中华人民共和国财政部政府采购信息公告（第四百零八号）

根据《政府采购信息公告管理办法》（财政部令第 19 号）的相关规定，现将本机关对山西省招标有限公司作出的监督检查处理决定公告如下：

一、相关当事人名称

当事人：山西省招标有限公司

地址：太原市杏花岭区建设北路 108 号

二、基本情况

本机关在依法实施“2016 年政府采购代理机构监督检查工作”中，发现山西省招标有限公司代理的部分政府采购项目中存在采购文件未载明采购预算、保证金的收取数额超过采购项目预算的 2% 等问题。

三、处理结果

本机关作出处理决定如下：根据《中华人民共和国政府采购法实施条例》第三十条、第三十三条的规定，本机关决定对山西省招标有限公司作出责令整改的处理。本机关对山西省招标有限公司的违法行为另行处罚。

2017 年 3 月 3 日

中华人民共和国财政部政府采购信息公告（第四百零九号）

根据《政府采购信息公告管理办法》（财政部令第 19 号）的相关规定，现将本机关对山西重力工程咨询有限公司作出的监督检查处理决定公告如下：

一、相关当事人名称

当事人：山西重力工程咨询有限公司
地址：太原市小店区亲贤北街 31 号 23 幢 5 层 8 号

二、基本情况

本机关在依法实施"2016 年政府采购代理机构监督检查工作"中，发现山西重力工程咨询有限公司代理的部分政府采购项目中存在中标公告的发布日期与中标通知书发出日期不一致的问题。

三、处理结果

本机关作出处理决定如下：根据《中华人民共和国政府采购法实施条例》第四十三条、《政府采购货物和服务招标投标管理办法》（财政部令第 18 号）第六十二条的规定，本机关决定对山西重力工程咨询有限公司作出责令整改的处理。本机关对山西重力工程咨询有限公司的违法行为另行处罚。

2017 年 3 月 3 日

中华人民共和国财政部政府采购信息公告（第四百一十号）

根据《政府采购信息公告管理办法》（财政部令第 19 号）的相关规定，现将本机关对中航材国际招标有限公司作出的监督检查处理决定公告如下：

一、相关当事人名称

当事人：中航材国际招标有限公司
地址：北京顺义空港工业区天柱路乙 8 号

二、基本情况

本机关在依法实施"2016 年政府采购代理机构监督检查工作"中，发现中航材国际招标有限公司代理的部分政府采购项目中存在中标公告的发布日期与中标通知书发出日期不一致、政府采购信息公告内容不完整、采购文件未载明采购预算等问题。

三、处理结果

本机关作出处理决定如下：根据《中华人民共和国政府采购法实施条例》第三十条、第四十三条，《政府采购货物和服务招标投标管理办法》（财政部令第 18 号）第六十二条，《政府采购信息公告管理办法》（财政部令第 19 号）第十条、第十二条的规定，本机关决定对中航材国际招标有限公司作出责令整改的处理。本机关对中航材国际招标有限公司的违法行为另行处罚。

2017 年 3 月 3 日

中华人民共和国财政部政府采购信息公告（第四百一十一号）

根据《政府采购信息公告管理办法》（财政部令第 19 号）的相关规定，现将本机关对西北（陕西）国际招标有限公司作出的监督检查处理决定公告如下：

一、相关当事人名称

当事人：西北（陕西）国际招标有限公司

地址：陕西省西安市碑林区长安北路 14 号省政务大厅三层

二、基本情况

本机关在依法实施“2016 年政府采购代理机构监督检查工作”中，发现西北（陕西）国际招标有限公司代理的部分政府采购项目中存在逾期退还保证金、供应商资格条件列为评分因素、政府采购信息公告内容不完整、中标公告的发布日期与中标通知书发出日期不一致等问题。

三、处理结果

本机关作出处理决定如下：根据《中华人民共和国政府采购法实施条例》第四十三条，《政府采购货物和服务招标投标管理办法》（财政部令第 18 号）第三十七条、第六十二条，《政府采购信息公告管理办法》（财政部令第 19 号）第十二条，《财政部关于政府采购货物和服务项目价格评审管理的通知》（财库〔2007〕2 号）的规定，本机关决定对西北（陕西）国际招标有限公司作出责令整改的处理。本机关对西北（陕西）国际招标有限公司的违法行为另行处罚。

2017 年 3 月 3 日

中华人民共和国财政部政府采购信息公告（第四百一十二号）

根据《政府采购信息公告管理办法》（财政部令第 19 号）的相关规定，现将本机关对陕西省采购招标有限责任公司作出的监督检查处理决定公告如下：

一、相关当事人名称

当事人：陕西省采购招标有限责任公司
地址：陕西省西安市新城区西五路 12 号

二、基本情况

本机关在依法实施"2016 年政府采购代理机构监督检查工作"中，发现陕西省采购招标有限责任公司代理的部分政府采购项目中存在政府采购信息公告内容不完整、逾期退还保证金、采购文件中规定保证金可以以现金形式支付等问题。

三、处理结果

本机关作出处理决定如下：根据《中华人民共和国政府采购法实施条例》第三十三条，《政府采购信息公告管理办法》（财政部令第 19 号）第十条、第十二条，《政府采购货物和服务招标投标管理办法》（财政部令第 18 号）第三十六条、第三十七条的规定，本机关决定对陕西省采购招标有限责任公司作出责令整改的处理。本机关对陕西省采购招标有限责任公司的违法行为另行处罚。

2017 年 3 月 3 日

中华人民共和国财政部政府采购信息公告（第四百一十三号）

根据《政府采购信息公告管理办法》（财政部令第 19 号）的相关规定，现将本机关对陕西正大招标有限公司作出的监督检查处理决定公告如下：

一、相关当事人名称

当事人：陕西正大招标有限公司
地址：陕西省西安市碑林区友谊西路 476 号

二、基本情况

本机关在依法实施"2016 年政府采购代理机构监督检查工作"中，发现陕西正大招标有限公司代理的部分政府采购项目中存在综合评分法的价格分计算方法不符合规定的问题。

三、处理结果

本机关作出处理决定如下：根据《政府采购货物和服务招标投标管理办法》（财政部令第 18 号）第五十二条、《财政部关于政府采购货物和服务项目价格评审管理的通知》

（财库〔2007〕2号）的规定，本机关决定对陕西正大招标有限公司作出责令整改的处理。本机关对陕西正大招标有限公司的违法行为另行处罚。

2017年3月3日

中华人民共和国财政部政府采购信息公告（第四百一十四号）

根据《政府采购信息公告管理办法》（财政部令第19号）的相关规定，现将本机关对“中国红十字会总会事业发展中心失能老人养老服务项目（护理床、护理器等）”（招标编号：GC－HG2161500）作出的投诉处理决定公告如下：

一、相关当事人名称

投诉人：天津世纪金辉医用设备有限公司
地址：天津市宝坻区新开口镇新开口公路北侧
被投诉人：中央国家机关政府采购中心
地址：北京市西城区西直门内大街西章胡同9号院
采购人：中国红十字会总会事业发展中心
地址：北京市海淀区四季青桥东农科院西路中国红十字会总会事业发展中心
相关供应商：北京天泰博远科技发展有限公司（以下简称天泰博远）
地址：北京市石景山区八大处高科技园区内6－C号地3号楼4层403室

二、基本情况

投诉人天津世纪金辉医用设备有限公司（以下称投诉人）因对被投诉人中央国家机关政府采购中心（以下简称国采中心）就“中国红十字会总会事业发展中心失能老人养老服务项目（护理床、护理器等）”（招标编号：GC－HG2161500）（以下称本项目）作出的质疑答复不满，向本机关提起投诉。投诉事项为：中标的制氧机产品属于第二类医疗器械，经营企业应当备案，天泰博远没有依法备案，不具备经营资质，中标无效。本机关依法受理调查，并作出了处理决定。

三、处理结果

本机关作出处理决定如下：

经审查，制氧机属于第二类医疗器械。根据《医疗器械监督管理条例》第三十条和《医疗器械经营监督管理办法》第十二条规定，从事第二类医疗器械经营的，由经营企业向所在地设区的市级人民政府食品药品监督管理部门备案。根据该条规定，国家对第二类医疗器械经营实行备案管理而非许可管理，备案并非是相关供应商经营第二类医疗器械的必要条件。即便未备案，相关供应商也可从事第二类医疗器械的经营活动。经查北京市食品药品监督管理局网站，天泰博远备案日期为 2016 年 12 月 20 日，在投标时尚未备案，但不影响其投标资格。

根据《政府采购供应商投诉处理办法》（财政部令第 20 号）第十七条第（二）项的规定，驳回投诉。

2017 年 3 月 3 日

中华人民共和国财政部政府采购信息公告（第四百一十五号）

根据《政府采购信息公告管理办法》（财政部令第 19 号）的相关规定，现将本机关对“国家农产品质量安全追溯管理信息平台集成服务及基础软硬件购置”（项目编号：GC－HG161099）投诉案作出的处理决定公告如下：

一、相关当事人名称

投诉人：北京东联世纪科技股份有限公司（以下称投诉人）

地址：北京市海淀区阜外亮甲店 1 号恩济西园产业园 23 号楼 23－1

被投诉人：中央国家机关政府采购中心

地址：北京市西城区西直门内大街西章胡同 9 号院

采购人：农业部农产品质量安全中心

地址：北京市海淀区学院南路 59 号

相关供应商：北京中软国际信息技术有限公司（以下简称中软国际）

地址：北京市海淀区科学院南路 2 号 C 座 12 层

二、基本情况

投诉事项 1，中标的宏杉存储设备未通过 VMware 公司的“VVOLs 认证”，中软国际涉嫌通过人为改造、变造或其他手段提供虚假的认证网站截图谋取中标。投诉事项 2，中标的联想服务器最多支持的硬盘架数不满足招标文件“硬盘架数最大支持≥23”的要求，中软国际涉嫌虚假应标。本机关依法受理调查，并作出了投诉处理决定。

三、处理结果

关于投诉事项 1，经审查，中软国际投标文件中提供的“宏杉科技虚拟化软件产品认证”证明材料中记载“VMware VVols：通过认证”，而杭州宏杉科技有限公司在回复材料中表示其产品尚未通过 VMware 官方认证。中软国际投标文件中提供的“宏杉科技虚拟化软件产品认证”证明材料属于虚假材料。

关于投诉事项 2，经审查，招标文件只规定“硬盘架数最大支持≥23”，并未明确要求中标产品实配硬盘架数最大支持≥23 个，中标产品通过升级最大可支持 32 个硬盘架，满足招标文件要求。

综上，本机关作出处理决定如下：

根据《中华人民共和国政府采购法》第七十七条第二款规定，投诉事项1成立，中软国际中标无效。

根据《政府采购供应商投诉处理办法》（财政部令第20号）第十七条第一款第（二）项，投诉事项2缺乏事实依据，驳回投诉。

对中软国际提供虚假材料谋取中标的行为将另行处理。

2017年3月3日

中华人民共和国财政部政府采购信息公告（第四百一十六号）

根据《政府采购信息公告管理办法》（财政部令第19号）的相关规定，现将本机关对“天津出入境检验检疫局协议供货仪器设备采购二次竞谈项目”第1包（招标编号：TC160S5W1）的举报案作出的处理决定公告如下：

一、相关当事人名称

当事人1：天津新迈科技有限公司（以下简称新迈科技）

地址：天津市河西区咸水沽镇举兴道7号1号楼502－6

当事人2：天津出入境检验检疫局

地址：天津市河西区浦口道6号

当事人3：中招国际招标有限公司

地址：北京市海淀区皂君庙14号院9号楼512室

二、基本情况

举报人反映成交供应商新迈科技提供的医疗器械注册证经查是其他公司的，新迈科技涉嫌提供虚假材料谋取成交。本机关依法受理，对举报事项进行了调查取证，并依法作出了监督检查处理决定。

三、处理结果

关于举报事项，经审查，新迈科技在谈判文件中提供的医疗器械注册证复印件记录的注册企业及注册产品信息，均与国家食品药品监督管理总局提供的医疗器械注册档案所记载的信息不一致，其行为属于《中华人民共和国政府采购法》第七十七条第一款第（一）项规定的“提供虚假材料谋取成交”。

综上，本机关作出处理决定如下：

根据《中华人民共和国政府采购法》第七十七条第二款的规定，决定本项目成交无效。

对新迈科技以虚假材料谋取成交的行为另行处罚。

2017年3月3日

中华人民共和国财政部政府采购信息公告（第四百一十七号）

根据《政府采购信息公告管理办法》（财政部令第19号）的相关规定，现将本机关对“中国地质科学院监控系统重建”（招标编号：GC－HG4161735）作出的投诉处理决定公告如下：

一、相关当事人名称

投诉人：北京中闰建设有限公司

地址：北京市海淀区复兴路甲23号城乡华懋写字楼十层1030

被投诉人：中央国家机关政府采购中心

地址：北京市西城区西直门内大街西章胡同9号院

相关供应商：北京时代恒安技术服务有限责任公司

地址：北京市海淀区板井路69号世纪金源国际公寓西区6单元9B室

二、基本情况

投诉人北京中闰建设有限公司因对被投诉人中央国家机关政府采购中心就本项目作出的质疑答复不满，向本机关提起投诉。投诉事项为：招标文件要求提供“全景一体式网络高清摄像机”的公安部型式检验报告，时代恒安投标产品生产商深圳市同为数码科技股份有限公司没有该产品，也没有检验报告，时代恒安未提供符合招标文件要求的检验报告，中标应无效。本机关依法受理调查，并作出了投诉处理决定。

三、处理结果

经审查，时代恒安提供的“全景一体式网络高清摄像机”是湖南源信光电科技股份有限公司的产品，并非深圳同为的产品，同时按招标文件要求提供了检验报告。投诉事项缺乏事实依据。

综上，本机关作出处理决定如下：

根据《政府采购供应商投诉处理办法》（财政部令第20号）第十七条第（二）项规定，投诉事项缺乏事实依据，驳回投诉。

2017年3月3日

中华人民共和国财政部政府采购信息公告（第四百一十八号）

根据《政府采购信息公告管理办法》（财政部令第 19 号）的相关规定，现将本机关对“海关总署物资装备采购中心 2016 年集装箱、车辆检查系统（重新招标）采购项目”（以下称本项目，项目编号：HG16GK－A0106－D128）举报案作出的处理决定公告如下：

一、相关当事人名称

当事人：北京君和信达科技有限公司
地址：北京市西城区新街口外大街 8 号 12 幢 103 号

二、基本情况

举报人反映北京君和信达科技有限公司在本项目第 01、02、03、04、05、07、08 包投标文件中提供的检测报告涉嫌造假。本机关依法进行了监督检查，并作出了处理决定。

三、处理结果

关于举报事项，举报人认为北京君和信达科技有限公司在投标文件中提供检测报告涉嫌造假的问题。经与检测机构提供的检测报告进行核对，北京君和信达科技有限公司在投标文件中提供的检测报告并无虚假，举报事项缺乏事实依据。

综上，本机关作出处理决定如下：

举报事项不成立。

2017 年 3 月 3 日

中华人民共和国财政部政府采购信息公告（第四百一十九号）

根据《政府采购信息公告管理办法》（财政部令第 19 号）的相关规定，现将本机关对中机国际招标有限公司的违法违规行为作出的行政处罚决定公告如下：

<！ – –〔if ！ supportLists〕– – >一、<！ – –〔endif〕– – >相关当事人

一、相关当事人名称

当事人：中机国际招标有限公司
地址：北京市丰台区西三环中路 90 号通用技术大厦 701

二、基本情况

本机关依法对“环境保护部信息中心生态环境大数据 2016 年度建设项目环保云建

设—云管理平台（一期）”（项目编号：0702 – 1641CITC2127）（以下称本项目）举报案监督检查处理过程中，发现中机国际招标有限公司存在未按规定程序组织评审的行为。

三、处罚结果

根据《中华人民共和国政府采购法实施条例》第六十八条第一款第（一）项规定，本机关决定对中机国际招标有限公司作出警告的行政处罚。

2017 年 3 月 3 日

中华人民共和国财政部政府采购信息公告（第四百二十号）

根据《政府采购信息公告管理办法》（财政部令第 19 号）的相关规定，现将本机关对“国家知识产权局专利局智能辅助检索等业务系统建设网络及存储环境采购项目”（项目编号：GC – HG4161498）作出的投诉处理决定公告如下：

一、相关当事人名称

投诉人：神州数码系统集成服务有限公司

地址：北京市海淀区苏州街 16 号神州数码大厦 6 层

被投诉人：中央国家机关政府采购中心

地址：北京市西城区西直门内大街西章胡同 9 号院

相关供应商：长城计算机软件与系统有限公司（以下简称长城公司）

地址：北京市海淀区中关村东路 66 号甲 1 号楼 17 – 19 层

二、基本情况

投诉人神州数码系统集成服务有限公司（以下称“投诉人”）因对被投诉人中央国家机关政府采购中心就本项目作出的质疑答复不满，向本机关提起投诉。投诉事项为：1. 长城公司内网交换机中标产品迈普 MyPower S12800 – 12 不满足招标文件第一包“实配万兆电口≥24”的规定。2. 长城公司 DMZ 区接入交换机中标产品迈普 MyPower S5820 – 52F 不满足招标文件第一包“实配 24 个千兆电口，支持 1 个扩展插槽”的规定。本机关依法受理调查，并作出了投诉处理决定。

三、处理结果

关于投诉事项 1，经审查，招标文件关于内网交换机万兆电口数量要求为“实配”，长城公司通过“万兆 SFP + 光转电口”的方式提供 24 个万兆电口，长城公司投标产品采用转口的方式不满足招标文件需求。

关于投诉事项 2，经审查，招标文件关于 DMZ 区接入交换机千兆电口数量的要求为

“实配”，长城公司通过“万兆 SFP + 光口插千兆电口模块”的方式提供 24 个千兆电口，长城公司投标产品采用转口的方式不满足招标文件需求。

综上，本机关作出处理决定如下：

根据《政府采购供应商投诉处理办法》（财政部令 20 号）第十七条第一款第（三）项的规定，投诉事项成立，长城公司不符合招标文件的实质性要求。

2017 年 4 月 14 日

中华人民共和国财政部政府采购信息公告（第四百二十一号）

根据《政府采购信息公告管理办法》（财政部令第 19 号）的相关规定，现将本机关对“海关总署 2016 年金关工程二期所需 PC 服务器设备（重新招标）采购项目”（项目编号：HG16GK - A0000 - D142）投诉案作出的处理决定公告如下：

一、相关当事人名称

投诉人：北京瑞智汇通科技有限公司

地址：北京市海淀区中街 16 号 A 座 1805 室

被投诉人：海关总署物资装备采购中心

地址：北京市建国门内 6 号

二、基本情况

投诉事项 1. 招标文件要求提供“计算机信息系统集成二级（含）以上资质证书”，是以不合理条件对供应商实行差别或歧视待遇。2. 招标文件要求投标人提供所投服务器制造商获得的“国家信息安全测评信息安全服务资质证书”，是以不合理条件对供应商实行差别或歧视待遇。本机关依法进行了调查，并作出了处理决定。本机关依法进行了调查，并作出了处理决定。

三、处理结果

关于投诉事项 1，经审查，招标文件虽然要求提供“计算机信息系统集成二级（含）以上资质证书”，但只设置为评分项，且分值不高，并未将其作为实质性条款，不构成以不合理条件对供应商实行差别或歧视待遇。

关于投诉事项 2，经审查，招标文件要求投标人提供所投服务器制造商获得的“国家信息安全测评信息安全服务资质证书”，属于采购人根据项目的特殊要求规定供应商的特定条件，不构成以不合理条件对供应商实行差别或歧视待遇。

综上，本机关作出处理决定如下：

根据《政府采购供应商投诉处理办法》（财政部令第 20 号）第十七条第一款第（二）

项，投诉事项 1，2 均缺乏事实依据，驳回投诉。

2017 年 4 月 14 日

中华人民共和国财政部政府采购信息公告（第四百二十二号）

根据《政府采购信息公告管理办法》（财政部令第 19 号）的相关规定，现将本机关对“海关总署 2016 年金关工程二期所需 PC 服务器设备（重新招标）采购项目”（项目编号：HG16GK－A0000－D142）投诉案作出的处理决定公告如下：

一、相关当事人名称

投诉人：华建暖星（北京）科技有限公司

地址：北京市朝阳区望京街 10 号方恒时代 B 座 1201 室

被投诉人：海关总署物资装备采购中心

地址：北京市建国门内 6 号

二、基本情况

投诉事项 1. 招标文件要求提供“计算机信息系统集成二级（含）以上资质证书”，是以不合理条件对供应商实行差别或歧视待遇。2. 招标文件要求投标人提供所投服务器制造商获得的“国家信息安全测评信息安全服务资质证书”，是以不合理条件对供应商实行差别或歧视待遇。本机关依法进行了调查，并作出了处理决定。

三、处理结果

关于投诉事项 1，经审查，招标文件虽然要求提供“计算机信息系统集成二级（含）以上资质证书”，但只设置为评分项，且分值不高，并未将其作为实质性条款，不构成以不合理条件对供应商实行差别或歧视待遇。

关于投诉事项 2，经审查，招标文件要求投标人提供所投服务器制造商获得的“国家信息安全测评信息安全服务资质证书”，属于采购人根据项目的特殊要求规定供应商的特定条件，不构成以不合理条件对供应商实行差别或歧视待遇。

综上，本机关作出处理决定如下：

根据《政府采购供应商投诉处理办法》（财政部令第 20 号）第十七条第一款第（二）项，投诉事项 1，2 均缺乏事实依据，驳回投诉。

2017 年 4 月 14 日

中华人民共和国财政部政府采购信息公告（第四百二十三号）

根据《政府采购信息公告管理办法》（财政部令第 19 号）的相关规定，现将本机关对“风云四号科研试验卫星地面应用系统工程计算机网络系统总集成项目”（以下称本项目，项目编号：ZQC－R16104）作出的投诉处理决定公告如下：

一、相关当事人名称

投诉人：北京华胜天成科技股份有限公司（以下称“投诉人”）

地址：北京市海淀区学清路 8 号科技财富中心 A 座 11 层

被投诉人：中国气象局政府采购中心（以下简称采购中心）

地址：北京市海淀区中关村南大街 46 号中国气象局南区 19 号楼中国气象局资产管理事务中心（政府采购中心 209 或 211 室）

相关供应商：中科软科技股份有限公司（以下简称中科软）

地址：北京市海淀区中关村新科祥园甲 6 号楼

二、基本情况

投诉人因对采购中心就本项目作出的质疑答复不满，向本机关提起投诉。投诉事项为：中科软于 2016 年 8 月 22 日中标的另一个项目“风云四号 A 星地面应用系统联调联试支撑平台 PC 服务器采购项目”（以下简称 PC 服务器采购项目）是本项目前期建设的一部分，中科软提前获知了本项目的关键信息，具有优势，违反了《中华人民共和国政府采购法》公平竞争原则和《财政部关于信息系统建设项目采购有关问题的通知》（财库〔2011〕59 号）的规定，应取消中科软投标人及中标人资格。本机关依法受理调查，并作出了处理决定。

三、处理结果

经查，PC 服务器采购项目采购的是货物，采购内容主要为 X86 PC 服务器设备。本项目采购的是计算机网络系统的集成服务，目的是将风云四号科研试验卫星地面应用系统所有的 IT 相关软硬件集成在气象卫星应用系统基础支撑平台。本项目尚未采购设备，不能认定 PC 服务器采购项目是本项目的前期工作，也不属于财库〔2011〕59 号规定的情形。投诉人的投诉理由缺乏事实依据。

综上，本机关作出处理决定如下：

根据《政府采购供应商投诉处理办法》（财政部令第 20 号）第十七条第（二）项的规定，投诉事项缺乏事实依据，决定驳回投诉。

2017 年 4 月 14 日

中华人民共和国财政部政府采购信息公告（第四百二十四号）

根据《政府采购信息公告管理办法》（财政部令第 19 号）的相关规定，现将本机关对“国家体育总局冬季运动管理中心夜景照明灯及串灯项目”（项目编号：ZB2016/34）投诉案作出的处理决定公告如下：

一、相关当事人名称

投诉人：上海渝雯照明工程有限公司
地址：上海市奉贤区大叶公路 6978 号 2 幢 511－512 室
被投诉人：国家体育总局装备中心（以下简称装备中心）
地址：北京市东城区体育馆路 3 号
相关供应商：北京应天海乐科技发展有限公司（以下简称应天海乐）
地址：北京市海淀区清河安宁庄东路 18 号楼一层 A

二、基本情况

投诉人上海渝雯照明工程有限公司（以下称投诉人）因对被投诉人装备中心就本项目作出的质疑答复不满，向本机关提起投诉。投诉事项为：1. 应天海乐报价清单第 4 项和第 22 项报价为 0，低于成本价，存在不正当竞争嫌疑。2. 应天海乐中标产品总体价格低，影响产品质量及质保期。3. 应天海乐投标的 LED12W 线条灯和 LED24W 洗墙灯不符合招标文件关于防水等级为 IP68 的技术要求。4. 应天海乐投标的产品并非东莞勤上光电股份有限公司（以下简称勤上公司）产品。5. 应天海乐报价清单不符合招标文件综合单价报价的要求。6. 应天海乐虚假承诺施工工期。本机关依法受理调查，并作出了投诉处理决定。

三、处理结果

关于投诉事项 1，经审查，本项目投标价应是本包内投标货物及相关服务全部费用的报价，评标委员会认为各投标人报价中已合理包含了验收服务费，未发现评标委员会评审过程存在违法违规行为。投诉事项缺乏事实依据。

关于投诉事项 2，经审查，应天海乐投标文件对“免费质保期”的应答为“满足”，并提供了产品售后服务承诺书及产品制造商勤上公司的质保承诺函。投诉事项缺乏事实依据。

关于投诉事项 3，经审查，因采购人的工作失误，原招标文件一共 6 处规定防水等级为 IP68，更正公告将其中 3 处更改为 IP66，有 3 处仍为 IP68。由于采购文件中关于产品防水等级的要求不一致，参加投标的供应商范围和所投产品的型号及报价也不同，直接影响评审环节，对采购结果造成了影响。

关于投诉事项 4，经审查，应天海乐提供了勤上公司的制造厂商授权函和供货承诺书。投诉事项缺乏事实依据。

关于投诉事项5，经审查，本项目投标价应是本包内投标货物及相关服务全部费用的报价，评标委员会认为各投标人报价中已合理包含了验收服务费，未发现评标委员会评审过程存在违法违规行为。投诉事项缺乏事实依据。

关于投诉事项6，经审查，应天海乐投标文件中列出了具体施工进度计划，符合招标文件中对工期的要求。投诉事项缺乏事实依据。

综上，本机关作出处理决定如下：

根据《政府采购供应商投诉处理办法》（财政部令第20号）第十七条第（二）项规定，投诉事项1、2、4、5、6缺乏事实依据，驳回投诉。

关于投诉事项3，根据《中华人民共和国政府采购法》第三十六条第一款第（二）项规定，责令采购人废标。

针对本项目招标文件和更正公告编制不规范问题，责令装备中心进行整改。

2017年4月14日

中华人民共和国财政部政府采购信息公告（第四百二十五号）

根据《政府采购信息公告管理办法》（财政部令第19号）的相关规定，现将本机关对北京建智达工程管理股份有限公司作出的行政处罚决定公告如下：

一、相关当事人

当事人：北京建智达工程管理股份有限公司（以下简称“建智达公司”）

地址：北京市丰台区海鹰路1号院2号楼五层

二、基本情况

本机关在依法对“北京大学人民医院ICU护理车、治疗车采购项目”（招标编号：2016DL163－F003）举报案监督检查处理中，发现建智达公司未按照《中华人民共和国政府采购法》等相关法律法规的规定开展采购活动。具体包括：将业绩作为投标人资格条件，并将该资格条件列为评分因素；未按政府采购法及其实施条例编制“评标办法”；招标文件未对中小企业产品给予价格优惠；招标文件要求投标人提交的投标保证金超过采购项目预算金额的2%。

三、处理结果

根据《中华人民共和国政府采购法》第七十一条第（三）项及《中华人民共和国政府采购法实施条例》第六十六条第一款、第六十八条第（一）项、第（三）项的规定，本机关决定对建智达公司作出警告、罚款1万元的行政处罚。

2017年4月17日

中华人民共和国财政部政府采购信息公告（第四百二十六号）

根据《政府采购信息公告管理办法》（财政部令第 19 号）的相关规定，现将本机关对国家中药品种保护审评委员会作出的行政处罚决定公告如下：

一、相关当事人

当事人：国家中药品种保护审评委员会
地址：北京市丰台区南四环西路 188 号 11 区 15 号楼

二、基本情况

本机关依法对“国家中药品种保护审评委员会保健食品注册与备案管理系统项目”（项目编号：TXJ－010－2016138）投诉处理过程中，发现国家中药品种保护审评委员会在招标文件中将“计算机系统集成贰级（含）以上资质”作为投标人资格条件，构成对供应商实行差别待遇或者歧视待遇，以及未在法定期限内在评审报告推荐的中标候选人中按顺序确定中标人的行为。

三、处罚结果

根据《中华人民共和国政府采购法》第七十一条第（三）项、《中华人民共和国政府采购法实施条例》第六十七条第（三）项规定，本机关决定对国家中药品种保护审评委员会作出警告的行政处罚。

2017 年 4 月 17 日

中华人民共和国财政部政府采购信息公告（第四百二十七号）

根据《政府采购信息公告管理办法》（财政部令第 19 号）的相关规定，现将本机关对“2016 年集装箱、车辆检查系统（重新招标）采购项目第 05 包”（以下称本项目，项目编号：HG16GK－A0106－D128）作出的投诉处理决定公告如下：

一、相关当事人名称

投诉人：同方威视技术股份有限公司
地址：北京市海淀区双清路同方大厦 A 座 2 层
被投诉人：海关总署物资装备采购中心

地址：北京市建国门内 6 号
相关供应商：北京君和信达科技有限公司（以下称君和信达）
地址：北京市西城区新街口外大街 8 号 12 幢 103 号

二、基本情况

投诉人同方威视技术股份有限公司（以下称投诉人）因对被投诉人海关总署物资装备采购中心（以下简称海关采购中心）就本项目作出的质疑答复不满，向本机关提起投诉。投诉事项为：1. 根据中标公告，中标货物的制造商为西安优派电子科技有限公司（以下简称西安优派），售后服务的制造商为君和信达，不符合招标文件中关于提供“★所投产品的制造商售后服务承诺函”的实质性要求。2. 君和信达低于成本价进行不正当商业竞争。

三、处理结果

关于投诉事项 1，经审查，君和信达提交的投标文件中，“售后服务承诺函”落款处“制造商名称”为“西安优派电子科技有限公司”，并盖有西安优派公章，符合招标文件关于提供产品制造商售后服务承诺函的实质性要求，投诉事项缺乏事实依据。

关于投诉事项 2，经审查，评标委员会认为君和信达投标报价满足招标文件要求，未发现评标委员会评审过程存在违法违规行为。投诉人以君和信达 2012 年出口马来西亚的海关报关价及投诉人测算的货物价格为由，认为君和信达低于成本价进行不正当竞争，缺乏事实依据。

综上，本机关作出处理决定如下：

根据《政府采购供应商投诉处理办法》（财政部令第 20 号）第十七条第（二）项规定，投诉事项 1、2 缺乏事实依据，驳回投诉。

2017 年 4 月 17 日

中华人民共和国财政部政府采购信息公告（第四百二十八号）

根据《政府采购信息公告管理办法》（财政部令第 19 号）的相关规定，现将本机关对天行健国际招标（北京）有限公司作出的行政处罚决定公告如下：

一、相关当事人名称

当事人：天行健国际招标（北京）有限公司
地址：北京市海淀区长春路 11 号万柳亿城中心 C1 座 3A03 室

二、基本情况

本机关依法对“国家中药品种保护审评委员会保健食品注册与备案管理系统项目”

(项目编号：TXJ－010－2016138）投诉处理过程中，发现天行健国际招标（北京）有限公司将“计算机系统集成贰级（含）以上资质”作为投标人资格条件，构成以不合理的条件对供应商实行差别待遇或者歧视待遇。

三、处罚结果

根据《中华人民共和国政府采购法》第七十一条第（三）项规定，本机关决定对天行健国际招标（北京）有限公司作出警告的行政处罚。

2017年4月17日

中华人民共和国财政部政府采购信息公告（第四百二十九号）

根据《政府采购信息公告管理办法》（财政部令第19号）的相关规定，现将本机关对“2016年集装箱、车辆检查系统（重新招标）采购项目第01包”（以下称本项目，项目编号：HG16GK－A0106－D128）作出的投诉处理决定公告如下：

一、相关当事人名称

投诉人：同方威视技术股份有限公司
地址：北京市海淀区双清路同方大厦A座2层
被投诉人：海关总署物资装备采购中心
地址：北京市建国门内6号
相关供应商：北京君和信达科技有限公司（以下称君和信达）
地址：北京市西城区新街口外大街8号12幢103号

二、基本情况

投诉人同方威视技术股份有限公司（以下称投诉人）因对被投诉人海关总署物资装备采购中心（以下简称海关采购中心）就本项目作出的质疑答复不满，向本机关提起投诉。投诉事项为：1. 根据中标公告，中标货物的制造商为西安优派电子科技有限公司（以下简称西安优派），售后服务的制造商为君和信达，不符合招标文件中要求提供“★所投产品的制造商售后服务承诺函”的实质性要求。2. 君和信达投标文件提供的“检查成像系统”检测报告不满足招标文件对主要设备的检测报告要求。3. 君和信达投标文件中提供的“检查成像系统”检测报告没有按照国家标准GB/T19211－2015中规定的扫描方式进行测试，不满足招标文件中第1.1项“产品须符合《辐射型货物和（或）车辆检查系统》（GB/T 19211－2015）”等有关标准和第2.1项“组合移动式检查系统（高清型）”中关于功能需求、扫描方式、辐射安全指标等技术的实质性要求。4. 君和信达所投产品未真实响应招标文件中第1.1条和2.1条的实质性要求。

三、处理结果

关于投诉事项1，经审查，君和信达提交的投标文件中，“售后服务承诺函”落款处“制造商名称”为“西安优派电子科技有限公司”，并盖有西安优派公章，符合招标文件关于提供产品制造商售后服务承诺函的实质性要求，投诉事项缺乏事实依据。

关于投诉事项2，经审查，君和信达投标文件中提交的检测报告的产品型号和所投产品型号一致，与检测机构提供的存档文件内容一致，符合招标文件关于检测报告的要求。投诉事项缺乏事实依据。

关于投诉事项3，经审查，该投诉事项实质上是对检测方式的异议，而招标文件关于检测报告的相关要求并不涉及检测方式，投诉人以此为由认为君和信达不满足招标文件实质性要求，缺乏事实依据。

关于投诉事项4，经审查，评标委员会认为投标人满足招标文件第1.1条和第2.1条的实质性要求，未发现评标委员会评审过程存在违法违规行为，投诉事项缺乏事实依据。

综上，本机关作出处理决定如下：

根据《政府采购供应商投诉处理办法》（财政部令第20号）第十七条第（二）项规定，投诉事项1、2、3、4缺乏事实依据，驳回投诉。

2017年4月17日

中华人民共和国财政部政府采购信息公告（第四百三十号）

根据《政府采购信息公告管理办法》（财政部令第19号）的相关规定，现将本机关对北京国际工程咨询公司作出的行政处罚决定公告如下：

一、相关当事人名称

当事人：北京国际工程咨询公司

地址：北京市西城区广安门外大街甲275号

二、基本情况

本机关在依法实施“2016年政府采购代理机构监督检查工作”中，发现你公司代理的部分政府采购项目中存在采购文件未列明政府强制或优先采购节能、环境标志产品要求的情形。

三、处理结果

北京国际工程咨询公司的上述行为违反了《财政部　国家发展改革委关于印发〈节能产品政府采购实施意见〉的通知》（财库〔2004〕185号）、《国务院办公厅关于建立政府强制采购节能产品制度的通知》（国办发〔2007〕51 号）、《财政部环保总局关于环境标志产品政府采购实施的意见》（财库〔2006〕90 号）的规定。根据《中华人民共和国政府采购法》第七十一条、《中华人民共和国政府采购法实施条例》第六十八条第（三）项的规定，本机关决定对你公司作出警告的行政处罚。

2017 年 4 月 17 日

中华人民共和国财政部政府采购信息公告（第四百三十一号）

根据《政府采购信息公告管理办法》（财政部令第 19 号）的相关规定，现将本机关对河南大河招标有限公司作出的行政处罚决定公告如下：

一、相关当事人名称

当事人：河南大河招标有限公司
地址：郑州市金水区城东路 112 号

二、基本情况

本机关在依法实施“2016 年政府采购代理机构监督检查工作”中，发现你公司被抽查的部分政府采购项目中存在采购文件设置供应商资格条件限制条款、采购文件未载明给予小微企业产品价格扣除的情形。

三、处理结果

河南大河招标有限公司的上述行为违反了《中华人民共和国政府采购法》第二十二条，《中华人民共和国政府采购法实施条例》第二十条、《政府采购促进中小企业发展暂行办法》（财库〔2011〕181 号）第三条、第五条的规定。根据《中华人民共和国政府采购法》第七十一条第（三）项、《中华人民共和国政府采购法实施条例》第六十八条第（三）项、《政府采购货物和服务招标投标管理办法》（财政部令第 18 号）第六十八条第（四）项的规定，本机关决定对你公司作出警告的行政处罚。

2017 年 4 月 17 日

中华人民共和国财政部政府采购信息公告（第四百三十二号）

根据《政府采购信息公告管理办法》（财政部令第 19 号）的相关规定，现将本机关

对北京华诚永信工程管理有限公司作出的行政处罚决定公告如下：

一、相关当事人名称

当事人：北京华诚永信工程管理有限公司
地址：北京市昌平区科技园区超前路6号四层402、405室

二、基本情况

本机关在依法实施“2016年政府采购代理机构监督检查工作”中，发现你公司被抽查的部分政府采购项目中存在采购文件未列明政府强制或优先采购节能、环境标志产品要求，采购文件未载明给予小微企业产品价格扣除，采购文件设置供应商资格条件限制条款的情形。

三、处理结果

北京华诚永信工程管理有限公司的上述行为违反了《中华人民共和国政府采购法》第二十二条，《中华人民共和国政府采购法实施条例》第二十条，《政府采购货物和服务招标投标管理办法》（财政部令第18号）第二十一条，《财政部　国家发展改革委关于印发〈节能产品采购实施意见〉的通知》（财库〔2004〕185号），《财政部　环保总局关于环境标志产品政府采购实施的意见》（财库〔2006〕90号），《国务院办公厅关于建立政府强制采购节能产品制度的通知》（国发办〔2007〕51号），《政府采购促进中小企业发展暂行办法》（财库〔2011〕181号）第三条、第五条的规定。根据《中华人民共和国政府采购法》第七十一条第（三）项，《中华人民共和国政府采购法实施条例》第六十八条第（三）项、《政府采购货物和服务招标投标管理办法》（财政部令第18号）第六十八条第（四）项的规定，本机关决定对你公司作出警告的行政处罚。

2017年4月17日

中华人民共和国财政部政府采购信息公告（第四百三十三号）

根据《政府采购信息公告管理办法》（财政部令第19号）的相关规定，现将本机关对中煤招标有限责任公司作出的行政处罚决定公告如下：

一、相关当事人名称

当事人：中煤招标有限责任公司
地址：北京市朝阳区黄寺大街1号

二、基本情况

本机关在依法实施“2016年政府采购代理机构监督检查工作”中，发现你公司被抽

查的部分政府采购项目中存在未按规定期限发布政府采购信息更正公告的情形。

三、处理结果

中煤招标有限责任公司的上述行为违反了《中华人民共和国政府采购法》第十一条、《政府采购货物和服务招标投标管理办法》（财政部令第 18 号）第二十七条的规定。根据《政府采购信息公告管理办法》（财政部令第 19 号）第三十条第（五）项的规定，本机关决定对你公司作出警告的行政处罚。

2017 年 4 月 17 日

中华人民共和国财政部政府采购信息公告（第四百三十四号）

根据《政府采购信息公告管理办法》（财政部令第 19 号）的相关规定，现将本机关对中盛隆国际招标（北京）有限公司作出的行政处罚决定公告如下：

一、相关当事人名称

当事人：中盛隆国际招标（北京）有限公司

地址：北京市海淀区紫竹院路 81 号院 3 号楼 15 层 1502 室

二、基本情况

本机关在依法实施“2016 年政府采购代理机构监督检查工作”中，发现你公司代理的部分政府采购项目中存在采购文件未列明政府强制或优先采购节能、环境标志产品要求，采购文件未载明给予小微企业产品价格扣除，采购文件设置供应商资格条件限制条款，集中采购目录内项目委托社会代理机构，未按规定期限发布政府采购信息公告的情形。

三、处理结果

中盛隆国际招标（北京）有限公司的上述行为违反了《中华人民共和国政府采购法》第十一条、第十八条、第二十二条、第七十四条，《中华人民共和国政府采购法实施条例》第二十条，《政府采购货物和服务招标投标管理办法》（财政部令第 18 号）第二十七条、第七十二条，《财政部　国家发展改革委关于印发〈节能产品政府采购实施意见〉的通知》（财库〔2004〕185 号），《国务院办公厅关于建立政府强制采购节能产品制度的通知》（国办发〔2007〕51 号），《财政部环保总局关于环境标志产品政府采购实施的意见》（财库〔2006〕90 号），《政府采购促进中小企业发展暂行办法》（财库〔2011〕181 号）第五条，《国务院办公厅关于印发中央预算单位 2015 ~ 2016 年政府集中采购目录及标准的通知》（国办发〔2014〕53 号）的规定。根据《中华人民共和国政府采购法》第七十一条第（三）项，《中华人民共和国政府采购法实施条例》第六十八条第（一）项、第（三）项、第（七）项，《政府采购货物和服务招标投标管理办法》（财政部令第 18 号）第六十八条第（四）项，《政府采购信息公告管理办法》（财政部令第 19 号）第三十条第（五）项的规定，本机关决定对你公司作出警告的行政处罚。

2017 年 4 月 17 日

中华人民共和国财政部政府采购信息公告（第四百三十五号）

根据《政府采购信息公告管理办法》（财政部令第 19 号）的相关规定，现将本机关对河南省机电设备国际招标有限公司作出的行政处罚决定公告如下：

一、相关当事人名称

当事人：河南省机电设备国际招标有限公司

地址：郑州市东明路 187 号

二、基本情况

本机关在依法实施“2016 年政府采购代理机构监督检查工作”中，发现你公司被抽查的部分政府采购项目中存在采购文件设置供应商资格条件限制条款，采购文件未载明给予小微企业产品价格扣除，采购文件未列明政府强制或优先采购节能、环境标志产品要求，未从财政部门设立的政府采购专家库中抽取专家，未按照政府采购法及实施条例规定的方式实施采购的情形。

三、处理结果

河南省机电设备国际招标有限公司的上述行为违反了《中华人民共和国政府采购法》第二条、第二十二条，《中华人民共和国政府采购法实施条例》第二条、第二十条、第三十九条，《政府采购货物和服务招标投标管理办法》（财政部令第 18 号）第四十八条，《政府采购促进中小企业发展暂行办法》（财库〔2011〕181 号）第五条，《财政部　国家发展改革委关于印发〈节能产品政府采购实施意见〉的通知》（财库〔2004〕185 号），《财政部　环保总局关于环境标志产品政府采购实施的意见》（财库〔2006〕90 号），《国务院办公厅关于建立政府强制采购节能产品制度的通知》（国办发〔2007〕51 号）的规定。根据《中华人民共和国政府采购法》第七十一条第（三）项，《中华人民共和国政府采购法实施条例》第六十八条第（一）项、第（三）项、第（五）项，《政府采购货物和服务招标投标管理办法》（财政部令第 18 号）第六十八条第（四）项、第（五）项的规定，本机关决定对你公司作出警告的行政处罚。

2017 年 4 月 17 日

中华人民共和国财政部政府采购信息公告（第四百三十六号）

根据《政府采购信息公告管理办法》（财政部令第 19 号）的相关规定，现将本机关对山西省招标有限公司作出的行政处罚决定公告如下：

一、相关当事人名称

当事人：山西省招标有限公司
地址：太原市杏花岭区建设北路 108 号

二、基本情况

本机关在依法实施“2016 年政府采购代理机构监督检查工作”中，发现你公司被抽查的部分政府采购项目中存在采购文件未列明政府强制或优先采购节能、环境标志产品要求，采购文件未载明给予小微企业产品价格扣除的情形。

三、处理结果

山西省招标有限公司的上述行为违反了《财政部　国家发展改革委关于印发〈节能产品采购实施意见〉的通知》（财库〔2004〕185 号）、《财政部　环保总局关于环境标志产品政府采购实施的意见》（财库〔2006〕90 号）、《国务院办公厅关于建立政府强制采购节能产品制度的通知》（国发办〔2007〕51 号）、《政府采购促进中小企业发展暂行办法》（财库〔2011〕181 号）第五条的规定。根据《中华人民共和国政府采购法》第七十一条、《中华人民共和国政府采购法实施条例》第六十八条第（三）项的规定，本机关决定对你公司作出警告的行政处罚。

2017 年 4 月 17 日

中华人民共和国财政部政府采购信息公告（第四百三十七号）

根据《政府采购信息公告管理办法》（财政部令第 19 号）的相关规定，现将本机关对山西重力工程咨询有限公司作出的行政处罚决定公告如下：

一、相关当事人名称

当事人：山西重力工程咨询有限公司
地址：太原市小店区亲贤北街 31 号 23 幢 5 层 8 号

二、基本情况

本机关在依法实施“2016年政府采购代理机构监督检查工作”中，发现你公司被抽查的部分政府采购项目中存在采购文件未载明给予小微企业产品价格扣除的情形。

三、处理结果

山西重力工程咨询有限公司的上述行为违反了《政府采购促进中小企业发展暂行办法》（财库〔2011〕181号）第五条的规定。根据《中华人民共和国政府采购法》第七十一条、《中华人民共和国政府采购法实施条例》第六十八条第（三）项的规定，本机关决定对你公司作出警告的行政处罚。

2017年4月17日

中华人民共和国财政部政府采购信息公告（第四百三十八号）

根据《政府采购信息公告管理办法》（财政部令第19号）的相关规定，现将本机关对中航材国际招标有限公司作出的行政处罚决定公告如下：

一、相关当事人名称

当事人：中航材国际招标有限公司

地址：北京顺义空港工业区天柱路乙8号

二、基本情况

本机关在依法实施“2016年政府采购代理机构监督检查工作”中，发现你公司被抽查的部分政府采购项目中存在采购文件设置供应商资格条件限制条款、采购文件未载明给予小微企业产品价格扣除的情形。

三、处理结果

中航材国际招标有限公司的上述行为违反了《中华人民共和国政府采购法》第二十二条，《中华人民共和国政府采购法实施条例》第二十条，《政府采购促进中小企业发展暂行办法》（财库〔2011〕181号）第三条、第五条的规定。根据《中华人民共和国政府采购法》第七十一条第（三）项、《中华人民共和国政府采购法实施条例》第六十八条第（三）项、《政府采购货物和服务招标投标管理办法》（财政部令第18号）第六十八条第（四）项的规定，本机关决定对你公司作出警告的行政处罚。

2017年4月17日

中华人民共和国财政部政府采购信息公告（第四百三十九号）

根据《政府采购信息公告管理办法》（财政部令第 19 号）的相关规定，现将本机关对西北（陕西）国际招标有限公司作出的行政处罚决定公告如下：

一、相关当事人名称

当事人：西北（陕西）国际招标有限公司

地址：陕西省西安市碑林区长安北路 14 号省政务大厅三层

二、基本情况

本机关在依法实施“2016 年政府采购代理机构监督检查工作”中，发现你公司代理的部分政府采购项目中存在采购文件未列明政府强制或优先采购节能、环境标志产品要求，采购文件未载明给予小微企业产品价格扣除，采购文件设置供应商资格条件限制条款的情形。

三、处理结果

西北（陕西）国际招标有限公司的上述行为违反了《中华人民共和国政府采购法》第二十二条、《中华人民共和国政府采购法实施条例》第二十条、《财政部国家发展改革委关于印发〈节能产品政府采购实施意见〉的通知》（财库〔2004〕185 号）、《国务院办公厅关于建立政府强制采购节能产品制度的通知》（国办发〔2007〕51 号）、《财政部环保总局关于环境标志产品政府采购实施的意见》（财库〔2006〕90 号）、《政府采购促进中小企业发展暂行办法》（财库〔2011〕181 号）第五条的规定。根据《中华人民共和国政府采购法》第七十一条第（三）项、《中华人民共和国政府采购法实施条例》第六十八条第（三）项、《政府采购货物和服务招标投标管理办法》（财政部令第 18 号）第六十八条第（四）项的规定，本机关决定对你公司作出警告的行政处罚。

2017 年 4 月 17 日

中华人民共和国财政部政府采购信息公告（第四百四十号）

根据《政府采购信息公告管理办法》（财政部令第 19 号）的相关规定，现将本机关对陕西正大招标有限公司作出的行政处罚决定公告如下：

一、相关当事人名称

当事人：陕西正大招标有限公司

地址：陕西省西安市碑林区友谊西路476号

二、基本情况

本机关在依法实施“2016年政府采购代理机构监督检查工作”中，发现你公司代理的部分政府采购项目中存在未从财政部门设立的政府采购专家库中抽取专家的情形。

三、处理结果

陕西正大招标有限公司的上述行为违反了《中华人民共和国政府采购法实施条例》第三十九条、《政府采购货物和服务招标投标管理办法》（财政部令第18号）第四十八条的规定。根据《中华人民共和国政府采购法》第七十一条、《中华人民共和国政府采购法实施条例》第六十八条第（五）项的规定，本机关决定对你公司作出警告的行政处罚。

2017年4月17日

中华人民共和国财政部政府采购信息公告（第四百四十一号）

根据《政府采购信息公告管理办法》（财政部令第19号）的相关规定，现将本机关对云南菲迪克招标有限公司的违法违规行为作出的行政处罚决定公告如下：

一、相关当事人

当事人：云南菲迪克招标有限公司
地址：昆明市高新区黄土坡立交桥西口金泰国际9栋5楼B区

二、基本情况

本机关在依法对“南方森林航空消防航行管制系统建设项目”（招标编号：FDK－D163664）投诉案调查处理中，发现云南菲迪克招标有限公司未按照《中华人民共和国政府采购法》等相关法律法规的规定开展采购活动。具体包括未按政府采购法及其实施条例编制“评标办法”、未从政府采购评审专家库中抽取专家、招标文件未对中小企业产品给予价格优惠。本机关依法进行了调查取证，现已审查终结。

三、处罚结果

根据《中华人民共和国政府采购法》第七十一条、第七十八条及《中华人民共和国政府采购法实施条例》第六十八条的规定，本机关决定对云南菲迪克招标有限公司作出罚款5000元，在一年内禁止代理政府采购业务的行政处罚。

2017年4月17日

中华人民共和国财政部政府采购信息公告（第四百四十二号）

根据《政府采购信息公告管理办法》（财政部令第19号）的相关规定，现将本机关对北京时代科安保安服务有限公司作出的行政处罚决定公告如下：

一、相关当事人名称

当事人：北京时代科安保安服务有限公司（以下简称“时代科安”）

地址：北京市昌平区城北街道朝凤庵村北

二、基本情况

本机关在依法对关于“2016中央民族大学大学保安服务项目”（项目编号GC－FG160483）举报案调查处理中，发现时代科安投标文件提供的“北京中医药大学保安服务合同”与“中国劳动关系学院保安服务合同”为虚假材料，上述行为属于《中华人民共和国政府采购法》第七十七条第一款第（一）项规定的“提供虚假材料谋取中标、成交的”情形。

三、处理结果

根据《中华人民共和国政府采购法》第七十七条第一款第（一）项的规定，本机关决定对时代科安作出罚款60372元，列入不良行为记录名单，一年内禁止参加政府采购活动的行政处罚。

2017年4月17日

中华人民共和国财政部政府采购信息公告（第四百四十三号）

根据《政府采购信息公告管理办法》（财政部令第19号）的相关规定，现将本机关对河南省国贸招标有限公司作出的行政处罚决定公告如下：

一、相关当事人名称

当事人：河南省国贸招标有限公司

地址：郑州市金水区农业路72号2号楼3层301号

二、基本情况

本机关在依法实施“2016年政府采购代理机构监督检查工作”中，发现你公司被抽查的部分政府采购项目中存在采购文件设置供应商资格条件限制条款、采购文件未载明给予小微企业产品价格扣除、未从财政部门设立的政府采购专家库中抽取专家的情形。

三、处理结果

河南省国贸招标有限公司的上述行为违反了《中华人民共和国政府采购法》第二十二条，《中华人民共和国政府采购法实施条例》第二十条、第三十九条，《政府采购非招标采购方式管理办法》（财政部令第74号）第七条，《政府采购促进中小企业发展暂行办法》（财库〔2011〕181号）第五条的规定。根据《中华人民共和国政府采购法》第七十一条第（三）项，《中华人民共和国政府采购法实施条例》第六十八条第（三）项、第（五）项，《政府采购货物和服务招标投标管理办法》（财政部令第18号）第六十八条第（四）项的规定，本机关决定对你公司作出警告的行政处罚。

2017年4月17日

中华人民共和国财政部政府采购信息公告（第四百四十四号）

根据《政府采购信息公告管理办法》（财政部令第19号）的相关规定，现将本机关对“江苏省国家税务局系统普通发票定点印刷项目”（以下称本项目，项目编号：JSZC－G2016－437）作出的投诉处理决定公告如下：

一、相关当事人名称

投诉人：淮安财经印刷厂（以下称投诉人）
地址：淮安市枚乘东路8号
被投诉人：江苏省国家税务局（以下简称江苏国税）
地址：江苏省南京市中山北路55号

二、基本情况

投诉人因对江苏国税就本项目作出的质疑答复不满，向本机关提起投诉。投诉事项为：1. 评标委员会在评标中有明显的不合理和不正当倾向性，对投诉人和江苏徐州新华印刷厂（以下简称徐州新华）（联合体）采取了差别待遇和歧视待遇。2. 江苏国税对投诉人和徐州新华（联合体）的报价审查违反政府采购的相关规定。本机关依法受理调查，并作出了处理决定。

三、处理结果

经审查，本机关作出处理决定如下：
关于投诉事项1，经审查，未发现本项目评审过程中存在未按标准评审的情形，不构成对联合体的差别待遇和歧视待遇。投诉事项缺乏事实依据。

关于投诉事项 2，投诉人认为江苏国税对投诉人和徐州新华（联合体）的报价审查违反政府采购的相关规定的问题。经审查，评标委员会认为联合体投标文件分项报价表中第 14 项报价低于该项纸张成本，认定其为无效投标，不违反法律规定及招标文件的约定。投诉事项缺乏事实依据。

综上，本机关作出处理决定如下：

根据《政府采购供应商投诉处理办法》（财政部令第 20 号）第十七条第（二）项的规定，投诉事项缺乏事实依据，决定驳回投诉。

2017 年 4 月 18 日

中华人民共和国财政部政府采购信息公告（第四百四十五号）

根据《政府采购信息公告管理办法》（财政部令第 19 号）的相关规定，现将本机关对“江苏省国家税务局系统普通发票定点印刷项目”（以下称本项目，项目编号：JSZC－G2016－437）作出的投诉处理决定公告如下：

一、相关当事人名称

投诉人：江苏京润印务有限公司（以下称投诉人）

地址：江苏省镇江市丹徒区上党镇义村 213 号

被投诉人：江苏省国家税务局（以下简称江苏国税）

地址：江苏省南京市中山北路 55 号

二、基本情况

投诉人因对江苏国税就本项目作出的质疑答复不满，向本机关提起投诉。投诉事项为：本项目没有公开有效评分基准价的分值，违反相关法律法规的公开、公正、透明原则。本机关依法受理调查，并作出了处理决定。

三、处理结果

经查，招标文件中对评标价格分的计算已明确评标基准价，符合《财政部关于加强政府采购货物和服务项目价格评审管理的通知》的规定。评审情况不属于依法应当公开的范围。投诉事项缺乏事实依据。

综上，本机关作出处理决定如下：

根据《政府采购供应商投诉处理办法》（财政部令第 20 号）第十七条第（二）项的规定，投诉事项缺乏事实依据，决定驳回投诉。

2017 年 4 月 18 日

中华人民共和国财政部政府采购信息公告（第四百四十六号）

根据《政府采购信息公告管理办法》（财政部令第19号）的相关规定，现将本机关对“江苏省国家税务局系统普通发票定点印刷项目”（以下称本项目，项目编号：JSZC－G2016－437）作出的监督检查处理决定公告如下：

一、相关当事人名称

当事人1：江苏省国家税务局（以下简称江苏国税）
地址：江苏省南京市中山北路55号
当事人2：江苏省政府采购中心（以下简称采购中心）
地址：江苏省南京市山西路43号

二、基本情况

举报人来函反映：1. 采购业务区域与中标人区域高度一致，不符合相关法律法规的规定。2. 对本项目发票用纸指定供应商属于以不合理条件对供应商实行差别待遇或歧视待遇。3. 投标价格最低的2个联合体投标人理应在价格因素得分最高却未中标。中标结果公布后未能向落标人公布其得分情况。4. 评标委员会专家的产生不合法，未公开产生办法，也未现场在专家库中抽取。5. 评标委员会中技术、经济等方面的专家人数少于成员人数三分之二规定。6. 开标时无监管人员参加，不符合招标文件规定，属违法开标。7. 采购人江苏国税在2016年12月9日书面更正与澄清，距原招标文件规定的样品递交时间只有3天，不满足15日的法定要求。8. 招标文件未明确规定中标候选人产生的标准，属于约定不明，中标候选人确定的依据不合法。9. 评分标准不公平、不公正，对投标人实行差别待遇或歧视待遇。10. 本项目采购标的不完整。本机关依法受理调查，并作出了监督检查处理决定。

三、处理结果

经审查，本机关作出处理决定如下：

关于举报事项1，经审查，6个中标人按照评审综合得分从高到低依次从6个印制业务包中选择，中标人最终对应的业务分包并未确定。举报事项缺乏事实依据。

关于举报事项2，经审查，本项目在发票用纸方面按国税总局相关文件规定执行，不构成以不合理条件对供应商实行差别或歧视待遇。举报事项缺乏事实依据。

关于举报事项3，经审查，评标委员会认定联合体为无效投标，不违反法律规定及招标文件的约定。同时，得分及落标情况不属于依法应当公布的范围。举报事项缺乏事实依据。

关于举报事项4，经审查，专家的产生符合法律法规规定。现行法律法规未规定在招标文件中公开评标委员会产生情况及在开标现场抽取。评标委员会成员名单在招标结果确定前依法保密。举报事项缺乏事实依据。

关于举报事项5，经审查，评标委员会由7人组成，均按规定抽取产生，评标委员会结构符合法律法规规定。举报事项缺乏事实依据。

关于举报事项6，经审查，本项目有公证员和监察室工作人员参加开标活动。同时，财政部门及有关部门是“可以视情况”但不是“必须”到现场监督开标活动。举报事项缺乏事实依据。

关于举报事项7，经审查，本项目于2016年12月9日发布第三次更正公告，明确将投标截止时间变更为2016年12月27日，发布时间符合法律规定。举报事项缺乏事实依据。

关于举报事项8，经审查，本项目招标文件已经明确规定中标候选人产生的标准。举报事项缺乏事实依据。

关于举报事项9，经审查，本项目采用综合评分法进行评标，根据项目需要设置评分标准，不构成对投标人的差别待遇和歧视待遇。举报事项缺乏事实依据。

关于举报事项10，经审查，采购数量和品种，是江苏国税根据发票品种现状及数量需求设定，缺乏证据证明采购标的不完整的情况。举报事项缺乏事实依据。

综上，本机关作出处理决定如下：

举报事项不成立。

2017年4月18日

中华人民共和国财政部政府采购信息公告（第四百四十七号）

根据《政府采购信息公告管理办法》（财政部令第19号）的相关规定，现将本机关对“江苏省国家税务局系统普通发票定点印刷项目”（以下称本项目，项目编号：JSZC-G2016-437）作出的投诉处理决定公告如下：

一、相关当事人名称

投诉人：南京票据证券印刷有限公司（以下称投诉人）

地址：南京市江宁区科建路328号

被投诉人：江苏省国家税务局（以下简称江苏国税）

地址：江苏省南京市中山北路55号

二、基本情况

投诉人因对江苏国税就本项目作出的质疑答复不满，向本机关提起投诉。投诉事项为：1. 将采购业务按区域划分6个业务包，评标按照业务包区域确定中标人，6个中标人与分包区域高度吻合，中标结果存在指定中标人，不公正、不公平的现象。2. 评标委员会专家的产生不合法。3. 评标委员会中技术、经济等方面的专家人数少于成员人数三分之二的规定。4. 开标时无监管人员参加，不符合招标文件规定，属于违法开标。本机关依法受理调查，并作出了处理决定。

三、处理结果

经审查，本机关作出处理决定如下：

关于投诉事项1，经审查，6个中标人按照评审综合得分从高到低依次从6个印制业务包中选择，中标人最终对应的业务分包未确定。投诉事项缺乏事实依据。

关于投诉事项2，经审查，专家产生符合法律法规规定。现行法律法规未规定在招标文件中公开评标委员会产生情况及在开标现场抽取。评标委员会成员名单在招标结果确定前保密。投诉事项缺乏事实依据。

关于投诉事项3，经审查，评标委员会由7人组成，均按规定抽取产生，评标委员会结构符合法律法规规定。投诉事项缺乏事实依据。

关于投诉事项4，经审查，本项目有公证员和监察室工作人员参加开标活动。同时，财政部门及有关部门是“可以视情况”但不是“必须”到现场监督开标活动。投诉事项缺乏事实依据。

综上，本机关作出处理决定如下：

根据《政府采购供应商投诉处理办法》（财政部令第20号）第十七条第（二）项的规定，投诉事项缺乏事实依据，决定驳回投诉。

2017年4月18日

中华人民共和国财政部政府采购信息公告（第四百四十八号）

根据《政府采购信息公告管理办法》（财政部令第19号）的相关规定，现将本机关对“江苏省国家税务局系统普通发票定点印刷项目”（以下称本项目，项目编号：JSZC－G2016－437）作出的投诉处理决定公告如下：

一、相关当事人名称

投诉人：如皋市信谊商务票据印刷有限公司（以下称投诉人）

地址：如皋市如城镇贺洋村四组

被投诉人：江苏省国家税务局（以下简称江苏国税）

地址：江苏省南京市中山北路55号

二、基本情况

投诉人因对江苏国税就本项目作出的质疑答复不满，向本机关提起投诉。投诉事项为：评标委员会在评标中有明显的不合理和不正当倾向性，对投诉人和南京造币有限公司（联合体）采取了差别待遇和歧视待遇。本机关依法受理调查，并作出了处理决定。

三、处理结果

经查，未发现本项目评审过程中存在未按标准评审的情形，不构成对联合体的差别待遇和歧视待遇。同时，评标委员会认定联合体为无效投标，不违反法律规定及招标文件的约定。投诉事项缺乏事实依据。

综上，本机关作出处理决定如下：

根据《政府采购供应商投诉处理办法》（财政部令第 20 号）第十七条第（二）项的规定，投诉事项缺乏事实依据，决定驳回投诉。

2017 年 4 月 18 日

中华人民共和国财政部政府采购信息公告（第四百四十九号）

根据《政府采购信息公告管理办法》（财政部令第 19 号）的相关规定，现将本机关对“江苏省国家税务局系统普通发票定点印刷项目”（以下称本项目，项目编号：JSZC－G2016－437）作出的投诉处理决定公告如下：

一、相关当事人名称

投诉人：宿迁市新华印刷有限公司（以下称投诉人）

地址：宿迁市宿城经济开发区建业路 10 号

被投诉人：江苏省国家税务局（以下简称江苏国税）

地址：江苏省南京市中山北路 55 号

二、基本情况

投诉人因对江苏国税就本项目作出的质疑答复不满，向本机关提起投诉。投诉事项为：1. 本次开标活动无监督人参加，不符合招标文件规定，不合法。2. 评标委员会组成人员不合法。3. 本次招标文件中明确将本次业务分 6 包，中标企业为 6 家，而从公布的中标结果看平均分布于 6 个业务包中，不符合招标文件规定，不合法。本机关依法受理调查，并作出了处理决定。

三、处理结果

经审查，本机关作出处理决定如下：

关于投诉事项 1，经审查，本项目有公证员和监察室工作人员参加开标活动。同时，财政部门及有关部门是“可以视情况”但不是“必须”到现场监督开标活动。投诉事项缺乏事实依据。

关于投诉事项2，经审查，江苏省政府采购中心按规定抽取7名组成人员，评标委员会结构符合法律法规规定。投诉事项缺乏事实依据。

关于投诉事项3，经审查，6个中标人按照评审综合得分从高到低依次从6个印制业务包中选择，中标人最终对应的业务分包并未确定。投诉事项缺乏事实依据。

综上，本机关作出处理决定如下：

根据《政府采购供应商投诉处理办法》（财政部令第20号）第十七条第（二）项的规定，投诉事项缺乏事实依据，决定驳回投诉。

2017年4月18日

中华人民共和国财政部政府采购信息公告（第四百五十号）

根据《政府采购信息公告管理办法》（财政部令第19号）的相关规定，现将本机关对北京中科数遥信息技术有限公司作出的行政处罚决定公告如下：

一、相关当事人名称

当事人：北京中科数遥信息技术有限公司

地址：北京市朝阳区大屯路科学园南里风林绿洲18号楼202

二、基本情况

本机关在依法对关于“国家海洋环境监测中心2016年海域使用动态遥感监测卫星数据采购项目”（项目编号：ZZCG2016－HYHJ04）举报案调查处理中，发现北京中科数遥信息技术有限公司投标文件提供的关于吉林一号卫星参数是虚假的，存在提供虚假材料谋取中标的行为，上述行为属于《中华人民共和国政府采购法》第七十七条第一款第（一）项规定的“提供虚假材料谋取中标、成交的”情形。

三、处理结果

根据《中华人民共和国政府采购法》第七十七条第一款第（一）项的规定，本机关决定对北京中科数遥信息技术有限公司作出罚款3870元，列入不良行为记录名单，一年内禁止参加政府采购活动的行政处罚。

2017年4月20日

中华人民共和国财政部政府采购信息公告（第四百五十一号）

根据《政府采购信息公告管理办法》（财政部令第 19 号）的相关规定，现将本机关对北京国际贸易公司的违法违规行为作出的行政处罚决定公告如下：

一、相关当事人名称

当事人：北京国际贸易公司

地址：北京市朝阳区建国门外大街甲 3 号

二、基本情况

本机关在依法对关于“中国民用航空飞行校验中心物业消防运行服务项目”（项目编号：0686－1641C288286Z/3）举报案调查处理中，发现北京国际贸易公司招标文件要求供应商提供特定金额的合同业绩，构成以不合理的条件对供应商实行差别待遇或歧视待遇。

三、处理结果

根据《中华人民共和国政府采购法》第七十一条第（三）项规定，本机关决定对北京国际贸易公司作出警告的行政处罚。

2017 年 4 月 20 日

中华人民共和国财政部政府采购信息公告（第四百五十二号）

根据《政府采购信息公告管理办法》（财政部令第 19 号）的相关规定，现将本机关对中国民用航空飞行校验中心的违法违规行为作出的行政处罚决定公告如下：

一、相关当事人名称

当事人：中国民用航空飞行校验中心

地址：北京市朝阳区首都机场货运北路 18 号

二、基本情况

本机关在依法对关于“中国民用航空飞行校验中心物业消防运行服务项目”（项目编号：0686－1641C288286Z/3）举报案调查处理中，发现中国民用航空飞行校验中心招标文件要求供应商提供特定金额的合同业绩，构成以不合理的条件对供应商实行差别待遇或歧视待遇。

三、处理结果

根据《中华人民共和国政府采购法》第七十一条第（三）项规定，本机关决定对中国民用航空飞行校验中心作出警告的行政处罚。

2017 年 4 月 20 日

中华人民共和国财政部政府采购信息公告（第四百五十三号）

根据《政府采购信息公告管理办法》（财政部令第 19 号）的相关规定，现将本机关对“烟气汞采样系统采购（第二次）项目”（以下称本项目，项目编号：BIECC－ZB3207）作出的投诉处理决定公告如下：

一、相关当事人名称

投诉人：北京亿科希特商贸有限公司
地址：北京市朝阳区朝阳北路 102 号楼－1 层－101 内 133
被投诉人 1：华北电力大学
地址：北京市昌平区回龙观北农路 2 号
被投诉人 2：北京国际工程咨询公司
地址：北京市海淀区学院路 30 号科大天工大厦 A 座 611 室
相关供应商：北京晨时科仪商贸有限公司（以下简称晨时科仪）
地址：海淀区四季青路 8 号郦城工作区 411

二、基本情况

投诉人北京亿科希特商贸有限公司（以下称投诉人）因对被投诉人华北电力大学和北京国际工程咨询公司就本项目作出的质疑答复不满，向本机关提起投诉。投诉事项为：1. 晨时科仪的授权不是合法有效的，不能通过资格审查，不能成为合格供应商。2. 评标委员会认定投诉人授权无效，判定其资格审核不能通过，不能参加后续投标活动的行为违法。

三、处理结果

关于投诉事项 1，经审查，晨时科仪在投标文件中提交了由鲁美科思出具针对本项目的《制造商授权函》和《特别声明函》，鲁美科思是投标产品制造商 Lumex 公司中国区域全权代表，晨时科仪提交的授权符合招标文件要求。投诉事项缺乏事实依据。

关于投诉事项 2，经审查，投诉人在投标文件中提交的《产品合法来源证明文件（投标授权函）》中“授权单位”及“被授权单位”均为投诉人。鲁美科思作为投标产品制造商 Lumex 公司中国区域全权代表，已明确授权晨时科仪在本项目采购活动中对其产品进行投标，且在《特别声明函》中作出排他性说明。因此，评标委员会认定投诉人提交的授权无效并无不当。投诉事项缺乏事实依据。

综上，本机关作出处理决定如下：

根据《政府采购供应商投诉处理办法》（财政部令第 20 号）第十七条第（二）项规定，投诉事项 1、2 缺乏事实依据，驳回投诉。

2017 年 4 月 21 日

中华人民共和国财政部政府采购信息公告（第四百五十四号）

根据《政府采购信息公告管理办法》（财政部令第 19 号）的相关规定，现将本机关对"汞分析仪采购（第二次）项目"（以下称本项目，项目编号：BIECC - ZB3208）作出的投诉处理决定公告如下：

一、相关当事人名称

投诉人：北京亿科希特商贸有限公司

地址：北京市朝阳区朝阳北路 102 号楼 -1 层 -101 内 133

被投诉人 1：华北电力大学

地址：北京市昌平区回龙观北农路 2 号

被投诉人 2：北京国际工程咨询公司

地址：北京市海淀区学院路 30 号科大天工大厦 A 座 611 室

相关供应商：北京晨时科仪商贸有限公司（以下简称晨时科仪）

地址：海淀区四季青路 8 号郦城工作区 411

二、基本情况

投诉人北京亿科希特商贸有限公司（以下称投诉人）因对被投诉人华北电力大学和北京国际工程咨询公司就本项目作出的质疑答复不满，向本机关提起投诉。投诉事项为：1. 晨时科仪的授权不是合法有效的，不能通过资格审查，不能成为合格供应商。2. 评标委员会认定投诉人授权无效，判定其资格审核不能通过，不能参加后续投标活动的行为违法。

三、处理结果

关于投诉事项 1，经审查，晨时科仪在投标文件中提交了由鲁美科思出具针对本项目的《制造商授权函》和《特别声明函》，鲁美科思是投标产品制造商 Lumex 公司中国区域全权代表，晨时科仪提交的授权符合招标文件要求。投诉事项缺乏事实依据。

关于投诉事项 2，经审查，投诉人在投标文件中提交的《产品合法来源证明文件（投标授权函)》中“授权单位”及“被授权单位”均为投诉人。鲁美科思作为投标产品制造商 Lumex 公司中国区域全权代表，已明确授权晨时科仪在本项目采购活动中对其产品进行投标，且在《特别声明函》中作出排他性说明。因此，评标委员会认定投诉人提交的授权无效并无不当。投诉事项缺乏事实依据。

综上，本机关作出处理决定如下：

根据《政府采购供应商投诉处理办法》（财政部令第 20 号）第十七条第（二）项规定，投诉事项 1、2 缺乏事实依据，驳回投诉。

2017 年 4 月 21 日

中华人民共和国财政部政府采购信息公告（第四百五十五号）

根据《政府采购信息公告管理办法》（财政部令第 19 号）的相关规定，现将本机关对“2016 中央民族大学校园无线网建设采购项目”（以下称本项目，项目编号：GC－HG4161668）作出的投诉处理决定公告如下：

一、相关当事人名称

投诉人：北京金晟时代科技有限责任公司（以下称投诉人）

地址：北京市海淀区北三环西路甲 18 号院 2 号楼 7 层 727

被投诉人：中央国家机关政府采购中心（以下简称国采中心）

地址：北京市西城区西直门内大街西章胡同 9 号院

相关供应商：北京友邦佳通电子科技有限公司（以下简称友邦公司）

地址：北京市海淀区体院西路甲 2 号 H 座 216 室

二、基本情况

投诉人因对国采中心就本项目作出的质疑答复不满，向本机关提起投诉。投诉事项为：友邦公司存在虚假应标行为。本机关依法受理调查，并作出了处理决定。

三、处理结果

经查，没有证据证明友邦公司提供虚假材料谋取中标。此外，调查发现评标委员会在评标时未按照招标文件的要求扣分，违反了政府采购法实施条例第四十一条的规定。

综上，本机关作出处理决定如下：

关于投诉人认为友邦公司存在虚假应标行为的问题，根据《政府采购供应商投诉处理办法》（财政部令第 20 号）第十七条第（二）项规定，投诉事项缺乏事实依据，驳回投诉。

关于调查中发现关于评标委员会未按照招标文件规定进行评标的问题，根据《政府采购货物和服务招标投标管理办法》（财政部令第 18 号）第七十七条、第八十二条的规定，决定中标无效，责令采购人中央民族大学重新进行招标。

2017 年 5 月 8 日

中华人民共和国财政部政府采购信息公告（第四百五十六号）

根据《政府采购信息公告管理办法》（财政部令第 19 号）的相关规定，现将本机关对北京科住物业管理有限公司作出的行政处罚决定公告如下：

一、相关当事人名称

当事人：北京科住物业管理有限公司
地址：北京市海淀区中关村南三街 15 号

二、基本情况

本机关在依法对关于“中国科学院国家天文台物业服务项目”（项目编号：GC－FG160974）投诉案调查处理中，发现北京科住物业管理有限公司存在提供虚假材料谋取中标的行为，属于《中华人民共和国政府采购法》第七十七条第一款第（一）项规定的“提供虚假材料谋取中标、成交的”情形。

三、处理结果

根据《中华人民共和国政府采购法》第七十七条第一款第（一）项的规定，本机关决定对北京科住物业管理有限公司作出罚款 43454.28 元，列入不良行为记录名单，一年内禁止参加政府采购活动的行政处罚。

2017 年 5 月 23 日

中华人民共和国财政部政府采购信息公告（第四百五十七号）

根据《政府采购信息公告管理办法》（财政部令第 19 号）的相关规定，现将本机关对“工业和信息化部电信研究院 IM 平台及配套建设项目”（以下称本项目，项目编号：B0708－CMC17N7N08）作出的投诉处理决定公告如下：

一、相关当事人名称

投诉人：四川旧石器信息技术有限公司

地址：四川省绵阳市一环路东段芙蓉汉城广场 43 - 1 - 17 号
被投诉人：中国机械进出口（集团）有限公司
地址：北京市西城区阜外大街一号四川大厦西塔楼

二、基本情况

投诉人因对被投诉人中国机械进出口（集团）有限公司就本项目作出的质疑答复不满，向本机关提起投诉。投诉事项为：招标文件要求“ * 蓄电池应选用与 UPS 主机同一品牌产品”不合理。

三、处理结果

关于投诉事项，投诉人认为招标文件要求“ * 蓄电池应选用与 UPS 主机同一品牌产品”不合理。经审查，3 月 17 日，本项目发布更正公告，将招标文件“2. 1 * 蓄电池应选用与 UPS 主机同一品牌产品”变更为“2. 1#蓄电池应选用与 UPS 主机同一品牌产品”，该要求不是资格性条件。电信研究院结合项目技术性能需求将该要求设置为打分项，存在合理性，不构成以不合理条件对供应商实行差别待遇或者歧视待遇，投诉事项缺乏事实依据。

综上，本机关作出处理决定如下：

根据《政府采购供应商投诉处理办法》（财政部令第 20 号）第十七条第（二）项规定，投诉事项缺乏事实依据，驳回投诉。

2017 年 6 月 6 日

中华人民共和国财政部政府采购信息公告（第四百五十八号）

根据《政府采购信息公告管理办法》（财政部令第 19 号）的相关规定，现将本机关对“中国科学院国家天文台 FAST 多波束数字终端设备采购项目”（项目编号：GC - HG160924）举报案作出的监督检查处理决定公告如下：

一、相关当事人名称

当事人 1：北京毅嘉世纪网络技术有限公司（以下简称毅嘉世纪）
地址：北京市海淀区苏州街 12 号 12 - 1 - 802
当事人 2：中国科学院国家天文台
地址：北京市朝阳区大屯路甲 20 号
当事人 3：中央国家机关政府采购中心
地址：北京市西城区西直门内大街西章胡同 9 号院

二、基本情况

举报人认为：1. 中标候选人毅嘉世纪投标产品并行存储设备、应用服务器、存储监控管理软件及服务要求的多项指标不满足招标文件要求，涉嫌虚假应标。2. 毅嘉世纪在以往政府采购活动中有涉嫌违规操作的行为。本机关依法受理，对举报事项进行了调查取证，并依法作出了处理决定。

三、处理结果

关于举报事项1，经查，毅嘉世纪投标产品并行存储设备、应用服务器、存储监控管理软件及服务要求满足招标文件要求，并提供了相关制造商的证明材料。举报事项缺乏事实依据。

关于举报事项2，经查，毅嘉世纪并未受到相应的行政处罚，且未发现其被列入失信被执行人、重大税收违法案件当事人名单和政府采购严重违法失信名单。举报事项缺乏事实依据。

综上，本机关作出处理决定如下：

举报事项1、2缺乏事实依据。

财政部

2017年6月13日

中华人民共和国财政部政府采购信息公告（第四百五十九号）

根据《政府采购信息公告管理办法》（财政部令第19号）的相关规定，现将本机关对“卫星地震应用中心仪器设备购置项目（一期）”（项目编号：GC－HG161184）的举报案作出的处理决定公告如下：

一、相关当事人名称

当事人1：中央国家机关政府采购中心

地址：北京市西城区西直门内大街西章胡同9号院

当事人2：中国地震局地壳应力研究所（以下简称地壳所）

地址：北京市海淀区西三旗安宁庄路7号地壳应力研究所

二、基本情况

举报人来函反映：1. 招标文件中的测试要求，存在明显的排他性与倾向性。2. 测试部分内容完全是华为技术有限公司（以下简称华为公司）的产品描述，具有明显的倾向性和排他性。3. 招标文件中的技术语言描述存在明显的排他性与倾向性。4. 招标文件测试要求存在倾向性与排他性，招标过程不公平。本机关依法受理调查，并作出了监督检查处理决定。

三、处理结果

经审查，本机关作出处理决定如下：

关于举报人认为招标文件中的测试要求及技术语言描述存在明显排他性与倾向性，招标过程不公平的问题。经审查，招标文件测试要求及技术语言描述是地壳所根据项目的特殊要求设置的评分项，不是资格条件。且未指定产品名称，也没有限制参与测试产品的生产厂商、品牌及型号，现有证据不足以证明招标文件测试部分存在排他性与倾向性。举报事项缺乏事实依据。

综上，本机关作出处理决定如下：

举报事项缺乏事实依据。

财政部

2017 年 6 月 13 日

中华人民共和国财政部政府采购信息公告（第四百六十号）

根据《政府采购信息公告管理办法》（财政部令第 19 号）的相关规定，现将本机关对“国家环境监测网数据质量保证与质量控制能力建设项目—国控地表水自动监测站远程质控能力建设项目”（项目编号：0702 – 1641CITC2129）的举报案作出的处理决定公告如下：

一、相关当事人名称

当事人 1：中机国际招标有限公司

地址：北京市丰台区西三环中路 90 号通用技术大厦 701

当事人 2：中国环境监测总站

地址：北京市朝阳区安外大羊坊 8 号（乙）

当事人 3：力合科技（湖南）股份有限公司

地址：湖南省长沙市高新区青山路 668 号

二、基本情况

举报人来函反映：1. 力合科技（湖南）股份有限公司（以下简称力合科技）通过业绩造假取得的中标资格不合法。2. 力合科技业绩造假手段恶劣。3. 采购代理机构中机国际招标有限公司（以下简称中机招标）接到质疑后未进行调查核实属于不作为。4. 采购人中国环境监测总站（以下简称环境监测总站）接到质疑后未进行调查核实属于不作为。本机关依法受理，对举报事项进行调查取证，并依法作出监督检查处理决定。

三、处理结果

经审查，本机关作出处理决定如下：

关于举报事项 1、2，经向河南省环境监测中心、福建省环境监测中心站、广东省环境监测中心及百色市环境监测站调查取证，力合科技在投标文件中提供的相关业绩证明和系统兼容性材料属实。举报事项缺乏事实依据。

关于举报事项3、4，经审查，环境监测总站和中机招标收到质疑后，组织原评标委员会复核，并向相关单位发函，据此答复了举报人。举报人如对质疑答复不满意，可依法提起投诉。举报人认为环境监测总站和中机招标未进行调查核实属于不作为，缺乏事实依据。

综上，本机关作出处理决定如下：

举报事项缺乏事实依据。

财政部

2017年6月13日

中华人民共和国财政部政府采购信息公告（第四百六十一号）

根据《政府采购信息公告管理办法》（财政部令第19号）的相关规定，现将本机关对“生物识别签证部级比对中心系统通用硬件第一包”（以下称本项目，项目编号：GC-HG4161510）作出的处理决定公告如下：

一、相关当事人名称

投诉人：上海恒驰信息系统有限公司（以下简称投诉人）

地址：上海市静安区万航渡路849号海森国际大厦2001室

被投诉人1：公安部机关政府采购办公室

地址：北京市东长安街14号

被投诉人2：中央国家机关政府采购中心（以下称国采中心）

地址：北京市西城区西直门内大街西章胡同9号院

相关供应商：北京浩普诚华科技有限公司（以下称浩普诚华）

地址：北京市海淀区上地三街9号B座7层B812

二、基本情况

投诉人因对国采中心就本项目作出的质疑答复不满，向本机关提起投诉。投诉事项为：1. 浩普诚华投标产品浪潮英信NF8460M4工作温度范围为“5℃～35℃”，不满足招标文件的要求。2. 浩普诚华投标产品不满足招标文件内存最大可扩展数量的要求。3. 制造商官网显示浩普诚华投标产品电源电压为110～240伏交流供电，不支持高压直流供电，不满足招标文件“#能源管理”指标要求。

三、处理结果

经审查，本机关作出处理决定如下：

关于投诉事项1，投诉人认为浩普诚华投标产品为不满足招标文件工作温度范围要求的问题。经审查，制造商出具了浩普诚华投标产品满足招标文件工作温度范围要求的证据材料，专家委员会认为投标产品满足招标文件的要求。同时可通过履约验收确保符合招标文件要求。投诉事项缺乏事实依据。

关于投诉事项2，投诉人认为浩普诚华投标产品不满足招标文内存最大可扩展数量要求的问题。经审查，制造商出具了浩普诚华投标产品满足招标文件内存最大可扩展数量要求的证据材料，评标委员会认定浩普诚华投标产品内存最大可扩展数量满足招标文件的要求。投诉事项缺乏事实依据。

关于投诉事项3，投诉人认为浩普诚华投标产品不满足招标文件“#能源管理”指标要求的问题。经审查，制造商出具了浩普诚华投标产品满足招标文件能源管理要求的证明材料。评标委员会认为浩普诚华投标产品符合招标文件能源管理要求。投诉事项缺乏事实依据。

综上，本机关作出处理决定如下：

根据《政府采购供应商投诉处理办法》（财政部令第20号）第十七条第（二）项规定，投诉缺乏事实依据，驳回投诉。

财政部

2017年6月13日

中华人民共和国财政部政府采购信息公告（第四百六十二号）

根据《政府采购信息公告管理办法》（财政部令第19号）的相关规定，现将本机关对“国家级CTS2仿真平台采购”（以下称本项目，项目编号：GC－HG4161798）作出投诉处理决定公告如下：

一、相关当事人名称

投诉人：金航数码科技有限责任公司
地址：北京市海淀区知春路9号坤讯大厦9－10层
被投诉人1：国家气象信息中心
地址：北京海淀中关村南大街46号
被投诉人2：中央国家机关政府采购中心
地址：北京市西城区西直门内大街西章胡同9号院
相关供应商：曙光信息产业（北京）有限公司（以下简称曙光公司）
地址：北京市海淀区东北旺西路8号院36号楼

二、基本情况

投诉人金航数码科技有限责任公司（以下称投诉人）因对被投诉人就本项目作出的质

疑答复不满，向本机关提起投诉。投诉事项为：1. 曙光公司所投产品不满足招标文件“#工作温度范围”的要求，并提供了虚假的网站截图证明材料。2. 曙光公司所投产品不满足招标文件“#硬盘最大可扩展”的要求，并提供了虚假的网站截图证明材料。3. 曙光公司所投产品不满足招标文件“缓存分区”的要求，并提供了虚假的网站截图证明材料。4. 曙光公司所投产品不满足招标文件“LUN 容量压缩”的要求，并提供了虚假的彩页证明材料。5. 曙光公司所投产品不满足招标文件“重删与压缩”的要求，并提供了虚假的彩页证明材料。6. 曙光公司所投产品不满足招标文件“服务质量管理”的要求，并提供了虚假的彩页证明材料。本机关依法受理调查，并作出了投诉处理决定。

三、处理结果

关于投诉事项1、2、3、4、5、6，经查，曙光公司投标文件不符合招标文件要求，但不属于“提供虚假材料谋取中标”的情形，扣除相应得分后，曙光公司排名第二，中标结果无效。

2017 年 6 月 23 日

中华人民共和国财政部政府采购信息公告（第四百六十三号）

根据《政府采购信息公告管理办法》（财政部令第 19 号）的相关规定，现将本机关对“中国科学技术馆 2017 年中国流动科技馆－充气式移动球幕影院集成及服务项目”（以下称本项目，项目编号：WKZB1710BJI500191）作出的投诉处理决定公告如下：

一、相关当事人名称

投诉人：北京乐乐达科技发展有限公司
地址：北京市大兴区西红门镇宏福东路甲 2 号
被投诉人 1：五矿国际招标有限责任公司
地址：北京市海淀区三里河路 5 号五矿大厦 D 座 212 室
被投诉人 2：中国科学技术馆
地址：北京市朝阳区北辰东路 5 号

二、基本情况

投诉人因对被投诉人五矿国际招标有限责任公司就本项目作出的质疑答复不满，向本机关提起投诉。投诉事项为：招标文件要求提供“近 3 年充气式移动球幕影院类似项目，项目合同金额在 150 万元及以上，每项得 1 分，此项最多不超过 5 分”，存在以不合理的条件对供应商实行差别待遇或歧视待遇。本机关依法受理调查，并作出了处理决定。

三、处理结果

经查，招标文件要求的近 3 年从事充气式移动球幕影院类似项目的业绩不是资格性条件，而是评分项。该评分项的设置符合本项目实施和履约的需要，不构成以不合理的条件对供应商实行差别待遇或歧视待遇。投诉事项缺乏事实依据。

综上，本机关作出处理决定如下：

根据《政府采购供应商投诉处理办法》（财政部令第 20 号）第十七条第（二）项规定，投诉事项缺乏事实依据，驳回投诉。

2017 年 6 月 23 日

中华人民共和国财政部政府采购信息公告（第四百六十四号）

根据《政府采购信息公告管理办法》（财政部令第 19 号）的相关规定，现将本机关对“国家工商行政管理总局商标发文打印服务项目”（以下称本项目，项目编号：GC－FG160682）的举报案作出的处理决定公告如下：

一、相关当事人名称

当事人 1：国家工商行政管理总局办公厅（以下简称工商总局）

地址：北京市西城区三里河东路 8 号

当事人 2：中央国家机关政府采购中心（以下简称国采中心）

地址：北京市西城区西直门内大街西章胡同 9 号院

二、基本情况

举报人反映：1. 在项目评审中，国采中心没有客观公正的按照评分标准为举报人打分。2. 本项目未公示成交标的的名称、规格型号、数量相关内容，不符合《中华人民共和国政府采购法实施条例》第四十三条的规定。3. 本项目应当规定有多家代理商参加同一品牌同一型号产品投标的，应当作为一个供应商计算。本机关依法受理，对举报事项进行调查取证，并依法作出监督检查处理决定。

三、处理结果

经审查，本机关作出处理决定如下：

关于举报事项 1，经审查，举报人投标文件中提交的“五、无重大违法记录书面说明”与招标文件的要求在内容上存在实质性不同。评标委员会认定举报人未实质性响应招标文件要求，未通过初步审核进入详细评审打分阶段，并无不当。举报事项 1 缺乏事实依据。

关于举报事项2，经审查，本项目是工商总局采购商标发文打印服务，工商总局和国采中心将本项目作为服务项目采购，并无不当。同时，国采中心在中国政府采购网上发布的本项目中标公告符合相关法律法规要求。举报事项2缺乏事实依据。

关于举报事项3，经审查，本项目属于服务类招标，不适用多家代理商参加同一品牌同一型号产品投标应作为一个供应商计算的相关规定。举报事项3缺乏事实依据。

综上，本机关作出处理决定如下：

举报事项1、2、3缺乏事实依据。

2017年6月23日

中华人民共和国财政部政府采购信息公告（第四百六十五号）

根据《政府采购信息公告管理办法》（财政部令第19号）的相关规定，现将本机关对“2016年海关总署证件阅读机采购项目”（采购编号：HG16GK－A0000－D120）作出的投诉处理决定公告如下：

一、相关当事人名称

投诉人：深圳鼎识科技有限公司（以下称投诉人）

地址：深圳市龙华新区大浪办事处华盛路45号宝华诚工业园1栋2楼

被投诉人：海关总署物资装备采购中心（以下简称采购中心）

地址：北京市建国门内6号

相关供应商：北京文通科技有限公司（以下简称文通公司）

地址：北京市海淀区北四环西路9号银谷大厦1609室

二、基本情况

投诉人因对被投诉人采购中心就本项目作出的质疑答复不满，向本机关提起投诉。投诉事项为：1. 文通公司投标产品“文通证件阅读机QR5000”不具备《全国工业产品生产许可证》（以下简称生产许可证），采购中心不得采购和使用。2. 文通公司不具备生产投标产品的资格，属于非法生产、销售投标产品。3. 文通公司受到较大数额罚款的行政处罚，不具备投标资格。本机关依法受理，对投诉事项进行了调查取证，并依法作出了处理决定。

三、处理结果

经审查，本机关作出处理决定如下：

关于投诉事项1，经查，文通公司投标产品内置组件“集成电路卡读写机”取得生产许可证，整机无需重复办理生产许可证。投诉事项1缺乏事实依据。

关于投诉事项2，经查，文通公司委托合作伙伴生产投标产品，且其经营范围包括“销售计算机、软件及辅助设备、仪器仪表”。投诉事项2缺乏事实依据。

关于投诉事项3，经查，2013年10月25日，北京市工商行政管理局海淀分局对文通公司作出罚款10万元的行政处罚，该处罚距离文通公司参加本项目采购活动时间超过三年。投诉事项3缺乏事实依据。

综上，本机关作出处理决定如下：

根据《政府采购供应商投诉处理办法》（财政部令第20号）第十七条第（二）项的规定，投诉事项1、2、3缺乏事实依据，驳回投诉。

2017年6月27日

中华人民共和国财政部政府采购信息公告（第四百六十六号）

根据《政府采购信息公告管理办法》（财政部令第19号）的相关规定，现将本机关对“国家深海基地管理中心物业管理服务项目”举报案作出的监督检查处理决定公告如下：

一、相关当事人名称

当事人1：山东多邦物业管理有限公司（以下简称多邦公司）

地址：青岛市南区闽江路2号1单元2601

当事人2：国家深海基地管理中心

地址：青岛市即墨鳌山卫镇卫阳路1号

当事人3：国管招标（北京）有限公司

地址：北京市西城区宣武门外大街6号1228室

二、基本情况

举报人认为：经向青岛市物业管理办公室与青岛市市南区物业管理办公室（以下简称南区物管办）工作人员核实，均回复没有给多邦公司出具相关证明，多邦公司提供的物业主管部门出具的无不良行为记录为虚假材料。本机关依法受理，对举报事项进行了调查取证，并依法作出了处理决定。

三、处理结果

经查，多邦公司投标文件中提供了由南区物管办出具的《物业服务企业不良（良好）行为记录情况表》。经向南区物管办去函核实情况，南区物管办证实于2016年10月19日向多邦公司出具了《物业服务企业不良（良好）行为记录情况表》。现有证据材料不足以认定多邦公司提供的无不良行为记录为虚假材料。

综上，本机关作出处理决定如下：

举报事项缺乏事实依据。

2017年6月27日

中华人民共和国财政部政府采购信息公告（第四百六十七号）

根据《政府采购信息公告管理办法》（财政部令第19号）的相关规定，现将本机关对“中国地质科学院监控系统重建”项目（以下称本项目，项目编号：GC－HG4161735）作出的监督检查处理决定公告如下：

一、相关当事人名称

当事人1：北京时代恒安技术服务有限责任公司

地址：北京市海淀区四季青路7号永泰郦城果岭2－509

当事人2：中央国家机关政府采购中心

地址：北京市西城区西直门内大街西章胡同9号院

当事人3：中国地质科学院

地址：北京市西城区百万庄大街26号

当事人4：北京中闰建设有限公司

地址：北京市海淀区复兴路甲23号城乡懋写字楼十层1030

二、基本情况

本机关在对本项目监督检查中，发现中标人北京时代恒安技术服务有限责任公司（以下简称时代恒安）涉嫌提供虚假材料谋取中标。

三、处理结果

经审查，时代恒安在投标文件中提供的编号为公京检第1412532号的检验报告与国家安全防范报警系统产品质量监督检验中心（北京）提供的编号为公京检第1412532号的检验报告内容不一致，其行为构成《中华人民共和国政府采购法》第七十七条第一款第（一）项规定的“提供虚假材料谋取中标”。

综上，本机关作出处理决定如下：

根据《中华人民共和国政府采购法》第七十七条第二款的规定，决定本项目中标无效。本项目对招标文件作实质性响应的供应商不足三家，根据《中华人民共和国政府采购法》第三十六条第（一）项的规定，责令采购人废标，并重新开展采购活动。

对时代恒安以虚假材料谋取中标的行为另行处罚。

2017年7月4日

中华人民共和国财政部政府采购信息公告（第四百六十八号）

根据《政府采购信息公告管理办法》（财政部令第 19 号）的相关规定，现将本机关对“浙江省国家税务局普通发票防伪专用纸项目”（项目编号：ZZCG2016W－GK－004）举报案作出的监督检查处理决定公告如下：

一、相关当事人名称

当事人 1：浙江省国家税务局
地址：浙江省杭州市拱墅区华浙广场 5 号
当事人 2：浙江省政府采购中心
地址：浙江省杭州市下城区环城北路 305 号
当事人 3：广东侨盛防伪材料有限公司（以下简称广东侨盛）
地址：广东省东莞市望牛墩镇朱平沙工业区

二、基本情况

举报人认为：中标人广东侨盛没有造纸机，不具备生产防伪原纸的能力，其投标文件中关于设备一项涉嫌提供虚假材料。本机关依法受理，对举报事项进行了调查取证，并依法作出了处理决定。

三、处理结果

经查，招标文件未要求投标人具备生产防伪原纸的能力，广东侨盛投标文件符合招标文件要求，现有证据不能证明广东侨盛投标文件中关于设备一项提供虚假材料。举报事项缺乏事实依据。

综上，本机关作出处理决定如下：

举报事项缺乏事实依据。

2017 年 7 月 14 日

中华人民共和国财政部政府采购信息公告（第四百六十九号）

根据《政府采购信息公告管理办法》（财政部令第 19 号）的相关规定，现将本机关对“山东大学生命科学学院动植物活体成像系统采购项目”（以下称本项目，项目编号：SDAK－ZB－2016007－111）投诉案作出的处理决定公告如下：

一、相关当事人名称

投诉人：山东瑞华同辉光电科技有限公司（以下称投诉人）
地址：济南市市中区腊山路 18 - 12 号 1 - 101，2 - 101
被投诉人：山东安康建设项目管理有限公司（以下称代理机构）
地址：济南市经十路 17175 号兴业集团院内二楼
相关供应商：中国科学器材有限公司（以下简称中科器材）
地址：北京市朝阳区太阳宫中路 19 号院 1 号楼

二、基本情况

投诉人因对代理机构就本项目作出的质疑答复不满，向本机关提起投诉。投诉事项为：1. 相关网站无法查询到中科器材本次投标产品的业绩合同，不应在评标中加分，属于虚假应标。2. 网站上无法查询到中标产品具有“多色光 LED 植物生长日光模拟系统”功能，属于虚假应标。3. 网站上无法查询到中标产品具有“自动高通量旋转工作台”功能，属于虚假应标。4. 网站上无法查询到中标产品具有“小动物气体麻醉系统”功能，属于虚假应标。5. 网站上无法查询到中标产品具有“生物发光细胞成像模块（不含显微镜）”功能，属于虚假应标。6. 网站上无法查询到中标产品具有“侧 CCD 扫描工具包”功能，属于虚假应标。7. 网站上无法查询到中标产品具有“鹅颈管荧光照射装置”功能，属于虚假应标。8. 网站上无法查询到中标产品具有“内置电源插口及数据端口，多模块实验”功能，属于虚假应标。

三、处理结果

关于投诉事项 1，经审查，中科器材投标文件提供了相关业绩合同证明材料，符合招标文件要求。投诉事项 1 缺乏事实依据。

关于投诉事项 2、3、4、5、6、7、8，经审查，中科器材投标文件相关技术指标符合招标文件要求，提供了相关技术证明材料。投诉事项 2、3、4、5、6、7、8 缺乏事实依据。

此外，本机关调查中发现本项目招标文件存在的评审标准分值设置未与评审因素量化指标相对应的问题。违反了《中华人民共和国政府采购法实施条例》第三十四条的规定。

综上，本机关作出处理决定如下：

根据《政府采购供应商投诉处理办法》（财政部令第 20 号）第十七条第（二）项规定，投诉事项 1、2、3、4、5、6、7、8 缺乏事实依据，驳回投诉。

针对本项目招标文件存在的评审标准分值设置未与评审因素量化指标相对应的问题，责令代理机构进行整改。

2017 年 7 月 14 日

中华人民共和国财政部政府采购信息公告（第四百七十号）

根据《政府采购信息公告管理办法》（财政部令第19号）的相关规定，现将本机关对天津新迈科技有限公司作出的行政处罚决定公告如下：

一、相关当事人名称

当事人：天津新迈科技有限公司

地址：天津市河西区咸水沽镇举兴道7号1号楼502－6

二、基本情况

本机关在依法对关于“天津出入境检验检疫局协议供货仪器设备采购二次竞谈项目第1包”（招标编号：TC160S5W1）举报案调查处理中，发现天津新迈科技有限公司在谈判文件中提供的医疗器械注册证复印件记录的信息，与国家食品药品监督管理总局医疗器械注册档案的信息不一致，属于《中华人民共和国政府采购法》第七十七条第一款第（一）项规定的“提供虚假材料谋取中标、成交的”情形。

三、处理结果

根据《中华人民共和国政府采购法》第七十七条第一款第（一）项的规定，本机关决定对天津新迈科技有限公司作出罚款2100元，列入不良行为记录名单，一年内禁止参加政府采购活动的行政处罚。

2017年7月14日

中华人民共和国财政部政府采购信息公告（第四百七十一号）

根据《政府采购信息公告管理办法》（财政部令第19号）的相关规定，现将本机关对“中国地质科学院监控系统重建”项目（以下称本项目，项目编号：GC－HG4161735）作出的监督检查处理决定公告如下：

一、相关当事人名称

当事人1：北京时代恒安技术服务有限责任公司

地址：北京市海淀区四季青路7号永泰郦城果岭2－509

当事人2：中央国家机关政府采购中心

地址：北京市西城区西直门内大街西章胡同9号院
当事人3：中国地质科学院
地址：北京市西城区百万庄大街26号
当事人4：北京中闰建设有限公司
地址：北京市海淀区复兴路甲23号城乡懋写字楼十层1030

二、基本情况

本机关在对本项目监督检查中，发现中标人北京时代恒安技术服务有限责任公司（以下简称时代恒安）涉嫌提供虚假材料谋取中标。

三、处理结果

经审查，时代恒安在投标文件中提供的编号为公京检第1412532号的检验报告与国家安全防范报警系统产品质量监督检验中心（北京）提供的编号为公京检第1412532号的检验报告内容不一致，其行为构成《中华人民共和国政府采购法》第七十七条第一款第（一）项规定的“提供虚假材料谋取中标”。

综上，本机关作出处理决定如下：

根据《中华人民共和国政府采购法》第七十七条第二款的规定，决定本项目中标无效。本项目对招标文件作实质性响应的供应商不足三家，根据《中华人民共和国政府采购法》第三十六条第（一）项的规定，责令采购人废标，并重新开展采购活动。

对时代恒安以虚假材料谋取中标的行为另行处罚。

2017年7月25日

中华人民共和国财政部政府采购信息公告（第四百七十二号）

根据《政府采购信息公告管理办法》（财政部令第19号）的相关规定，现将本机关对“中国城市规划设计研究院保洁项目”（项目编号：GC－FG2161580）作出的处理决定公告如下：

一、相关当事人名称

当事人1：中国城市规划设计研究院（以下简称城市规划院）
地址：北京市西城区西直门内大街西章胡同9号院
当事人2：中央国家机关政府采购中心
地址：北京市西城区西直门内大街西章胡同9号院
当事人3：北京赛文斯塔物业管理有限公司（以下简称赛文物业）
地址：北京市朝阳区金盏乡杨树岗村151号

二、基本情况

城市规划院来函反映：赛文物业投标文件中提供了虚假的从业人员总数和无效的小微企业声明文件。本机关依法受理，对举报事项进行调查取证，并依法作出处理决定。

三、处理结果

经查，赛文物业职工信息满足招标文件要求，并提供了由相关主管单位出具的《中小企业认定证明》。现有证据材料不足以认定赛文物业提供虚假的从业人员总数和无效的小微企业声明文件。举报事项缺乏事实依据。

2017 年 7 月 25 日

中华人民共和国财政部政府采购信息公告（第四百七十三号）

根据《政府采购信息公告管理办法》（财政部令第 19 号）的相关规定，现将本机关对“中国农业大学实验室仪器和基建设备采购项目”（以下称本项目，项目编号：CTEC2016B306）的举报案作出的处理决定公告如下：

一、相关当事人名称

当事人 1：中国农业大学（以下简称农业大学）
地址：北京市海淀区圆明园西路 2 号
当事人 2：中国乡镇企业总公司（以下简称乡企总公司）
地址：北京市朝阳区农展南路 5 号京朝大厦 8 层 811 室
当事人 3：北京中创华拓科技发展有限公司（以下简称中创华拓）
地址：北京市门头沟区王平镇东大街 18 号院 18 号

二、基本情况

举报人反映：中创华拓恶意隐瞒有违法记录的事实，在标书内提供虚假的无违法记录的声明骗取中标。本机关依法受理，对举报事项进行调查取证，并依法作出监督检查处理决定。

三、处理结果

关于举报事项，经查，招标文件要求投标人必须在近三年内的经营活动中没有重大违法记录和不良记录，并自行提供三年内无违法行为的说明。中创华拓隐瞒了其因偷税被北京市丰台区国家税务局稽查局罚款 356414. 46 元的事实，未实质性响应招标文件要求，不符合合格投标人的条件，但其行为并不构成政府采购法七十七条规定的“提供虚假材料谋取中标、成交”的情形。

供应商在参加政府采购活动中应遵循诚实信用原则，责令中创华拓整改。

2017 年 7 月 25 日

中华人民共和国财政部政府采购信息公告（第四百七十四号）

根据《政府采购信息公告管理办法》（财政部令第 19 号）的相关规定，现将本机关对“黄埔海关普通涉案货物备用仓库资格招标项目”（项目编号：ZZ01700638）投诉案作出的处理决定公告如下：

一、相关当事人名称

投诉人：广州市亦信金属回收有限公司（以下称投诉人）

地址：广州市黄埔区荔香路 55 号 6B19 房

被投诉人 1：广东志正招标有限公司（以下简称广东志正）

地址：广州市天河区天阳路 157 号 3 楼 301 室

被投诉人 2：黄埔海关后勤管理中心（以下简称黄埔海关）

地址：广州市经济技术开发区志诚大道 327 号

相关供应商：东莞和一物流有限公司

地址：东莞市麻涌镇大盛村广麻路广州巷东江物资基地综合楼 13－14 号

二、基本情况

投诉人因对被投诉人就本项目作出的质疑答复不满，向本机关提起投诉。投诉事项为：1. 评分标准的设置不合法，对供应商实行了差别待遇或者歧视待遇。2. 评审过程未对供应商所应具备的条件进行公正公平审查。本机关依法受理调查，并作出处理决定。

三、处理结果

关于投诉事项 1，经审查，该投诉事项属于对招标文件的异议，投诉人未在法定期限提出质疑，根据《中华人民共和国政府采购法》第五十二条和《中华人民共和国政府采购法实施条例》第五十三条，投诉事项 1 属于无效投诉事项。

关于投诉事项 2，经审查，评标委员会成员按照招标文件的要求，对投诉人的投标文件进行了审查，因投标人的投标文件不符合招标文件的相关要求，所以得分较低。评标委员会对投诉人的评分并无不当。投诉事项 2 缺乏事实依据。

此外，本项目招标文件存在评审标准的分值设置未与评审因素的量化指标相对应的问题，违反了《中华人民共和国政府采购法实施条例》第三十四条第四款的规定。根据《中华人民共和国政府采购法》第三十六条第一款第（二）项，责令采购人对本项目予以废标。根据《政府采购供应商投诉处理办法》（财政部令第20号）第十九条第（二）项，撤销合同，责令重新开展采购活动。根据《中华人民共和国政府采购法》第七十一条和《中华人民共和国政府采购法实施条例》第六十八条的规定，责令黄埔海关和广东志正限期整改。

本机关对广东志正在评审标准的分值设置上未与评审因素的量化指标相对应的行为另行处罚。

2017年8月4日

中华人民共和国财政部政府采购信息公告（第四百七十五号）

根据《政府采购信息公告管理办法》（财政部令第19号）的相关规定，现将本机关对“中南民族大学交换机及配套软件采购项目”（项目编号：GC－HG161366）作出的处理决定公告如下：

一、相关当事人名称

当事人1：中南民族大学（以下简称中南民大）

地址：湖北省武汉市民族大道182号

当事人2：中央国家机关政府采购中心

地址：北京市西城区西直门内大街西章胡同9号院

当事人3：武汉中创信安网络技术有限公司（以下简称武汉中创）

地址：湖北省武汉市洪山区珞瑜路95号融科珞瑜路95号T1栋2单元14层1室

二、基本情况

中南民大来函反映：武汉中创拒绝按中标价格签订合同，并要求额外增加费用，请求我单位依相关法规进行处理的问题。本机关依法受理，对举报事项进行调查取证，并依法作出处理决定。

三、处理结果

经查，本项目招标文件要求“SDN汇聚交换机－A类，配备模块化的双电源”“原厂认证的中级以上工程师”，武汉中创投标文件均应答为“无偏离”。但中标后，武汉中创向中南民大发函表示，要达到招标文件上述两个方面的要求，中南民大需进一步加价，否则放弃中标。该行为属于《中华人民共和国政府采购法》第七十七条第一款第（五）项、《中华人民共和国政府采购实施条例》第七十二条第一款第（二）项规定的情形。根据《中华人民共和国政府采购法》第七十七条第二款的规定，决定中标无效。

对武汉中创拒绝按中标价格签订合同，并要求额外增加费用的行为另行处罚。

2017年8月4日

中华人民共和国财政部政府采购信息公告（第四百七十六号）

根据《政府采购信息公告管理办法》（财政部令第 19 号）的相关规定，现将本机关对“复旦大学枫林校区一号医学科研楼功能化实现项目实验室家具采购”（项目编号：YX20170120）举报案作出的监督检查处理决定公告如下：

一、相关当事人名称

当事人 1：复旦大学

地址：上海市东安路 131 号东 4 号楼 217 室

当事人 2：上海银鑫建设咨询有限公司

地址：上海市徐汇区零陵路 583 号海洋石油大厦 1211 室

当事人 3：上海赋誉实验室设备有限公司（以下简称“上海赋誉”）

地址：上海市三林路 88 弄 1A327 号

当事人 4：上海荣翔实验室设备有限公司（以下简称“上海荣翔”）

地址：上海市浦东新区秀沿路 100 号 7 楼 702A

当事人 5：上海木雅实验室设备有限公司（以下简称“上海木雅”）

地址：上海市浦东新区周东南路 599 弄 1 号楼

二、基本情况

举报人认为：1. 本项目不合法的价格评分方法导致项目高价中标。2. 本次投标中，上海赋誉、上海木雅和上海荣翔存在恶意串通的行为。本机关依法受理，对举报事项进行了调查取证，并依法作出了处理决定。

三、处理结果

关于举报事项 1，经查，本项目招标文件评标细则要求“以所有投标单位（有效）投标价的算术平均值作为基准价”，属于综合评分法中价格分未采用低价优先法的行为，违反了《政府采购货物和服务招标投标管理办法》（财政部令第 18 号）第五十二条、第六十八条和《财政部关于加强政府采购货物和服务项目价格评审管理的通知》（财库〔2007〕2 号）第二条的规定。根据《政府采购货物和服务招标投标管理办法》（财政部令第 18 号）第六十八条，本机关决定对复旦大学和上海银鑫作出责令整改的处理。

关于举报事项 2，经查，现有证据不足以证明上述公司存在恶意串通的情形。举报事项 2 缺乏事实依据。

本机关对上海银鑫在综合评分法中价格分未采用低价优先法的行为另行处罚。

2017 年 8 月 4 日

中华人民共和国财政部政府采购信息公告（第四百七十七号）

根据《政府采购信息公告管理办法》（财政部令第19号）的相关规定，现将本机关对“北京邮电大学图书馆沙河新馆钢制家具采购项目”（项目编号：CEIECZB01－17XJ087）举报案作出的监督检查处理决定公告如下：

一、相关当事人名称

当事人1：北京邮电大学（以下简称邮电大学）
地址：北京市海淀区西土城路10号
当事人2：北京中教仪国际招标代理有限公司（以下简称中教仪招标）
地址：北京市西城区大木仓北一巷一号304室

二、基本情况

举报人认为，招标公告将“投标人须为中央国家机关政府采购中心2017～2018年底家具定点采购目录中钢质企业”设置为资格条件，构成以不合理条件对供应商实行差别待遇和歧视待遇。

三、处理结果

经查，本项目在集中采购项目范围内，应委托集中采购机构代理采购。本项目委托社会代理机构采购，违反了《中华人民共和国政府采购法》第七条、第十八条和《中央预算单位2017～2018年政府集中采购目录及标准》的规定。

根据《中华人民共和国政府采购法》第三十六条第一款第（二）项的规定，责令采购人废标。针对本项目未按规定委托集中采购机构代理采购的问题，根据《中华人民共和国政府采购法》第七十四条的规定，责令邮电大学和中教仪招标限期改正。

2017年8月22日

中华人民共和国财政部政府采购信息公告（第四百七十八号）

根据《政府采购信息公告管理办法》（财政部令第19号）的相关规定，现将本机关对“国家卫生和计划生育委员会国家药管平台（三期）软件开发项目”（以下称本项目，项目编号：0702－1741CITC5H10）作出投诉处理决定公告如下：

一、相关当事人名称

投诉人：江苏华招网信息技术有限公司（以下称投诉人）

地址：南京市鼓楼区清江南路 19 号南大苏富特科技创新园 2 期十层

被投诉人：中机国际招标有限公司（以下简称中机招标）

地址：北京市丰台区西四环南路 101 号（园区）

二、基本情况

投诉人江苏华招网信息技术有限公司（以下称投诉人）因对被投诉人就本项目作出的质疑答复不满，向本机关提起投诉。投诉事项为本项目招标文件商务部分中类似软件开发业绩的评分标准设置违法。本机关依法受理调查，并作出了投诉处理决定。

三、处理结果

关于投诉事项。经审查，招标文件关于提供"类似药械管理系统软件开发项目的业绩"的要求是信息中心根据项目特点和合同履行的实际需求设置的评分项，不是资格条件，未违反《中华人民共和国政府采购法》第二十二条第二款的规定。投诉事项缺乏事实依据。

综上，本机关作出处理决定如下：

根据《政府采购供应商投诉处理办法》（财政部令第 20 号）第十七条第（二）项规定，投诉缺乏事实依据，驳回投诉。

2017 年 8 月 25 日

中华人民共和国财政部政府采购信息公告（第四百七十九号）

根据《政府采购信息公告管理办法》（财政部令第 19 号）的相关规定，现将本机关对上海银鑫建设咨询有限公司的违法违规行为作出的行政处罚决定公告如下：

一、相关当事人名称

当事人：上海银鑫建设咨询有限公司

地址：上海市徐汇区零陵路 583 号海洋石油大厦 1211 室

二、基本情况

本机关在依法对"复旦大学枫林校区一号医学科研楼功能化实现项目实验室家具采购"项目（项目编号：YX20170120）监督检查处理过程中，发现上海银鑫建设咨询有限公司评标细则要求"以所有投标单位（有效）投标价的算术平均值作为基准价"，存在综合评分法中的价格分未采用低价优先法的行为。

三、处理结果

根据《政府采购货物和服务招标投标管理办法》（财政部令第 18 号）第五十二条、第六十八条和《财政部关于加强政府采购货物和服务项目价格评审管理的通知》（财库〔2007〕2 号）第二条的规定，本机关决定对上海银鑫建设咨询有限公司作出警告的行政处罚。

2017 年 8 月 29 日

中华人民共和国财政部政府采购信息公告（第四百八十号）

根据《政府采购信息公告管理办法》（财政部令第 19 号）的相关规定，现将本机关对广东志正招标有限公司的违法违规行为作出的行政处罚决定公告如下：

一、相关当事人名称

当事人：广东志正招标有限公司

地址：广州市天河区天阳路 157 号 3 楼 301 室

二、基本情况

本机关在依法对“黄埔海关普通涉案货物备用仓库资格招标项目”（项目编号：ZZ01700638）投诉处理过程中，发现广东志正招标有限公司存在评审标准中的分值设置未与评审因素的量化指标相对应的行为。

三、处理结果

根据《中华人民共和国政府采购法》第七十一条和《中华人民共和国政府采购法实施条例》第六十八条的规定，本机关决定对广东志正招标有限公司作出警告的行政处罚。

2017 年 8 月 29 日

中华人民共和国财政部政府采购信息公告（第四百八十一号）

根据《政府采购信息公告管理办法》（财政部令第 19 号）的相关规定，现将本机关对“大连理工大学校园无线网络系统扩容采购项目”（以下称本项目，项目编号：DUTASZ－

2017025）作出的处理决定公告如下：

一、相关当事人名称

投诉人：宝世达电源（北京）有限公司

地址：北京市朝阳区芍药居北里101号世奥国际中心B座901

被投诉人：大连理工大学

地址：大连市高新园区红凌路777号

二、基本情况

宝世达电源（北京）有限公司（以下称投诉人）因对大连理工大学（以下简称大连理工）就本项目作出的质疑答复不满，向本机关提起投诉。投诉事项为：1. 招标文件关于精细化场景“所投设备为放装AP形态”的要求不合理，限制排斥潜在投标人。2. 招标文件要求产品上市时间满12个月不合理，限制排斥潜在投标人。3. 招标文件关于“设备支持单端口POE输出功率≥60W”的要求不合理，限制排斥潜在投标人。4. 招标文件关于室外AP交换机1型支持ERPSG.8032（公有以太网多环保护技术）要求不合理，限制排斥潜在投标人。5. 招标文件关于室外AP交换机2型支持ERPSG.8032（公有以太网多环保护技术）的要求不合理，限制排斥潜在投标人。6. 招标文件关于无线汇聚交换机要求提供工信部IPv4/IPv6进网许可证复印件，需体现为三层设备的资质及技术要求不合理，限制排斥潜在投标人。7. 招标文件关于所投无线汇聚交换机支持openflow1.3协议的要求不合理，限制排斥潜在投标人。8. 招标文件关于“技术设计方案”的分值设置不合理。9. 招标文件关于“无线地勘报告”的分值设置不合理。10. 现场踏勘时间安排不合理，踏勘过程对供应商实行差别待遇或者歧视待遇。

三、处理结果

关于投诉事项1，经审查，招标文件规定精细化场景放装AP全部应用于宿舍区，且宿舍区所有无线AP均需重新布线，需独立于原有有线网络，所以要求所投设备为放装AP形态是大连理工根据项目的实际需求设置的技术指标。现有证据不足以证明招标文件存在对供应商实行差别待遇和歧视待遇的情形。投诉事项1缺乏事实依据。

关于投诉事项2，经审查，投诉人质疑后，大连理工已不再将产品上市时间满12个月做为资质条件。同时，经工信部电信设备进网管理网站查询，多家厂商多款设备均满足上市时间满12个月的要求。现有证据不足以证明招标文件存在对供应商实行差别待遇和歧视待遇的情形。投诉事项2缺乏事实依据。

关于投诉事项3，经审查，变更文件已明确该项技术要求为满足学校未来智慧校园网络发展需要，便于门禁控制器、信息发布终端、物联网控制单元等高功率智能终端接入供电，避免学校二次投入，是大连理工根据项目的实际需求设置的技术指标项。现有证据不足以证明招标文件存在对供应商实行差别待遇和歧视待遇的情形。投诉事项3缺乏事实依据。

关于投诉事项4、5，经审查变更文件已明确室外交换机采用环网方式组网是业界通用的一种组网方式，且 ERPSG. 8032 环网协议是 ITU（国际电信联盟）定义公有协议。现有证据不足以证明招标文件存在对供应商实行差别待遇和歧视待遇的情形。投诉事项 4、5 缺乏事实依据。

关于投诉事项 6，经审查，国家对电信终端设备、无线电通信设备和涉及网间互联的设备实行进网许可制度。同时，变更文件已明确大连理工一直采用 IPv4/v6 双栈接入方式，现有网络接入交换机也均采用三层设备。同时，经工信部电信设备进网管理网站查询，多家厂商多款设备满足该项指标要求。现有证据不足以证明招标文件存在对供应商实行差别待遇和歧视待遇的情形。投诉事项 6 缺乏事实依据。

关于投诉事项 7，经审查，变更文件已明确 openflow1. 3 协议为业界标准协议，同时，经评标委员会评审后有不少于三家供应商满足该指标要求。现有证据不足以证明招标文件存在对供应商实行差别待遇和歧视待遇的情形。投诉事项 7 缺乏事实依据。

关于投诉事项 8、9，经审查，投诉人质疑后，变更文件已对技术方案及地勘报告的评分标准进行修改，进一步明确了各分值对应的具体考量因素。同时，本项目为中央政府采购项目，不适用辽宁省财政厅制定的地方规范性文件。投诉事项 8、9 缺乏事实依据。

关于投诉事项 10，经审查，招标文件已明地堪时间（共 9 个日历日）、联系人和联系电话，且变更文件已明确地勘期间大连理工每一天均安排专人负责地勘接待工作，充分配合投标人进行现场踏勘。供应商应当按照招标文件的要求自行前往地勘，采购人不负有再次告知的义务。现有证据不足以证明地勘时间及地勘过程存在对供应商实行差别待遇或歧视待遇的情形。投诉事项 10 缺乏事实依据。

综上，本机关作出处理决定如下：

根据《政府采购供应商投诉处理办法》（财政部令第 20 号）第十七条第（二）项规定，投诉事项 1，2，3，4，5，6，7，8，9，10 缺乏事实依据，驳回投诉。

2017 年 9 月 1 日

中华人民共和国财政部政府采购信息公告（第四百八十二号）

根据《政府采购信息公告管理办法》（财政部令第 19 号）的相关规定，现将本机关对“大连理工大学校园无线网络系统扩容采购项目”（项目编号：DUTASZ－2017025）的举报案作出的处理决定公告如下：

一、相关当事人名称

当事人：辽宁金晟科技股份有限公司

地址：辽宁省大连市甘井子区甘欣街 49－2 号

二、基本情况

举报人来函反映：中标供应商辽宁金晟科技股份有限公司（以下简称辽宁金晟）此前因

未按竞价规则履约，被列入中央国家机关政府采购中心（以下简称国采中心）失信名单，不符合政府采购法第二十二条的规定。本机关依法受理调查，并作出了监督检查处理决定。

三、处理结果

经审查，本机关作出处理决定如下：

关于举报事项，举报人认为辽宁金晟此前因未按竞价规则履约，被列入中央国家机关政府采购中心失信名单，不符合《中华人民共和国政府采购法》（以下简称政府采购法）第二十二条规定的问题。经审查，截至开标之日，未发现辽宁金晟被列入失信被执行人、重大税收违法案件当事人及政府采购严重违法失信行为记录名单，符合招标文件相关要求。同时，国采中心发布的"关于暂停辽宁金晟参与网上竞价资格的公告"不属于政府采购法第二十二条规定的重大违法记录。举报事项缺乏事实依据。

综上，本机关作出处理决定如下：

举报事项缺乏事实依据。

2017年9月1日

中华人民共和国财政部政府采购信息公告（第四百八十三号）

根据《政府采购信息公告管理办法》（财政部令第19号）的相关规定，现将本机关对"湖北出入境检验检疫局通道式自动喷淋消毒系统项目"（项目编号：WHQS－HW－2017－191）作出的投诉处理决定公告如下：

一、相关当事人名称

投诉人：北京天扬昊海科技发展有限公司（以下称投诉人）

地址：北京市海淀区巴沟村南路35号万泉新新家园12号楼3单元502室

被投诉人1：武汉市强胜建设工程造价咨询有限公司（以下称代理机构）

地址：武汉市江汉区香港路261号第1、2层第4档

被投诉人2：湖北出入境检验检疫局

地址：武汉市汉阳区琴台大道588号

二、基本情况

投诉人因对被投诉人就本项目作出的质疑答复不满，向本机关提起投诉。投诉事项为：招标公告中要求投标人提供近两年相关业绩证明，限制和排斥潜在投标人。同时代理机构拒绝向投诉人出售标书，涉嫌通过所谓的"投标人的资格"限制和排斥潜在投标人。本机关依法受理，对投诉事项进行了调查取证，并依法作出了处理决定。

三、处理结果

经审查，本机关作出处理决定如下：

关于投诉事项，经查，本项目为公开招标项目，原则上所有潜在供应商都有权购买招标文件。代理机构对领取招标文件的潜在供应商进行资格限定，属于以不合理的要求限制或排斥潜在投标人。

综上，本机关作出处理决定如下：

根据《政府采购供应商投诉处理办法》（财政部令第20号）第十七条第（三）项规定，投诉事项成立。

根据《政府采购货物和服务招标投标管理办法》（财政部令第18号）第六十八条第（四）项的规定，责令代理机构进行整改，并在本决定书送达之日起15日内向本机关提交整改报告。

2017年9月1日

中华人民共和国财政部政府采购信息公告（第四百八十四号）

根据《政府采购信息公告管理办法》（财政部令第19号）的相关规定，现将本机关对北京时代恒安技术服务有限责任公司作出的行政处罚决定公告如下：

一、相关当事人名称

当事人：北京时代恒安技术服务有限责任公司

地址：北京市海淀区四季青路7号永泰郦城果岭2－509

二、基本情况

本机关在依法对“中国地质科学院监控系统重建”项目（项目编号：GC－HG4161735）监督检查中，发现北京时代恒安技术服务有限责任公司（以下简称时代恒安）投标文件提供的编号为公京检第1412532号的检验报告与国家安全防范报警系统产品质量监督检验中心（北京）提供的编号为公京检第1412532号的检验报告内容不一致，上述行为属于《中华人民共和国政府采购法》第七十七条第一款第（一）项规定的“提供虚假材料谋取中标、成交的”情形。

三、处理结果

根据《中华人民共和国政府采购法》第七十七条第一款第（一）项的规定，本机关决定对时代恒安作出罚款5529元，列入不良行为记录名单，一年内禁止参加政府采购活动的行政处罚。

2017年10月17日

中华人民共和国财政部政府采购信息公告（第四百八十五号）

根据《政府采购信息公告管理办法》（财政部令第 19 号）的相关规定，现将本机关对武汉中创信安网络技术有限公司的违法违规行为作出的行政处罚决定公告如下：

一、相关当事人名称

当事人：武汉中创信安网络技术有限公司（以下简称武汉中创）
地址：湖北省武汉市洪山区珞瑜路 95 号融科珞瑜路 95 号 T1 栋 2 单元 14 层 1 室

二、基本情况

本机关在依法对“中南民族大学交换机及配套软件采购项目”（项目编号：GC－HG161366）监督检查中，发现武汉中创存在中标后向中南民族大学发函，拒绝按中标价格签订合同，并要求额外增加费用的行为。

三、处理结果

根据《中华人民共和国政府采购法》第七十七条第一款、《中华人民共和国政府采购法实施条例》第七十二条第一款的规定，本机关决定对武汉中创处以罚款 6431.2 元，列入不良行为记录名单，一年内禁止参加政府采购活动的行政处罚。

2017 年 10 月 17 日

中华人民共和国财政部政府采购信息公告（第四百八十六号）

根据《政府采购信息公告管理办法》（财政部令第 19 号）的相关规定，现将本机关对“北京大学附属中学对区县教育补助－市级高中统筹－加强高中优质教育资源统筹校园网络建设工程项目”（项目编号：OITC－G17031477）投诉案作出的处理决定公告如下：

一、相关当事人名称

投诉人：北京卓普卓优科技发展有限公司
地址：北京市海淀区苏州街 33 号 607 室
被投诉人：东方国际招标有限责任公司（以下简称东方招标）
地址：北京市海淀区阜成路 67 号银都大厦 15 层
采购人：北京大学附属中学（以下简称北大附中）

地址：北京市海淀区黄庄大泥湾甲82号

二、基本情况

投诉人因对本项目的质疑答复不满，向本机关提起投诉。投诉事项为：招标公告要求供应商需具有CMMI4级证书，该证书为对生产研发软件厂商的要求，与本项目硬件采购无关。本机关依法受理调查，并作出处理决定。

三、处理结果

关于投诉事项，经审查，本项目网络建设内容涉及软件方面的能力要求，投诉事项缺乏事实依据。

此外，在本项目投诉处理过程中，发现以下问题：一是招标公告要求购买招标文件需具有“软件能力成熟度集成模型4级及以上证书”等条件，属于《中华人民共和国政府采购法》第七十一条第（三）项“以不合理的条件对供应商实行差别待遇或者歧视待遇”的情形。二是本项目自招标文件开始发出之日至投标人提交投标文件截止之日不足二十日，违反了《中华人民共和国政府采购法》第三十五条的规定。三是本项目采购产品属于中央集中采购目录范围，由社会代理机构采购违反了《中华人民共和国政府采购法》第七条、第十八条的规定。

综上，根据《政府采购供应商投诉处理办法》（财政部令第20号）第十七条第（二）项规定，投诉事项缺乏事实依据，驳回投诉。

根据《中华人民共和国政府采购法》第三十六条第一款第（二）项的规定，责令北大附中废标。

根据《中华人民共和国政府采购法》第三十五条、第七十一条和第七十四条的规定，责令北大附中和东方招标就上述问题限期改正。

对东方招标的违法行为另行处罚。

2017年10月17日

中华人民共和国财政部政府采购信息公告（第四百八十七号）

根据《政府采购信息公告管理办法》（财政部令第19号）的相关规定，现将本机关对“中国城市规划设计研究院国家供水应急救援能力建设项目之水质监测装置”（以下称本项目，项目编号：XHTC－HW－2017－0200）举报案作出的监督检查处理决定公告如下：

一、相关当事人名称

当事人1：中国城市规划设计研究院

地址：北京市海淀区车公庄西路五号

当事人2：新华招标有限公司
地址：北京市丰台区菜户营东街甲88号鹏润家园豪苑B座30层

二、基本情况

举报人认为：采购人代表在评标现场对其投标产品发表倾向性、误导性的解释和说明，非法干预、影响评标过程和结果，违反了《中华人民共和国政府采购法实施条例》第四十二条的规定。本机关依法调查并作出处理决定。

三、处理结果

本项目招标文件中设置了“现场讲演和答辩”的评审环节。经调阅评审现场录音录像，未发现采购人代表存在刻意引导或直接明示其他评审专家对举报人的投标产品作出否定性评价等问题。同时，也未发现评标委员会违规评审的问题。

综上，本机关作出处理决定如下：

举报事项缺乏事实依据。

2017年10月17日

中华人民共和国财政部政府采购信息公告（第四百八十八号）

根据《政府采购信息公告管理办法》（财政部令第19号）的相关规定，现将本机关对“国家海洋局天津海水淡化与综合利用研究所2017年第三批仪器设备采购项目第5包”（以下称本项目，项目编号：0701－174110090261）作出的处理决定公告如下：

一、相关当事人名称

投诉人：天津菁信科技有限公司（以下称投诉人）
地址：天津市河东区晨阳道帝旺温泉花园雨花居2－3－102
被投诉人1：国家海洋局天津海水淡化与综合利用研究所（以下简称天津海水淡化所）
地址：天津市南开区科研东路1号
被投诉人2：中技国际招标有限公司（以下简称中技招标）
地址：北京市丰台区西三环中路90号通用技术大厦
相关供应商1：天津睿泽科技发展有限公司（以下简称睿泽公司）
地址：天津市河西区马场道照耀里30号7室
相关供应商2：天津科展国际贸易有限公司（以下简称科展公司）
地址：天津市河西区解放南路与绍兴道交口天津公馆北塔2302号
相关供应商3：天津蓝梭科技发展有限公司（以下简称蓝梭公司）
地址：天津市和平区南市街南马路11号、13号－2650跃上－85号

二、基本情况

投诉人因对被投诉人中技招标就“国家海洋局天津海水淡化与综合利用研究所2017年第三批仪器设备采购项目”（以下称本项目，项目编号：0701-174110090261）作出的质疑答复不满，向本机关提起投诉。投诉事项为：1. 评标委员会因投诉人投标文件中“投标仪器数量与需求一览表及技术要求中采购数量不符”，将投诉人的投标文件按照无效投标处理，没有事实依据和法律依据。中标供应商睿泽公司投标产品ICS-600离子色谱仪一台只含有一套独立的分析系统，不满足招标文件的要求。2. 睿泽公司、科展公司、蓝梭公司串通投标。经查询“天眼查”平台，陈晓勇是科展公司法定代表人，也是蓝梭公司监事，且睿泽公司与科展公司企业邮箱地址相同。同时三家公司报价呈规律性差异。

三、处理结果

关于投诉事项1，经审查，招标文件规定本项目采购内容为一套离子选择性膜分离性能测试装置，包括阴离子分析系统和阳离子分析系统两套独立的系统，而不是两台独立的设备。投诉人投标文件中仪器彩页显示，一台投标设备就能实现双系统阴阳离子同时检测并能有效克服双系统之间的相互干扰，且其投标文件中分项报价表显示数量为2。评标委员会认为投诉人投标产品数量与招标文件需求一览表及技术要求中采购数量不符，未实质性响应招标文件要求，将投诉人的投标文件按无效投标处理。同时，中标供应商睿泽公司投标文件中分项报价表显示，其中标产品包括一台主机及两套独立的分析系统（阴离子分析系统和阳离子分析系统），评标委员会认为其符合招标文件要求。评标委员会评审行为并无不当。投诉事项1缺乏事实依据。

关于投诉事项2，经审查，“天眼查”非工商信息官方查询平台，不具有公信力，通过其查询的信息不能作为有效证据。经查询国家企业信用信息公示系统，陈晓勇是科展公司的法定代表人、执行董事和经理，也是蓝梭公司的监事，未发现科展公司、蓝梭公司存在单位负责人为同一人或者存在控股、管理关系的情形。同时，现有证据不足以证明睿泽公司、科展公司、蓝梭公司投标报价呈规律性差异。经查睿泽公司、科展公司、蓝梭公司的投标文件，未发现上述供应商存在《中华人民共和国政府采购法实施条例》第七十四条规定的恶意串通的情形。投诉事项2缺乏事实依据。

综上，本机关作出处理决定如下：

根据《政府采购供应商投诉处理办法》（财政部令第20号）第十七条第（二）项规定，投诉事项1、投诉事项2缺乏事实依据，驳回投诉。

2017年10月17日

中华人民共和国财政部政府采购信息公告（第四百八十九号）

根据《政府采购信息公告管理办法》（财政部令第19号）的相关规定，现将本机关

对“北方民族大学图书馆 2017 年纸质图书购置项目”（项目编号：ZZCFD－2017－036）投诉案作出的处理决定公告如下：

一、相关当事人名称

投诉人：上海新华传媒连锁有限公司（以下称投诉人）
地址：上海市浦东新区高桥镇石家街 127－131 号
被投诉人：中招辰丰达招标有限公司宁夏分公司（以下简称中招辰丰）
地址：银川市金凤区福州南街君临满城家园 9 号商住楼 7 号营业房
当事人：北方民族大学
地址：宁夏银川市西夏区文昌北街 204 号

二、基本情况

投诉人因对被投诉人中招辰丰就本项目作出的质疑答复不满，向本机关提起投诉。投诉事项为：本项目拒绝其进入评标阶段的理由不符合招标文件要求。本机关依法调查并作出处理决定。

三、处理结果

关于投诉事项，经审查，投诉人的投标文件写明了报价的具体金额，未超过项目预算，评标委员会以其报价折扣为 68 折、报价超过预算为由拒绝投诉人进入评标阶段的理由不充分，投诉事项成立。

此外，在本项目投诉处理过程中，发现以下三个问题：一是招标文件“投标分项报价表”的规定违反了《政府采购货物和服务招标投标管理办法》（财政部令第 18 号）第四十一条的规定。二是招标文件评审标准中将供应商资格条件作为评分因素，违反了《财政部关于加强政府采购货物和服务项目价格评审管理的通知》（财库〔2007〕2 号）第四条的规定。三是招标文件评审标准存在分值设置未与评审因素的量化指标相对应的问题，违反了《中华人民共和国政府采购法实施条例》第三十四条第四款的规定。

综上，本机关作出处理决定如下：

根据《政府采购供应商投诉处理办法》（财政部令第 20 号）第十九条第（一）项的规定，决定采购行为违法，责令重新开展采购活动。针对招标文件编制不合规的问题，责令中招辰丰和北方民族大学限期改正。

对中招辰丰的违法行为另行处罚。

2017 年 10 月 17 日

中华人民共和国财政部政府采购信息公告（第四百九十号）

根据《政府采购信息公告管理办法》（财政部令第 19 号）的相关规定，现将本机关对

“中国农业科学院兰州畜牧与兽药研究所修购专项—牧草新品种选育及草地生态恢复与环境建设研究仪器设备购置项目第三包”（以下称本项目，项目编号：GZ160702 – ZGNYKX01 (Z)）作出的投诉处理决定公告如下：

一、相关当事人名称

投诉人：兰州冉天工贸有限公司（以下称投诉人）
地址：兰州市七里河区南滨河中路 405 号兰木大厦三楼 308 号
被投诉人：甘肃省招标中心（以下称代理机构）
地址：甘肃省兰州市高新技术开发区（雁滩）新建区 4 号区内 608 – 2 号
相关供应商：兰州中泰方正仪器设备有限公司（以下简称中泰仪器）
地址：甘肃省兰州市城关区张掖路 127 号 2505 室
当事人：中国农业科学院兰州畜牧与兽药研究所
住　址：甘肃省兰州市七里河区硷沟沿 335 号

二、基本情况

投诉人因对代理机构就本项目作出的质疑答复不满，向本机关提起投诉。投诉事项为：1. 本项目质疑截止时间为 2016 年 8 月 5 日，中泰仪器提交的由法国 Force – A 公司于 2016 年 8 月 9 日出具的针对本项目 Multiplex 产品授权说明文件的质疑材料超过了法定质疑期限。2. 中泰仪器提交的由法国 Force – A 公司出具的授权说明文件是伪造虚假材料。3. 代理机构涉嫌泄露投诉人投标文件中的厂家授权信息。本机关依法调查并作出处理决定。

三、处理结果

关于投诉事项 1，经查，中泰仪器质疑期限符合法律规定，其提交的法国 Force – A 公司出具的授权说明文件为质疑处理过程中的补充材料，未违反有关规定。投诉事项 1 缺乏事实依据。

关于投诉事项 2，经进一步向相关当事人调取证据材料，投诉人与中泰仪器均未提供 2016 年法国 Force – A 公司出具的有关授权文件的公证认证材料。现有证据不足以证明法国 Force – A 公司出具的授权说明文件是伪造的。投诉事项 2 缺乏事实依据。

关于投诉事项 3，经查，中泰仪器提交的质疑函及相关材料中未涉及具体厂家授权给投诉人的有关信息。现有证据不足以证明代理机构泄露相关厂家授权信息。投诉事项 3 缺乏事实依据。

综上，本机关作出处理决定如下：

根据《政府采购供应商投诉处理办法》（财政部令第 20 号）第十七条第（二）项的规定，投诉事项 1、2、3 缺乏事实依据，驳回投诉。

2017 年 11 月 10 日

中华人民共和国财政部政府采购信息公告（第四百九十一号）

根据《政府采购信息公告管理办法》（财政部令第 19 号）的相关规定，现将本机关对“中国人民公安大学 2017 级新生旅箱包、书包采购项目”（以下称本项目，项目编号：BIECC－ZB3688/2）作出投诉处理决定公告如下：

一、相关当事人名称

投诉人：北京德艺诚文化传播有限公司

地址：北京市海淀区永丰乡屯佃村 722 号

被投诉人 1：中国人民公安大学

地址：北京市西城区木樨地南里 1 号

被投诉人 2：北京国际工程咨询公司

地址：北京市海淀区学院路 30 号科大天工大厦 A 座 611 室

相关供应商：瑞安市利尔克箱包有限公司

地址：瑞安市仙降街道埭头村

二、基本情况

投诉人北京德艺诚文化传播有限公司（以下称投诉人）因对被投诉人北京国际工程咨询公司（以下称代理机构）就本项目作出的质疑答复不满，向本机关提起投诉。投诉事项为：1. 其提供的产品技术最好、价格最低，却不是中标单位。评标委员会作出的评标结果迎合采购人倾向。2. 招标现场不规范，未要求投标人在招标现场提供“法人代表授权书”，未宣布评标办法及现场人员组成，允许未单独提交“投标一览表”或投标文件未密封的投标人投标。本机关依法调查并作出处理决定。

三、处理结果

关于投诉事项 1，经审查，本项目采用综合评分法，包括价格、技术、业绩等多项评审因素。经综合评审，评标委员会推荐瑞安市利尔克箱包有限公司为本项目 01 包、02 包的预中标人，未发现评标委员会存在违法违规的评审行为。投诉事项 1 缺乏事实依据。

关于投诉事项 2，经审查，一是招标文件要求投标人提供“法定代表人授权书”，将其作为投标文件的组成部分，并未要求投标人在投标现场单独提交。二是招标文件中包含评标办法的具体内容，无需在投标现场另行宣布。介绍现场人员组成不是法定的开标程序，且评标委员会组成在招标结果确定前是保密的。三是本项目投标文件的密封情况经投标人现场检查并签字确认，没有投标人对投标文件的密封情况提出异议。此外，招标文件要求投标人在投标时应单独提交密封的“投标一览表”。经查，北京卓创智业科技有限公司（以下简称卓创智业）未单独提交密封的“投标一览表”，不满足招标文件要求，属于无效投标，投诉事项2成立。但卓创智业不是本项目中标人，其报价不影响价格打分，未影响中标结果。

综上，本机关作出处理决定如下：

根据《政府采购供应商投诉处理办法》（财政部令第20号）第十七条第（二）项规定，投诉事项1缺乏事实依据，予以驳回。

根据《政府采购供应商投诉处理办法》（财政部令第20号）第十七条第（三）项规定，投诉事项2成立，但不影响中标结果。

针对代理机构在卓创智业未单独提交密封的“投标一览表”的情况下，仍未拒绝其参加本项目开标、评标的问题，责令代理机构完善相关内部制度并进行整改。

2017年11月10日

中华人民共和国财政部政府采购信息公告（第四百九十二号）

根据《政府采购信息公告管理办法》（财政部令第19号）的相关规定，现将本机关对“北京外国语大学2017~2018学年中文学院留学生语言实践活动（二次）项目”（项目编号：CMEETC－177DR319QQ18）作出的投诉处理决定公告如下：

一、相关当事人名称

投诉人：北京王府国际旅行社有限公司（以下称投诉人）

地址：北京市朝阳区安慧里四区十五号中国五矿大厦318－332

被投诉人：中国机电工程招标有限公司（以下简称机电招标）

地址：北京市海淀区车公庄西路乙19号华通大厦B座南塔14层

相关供应商：盈科美辰国际旅行社有限公司（以下简称盈科美辰）

地址：北京市朝阳区东四环中路76号楼1层5S08室

当事人：北京外国语大学

地址：北京市海淀区西三环北路2号

二、基本情况

投诉人因对机电招标就本项目作出的质疑答复不满，向本机关提起投诉。投诉事项为：中标供应商盈科美辰的中标价格明显高于投诉人、北京华府时代国际旅行社有限责任公司以及哎呦假期（北京）国际旅行社有限公司的投标报价，中标结果缺乏公平公正性。本机关依法调查并作出处理决定。

三、处理结果

经审查，本项目采用综合评分法评标，评审因素包含投标单位的基本情况、服务方案和投标报价，投标报价不是决定中标与否的唯一因素。投诉人价格得分为满分。经综合评审，评标委员会推荐盈科美辰为第一中标候选人，未发现评标委员会存在违法违规评审情形。投诉事项缺乏事实依据。

综上，本机关作出处理决定如下：

根据《政府采购供应商投诉处理办法》（财政部令第20号）第十七条第（二）项的规定，投诉事项缺乏事实依据，驳回投诉。

2017年11月10日

中华人民共和国财政部政府采购信息公告（第四百九十三号）

根据《政府采购信息公告管理办法》（财政部令第19号）的相关规定，现将本机关对“中国农业大学锅炉采购与安装项目”（以下称本项目，项目编号：CEIECZB01－17JX117）作出的监督检查处理决定公告如下：

一、相关当事人名称

当事人1：中国农业大学（以下称采购人）

地址：北京市海淀区圆明园西路2号

当事人2：青岛华泰锅炉热电设备有限公司（以下简称华泰公司）

地址：山东省青岛平度市蓼兰镇驻地

当事人3：北京中教仪国际招标代理有限公司（以下称代理机构）

地址：北京市西城区大木仓北一巷一号304室

二、基本情况

采购人认为：1. 中标供应商华泰公司投标文件中提供的项目经理等人员资质不符合招标文件要求和锅炉安装资质条件。2. 华泰公司提供的锅炉制造产品业绩合同涉嫌造假。本机关依法调查并作出处理决定。

三、处理结果

关于举报事项1，经查，华泰公司投标文件中提供的项目经理与其合作单位北京乾嵩建筑工程装饰有限公司在本项目投标前已不存在聘用关系，该情形会影响到相关得分，属于《中华人民共和国政府采购法》第二十五条第二款规定的“供应商采取其他不正当手段谋取中标”的情形。举报事项1成立。

关于举报事项2，经查，华泰公司在调证过程中补充提供了相关合同的原件，并提供了有关证明材料。举报事项2缺乏事实依据。

此外，在本项目处理过程中，发现以下两个问题：

一是本项目招标文件将资格条件“锅炉制造厂家资质及锅炉安装资质”作为评分因素，违反了《财政部关于加强政府采购货物和服务项目价格评审管理的通知》（财库〔2007〕2号）的规定。

二是评标现场除评标委员会成员及代理机构工作人员以外，出现采购人部分工作人员未出具授权函参与评标活动，并发表言论，干预评标过程和结果，违反了《中华人民共和国政府采购法实施条例》第六十八条第（六）项和《财政部关于进一步规范政府采购评审工作有关问题的通知》（财库〔2012〕69号）的规定。

综上，本机关作出处理决定如下：

根据《中华人民共和国政府采购法》第二十五条第二款的规定，举报事项1成立。举报事项2缺乏事实依据。

根据《中华人民共和国政府采购法》第三十六条第一款第（二）项的规定，责令采购人废标。

根据《中华人民共和国政府采购法》第七十一条和《中华人民共和国政府采购法实施条例》第六十八条第（六）项的规定，责令采购人就非法干预采购评审活动的行为进行整改，代理机构就未按规定程序组织评审、将资格条件作为评分因素的行为进行整改。

对采购人、代理机构的违法行为另行处罚。

2017年11月10日

中华人民共和国财政部政府采购信息公告（第四百九十四号）

根据《政府采购信息公告管理办法》（财政部令第19号）的相关规定，现将本机关对“中央财经大学保安服务采购项目”（以下称本项目，项目编号：GC－FG2170282）举报案作出的监督检查处理决定公告如下：

一、相关当事人名称

当事人：北京恒安卫士保安服务有限公司（以下简称恒安公司）

地址：北京市丰台区小屯西路111号院G1号楼110室

二、基本情况

举报人认为：中标供应商恒安公司在本项目中任命的保安队长曹治国在其他项目中也担任保安队长，不符合招标文件的要求。本机关依法调查并作出处理决定。

三、处理结果

关于举报事项，经审查，对保安队长岗位人员的调整属于恒安公司内部人事调整，其出具的《人事任命书》表明，曹治国自7月26日起不再是其他项目的保安队长。同时，恒安公司明确表示，曹治国作为本项目预备保安队长，一旦中标，保证按照投标文件承诺到岗。因此，举报事项缺乏事实依据。

2017年11月10日

中华人民共和国财政部政府采购信息公告（第四百九十五号）

根据《政府采购信息公告管理办法》（财政部令第19号）的相关规定，现将本机关对“中国地震局地震预测研究所高精度GNSS观测设备购置”项目（以下称本项目，项目编号：17CNIC034889－109/1）投诉案作出的处理决定公告如下：

一、相关当事人名称

投诉人：拓佳丰圣（上海）科贸有限公司
地址：北京市朝阳区东四环中路82号金长安大厦A座1002室
被投诉人：中国仪器进出口（集团）公司
地址：北京市西直门外大街六号中仪大厦615房间
相关供应商：北京麦格天渱科技发展有限公司（以下简称麦格天渱）
地址：北京市石景山区时代花园南路17号茂华大厦12层

二、基本情况

投诉人因对被投诉人就本项目作出的质疑答复不满，向本机关提起投诉。投诉事项为：1. 麦格天渱所投产品不满足招标文件关于存储量的要求。2. 麦格天渱所投产品不满足招标文件关于数据记录时段的要求。3. 麦格天渱所投产品不符合招标文件关于无线通讯的要求。4. 麦格天渱所投产品不符合招标文件关于集成供电的要求。5. 投诉人所投产品符合招标文件关于操作面板的要求，评标委员会不应认为不符合招标文件要求。本机关依法调查并作出处理决定。

三、处理结果

关于投诉事项1，经审查，评标委员会经评审认为麦格天渱所投产品的存储量符合招标文件要求。同时，未发现评标委员会存在违法违规的评审行为。投诉事项1缺乏事实依据。

关于投诉事项2，经审查，评标委员会经评审认为麦格天渱所投产品的数据记录符合招标文件要求。同时，未发现评标委员会存在违法违规的评审行为。投诉事项2缺乏事实依据。

关于投诉事项3，经审查，评标委员会经评审认为麦格天渱所投产品的无线通讯符合招标文件要求。同时，未发现评标委员会存在违法违规的评审行为。投诉事项3缺乏事实依据。

关于投诉事项4，经审查评标委员会经评审认为麦格天澁所投产品的集成供电符合招标文件要求。同时，未发现评标委员会存在违法违规的评审行为。投诉事项4缺乏事实依据。

关于投诉事项5，经审查，评标委员会经评审认为投诉人所投产品操作面板不符合招标文件要求。同时，未发现评标委员会存在违法违规的评审行为。投诉事项5缺乏事实依据。

综上，本机关作出处理决定如下：

根据《政府采购供应商投诉处理办法》（财政部令第20号）第十七条第（二）项规定，投诉事项1、2、3、4、5缺乏事实依据，驳回投诉。

2017年11月10日

中华人民共和国财政部政府采购信息公告（第四百九十六号）

根据《政府采购信息公告管理办法》（财政部令第19号）的相关规定，现将本机关对东方国际招标有限责任公司的违法行为作出的行政处罚决定公告如下：

一、相关当事人名称

当事人：东方国际招标有限责任公司

地址：北京市海淀区阜成路67号银都大厦15层

二、基本情况

本机关在依法对“北京大学附属中学对区县教育补助－市级高中统筹－加强高中优质教育资源统筹校园网络建设工程项目”（以下称本项目，项目编号：OITC－G17031477）投诉处理过程中，发现本项目要求潜在供应商购买招标文件时携带“软件能力成熟度集成模型4级（CMMI level 4）及以上证书”等材料，到东方国际招标有限责任公司进行审核。该行为属于《中华人民共和国政府采购法》第七十一条第（三）项规定的“以不合理的条件对供应商实行差别待遇或者歧视待遇”的情形。

三、处理结果

根据《中华人民共和国政府采购法》第七十一条的规定，本机关决定对东方国际招标有限责任公司作出警告的行政处罚。

2017年11月10日

中华人民共和国财政部政府采购信息公告（第四百九十七号）

根据《政府采购信息公告管理办法》（财政部令第 19 号）的相关规定，现将本机关对“国家食品药品监督管理总局药品审评中心药品电子通用技术文档资料管理系统项目”（以下称本项目，项目编号：0701－174130030080）投诉案作出的处理决定公告如下：

一、相关当事人名称

投诉人：Synchrogenix Information Strategies，LLC（以下称投诉人）

地址：Delaware Corporate Center II，2 Righter Parkway Suite 205 Wilmington，DE 19803

被投诉人 1：国家食品药品监督管理总局药品审评中心（以下称采购人）

地址：北京市海淀区复兴路甲 1 号

被投诉人 2：中技国际招标有限公司（以下称代理机构）

地址：北京市丰台区西三环中路 90 号通用技术大厦

相关供应商：LORENZ Archiv－Systeme GmbH（以下简称 LORENZ）

地址：Eschborner Landstrasse 75，60489 Frankfurt/main，Germany

二、基本情况

投诉人因对采购人就本项目作出的质疑答复不满，向本机关提起投诉。投诉事项为：1. 本项目应为货物采购项目，采用综合评分法，价格分至少应占总分值的 30%，而不应是 26%。2. 顾维军与 LORENZ 错综复杂的关系可能影响本项目的公平、公正。3. 竞争性磋商程序存在诸多反常。本机关依法调查并作出处理决定。

三、处理结果

经查，根据《中华人民共和国政府采购法》第二十二条第一款第（四）项的规定，供应商参加政府采购活动应当有依法缴纳税收和社会保障资金的良好记录。本项目中，参与竞争性磋商的三家供应商均为境外公司，不具备上述条件，不是适格的政府采购供应商。由于本项目采购行为违法，本机关不再对投诉事项逐一进行审查。

综上，本机关作出处理决定如下：

根据《中华人民共和国政府采购法》第二十二条第一款第（四）项、《政府采购供应商投诉处理办法》（财政部令第 20 号）第十九条第（一）项和《政府采购竞争性磋商采购方式管理暂行办法》（财库〔2014〕214 号）第三十四条第（二）项、第（三）项的规定，决定采购行为违法，责令采购人和代理机构终止竞争性磋商采购活动，发布项目终止公告并说明原因，重新开展采购活动。

针对竞争性磋商文件关于供应商资格条件设置、供应商推荐程序及竞争性磋商现场组织的问题，责令采购人和代理机构限期改正。

2017 年 11 月 10 日

中华人民共和国财政部政府采购信息公告（第四百九十八号）

根据《政府采购信息公告管理办法》（财政部令第 19 号）的相关规定，现将本机关对“国家食品药品监督管理总局药品审评中心药品电子通用技术文档资料管理系统项目”（以下称本项目，项目编号：0701－174130030080）投诉案作出的处理决定公告如下：

一、相关当事人名称

投诉人：EXTEDO GmbH（以下称投诉人）

地址：Einsteinstrasse 30，85521 Ottobrunn，Germany

被投诉人 1：国家食品药品监督管理总局药品审评中心（以下称采购人）

地址：北京市海淀区复兴路甲 1 号

被投诉人 2：中技国际招标有限公司（以下称代理机构）

地址：北京市丰台区西三环中路 90 号通用技术大厦

相关供应商：LORENZ Archiv－Systeme GmbH（以下简称 LORENZ）

地址：Eschborner Landstrasse 75，60489 Frankfurt/main，Germany

二、基本情况

投诉人因对采购人就本项目作出的质疑答复不满，向本机关提起投诉。投诉事项为：1. 本项目前期评估小组中的行业代表黄娜在评审过程中为 LORENZ 的响应文件答辩小组成员，评估小组成员存在利益冲突。2. 评分标准中一些分值的设定不符合法律规定的“分值设定应当与评审因素的量化指标相对应”。本机关依法调查并作出处理决定。

三、处理结果

经查，根据《中华人民共和国政府采购法》第二十二条第一款第（四）项的规定，供应商参加政府采购活动应当有依法缴纳税收和社会保障资金的良好记录。本项目中，参与竞争性磋商的三家供应商均为境外公司，不具备上述条件，不是适格的政府采购供应商。由于本项目采购行为违法，本机关不再对投诉事项逐一进行审查。

综上，本机关作出处理决定如下：

根据《中华人民共和国政府采购法》第二十二条第一款第（四）项、《政府采购供应商投诉处理办法》（财政部令第 20 号）第十九条第（一）项和《政府采购竞争性磋商采购方式管理暂行办法》（财库〔2014〕214 号）第三十四条第（二）项、第（三）项的规定，决定采购行为违法，责令采购人和代理机构终止竞争性磋商采购活动，发布项目终止公告并说明原因，重新开展采购活动。

针对竞争性磋商文件关于供应商资格条件设置、供应商推荐程序及竞争性磋商现场组织的问题，责令采购人和代理机构限期改正。

2017 年 11 月 10 日

中华人民共和国财政部政府采购信息公告（第四百九十九号）

根据《政府采购信息公告管理办法》《中央集中采购机构监督考核暂行办法》和《财政部对中央集中采购机构监督考核暂行办法的补充通知》的规定，现将财政部对中共中央直属机关采购中心、中央国家机关政府采购中心、全国人大机关采购中心、国家税务总局集中采购中心、中国人民银行集中采购中心、海关总署物资装备采购中心、公安部警用装备采购中心 2015 ~2016 年集中采购工作的考核情况公告如下：

本次考核对 7 家单位的制度建设、内控机制、操作执行、学习培训、协议供货、定点采购、批量集采、网上竞价等内容进行了核查，随机抽取了 140 个采购项目，共审查采购文件 2045 本，编制工作底稿 837 份。经综合评价，中共中央直属机关采购中心、中央国家机关政府采购中心、国家税务总局集中采购中心考核等次为优秀；全国人大机关采购中心、中国人民银行集中采购中心、公安部警用装备采购中心、海关总署物资装备采购中心考核等次为良好。

考核结果表明，7 家单位积极落实 2015 年考核工作整改建议，贯彻执行政府采购有关制度规定，不断加强自身业务能力建设，较好地完成了中央单位集中采购工作。但考核也发现，被考核单位不同程度存在内控机制不健全、采购效率有待提高、部分项目采购文件编制不规范、部分项目未按规定发布信息公告、评审现场管理不规范等问题。

2017 年 11 月 15 日

中华人民共和国财政部政府采购信息公告（第五百号）

根据《政府采购信息公告管理办法》（财政部令第 19 号）的相关规定，现将本机关对“中国科学技术馆安防系统改造工程项目”（以下称本项目，项目编号：CEITCL - BJ18 - 1705058 - 01）作出的处理决定公告如下：

一、相关当事人名称

当事人 1：中国科学技术馆（以下简称科技馆）

地址：北京市朝阳区北辰东路5号

当事人2：中经国际招标集团有限公司（以下称代理机构）

地址：北京市东城区滨河路1号航天信息大厦7层

二、基本情况

举报人反映：1. 在购买招标文件时，代理机构要求提供与安防无关的资质作为门槛条件，影响了招投标工作的公平、公正竞争。2. 在购买招标文件时，代理机构要求提供业绩案例作为门槛条件，限制了供应商参与投标。3. 招标文件评分方法和标准中相关业绩的评分设置，属于以特定行政区域或者特定行业的业绩、奖项作为加分条件或者中标、成交条件。本机关依法调查并作出处理决定。

三、处理结果

关于举报事项1，经审查，本项目招标公告中未要求投标人在购买招标文件时提交“电子与智能化工程专业承包一级资质”和“建筑智能化系统设计专项甲级资质”。举报事项1缺乏事实依据。

关于举报事项2，经审查，本项目招标公告要求供应商在购买招标文件时提供“一份类似业绩合同原件及复印件”，属于应当在评审阶段审查的因素，不应前置到招标文件购买阶段。上述情形属于《中华人民共和国政府采购法》第七十一条第（三）项规定的情形。举报事项2成立。

关于举报事项3，经审查，本项目招标文件“第六章评分方法和标准”中要求的相关业绩是科技馆根据项目特点和合同履行的实际需求设置的评分项，并未局限于科技馆的业绩。举报事项3缺乏事实依据。

此外，在本项目监督检查处理过程中，发现以下两个问题：一是本项目适用法律错误，包括以投标人报价算数平均值作为基准价进行价格打分、将投标人资格条件作为评分因素。违反了《中华人民共和国政府采购法》第二条、第六十四条、《财政部关于加强政府采购货物和服务项目价格评审管理的通知》（财库〔2007〕2号）第二条、第四条的规定。二是将“电子与智能化工程专业承包一级资质”设置为资格条件，属于《中华人民共和国政府采购法》第七十一条第（三）项规定的情形。

综上，根据《中华人民共和国政府采购法》第三十六条第一款第（二）项的规定，责令科技馆废标。

针对本项目适用法律错误、购买招标文件设置审核条件、将不合理的资质作为投标人资格条件、将投标人资格条件作为评分因素等问题，责令科技馆和代理机构限期改正。

对代理机构的违法行为另行处罚。

2017年11月28日

中华人民共和国财政部政府采购信息公告（第五百零一号）

根据《政府采购信息公告管理办法》（财政部令第19号）的相关规定，现将本机关对“中国中医科学院主办公楼网络升级改造工程硬件购置及系统集成项目”（以下称本项目，项目编号：GC－HG4170501）作出的投诉及监督检查处理决定公告如下：

一、相关当事人名称

投诉人：北京志诚泰和信息技术有限公司（以下称投诉人）
地址：北京市海淀区知春路108号1号楼（豪景大厦）10层103
被投诉人：中央国家机关政府采购中心（以下简称国采中心）
地址：北京市西城区西直门内大街西章胡同9号院
相关供应商：方正国际软件（北京）有限公司（以下简称方正国际）
地址：北京市海淀区北四环西路52号5层505
当事人：中国中医科学院
地址：北京市东城区东直门内南小街16号

二、基本情况

投诉人因对国采中心就本项目作出的质疑答复不满，向本机关提起投诉。投诉事项为：1. 中标产品IDS入侵检测系统D6000没有《中国国家信息安全产品认证证书》，不符合招标文件相关要求。2. 中标产品中性能服务器NF8480M4的官网显示内存主频为1866MHz，不符合招标文件相关要求。本机关依法调查并作出处理决定。

三、处理结果

关于投诉事项1，经查，中国信息安全认证中心出具的答复材料显示，中标供应商方正国际投标产品“捷普入侵检测系统D6000”未获得《中国国家信息安全产品认证证书》，投诉事项1成立。但方正国际投标文件中提供的“捷普入侵检测系统JIDS－N1000/V3.0（千兆）”的《中国国家信息安全产品认证证书》本身并非虚假材料，不构成“提供虚假材料谋取中标”的情形。

关于投诉事项2，经查，方正国际投标文件及其制造商提供的产品彩页和《澄清函》均显示，中性能服务器NF8480M4的内存主频为2133MHz，符合招标文件相关要求。投诉事项2缺乏事实依据。

另查明，本项目对招标文件作实质性响应的供应商不足三家。

综上，本机关作出处理决定如下：

根据《政府采购供应商投诉处理办法》（财政部令第20号）第十七条第（三）项的规定，投诉事项1成立；根据第十七条第（二）项的规定，投诉事项2缺乏事实依据。

根据《中华人民共和国政府采购法》第三十六条第一款第（一）项、《政府采购供应商投诉处理办法》（财政部令第20号）第十九条第（一）项的规定，决定本项目采购行为违法，责令重新开展采购活动。

2017年11月28日

中华人民共和国财政部政府采购信息公告（第五百零二号）

根据《政府采购信息公告管理办法》（财政部令第19号）的相关规定，现将本机关对“北京中医药大学中央高校捐赠配比采购项目第五包”（以下称本项目，项目编号：XHTC－HW－2017－0304）作出的投诉及监督检查处理决定公告如下：

一、相关当事人名称

投诉人：北京智鉴源技术有限公司（以下称投诉人）
地址：北京市昌平区科技园区生命园路29号1幢B－316－71室
被投诉人：新华招标有限公司（以下称代理机构）
地址：北京市丰台区莱户营东街甲88号鹏润家园豪苑B座30层
相关供应商：北京罗赫商贸有限公司
地址：北京市海淀区安宁庄华庭一区13号楼1－2层局部未季百发宾馆8230号
当事人：北京中医药大学（以下称采购人）
地址：北京市朝阳区北三环东路11号

二、基本情况

投诉人因对代理机构就本项目作出的质疑答复不满，向本机关提起投诉。投诉事项为：其报价最低，商务部分各方面均能达标，且投标产品有多项技术指标优于招标文件要求，却未中标。本机关依法调查并作出处理决定。

三、处理结果

关于投诉事项，经查，本项目招标文件规定评标方法为综合评分法，评审因素包括价格、技术、售后服务、业绩等多项内容，投标报价不是决定中标与否的唯一因素。投诉事项缺乏事实依据，驳回投诉。

此外，在本项目处理过程中，发现以下三个问题：

一是招标文件存在分值设置与评审因素的量化指标不对应的问题。

二是评标现场录音录像显示，评标委员会成员没有进行独立评审。同时，采购人代表发表不当言论，明显违反评审工作纪律。

三是评标现场录音录像显示，评标委员会成员及代理机构工作人员有接听电话、操作手机的情况。

综上，本机关作出处理决定如下：

根据《政府采购供应商投诉处理办法》（财政部令第 20 号）第十七条第（二）项的规定，投诉事项缺乏事实依据，驳回投诉。

根据《政府采购供应商投诉处理办法》（财政部令第 20 号）第十九条第（一）项的规定，决定采购行为违法，责令重新开展采购活动。

根据《中华人民共和国政府采购法》第七十一条、《中华人民共和国政府采购法实施条例》第六十八条和《政府采购货物和服务招标投标管理办法》（财政部令第 18 号）第五十八条的规定，责令代理机构就招标文件分值设置未与评审因素的量化指标相对应、未按规定组织评标活动的行为限期改正。

根据《中华人民共和国政府采购法》第七十一条、《中华人民共和国政府采购法实施条例》第六十八条和《财政部关于进一步规范政府采购评审工作有关问题的通知》（财库〔2012〕69 号）第三部分的规定，责令采购人就招标文件分值设置未与评审因素的量化指标相对应、采购人代表明显违反评审工作纪律的行为限期改正。

对代理机构招标文件编制不合规、评标委员会成员未进行独立评审的行为另行处罚。

2017 年 11 月 28 日

中华人民共和国财政部政府采购信息公告（第五百零三号）

根据《政府采购信息公告管理办法》（财政部令第 19 号）的相关规定，现将本机关对“海关总署 2017 年瘦客户机（重新招标）采购项目”（以下称本项目，项目编号：HG17GK－A0103－D056）作出的处理决定公告如下：

一、相关当事人名称

投诉人：同方股份有限公司（以下称投诉人）

地址：北京市海淀区王庄路 1 号清华同方科技大厦 A 座 30 层

被投诉人：海关总署物资装备采购中心

地址：北京市东城区建国门内大街 6 号

相关供应商：福建升腾资讯有限公司（以下简称福建升腾）

地址：福州市仓山区金山工业区金山大道 618 号 21#、22#、55#

二、基本情况

投诉人因对海关总署就“海关总署 2017 年瘦客户机（重新招标）采购项目”（以下称本项目，项目编号：HG17GK－A0103－D056）作出的质疑答复不满，向本机关提起投诉。投诉事项为：中标产品 D610 的中标性能参数与节能清单配置页所列性能参数不一致，不满足招标文件关于"★必须是《节能产品政府采购清单》（最新一期）内产品型号"的要求。

三、处理结果

关于投诉事项，经审查，福建升腾投标文件显示投标产品型号为"升腾资讯 D610"，但关于硬盘总容量、内存总容量的应答与《节能产品政府采购清单台式计算机性能参数》（第二十二期）中"升腾资讯 D610"性能参数不一致，不符合《关于调整公布第二十二期节能产品政府采购清单的通知》的规定。福建升腾投标产品"升腾资讯 D610"不满足招标文件的实质性要求，投诉事项成立，决定本项目中标无效。

根据《政府采购供应商投诉处理办法》（财政部令第 20 号）第十七条第（三）项的规定，投诉事项成立，决定本项目中标无效。

2017 年 11 月 28 日

中华人民共和国财政部政府采购信息公告（第五百零四号）

根据《政府采购信息公告管理办法》（财政部令第 19 号）的相关规定，现将本机关对"中新佳园消防系统维修改造更新项目"（项目编号：AC - AZB17041）作出的处理决定公告如下：

一、相关当事人名称

当事人 1：中共中央直属机关物业服务中心
地址：北京市西城区德胜里二区 1 号院
当事人 2：中共中央直属机关采购中心
地址：北京市西城区新风街 1 号院甲 6 号楼
当事人 3：兴润建设集团有限公司
地址：山东省肥城市龙山路 001 号

二、基本情况

采购人中共中央直属机关物业服务中心（以下简称中直物业中心）来函反映：1. 兴润建设集团有限公司（以下简称兴润建设）投标文件中提供的项目经理安全生产考核合格证书涉嫌造假。2. 项目经理的高级工程师证涉嫌造假。3. 项目经理毕业证书涉嫌造假。4. 项目经理与兴润建设的劳动合同不能充分证明其与兴润建设的劳动关系。5. 安全经理安全生产考核合格证书涉嫌造假。6. 电气施工员执业资格证涉嫌造假。7. 资料员注册资格涉嫌造假。

三、处理结果

关于举报事项1，经查询“山东省建筑安全三类人员考核管理信息系统”，项目经理取得了安全生产考核合格证，且出生年月与项目经理身份证显示不一致是发证机关签发失误。举报事项1缺乏事实依据。

关于举报事项2，经审查，兴润建设投标文件中提供的项目经理的高级工程师证原件本身由“2010年3月13日”涂改成“2011年3月13日”，但兴润建设提交了原件予以核实，原件显示“评审（确定）时间”为“2010年12月31日”。举报事项2缺乏事实依据。

关于举报事项3，经审查，招标文件未规定投标供应商投标文件中必须提供项目配备人员的毕业证书。经进一步调取证据材料，现有证据不足以证明项目经理的毕业证书是虚假的。举报事项3缺乏事实依据。

关于举报事项4，经审查，兴润建设投标文件中提供了其与项目经理签订的劳动合同，且补充提交了社会养老保险缴纳记录及相关证明材料。举报事项4缺乏事实依据。

关于举报事项5，经审查，安全经理的安全生产考核合格证书更新时间在兴润建设取得企业名称变更核准通知书之后。举报事项5缺乏事实依据。

关于举报事项6，经进一步调取证据材料，兴润建设投标文件中提供的电气施工员执业资格证与发证机关相关系统中的证书信息相符。举报事项6缺乏事实依据。

关于举报事项7，经向发证机关调取证据材料，兴润建设投标文件中提供的资料员注册资格证与发证机关系统中的信息不符，属于“提供虚假材料谋取中标”的情形。举报事项7成立。

综上，本机关作出处理决定如下：

举报事项1、2、3、4、5、6缺乏事实依据，举报事项7成立。

根据《中华人民共和国政府采购法》第七十七条第二款的规定，决定本项目中标无效。

对兴润建设提供虚假材料谋取中标的行为另行处罚。

2017年12月22日

中华人民共和国财政部政府采购信息公告（第五百零五号）

根据《政府采购信息公告管理办法》（财政部令第19号）的相关规定，现将本机关对北京中教仪国际招标代理有限公司作出的行政处罚决定公告如下：

一、相关当事人名称

当事人：北京中教仪国际招标代理有限公司

地址：北京市西城区大木仓北一巷一号304室

二、基本情况

本机关依法对"中国农业大学锅炉采购与安装项目"（以下称本项目，项目编号：CEIECZB01－17JX117）监督检查处理过程中，发现北京中教仪国际招标代理有限公司未按规定程序组织本项目评审，导致出现采购人部分工作人员未出具授权函参与评标活动，并发表言论，干预采购评审活动的情形。

三、处罚结果

根据《中华人民共和国政府采购法》第七十一条和《中华人民共和国政府采购法实施条例》第六十八条的规定，本机关决定对北京中教仪国际招标代理有限公司作出警告的行政处罚。

2017年12月22日

中华人民共和国财政部政府采购信息公告（第五百零六号）

根据《政府采购信息公告管理办法》（财政部令第19号）的相关规定，现将本机关对中国农业大学作出的行政处罚决定公告如下：

一、相关当事人名称

当事人：中国农业大学
地址：北京市海淀区圆明园西路2号

二、基本情况

本机关依法对"中国农业大学锅炉采购与安装项目"（以下称本项目，项目编号：CEIECZB01－17JX117）监督检查处理过程中，发现中国农业大学部分工作人员未出具授权函参与本项目评标活动，并就业绩合同、产品品牌等问题发表言论，干预采购评审活动。

三、处罚结果

根据《中华人民共和国政府采购法》第七十一条和《中华人民共和国政府采购法实施条例》第六十八条的规定，本机关决定对中国农业大学作出警告的行政处罚。

2017年12月22日

中华人民共和国财政部政府采购信息公告（第五百零七号）

根据《政府采购信息公告管理办法》（财政部令第 19 号）的相关规定，现将本机关对中经国际招标集团有限公司作出的行政处罚决定公告如下：

一、相关当事人名称

当事人：中经国际招标集团有限公司

地址：北京市东城区滨河路 1 号航天信息大厦 7 层

二、基本情况

本机关依法对“中国科学技术馆安防系统改造工程项目”（以下称本项目，项目编号：CEITCL－BJ18－1705058－01）监督检查处理过程中，发现中经国际招标集团有限公司在本项目招标公告中要求供应商在购买招标文件时提供“一份类似业绩合同原件及复印件”。同时，本项目招标文件将“电子与智能化工程专业承包一级资质”设置为资格条件。上述情形属于《中华人民共和国政府采购法》第七十一条第（三）项规定的“以不合理的条件对供应商实行差别待遇或者歧视待遇”的情形。

此外，本项目采购活动中存在未按照《中华人民共和国政府采购法》等相关规定进行采购的情形，包括以投标人报价算数平均值作为基准价进行价格打分、将投标人资格条件作为评分因素，违反了《中华人民共和国政府采购法》第二条、第六十四条及《财政部关于加强政府采购货物和服务项目价格评审管理的通知》（财库〔2007〕2 号）第二条、第四条的规定。

三、处罚结果

根据《中华人民共和国政府采购法》第七十一条第（三）项、《中华人民共和国政府采购法实施条例》第六十八条第（一）项的规定，本机关决定对中经国际招标集团有限公司作出警告，罚款 5000 元的行政处罚。

2017 年 12 月 22 日

中华人民共和国财政部政府采购信息公告（第五百零八号）

根据《政府采购信息公告管理办法》（财政部令第 19 号）的相关规定，现将本机关对新华招标有限公司作出的行政处罚决定公告如下：

一、相关当事人名称

当事人：新华招标有限公司
地址：北京市丰台区菜户营东街甲 88 号鹏润家园豪苑 B 座 30 层

二、基本情况

本机关在依法对“北京中医药大学中央高校捐赠配比采购项目第五包”（项目编号：XHTC－HW－2017－0304）投诉处理过程中，发现新华招标有限公司存在招标文件分值设置未与评审因素的量化指标相对应的情形，违反了《中华人民共和国政府采购法实施条例》第三十四条第四款的规定。新华招标有限公司相关申辩理由均不成立。

三、处罚结果

根据《中华人民共和国政府采购法》第七十一条和《中华人民共和国政府采购法实施条例》第六十八条的规定，本机关决定对新华招标有限公司作出警告的行政处罚。

2017 年 12 月 22 日

中华人民共和国财政部政府采购信息公告（第五百零九号）

根据《政府采购信息公告管理办法》（财政部令第 19 号）的相关规定，现将本机关对“中华骨髓库 2017 年度 8.28 万人份 HLA 分型检测服务采购项目”（以下称本项目，项目编号：TC17046AZ）作出投诉处理决定公告如下：

一、相关当事人名称

投诉人：北京北方华德生物工程技术有限责任公司
地址：北京市海淀区上地信息路 2 号楼 2 层 2C
被投诉人：中国造血干细胞捐献者资料库管理中心
地址：北京市东城区干面胡同 53 号
当事人：中招国际招标有限公司
地址：北京市海淀区皂君庙 14 号院 9 号楼

二、基本情况

投诉人北京北方华德生物工程技术有限责任公司（以下称投诉人）因对被投诉人中国造血干细胞捐献者资料库管理中心（以下称采购人）就本项目作出的质疑答复不满，向本机关提起投诉。投诉事项为：1. 招标文件评审标准中“供应商实验室获得国内外实验室认可证书的情况，提供相关证明文件”为倾向性、排他性条款。2. 招标文件评审标准中“可上报 5 个位点（HLA－A、B、C、DRB1、DQB1），10 个等位基因的唯一明确高分辨数据的 2 分，否为 0 分（2 分）”为倾向性、排他性条款。3. 招标文件合同专用条款中“乙方负责按照甲方的有关规定，向甲方提交符合相关规定格式的分型结果报告（HLA－A、B、C、DRB1 和 DQB1 五个位点，10 个等位基因的明确高分辨分型数据）”为倾向性、排他性条款。4. 招标文件合同专用条款中“如乙方错误率大于等于 1%”为倾向性、排他性条款。5. 招标文件合同专用条款中“只要有一例检测错误，乙方自愿不参加甲方下一年度 HLA 分型检测服务的投标工作”的制定没有科学依据，不公平。6. 招标文件合同专用条款中“乙方应退回甲方已核拨的全部检测经费”为不公平条款。7. 招标文件合同专用条款中“甲方和携带该新基因的志愿者样品来源省级管理中心各出一人作为并列第一作者”违反著作权法。8. 招标文件合同专用条款中“则退回甲方已核拨检测费用的 30%，整改过程中所需质控经费由乙方承担”为不公平、歧视性条款。本机关依法调查并作出处理决定。

三、处理结果

关于投诉事项 1，经审查，该条款的要求是采购人根据项目特点和合同履行的实际需求设置的评分项，不是资格条件。同时，国内外有多家机构可对此类检测实验室进行认证，且通过类似认证的实验室数量众多，不存在歧视性、排他性。投诉事项 1 缺乏事实依据。

关于投诉事项 2、3，经审查，评审标准中该条款的要求是采购人根据项目特点和合同履行的实际需求设置的评分项，不是资格条件，且分值较为合理，现有证据不足以证明该条款存在倾向性、排他性。将上述相关条款写入合同中，亦不存在倾向性、排他性。投诉事项 2、3 缺乏事实依据。

关于投诉事项 4、6、8，经审查，“错误率大于等于 1%”是采购人根据项目特点和合同履行的实际需求设定的。同时，上述合同专用条款内容为采购人和中标人对合同履约过程中的验收标准、违约责任等相关约定，未违反法律禁止性规定。投诉事项 4、6、8 缺乏事实依据。

关于投诉事项 5，经审查，采购人和供应商之间可对合同履约进行约定，履约情况可作为供应商参与政府采购活动的评分参考因素，但民事约定不得限制当事人参加政府采购活动的权利。投诉事项 5 成立。

关于投诉事项 7，经审查，本项目采购合同是技术服务委托合同。根据相关规定，可通过合同约定确定著作权的归属。当事人在合同履行过程中认为其著作权被侵犯，其可向行业主管部门主张权利。现有证据不足以证明该条款违反《中华人民共和国著作权法》等相关法律法规。投诉事项 7 缺乏事实依据。

综上，本机关作出处理决定如下：

根据《政府采购供应商投诉处理办法》（财政部令第 20 号）第十七条第（二）项规定，投诉事项 1、2、3、4、6、7、8 缺乏事实依据，予以驳回。

根据《政府采购供应商投诉处理办法》（财政部令第 20 号）第十七条第（三）项规定，投诉事项 5 成立。责令采购人和代理机构修改采购文件，并按照修改后的采购文件重新开展采购活动。

2017 年 12 月 22 日

中华人民共和国财政部政府采购信息公告（第五百一十号）

根据《政府采购信息公告管理办法》（财政部令第19号）的相关规定，现将本机关对“中华骨髓库2017年度8.28万人份HLA分型检测服务采购项目”（以下称本项目，项目编号：TC17046AZ）作出投诉处理决定公告如下：

一、相关当事人名称

投诉人：北京诺诗康瀛基因技术股份有限公司
地址：北京市昌平区科技园区振兴路2号院5号楼东侧3至4层
被投诉人：中国造血干细胞捐献者资料库管理中心
地址：北京市东城区干面胡同53号
当事人：中招国际招标有限公司
地址：北京市海淀区皂君庙14号院9号楼

二、基本情况

投诉人北京诺诗康瀛基因技术股份有限公司（以下称投诉人）因对被投诉人中国造血干细胞捐献者资料库管理中心（以下称采购人）就本项目作出的质疑答复不满，向本机关提起投诉。投诉事项为：招标文件评审标准中“供应商实验室获得国内外实验室认可证书的情况，提供相关证明文件”为倾向性、排他性条款。本机关依法调查并作出处理决定。

三、处理结果

关于投诉事项。经审查，招标文件关于提供“供应商实验室获得国内外实验室认可证书”的要求是采购人根据项目特点和合同履行的实际需求设置的评分项，不是资格条件。同时，国内外有多家机构可对此类检测实验室进行认证，且通过类似认证的实验室数量众多，不存在歧视性、排他性。投诉事项缺乏事实依据。

综上，本机关作出处理决定如下：

根据《政府采购供应商投诉处理办法》（财政部令第20号）第十七条第（二）项规定，投诉事项缺乏事实依据，予以驳回。

2017年12月22日